한 권으로 읽는
청나라 역사 상

초판 1쇄 인쇄 2017년 10월 15일
초판 1쇄 발행 2017년 10월 26일
지 은 이 따이이(戴逸)
옮 긴 이 김승일
발 행 인 김승일
디 자 인 조경미
펴 낸 곳 경지출판사
출판등록 제2015-000026호

판매 및 공급처   도서출판 징검다리
주소 경기도 파주시 산남로 85-8
Tel : 031-957-3890~1 Fax : 031-957-3889 e-mail : zinggumdari@hanmail.net

ISBN 979-11-86819-86-9 93520

한 권으로 읽는
청나라역사 ^상

따이이(戴逸) 지음 | 김승일(金勝一) 옮김

경지출판사

CONTENTS

제7장 수공업과 상업의 발전

머리말

    청(淸)왕조는 중국의 소수민족인 만족(滿族)의 상류계층이 주체가 되어 세운 봉건통치기구로써 중국의 유구한 역사에서 수많은 봉건군주전제왕조 중 마지막 왕조이다. 청 왕조는 넓은 중국을 268년 동안 통치했다. 1644년 청조 통치자들이 관내(關內, 산해관[山海關] 서쪽, 가욕관[嘉峪關] 동쪽 일대지역)에 들어와서 명(明)조 말기 농민전쟁의 성과를 가로채 전국적인 통치정권을 수립할 무렵까지도 중국은 독립적인 봉건국가로써 봉건사회 후기에 처해 있었다. 그 후 백여 년 간의 발전을 거쳐 청조의 통치는 18세기 중엽에 전성기를 맞이했다. 광활한 영토 내에서 중국 내 여러 민족의 통일이 한층 더 강화되었으며 봉건적인 정치, 경제, 문화 발전이 절정에 이르렀다.

    그 후부터 봉건사회 내부 모순과 자본주의가 싹트면서 봉건통치가 위기를 맞게 되었다. 18세기 말엽, 농민봉기의 불길이 중국 전역으로 퍼져나갔다. 이로써 청조의 통치가 전성기에서 쇠퇴의 길로 접어들기 시작했다. 이때 서구국가들은 이미 자산계급혁명을 거쳐 자본주의 사회에 들어섰으며 대외적으로는 식민지 약탈에 나섰다. 봉건중국은 그들의 중요한 약탈 대상이었다. 그 결과 1840년에 아편전쟁이 발발했다. 외국의 자본주의 침략자들이 무력으로 중국의 문을 무너뜨렸다. 그로부터 중국은 반식민지 반봉건 사회로 점차 전락했으며, 이 때부터 중국의 역사는 근대시기로

접어들게 되었다. 제국주의와 중국봉건주의가 서로 결합해 중국을 반식민지 반봉건 사회로 바꾸는 과정은 곧 중국 국민이 제국주의와 그 앞잡이에 맞서 저항하는 과정이기도 했다. 아편전쟁, 태평천국운동, 중·프전쟁, 중·일전쟁, 무술변법(戊戌變法), 의화단(義和團)운동을 거치는 과정에서 중국 국민은 용감하고 굳센 불굴의 전투정신을 보여주었다. 1911년에 이르러 중국 자산계급이 이끄는 신해(辛亥)혁명이 일어나 제국주의 앞잡이로 전락해버린 청조를 전복시켰다. 이로써 2천여 년 간 이어오던 중국의 전제군주제 통치는 끝이 났고 민주공화국이 창립되었다.

역사는 도도하게 흐르는 거센 강물처럼 앞을 향해 흘러간다. 청조 통치 268년은 애신각라(愛新覺羅) 왕조의 굴기, 흥성, 쇠락, 멸망의 역사일 뿐이 아니라, 무엇보다도 위대한 중국의 여러 민족의 발전사, 창조사, 투쟁사이기도 했다. 그 길고도 험난한 역사 과정에서 중국 국민들은 막대한 고난과 좌절을 겪으면서 아름다운 이상과 희망을 꿈꾸었으며, 끊임없이 탐색하고 싸워나갔다. 국민 대중들은 가장 어렵고 곤란한 세월 속에서 후대들에게 지극히 풍부하고 귀중한 유산을 남겨주었다. 268년 동안 얼마나 많은 감동적이고 눈물겨운 전투사적들이 나타났고, 얼마나 많은 굳세고 용감하며 부지런하고 지혜로운 훌륭한 인물들이 나타났으며, 또 얼마나 많은 빛나는 경제와 문화적인 성과를 창조했고, 얼마나 많은 생생하고 풍부한 경험과 교훈을 남겼는지 모른다. 이 시기는 유구한 중국의 역사에서 중요한 한 페이지를 장식하는 시기였으며, 과거를 계승하여 미래를 개척하는 거대한 전환기로써 중국인이 힘겹게 싸우면서 어둠속에서 새로운 길을 탐색하고, 짙은 안개를 뚫고 승리의 앞날을 향해 나아가는 과도적인 역할을 한 시기였다. 따라서 청대의 역사는 우리와 시간적으로 아주 가까워서 현실 투쟁과의 관계가 극히 밀접하기 때문에 진지하게 배우고 연구할 가치가 있는 시기인 것이다. 이 책의 범위는 만족의 선조와 만족의 흥기로부터 시작해 1840년 아편전쟁에 이르기까지 역사를 다루었다. 아편전쟁 후부터 중국은 근대시기에 들어섰다고 할 수 있으며, 사회적 성격과 혁명적 성격이 청나라 시대의 전기 및 중기와는 전혀 다른 큰 변화가 일기 시작했던 시기였다. 현재까지 비교적 상세한 여러 종류의 중국 근대사 저작물들이 출간되었는데, 이 책이 출간되면 이들 근대사 저작들과 기본 내용이 서로 이어질 수 있을 것이다. 이 책은 중국인민대학 청사(淸史)연구소에서 공동 집필하고, 대일(戴逸)이 책임

편집을, 마여형(馬汝珩)이 편집 보조를 맡았다. 이 책 제1권 제1장은
이홍빈(李鴻彬)이, 제2장은 임철균(林鐵鈞)이, 제3장은 두문개(杜文凱)가,
제4장은 장진번(張晉藩)이, 제5장은 마여형, 장진번, 마금과(馬金科)가,
제6장과 제7장은 이화(李華)가 각각 집필을 책임지었다. 이 책의 제2권은
처음에는 마흔(馬欣), 마여형, 마금과, 이화, 장진번, 호명양(胡明揚),
진보기(秦寶琦) 등이 일부 원고를 집필했는데, 그 후 이 책의 전체적인
구상이 바뀌고 인사 변동이 있어 새롭게 창작하게 되었다. 기존 원고의
제8장은 나명(羅明), 왕사치(王思治), 임철균이, 제10장은 마여형이,
제12장은 여영범(呂英凡), 왕도성(王道成), 진아란(陳亞蘭)이, 제13장은
이화가, 제14장은 임철균, 마여형이, 제15장은 왕준의(王俊義)가 각각
집필했다. 대일은 기타 각 장의 집필을 맡고 전 권을 통일적으로 수정했다.
삽화는 이화, 이홍빈이 수집했다. 삽화 수집 과정에서 중국역사박물관과
중국제1역사기록보관소 등 기관의 대대적인 협조를 받았기에 여기서
감사의 뜻을 전한다.

 이번 집필진의 역량이 제한되어 있어 책 내용에 미흡한 점과 잘못된 곳이
적지 않을 것이라 생각한다. 독자 여러분의 비평과 지도 편달을 바란다.

제1장

만족의 흥기와 후금(後金)정권의 수립 및 발전

제1절
통일된 다민족 국가-중국 내 만족의 역사적 발전

1. 만족의 선조-숙신(肅愼), 읍루(挹婁), 물길(勿吉), 말갈(靺鞨), 여진(女眞)

모택동(毛澤東) 주석은 "중국은 여러 민족이 결합되어 형성된 많은 인구를 가진 국가"[1]라고 말했다. 만족은 중국의 다수 민족 중에서 부지런하고 용감한 구성원 중의 하나였다. 만족의 선조들은 아주 먼 옛날부터 중국 동북 경내에 거주하면서 넓고 기름진 땅에서 대를 이어 일을 하고 후손을 키우면서 살아왔다. 그들은 가시덤불을 헤치면서 부지런히 중국의 국경을 개척하고 여러 민족 간의 경제발전과 문화교류를 추진하는데 지혜와 힘을 보탰다.

중국 동북지역에 거주하는 만족의 선조들은 먼 옛날부터 중원(中原) 지역과 밀접한 관계가 있었다. 최신 고고학 정보에 따르면 흑룡강(黑龍江) 오른쪽 기슭에 위치한 호마(呼瑪)현(縣) 십팔참(十八站) 오르죤족(鄂倫春族) 인민공사 경내에서 최초로 구석기 시대 유적이 발견됐는데 그 지질 연대는

---

1   《모택동선집》, 제2권, 《중국혁명과 중국공산당》, 622쪽.

갱신세 말기로써 지금으로부터 약 1만여 년 전인 것으로 추정되고 있다. 출토한 석기가 1,070건에 이르는데 형태와 가공기술이 화북(華北)지역의 일부 구석기와 비슷하거나 같은 곳이 아주 많았다.[2]

신석기 시대에 들어서면서 동북지역은 중원지역과의 관계가 더욱 밀접해졌다. 남쪽의 장백산(長白山)에서 시작해 북쪽의 홍안령(興安嶺)에 이르고, 서쪽의 흑룡강 상류와 눈강(嫩江) 양안에서 시작해 동쪽 해안과 사할린 열도에 이르는 광활한 지역 내에서 대규모의 인류유적이 발견됐으며, 비교적 정교하게 갈아서 만든 신석기를 비롯한 기물들이 많이 출토되었다. 그 모양과 구조가 산동(山東) 용산(龍山)문화의 기물과 아주 흡사했다. 예를 들면 용산문화의 특징인 반달형 석도(石刀)와 흑회도(黑灰陶)가 동북지역의 여러 유적에서 아주 많이 발견되었던 것이다.[3] 일부 도자기는 고대 황하(黃河) 유역의 동종 그릇의 모조품이라고도 할 수 있을 정도로 그 표면의 무늬 장식이 긋거나 누르거나, 혹은 긋고 누름을 결합한 능숙한 기교로 그려져 있었다. 그러한 제작기술과 무늬장식 종류는 중원지역에서 유행되었던 것이다.[4] 또 예를 들면 우수리강(烏蘇里江)에서 출토한 옥벽(玉璧), 환옥(玉珠. 구슬옥)은 황하 유역에서 출토한 옥기의 모양과 거의 완벽하게 일치한다.[5] 이로부터 먼 옛날 흑룡강 유역의 문화는 중원지역의 문화와 밀접한 관계가 있었음을 알 수 있다.

2 《인민일보》 1978년 1월 24일자, 4면 참고.
3 《고고(考古)》, 1960년 1기, 4기, 7기, 《문물(文物)》, 1973년 제8기 참고.
4 《고고(考古)》, 1960년 4기, 1974년 제 2기 참고.
5 흑룡강성 박물관 소장 《우수리강 유역에서 발견된 고대 문화 유물》 참고,
   《문화대혁명기간에 출토한 문화유물》 참고.

중국 고대 문헌자료에는 만족의 선조인 숙신(肅慎)인이 기원전 1천여 년 전에 주 무왕(周武王)이 상(商)을 멸하자 찾아와 축하하면서 "호시석노(楛矢石砮)를 공물로 바쳤다(貢楛矢石砮)"라는 기록이 있다.[6] 그 뒤 숙신은 여러 차례 사신을 파견해 공물을 바쳤고, 주왕은 그때마다 후하게 예를 갖춰 대했으며, 숙신이 바친 화살을 다른 성 씨의 제후들에게 나눠주었다고 한다. 그때 당시의 숙신인은 이미 서주(西周) 왕조와 밀접한 관계를 맺고 있었음을 알 수 있다. 그래서 서주, 춘추(春秋)시기의 중원지역 사람들은 "숙신, 연(燕)나라, 호(亳)나라는 우리의 북부 영토이다.(肅慎,燕,亳. 吾北土也.)"[7]라고 했다.

한(漢)대에 이르러 숙신을 읍루(挹婁)로 개칭했으며, 남북조(南北朝) 시기에는 읍루를 물길(勿吉)로 개명했다. 수(隋)왕조에 이르러서는 물길을 또 말갈(靺鞨)이라고 고쳐 불렀다. 한(漢)에서 수(隋)에 이르는 7~8백 년이란 기나긴 세월 동안 중원의 왕조가 자주 바뀌고 숙신도 3차례나 개명했지만, 만족의 선조들은 줄곧 중원 왕조와 매우 밀접한 관계를 유지해왔다. 그들은 사신을 파견해 공물을 바쳤는데 역사 기록에 자주 나타난다. 심지어 한 해에 2~3차례나 공물을 바쳤으며,[8] 공물을 바치러 파견된 인원수가 한 번에 5백여 명에 이르기도 했다.[9] "백산흑수(白山黑水. 장백산과 흑룡강의 합칭.

6　《사부총간(四部叢刊)》본, 《국어(國語)》2, 제14쪽. "호시석노(楛矢石砮)"는 호목(楛木)으로 화살대를 만들고 청석(靑石)으로 화살촉을 만든 화살이다.
7　《좌전(左傳)》권22(3), 7쪽, 문학고적간행사 1955년 5월판.
8　왕흠약(王欽若), 《책부원귀(册府元龜)》권969, 《외신부(外臣部)》, 《조공(朝貢)》2, 11392쪽, 중화서국(中華書局)판.
9　이연수(李延壽), 《북사(北史)》권94, 《물길(勿吉)》, 3125쪽, 중화서국 판.

중국 동북 지역을 가리킴)"에서 나는 "붉은 옥과 양질의 담비"는 공물로
바치기도 하고 거래도 할 수 있는 진귀한 물품으로 중원지역에서 유명했다.
그들은 중원지역과의 빈번한 왕래를 통해 선진적인 생산기술과 사상문화를
끊임없이 받아들이면서 이 지역의 사회경제 발전에 주도적인 역할을 했다.

당(唐)왕조에 이르러서는 만족의 선조인 말갈과 중원 왕조의 관계가
새로운 시기에 들어서게 된다. 이전에 말갈 내부는 속말(粟末), 백돌(伯咄),
안거골(安車骨), 불열(拂涅), 호실(號室), 백산(白山), 흑수(黑水) 등
7개 부족으로 나뉘어 있었다. 흑수 말갈은 "최 북방에 거주했는데
가장 강성했다(最處北方, 尤稱勁健)."[10] 이 부족은 흑룡강 중하류의
양안에 거주했으며 분포지역은 동쪽 해안에서 북쪽 오호츠크해에까지
이른다. 722년(당 개원[開元] 10년), 당은 흑룡강과 우수리강 합류지역에
발리주(勃利州)를 설치하고 현지 말갈 수령 예속리계(倪屬利稽)를 발리주
자사(刺史)로 임명했다.[11] 725년(당 개원 13년)에는 흑수말갈지역에
흑수군을 설치했다.[12] 726년에는 또 흑수 도독부(都督府)를 설립하고
말갈 수령에게는 도독, 자사 등의 직책을 맡겼으며, 당 중앙정부가 파견한
인원은 "장사(長史)"직을 담당하고, 지방행정사무 관리에 직접 참여하도록
했다. 이로부터 기원 8세기 초에 중국 당 정부는 이미 흑룡강 유역에
지방행정기관을 설립하고 주권을 행사하기 시작했으며, 이 지역은 중국

---

10   유후(劉昫) 등, 《구당서(舊唐書)》 권199 하, 《말갈(靺鞨)》, 5357쪽, 중화서국 판.
11   구양수(歐陽修), 송기(宋祁), 《신당서(新唐書)》 권219, 《북적(北狄)》, 6178쪽 참고,
     중화서국 판.
12   유후(劉昫) 등, 《구당서(舊唐書)》 권199 하, 《말갈(靺鞨)》, 5359쪽을 참고.

판도에서 갈라놓을 수 없는 일부가 되었음을 명확히 설명해 주고 있다.

말갈의 속말 부족의 거주지는 기타 6개 부족의 서남쪽에 위치했으며 송화강(松花江), 휘발하(輝發河) 일대에 분포되어 있었다. 이 부족의 수령 걸걸중상(乞乞仲象)은 무측천에 의해 진국공(震國公)에 봉해졌다. 그가 죽은 뒤 그의 아들 대조영(大祚榮)이 부족을 인솔해 주변 여러 부족을 통합했다. 698년(무주[武周] 성력[聖歷] 원년)에 대조영은 진국(震國)을 세우고 진국왕이라 칭했다.[13] 705년(당 신룡[神龍] 원년), 당 중종(唐中宗)은 시어사(侍御史) 장행급(張行岌)을 파견해 위로했으며, 대조영도 "아들을 파견해 임금을 알현케 했다(遣子入侍)."[14] 713년(당 개원 원년)에 당 조정은 속말 관할구에 홀한주(忽汗州)를 설립하고 홍려경(鴻臚卿) 최흔(崔忻)을 특별 파견해 대조영을 홀한주 도독에 임명하고 좌효위(左驍衛)대장군, 발해군왕(渤海郡王)에 책봉한다는 칙서를 전했다.[15] 그로부터 대조영은 "말갈이라는 호를 버리고 발해라고 칭했다."[16] 이는 만족 선조가 중국 역사상 최초로 수립한 지방정권이다. 그때부터 발해는 늘 왕자나 특사를 파견해

---

13 일) 《유취국사(類聚國史)》193, "문무천황 2년, 대조영이 최초로 발해국을 세우다"를 참고. 일본 문무천황 2년은 곧 무주 성력(聖曆) 원년(698년)이다. 김육불(金毓黻), 《동북통사》, 256쪽을 참고.

14 구양수(歐陽修), 송기(宋祁), 《신당서(新唐書)》권219, 《북적(北狄)》, 6180쪽.

15 유후(劉昫) 등, 《구당서(舊唐書)》권 199 하, 《발해(渤海)》, 5360쪽. 최흔은 대조영 책봉 사명을 마치고 상경하는 길에 여순(旅順)을 지나면서 황금산 아래 우물 난간 위에 기념비를 세우고 "말갈에 칙서를 전하는 사명을 받은 사신 홍려경, 최흔이 두 개의 우물을 파서 영원히 기념으로 남기고자 한다. 개원 2년 5월 18일(敕持節宣勞靺鞨使鴻臚卿崔忻井兩口, 永爲記驗. 開元二年五月十八日)"이라고 새겨 넣었다.(북경 도서관 소장 《당(唐)의 발해 책봉 우물 난간 석각》 탁본을 참고.) 이 사신의 유적은 당 정부의 번 책봉의 역사적 견증이다.

16 구양수(歐陽修), 송기(宋祁), 《신당서(新唐書)》권219, 《북적(北狄)》, 6180쪽.

공물을 바치거나 업무 상황을 보고하곤 했다. 당 정부도 끊임없이 발해로 인원을 파견해 지방 상황을 조사하고 발해 국왕이나 관리를 책봉하는 등 교류가 아주 활발하였다. 발해는 229년간 존재했으며 총 15대의 왕이 있었다. 그 동안 당이 발해로 자사를 공식 파견한 횟수는 총 19차례에 이르렀으며,[17] 발해가 당에 공물을 바친 횟수는 132회나 되었다.[18] 발해와 중원지역 간의 경제, 문화의 연계는 굉장히 밀접했다. 조공과 무역을 통해 발해의 특산품인 담비, 인삼, 매, 말 등이 중원으로 운송되고, 또 중원지역의 명주, 견직물, 금은 기물들은 발해에 대량으로 수송되었다. 당 정부는 청주(靑州, 산동[山東] 익도[益都]현)에 "발해관"을 설립하고 발해와의 무역을 전담하도록 했다.[19] 문화 분야에서 발해는 많은 학자와 유학생을 파견해 "수도(京師) 태학(太學)에서 학문을 닦고 고금의 제도를 배우게

---

17 833년[당(唐) 대화(大和) 7년) 가을, 당 문종(唐文宗)이 유주(幽州) 노룡(盧龍) 절도부사(節度副使) 장건장(張建章) 등 이들을 홀한주로 파견했다. 그때 당시 육로는 거란(契丹)이 막고 있었으므로 그들은 "배를 타고 동으로 향했다." 요동(遼東)반도를 거쳐 북상해 이듬해 가을에 홀한주에 도착했다. 발해왕 이진(彝震)은 장건장이 "서한을 지니고 방문한 것"을 알고 "큰 예의로 맞이했다." 그리고 "해가 바뀌기를 기다려 돌아가도록 했다." 떠나기 전에 "발해왕이 성대한 연회를 베풀었으며 풍부한 물품과 진귀한 기물, 명마, 서적, 가죽을 선물로 주었다." 그들은 835년(당 대화 9년) 가을에 내지로 되돌아왔다. 장건장은 돌아온 뒤 다녀오는 길에서, 특히 발해에 머무는 동안 보고 들은 상황들을 조정에 보고했으며 《발해국기(渤海國記)》세 권을 썼는데 "섬에 사는 민족의 풍속, 궁전 관직의 품계에 대해 상세하게 서술했으며 그 시대에 널리 전해졌다."[북경시 문물관리처 소장 《당 장건장 묘지명(唐張建章墓志銘)》, 1956년에 북경 덕승문외(德勝門外)에서 출토했다. 구양수, 송기, 《신당서》권 58, 《예문지(藝文志)》, 1508쪽 참고]
18 김육불(金毓黻), 《발해국지 장편(渤海國志長編)》권16, 《족속고(族俗考)》
19 왕흠약(王欽若), 《책부원귀(册府元龜)》권971, 《외신부(外臣部)》, 《조공(朝貢)》4,11405쪽.

했다."[20] 그들은 많은 한문(漢文) 서적을 필사해 갔으며, 당의 과거시험에 참가하기까지 했다. 중원지역의 영향을 받아 발해의 관제(官制)와 부(府. 관청, 관공서)와 주(州)의 설치는 모두 당의 제도를 본받았으며, 발해에서 통용되는 문자는 "대체로 한자가 열 중 아홉을 차지했다."[21] 이를 통해 알 수 있듯이 발해는 정치적으로 당에 소속된 하나의 지방정권으로서 중원지역과의 경제, 문화적 연계가 밀접했다. 당나라 시인 온정균(溫庭筠)이 《귀국하는 발해 왕자를 배웅하며(送渤海王子歸國)》라는 시에서 읊었던 것처럼 "내륙에서 변강까지 거리는 멀지만 문화는 서로 일치하노라. (발해왕자가) 공훈을 쌓고 고향으로 돌아가지만 훌륭한 문장과 시구를 중원에 남겨두었다(疆理雖重海, 車書本一家. 盛勛歸舊園, 佳句在中華)"[22]고 한 것처럼 격정이 넘치는 이 시구들에서 발해와 당, 만족의 선조와 한족은 일찍부터 한 집안이었음을 알 수 있다.

한때 막강한 세력을 자랑했던 당이 황소(黃巢)를 중심으로 하는 농민 대봉기의 불길 속에서 멸망하자 각 지방 세력이 기회를 틈타 봉건 할거정권을 세웠다. 이때부터 중국 역사는 오대십국의 어지러운 전란의 시기에 접어들었다. 이때 동북쪽에서 활약하던 거란족이 흥기하기 시작했다. 거란의 수령 아보기(阿保機)가 여러 부족을 규합한 뒤 주변으로 확장해

---

20 구양수, 송기, 《신당서》 권219, 《북적(北狄)》, 6182쪽.
21 김육불(金毓黻), 《발해국지 장편(渤海國志長編)》 권16, 《족속고(族俗考)》. 또 최근 길림(吉林)성 돈화(敦化) 현에서 《발해 정혜공주 묘비(渤海貞惠公主墓碑)》가 출토했다. 정혜공주는 발해왕 대흠무(大欽茂)의 둘째 딸이다. 비문은 한자로 씌어졌으며 문체도 당의 풍격으로 되었다.
22 《전당시(全唐詩)》 권583

나갔다. 오대시기에 말갈은 여진(女眞)으로 개칭했다. 발해의 세력이 갈수록 쇠약해졌으며, 수십 년의 전쟁 끝에 발해는 거란에 의해 멸망됐다. 아보기는 발해 터에 동단국(東丹國)을 세우고 그 아들 도욕(圖欲)을 국왕으로 앉혔다. 그리고 매년 "천 15만단(端. 길이의 단위)과 말 천 필씩을 조공할 것"[23]을 요구했는데, 발해 유민들의 반대에 부딪쳤으며 그래서 "여러 부족들의 반란이 잦았다."[24] 거란의 통치자는 차라리 발해 유민들을 임황(臨潢, 내몽골 소맹[昭盟] 바린좌기[巴林左旗])과 동평(東平, 요녕성 요양)으로 대거 이주시켰으며, 그 외 일부 사람들은 조선으로 도주해 남은 인구는 극히 적었다. 강제 이주의 결과는 만족의 선조인 말갈족이 2백여 년의 세월을 거쳐 창조한 발해문화가 완전히 파괴됐으며, 발해 터는 삭막한 폐허가 되었다. 원래 북쪽에 거주하던 흑수 말갈부족의 일부가 발해 터로 남하해서 새롭게 경영하고 개발하기 시작했다.

947년(요 대동[大同] 원년), 거란이 대요(大遼)를 세운 뒤 요는 동북의 여진[25]에 대한 관리를 크게 중시해서 여진을 개원(開原) 이남의 '숙여진(熟女眞)'과 개원 이북의 '생여진(生女眞)' 등 두 부분으로 나누었다. '숙여진'은 요동과 내몽골지역에 거주했는데 요(遼) 남추밀원(南樞密院) 산하의 동경도(東京道)에 예속되었으며, 주, 현을 설치하고 백성을 귀화시켰다. 이 지역의 여진은 곧바로 융합되었다.

---

23 탈탈(脫脫), 《요사(遼史)》 권72, 《종실(宗室)》, 1210쪽, 중화서국 판.
24 탈탈(脫脫), 《요사(遼史)》 권2, 《태조본기(太祖本紀)》 하, 22쪽; 권 72, 《종실(宗室)》, 1210쪽.
25 요(遼)의 흥종(興宗) 야율종진(耶律宗眞)의 휘(諱)를 피하기 위해 여진(女眞)을 여직(女直)으로 고쳤다.

송화강, 흑룡강, 우수리강 일대에 분포된 '생여진'은 요조 북추밀원 소속 동북로통군사(東北路統軍司), 황룡부병마도부서사(黃龍府兵馬都部署司), 함주탕하병마사(咸州湯河兵馬司)에 예속되었다. 각 부족은 요에 자주 공물을 바치곤 했는데, 말, 담비가죽, 동주(東珠), 사금(沙金), 인삼 등의 진귀한 특산물을 진상하곤 했다.

요(遼)대의 여진족은 요의 통치자들의 정치적 압박과 경제적 착취에 끊임없이 봉기하여 저항하곤 했다. 12세기 초에 이르러 송화강 유역에 거주하는 원래 흑수말갈의 후손과 생여진 완안부가 굴기하기 시작했다.

뛰어난 수령 아골타(阿骨打)의 인솔 하에 여진의 일부 부족들은 점차 규합되고 통일되었으며, 세력이 갈수록 확대되었다. 1114년(요 천경[天慶] 4년) 아골타는 군사를 일으켜 요에 대한 정벌에 나섰다. 요의 군사가 대패하고 아골타가 완전한 승리를 거뒀다. 1115년(금 수국[收國] 원년) 1월에 아골타는 황제를 자칭해 국호를 대금(大金)이라고 정하고 상경(上京, 지금의 흑룡강[黑龍江] 성 아성[阿城]현)을 수도로 정했다. 이는 만족 선조가 발해에 이어 수립한 두 번째의 지방 정권이었다. 10년간의 전쟁을 통해 1125년에 요를 멸망시키고 같은 해에 군사를 다시 일으켜 남쪽으로 진출하여 1127년에 북송(北宋)을 멸망시켰다. 1141년(금 황통[皇統] 원년)에 남송(南宋)을 핍박해 "소흥화의(紹興和議)"를 맺고 회하(淮河)를 송(宋)과 금(金)의 분계선으로 정했다. 금(金)은 남송과 서하(西夏)에 대응하기 위하여 전략 중점을 중원지역에 집중시키기로 하고 1153년(금 정원[貞元] 원년)에 수도를 상경에서 연경(燕京. 즉 북경)으로 옮겼다. 새롭게 점령한 화북지역에 대한 통치를 강화하고 공고히 하며 한제(漢制)를 답습하는데 편리하게 하기 위해 중앙에서 지방에 이르는 행정제도와 각급 관제에 대한 전면적인 개혁을 실행했다. 이에 따라 한 무리의 여진족이 관내(關內. 산해관[山海關] 서쪽과 가욕관([嘉峪關] 동쪽 일대)로 들어와 한족들과 같이 살면서 한족을 감독하고 통제하게 되었다. 그런데 그들은 한어를 배우고 한복(漢服)을 입고 한족 성씨로 고쳐 쓰면서 얼마 지나지 않아 한족과 융합되었다.

비록 금(金)의 정치, 경제, 문화중심이 남으로 이동했지만, 금은 동북에 남아 거주하는 여진족에 대한 관리를 소홀히 하지 않았다. 흑룡강, 송화강, 우수리강 동쪽에 포여로(蒲與路), 합라로(合懶路), 휼품로(恤品路), 호리개로(胡里改路)를 각각 설치했다.《금사 · 지리지(金史 地理志)》에는 "금의 영토 경계는 동으로 길리미(吉里迷), 올적개(兀的改) 등의 여러 야인 부락의 경계에 이르고, 북으로는 포여로 이북으로 3천 여리, 화로 화탄(火魯火疃) 모극(謀克)이 있는 곳을 변계(邊戒)로 했다"[26]라는 기록이 있다. 1975년, 중국 고고학 연구자들이 포여로 관청 소재지 흑룡강성 극농(克東)현 금성공사(金城公社) 고성(古城) 대대(大隊)를 발견했다.[27] 금의 북부 변경인 화로화탄 모극이 그 북쪽으로 3천 여리에 위치했다면 외흥안령(外興安嶺) 일대에 해당된다. 근대에 흑룡강유역, 특림(特林)지역과 하바로프스크 일대에서 금대의 철기, 화폐, 석비,

---

26   탈탈(脫脫),《금사(金史)》권24,《지리(地理)》상, 549쪽, 중화서국 판.
27   흑룡강성 문물 고고학 연구팀,《흑룡강 유역 역사의 새 증거(黑龍江流域歷史 的新見證)》를 참고,《광명일보(光明日報)》, 1977년 2월 9일자에 게재.

좌석(座石), 장신구 등 많은 유물들이 발견되기도 했다.[28] 1973년에 흑룡강성에서 "휼품하와모애모극인(恤品河窩母艾謀克印)"[29]이 발견되고 1977년에 흑룡강성에서 또 "호리개로지인(胡里改路之印)"이 발견됐다. 금대의 호리개로 관청 소재지는 오늘날 흑룡강성 의란(依蘭)현 경내에 있었으며 흑룡강 중하류 양안의 넓은 지역을 관할했다. 이는 금나라 정부의 수분하(綏芬河)지역의 백호(百戶. 세습 군직 명)의 관인이다. 그리고 또 예를 들어《만주 금석지 보유(滿洲金石志補遺)》에 수록된 "합라 오주 맹안인(合懶烏主猛安印)"[30] 인형(印模)은 금나라 정부가 합라로 산하의 한 천부장(天夫長)에게 발급한 인신(印信. 도장, 관인)이다. 이상의 문헌자료와 출토한 문물들은 이 지역이 금의 행정관할 구역이었음을 분명히 설명해준다.

금은 그 고향인 동북지역에 대해 적극적으로 개발과 경영을 진행했다. 요나라부터 여진족이 내몽골과 요양(遼陽) 일대로 대거 강제 이주했던 탓에 개원(開原) 이북은 인구가 극히 적었다. 금대 초기 "기정의 산서(山西) 여러 주(州)는 상경을 내륙으로 해서 그곳에 백성을 이주시켜 인구를 보충했으며", "6개 주의 씨족 중 부유하고 다양한 기술을 갖춘 민중들을 내륙(상경)으로 이주시켰다." 한편 귀순한 민중들을 "혼하로(渾河路, 요녕 동부)", "영동(嶺東, 길림 중부)" 등지로 대거 이주시켰다.[31] 그래서 이

28 도리이 류조(鳥居龍藏) 작, 탕이화(湯爾和) 역,《동북아 방문기》, 140쪽.
29 중국 역사박물관 소장 "휼품하와모애 모극 인(恤品河窩母艾謀克印)"
30 나복이(羅福頤),《만주 금석지 보유(滿洲金石志補遺)》
31 탈탈(脫脫),《금사(金史)》권46,《식화(食貨)》1,1032~1033쪽 참고.

지역의 인구가 다소 늘어났다. 상경, 동경 두 로(路)에는 18만 6,973가구가 거주했으며 상경 회녕부(會寧府)에만 3만 1,270가구가 살았다.[32]

12세기 중국 북방에서 몽골족이 흥기했다. 1206년(금 태화[泰和] 6년), 테무친(鐵木眞)이 몽골 각 부족에 의해 "대한(大汗, 대칸)"으로 추대되었으며, "칭기즈 칸"으로 칭했다. 이때부터 몽골족은 봉건국가를 세우고 끊임없이 주변으로 확장해나갔다. 1213년(금 정우[貞祐] 원년)에 몽골족은 군사를 세 갈래로 나누어 금을 공격했다. "그 해 하북(河北)의 군(郡)과 현(縣)을 모조리 점령했다."[33] 그 이듬해 금은 핍박에 못 이겨 변경(汴京. 하남[河南] 개봉[開封])으로 수도를 옮겼다. 산동, 하북, 산서 등지가 모조리 몽골에 점령당했다. 이때 금의 함평(咸平) 초토사(招討使) 포선만노(蒲鮮萬奴)가 성평(成平. 요녕성 개원[開原] 현)에서 독립해 동하국(東夏國)을 세우고 연호를 천태(天泰)로 정했다. 1218년 포선만노는 동으로 이주해 남경(南京. 길림[吉林] 연길[延吉])에 수도를 세우고 남경, 개원, 솔빈(率賓) 세 개의 노(路)를 통할했다. 그러다가 1233년에 이르러 몽골 군사가 남경을 점령하자 포선만노는 붙잡히고 동하국은 멸망했다. 이로써 동북지역은 전체적으로 몽골의 통치로 넘어갔다.

몽골은 1227년에 서하(西夏)를 멸하고, 1234년에 금을 멸했으며, 또 1279년[원(元) 지원(至元)] 16년에는 남송(南宋)을 멸망시켰다. 이로써 오대부터 이어져온 송, 요, 하, 금의 장기적인 분열 대치 국면이 결속되고

32　《금사(金史)》 권24 《지리지(地理志)》 상에 의거, 상경로와 동경로의 가구 수를 통계한 것.
33　송렴(宋濂), 《원사(元史)》 권1, 《태조본기(太祖本紀)》, 17쪽.

통일된 원(元) 왕조가 나타났다. 원이 금에 이어 동북의 여진족을 통치하기 시작하며 요양 행중서성(行中書省)을 설립하고, 요양, 심양(沈陽), 광녕(廣寧), 대녕(大寧), 동녕(東寧), 개원, 합란부수달달(合蘭府水達達) 일곱 개의 로(路)를 관할하도록 했다. 개원과 합란부수달달로는 여진의 사무를 전문적으로 관리했다. 합란부수달달로 산하에 도온(桃溫), 호리개(胡里改), 알타령(斡朵怜), 탈알령(脫斡怜), 발고강(孛苦江)에 5개의 만호부(萬戶府)를 설치했다. 1977년 흑룡강성에서 원대 "관수달달민호 달로화적 지인(管水達達民戶達魯花赤之印)"이 발견됐는데 인면(印面)에 팔사파문(八思巴文. 원대 몽골문)이 새겨져 있었다. "다루가치(達魯花赤)"는 원대 관원의 명칭이었다. 이 관인은 원조 정부가 송화강, 흑룡강, 우수리강 유역에 대해 효과적인 관할을 실행했음을 설명해준다. 원조시기에는 또 흑룡강 하류의 노아간(奴兒干)에 동정원수부(東征元帥府)를 특설해 특림(特林)지역과 사할린 열도를 관리했다. 원나라시기에는 여진에 대해 "관청을 설치해 백성을 다스리되 그 풍속에 따라 다스리는"[34] 수단을 이용했다. 여진을 징용해 종군시켰으며 "종군하지 않는 자에 대해서는 민적에 편입시켜 조세를 바치게 했다."[35] 그때 당시 조세를 바치는 "가구 수가 2만 906가구였으며"[36] 일반적으로 담비가죽, 해동청(海東青. 흰 매) 등의 토산물을 상납하곤 했다. 원 정부는 여진 지역을 개발하기 위해 내륙과의 연계를 강화했는데 역참을 적극적으로 개척했다. 통계에 따르면

---

34 송렴(宋濂), 《원사(元史)》 권59, 《지리(地理)》 2, 1400쪽.
35 송렴(宋濂), 《원사(元史)》 권10, 《세조본기(世祖本紀)》 7, 215쪽.
36 송렴(宋濂), 《원사(元史)》 권59, 《지리(地理)》 2, 1400쪽.

요양 행성의 역참은 120여 곳에 이르렀다. 여진족이 황무지를 개간하고 토지를 경작하는 것을 장려하기 위해서 정부에서는 "소와 농기구"까지 지급했는데 이를 통해 여진지역의 사회경제 발전을 추진하였다.

2. 여진에 대한 명(明)의 관할 및 여진 각 부족의 발전

1368년(명 홍무[洪武] 원년), 명조가 원조를 멸망시켰지만, 동북지역에 도사리고 있는 "고원의 잔여병력(故元遺兵)"은 여전히 상당한 실력을 갖추고 있었으므로 막 세워진 명조에는 매우 큰 위협이 아닐 수 없었다. 명 태조(太祖) 주원장(朱元璋)은 황주(黃儔) 등을 요동(遼東)으로 파견해 "요양 여러 곳의 관민들에게 귀순할 것을 명하는"[37] 한편, 명나라 군사를 파병해 산동을 거쳐 바다를 건너 요동으로 진군하도록 했다. 원의 요양행성평장(遼陽行省平章) 유익(劉益)이 요동을 들어 투항하자 1371년(명 홍무 4년)에 명은 요동에 정료위도위(定遼衛都衛)를 설치했다. 1375년(명 홍무 8년)에는 정료위도위를 요동도지휘사사(遼東都指揮使司)로 명칭을 바꿔 요동 25개의 위(衛), 138개의 소(所), 2개의 주(州), 1개의 맹(盟)을 관할하도록 했다.[38] 주원장은 계속 북진해서 원조의 잔여세력을 철저히 궤멸시키고 북방과 동북지역에 대한 통치를 강화하고자 자신의 아들들을

---

37 곡응태(谷應泰), 《명사기사본말(明史紀事本末)》 권10, 《고원유병(故元遺兵)》
38 만력(萬曆) 《사진삼관지(四鎭三關志)》 권1, 《요진(遼鎭)》

북방과 동북에 분봉했다. 그중 연왕(燕王)은 북평(北平)에, 요왕(遼王)은 광녕(廣寧)에, 영왕(寧王)은 카라친(喀喇沁. 객라심)에, 한왕(韓王)은 개원(開原)에 각각 분봉했다. 그 목적은 "명번(名藩)에 의지해 요충지를 장악하고 나라 안의 통치를 각각 분담시키기 위함(分制海內)"[39]이었다. 그때 당시 고원(故元)의 태위(太尉)였던 나하추(納哈出[납합출])는 금산(金山, 길림[吉林]성 농안[農安]현) 일대에서 요동의 고가노(高家奴), 합자장(哈刺張), 야속지(也速之) 등의 원의 잔여 세력과 "서로 의지하고 서로 성원하며"[40] 계속 완강하게 저항했다. 명조는 동북을 통일하려면 반드시 동북 경내의 "원의 잔여병력"를 궤멸시켜야 했다. 1387년(명 홍무(洪武) 20년)에 주원장은 풍승(馮勝)과 부우덕(傅友德)을 파견해 명군을 인솔하여 금산을 치게 했다. 나하추가 전쟁에서 패해 항복하고 기타 "원의 잔여병력"들도 잇달아 귀순하면서 고원(故元)의 동북지역 잔여세력은 모두 숙청되었다. 명 초, 여진은 3대 부족으로 나뉘었다. 건주여진(建州女眞)은 목단강(牧丹江), 수분하(綏分河), 장백산(長白山) 일대에 분포하였고, 해서여진(海西女眞)은 송화강 유역에 분포되어 있었으며, 야인여진(野人女眞)은 흑룡강과 사할린열도 등지에 분포되어 있었다. 명이 원에 이어 여진지역을 통치하면서 일련의 적극적인 경영 개발 조치를 취했으므로 명 왕조와 만족 선조의 관계가 한층 더 강화되었다.

홍무 연간에 동북지역에서의 명의 세력은 이미 송화강, 목단강, 아란강

---

39 왕세정(王世貞), 《엄주사료(弇州史料)》 전집 1
40 곡응태(谷應泰), 《명사기사본말(明史紀事本末)》 권10, 《고원유병(故元遺兵)》

(牙蘭江) 일대에까지 미쳤다. 영락(永樂)제 시기에는 명이 북경으로 수도를 옮긴 뒤 전략 중점을 북방으로 돌려 몽골을 정복하고 더욱 안정시키는 외에 여진지역에 대한 경영을 더욱 강화했다.

영락제는 여진의 상황에 대한 조사와 연구를 대단히 중시해서 친히 여진족을 찾아가 지방의 풍속과 인정세태를 묻기도 했다.[41] 1403년(명 영락[永樂] 원년)에 영락제가 형추(邢樞) 등을 파견해 "노아간(奴兒干)에서 길열미(吉列迷)에 이르는 여러 부락에게 가서 그들에게 귀순할 것을 명했다."[42] 1404년(명 영락 2년)에는 또 요동 천호(千戶) 왕가인(王可仁)을 두만강(豆滿江) 등지로 파견해 건주여진을 선무했다.[43] 명 왕조는 선무정책을 펴 훌륭한 효과를 거두었다. "동북지역의 노아간, 바다 건너에 있는 길열미의 여러 부락에 이르기까지, 그리고 동쪽의 이웃인 건주, 해서, 야인여진까지……영락 초에는 연이어 귀순했다." 명조 정부는 "그 곳에 위(衛)와 소(所)를 설치했는데"[44] 위소(衛所)에 대한 관리를 강화하기 위해 1409년(명 영락 7년)에 노아간위 관원 홀랄동노(忽剌冬奴) 등이 상소를 올려 노아간은 "요충지이므로 원수부(元帥府)를 세움이 적합하다"라고 제기했다. 명 조정은 그 제안을 받아들여 노아간도지휘사사(奴兒干都指揮使司)를 설치하고 강왕(康旺)을 도지휘동지(都指揮同知)로 임명하고 왕조주

---

41 심절보(沈節甫), 《기록회편(紀錄滙編)》 권32, 김유자(金幼孜)
    《금문정공 북정록 서(金文靖公北征錄序)》
42 엄종간(嚴從簡), 《수역주자록(殊域周咨錄)》 권24, 《여직(女直)》
43 《이조실록》 제 2권, 태종(太宗) 권7, 419쪽.
44 필공(畢恭), 《요동지(遼東志)》, 《요동지서서(遼東志書序)》

(王肇舟)를 도지휘첨사(都指揮僉事)로 임명했다.[45] 1411년(명 영락 9년)에 태감 역실합(亦失哈)과 도지휘지사 강왕 등을 정식 파견해 "군사 1천여 명과 큰 배 25척을 인솔해" 이 지역에 이르러 "노아간도사(都司)를 개설하고"[46] 위소의 사무를 전문적으로 관리하도록 했다. 노아간도사 관할지역의 범위는 "동으로 바다에 이르고 서로는 우량하(兀良哈[올량합])에 이르며, 남쪽은 조선과 인접하고 북은 노아간 북해에 닿았다."[47] 위소로 말하면 동쪽 사할린도의 낭합아위(囊哈兒衛)에서 서쪽 악눈하(鄂嫩河)의 알난하위(斡難河衛)까지, 남쪽은 혼하(渾河)일대의 건주위(建州衛)까지, 북쪽으로는 외흥안령의 고리하위(古里河衛)까지이며 산하에 총 370개의 위와 20개의 소가 포함된다.[48] 오늘날 명대에 설치됐던 위소가 이미 철폐된 지 오래지만 1413년(명 영락 11년)에 명조 관원은 노아간도사 소재지에 영녕사를 건설할 때,《칙수영녕사기(敕修永寧寺記)》라는 비석을 세웠으며, 1433년(명 선덕(宣德) 8년)에 영녕사를 건설할 때에는 또《중건영녕사기(重建永寧寺記)》라는 비석을 세웠다. 이 두 비석은 노아간도사와 위소의 상황을 상세하게 기록해 중국 동북

---

45 《명 태조실록(明太祖實錄)》권62, 영락 7년 윤4월 기유(己酉)
46 《칙수영녕사기(敕修永寧寺記)》비문,《역사의 건증(歷史的見證)》부록 참고,
    《역사연구》1974년 제1기에 게재.
47 진순(陳循),《환우통지(寰宇通志)》권116,《현람당총서속집(玄覽堂總書續集)》참고.
48 노아간도사 관할 하의 위소의 수량에 대해서 다양한 문헌기록이 있다. 본
    문의 숫자는 《명 실록(明實錄)》의 기록에 따라 통계한 것이다. 그러나《명
    실록》에는 건주좌위(建州左衛)의 설치 연대에 대한 기록이 없다. 그런데《명
    태종실록(明太宗實錄)》영락 14년 2월 임오조(壬午條)에는 "건주좌위 지휘 몽케
    테무르(猛哥帖木兒) 등을 위해 연회를 베풀었다"라는 기록이 있는 것으로 보아 그 이전에
    이미 건주좌위가 설치되어 있었음을 알 수 있으므로 건주좌위도 통계에 포함시켰다.

강역의 역사적 증거를 제공해주고 있다. 이외에 또 《소용장군 최원 묘지(昭勇將軍崔源墓志)》에는 "선덕 원년에 태감 역신(亦信)과 함께 노아간 등지에 가서 귀순을 권하는 조서를 전했고……정통(正統) 원년에 칙명을 받고 가서 홀라온(忽刺溫) 야인들을 선무했다"[49]라는 기록이 있다. 그리고 《명위장군 송국충 묘지명(明威將軍宋國忠墓志銘)》에는 송국충의 고조부 송복화(宋卜花)가 명조의 어명을 받고 노아간에 가서 귀순을 권하는 조서를 전했다는 사적이 기록되어 있다.[50] 이 두 개의 묘지(墓志)에 반영된 사실은 영녕사 두 비석의 기록과 완전히 일치한다.

'위소'는 명조 정치제도에 따라 설치된 지방 군사행정기구로서 내륙과 다른 점은 군사적 직능 외에도 지방의 행정사무를 관리하는 직능을 지닌다는 점이다. 이른바 《부속된 부족을 선무하고》[51] 《지방을 관리하는 것》[52]이다. '위소' 관원은 모두 명조 중앙정부가 직접 위임하며 "그 부족의…… 추장을 도독(都督), 도지휘(都指揮), 지휘(指揮), 천백호(千百戶), 진무(鎭撫) 등의 직책에 임명하고 관인을 수여하며 원래의 습속을 유지하면서 각자 부족을 통치하게 하는"[53] 정책을 실행했다.

그들의 관직은 세습이 되며 아비가 죽으면 아들이 관직을 물려받고 아비가 늙으면 아들이 대신했다. 만약 관직과 작위를 높이거나 칙서를 바꾸거나 내리는 상을 늘리는 등을 요구하려면 반드시 명조 정부에 보고해서 허락을

---

49 나복이(羅福頤), 《만주 금석지(滿洲金石志)》 권6
50 요녕 박물관 소장, 《명위장군 송국충 묘지명(明威將軍宋國忠墓志銘)》
51 《명 영종실록(明英宗實錄)》 권147, 정통(正統) 11년 11월 기묘.
52 나복성(羅福成), 《여진역어(女眞譯語)》 2편, 《숙신관 래문(肅愼館來文)》
53 《천순대명일통지(天順大明一統志)》 권89, 《여직(女直)》

받아야 했으며 함부로 행동해서는 안 되었다. 그렇지 않을 경우에는 처벌을 받아야 했다. 명조가 노아간 도사 산하 '위소'에 수여한 관인이 잇달아 발견됐다. 예를 들면 "모련위지휘사사지인(毛憐衛指揮使司之印)"[54],

"목답리산위지휘사사인(木荅里山衛指揮使司印)"[55],

"화둔길위지휘사사인(禾屯吉衛指揮使司印)"[56],

"낭합아위지휘사사인(囊哈兒衛指揮使司印)"[57],

"탑산좌위지인(塔山左衛之印)"[58] 등이다. 위의 "인신(印信, 관인)"은 명조가 동북지역에 지방행정기구를 설치하고 행정관리를 실행해왔다는 가장 유력한 물증이다. 명 왕조의 규정에 따라 여진의 3대 부족의 각 '위소'는 "일정 시기에 맞춰 조공을 바쳐야 했다." '조공'은 정치와 경제 이중적 내용이 포함된다. 위소의 관원은 조정이 지정한 기한에 맞춰 상경해서 업무보고를 통해 지방의 상황을 보고하는 한편 명조 정부에 조공을 바쳐야 했다. 명 조정은 "조공으로 바친 지방 물산에 대해 값을 치르지 않는 것이 관례였다."[59] 실제로는 여진으로부터 받아들이는 조세인 것이다. 건주와

---

54 《청구학총(靑丘學叢)》 15호, 인문, "모련위지휘사사지인(毛憐衛指揮使司之印)
　　예부 제조(禮部造) 영락 3년 12월 일"
55 중국역사박물관 소장, 인문, "목답리산위지휘사사인(木荅里山衛指揮使司印)
　　예부 제조(禮部造) 영락 4년 10월 일 자자(慈字) 55호"
56 길림 성 박물관 소장, 인문, "화둔길위지휘사사(禾屯吉衛指揮使司印) 예부 제조(禮部造)
　　영락 7년 9월 일 예자(禮字) 43호"
57 김육불(金毓黻), 《동북고인구침(東北古印鉤沉)》 인 41, 인문, "낭합아위 지휘사사인
　　(囊哈兒衛指揮使司印) 예부 제조(禮部造) 영락 10년 10월 신자(神字) 73호"
58 《만주금석지(滿洲金石志)》 권 6, 인문, "배산좌위지인(塔山左衛之印) 예부 제조(禮部造)
　　정통(正統) 12년"
59 신시행(申時行), 만력(萬曆) 《대명회전(大明回傳)》 권108, 《조공통례(朝貢通例)》

해서여진에 대해서는 "매년 겨울 개원에서 조공을 바치도록 명했으며 유독 야인여진만 외지고 먼 곳에 떨어져 있으므로 정해진 (조공)시기가 없었다."[60] 위소를 꾸준히 증설함에 따라 조공을 바치는 인원수도 갈수록 늘어났는데 1536년(明 嘉靖 15년) 한 해에만 상경해서 조공을 바친 자가 2,140여 명에나 달했다.[61] 위소에서 조공을 바치러 온 인원이 북경에 이르면 회동관(會同館)에서 접대하는데 여진의 조공 사절은 "다 북관에 배치했다."[62] 진상물은 모두가 지방의 진귀한 특산이었는데 예를 들면 말·담비 가죽·아교·인삼·해동청(海東青. 사냥용 매) 등이다.

명 조정은 조공하러 온 자들에게 관직의 높고 낮음에 따라 상을 내렸으며 공물에 대해 답례를 했다.[63] 그들이 가져온 물품은 수도의 지정된 시장에서 거래할 수 있도록 허용했다. 시장은 관시(官市)와 사시(私市)의 두 가지로 나뉘었다. 정부에 필요한 물품을 관가에서 나서서 수매한 뒤 나머지는 사시에서 거래했으며 생산 자료와 생활용품으로 바꾸어 여진 지역으로 운반해 갔다. 이로부터 조공은 정치적 역할 외에도 중원 지역과 여진 지방의

---

60 초상우공(苕上愚公), 《동이고략(東夷考略)》, 《여직(女直)》
61 《명 세종실록(明世宗實錄)》 권184, 185, 187, 189를 참고.
62 신시행(申時行), 만력(萬曆) 《대명회전(大明回傳)》 권145, 《회동관(會同館)》
63 만력(萬曆) 《대명회전(大明回傳)》 예부(禮部) 급사(給賜. 하사) 동북이조(東北夷條)의 기록에 따르면 도독(都督)에게는 채색 비단 4필, 절초건(折鈔絹) 2필, 금실을 수놓은 모시 명주 옷 한 벌, 장화와 양말 한 켤레씩 하사하고, 도지휘(都指揮)에게는 채색 비단 2필, 절초건 한 필, 명주 4필, 금실을 수놓은 모시 명주 옷 한 벌, 장화와 양말 한 켤레씩을, 지휘(指揮)에게는 채색 비단 한 필, 절초건 한 필, 명주 4필, 소복 모시 명주 옷 한 벌, 장화와 양말 한 켤레씩을, 천백호(千百戶) 진무(鎮撫) 사인(舍人) 두목(頭目)에게는 채색 비단 한 필, 절초건 한 필, 명주 4필, 장화와 양말 한 켤레씩을 각각 하사했다. 이상은 상을 내리는 수효이다. 답례로 주는 물품으로는 말 한 필에 채색 비단 2필과 절초건 한 필을, 담비 가죽 4장에 명주 한 필을 주곤 했다.

상업무역과 물자교류를 추진했음을 알 수 있다.

명조 정부는 또 요동(遼東)지역에서 여진지역으로 통하는 교통의 요충지였던 진(鎭)에는 "마시(馬市)"를 개설해 여진과 한인(漢人) 그리고 동북의 여러 민족 간의 상업거래에 편리를 제공했다. 마시가 개설되기 시작한 것은 1405년(명 영락 3년)부터인데 명조 정부가 몽골 복여위(福余衛)의 요구에 따라 "광녕(廣寧) · 개원(開原) 등에 물과 풀 공급이 편리한 곳을 택해 마시를 개설해 말이 관청에 당도하면 가격을 계산해 주도록 명했다."[64] 마시를 찾아와 거래하는 사람이 아주 많았으므로 1406년(명 영락 4년)에 명 조정에서는 정식으로 마시를 개설하고 천호(千戶) 답납실리(答納失里) 등을 파견해 마시의 사무를 담당하도록 했다.[65] 그때 당시 마시가 세 곳에 있었다. "한 곳은 개원 성남에 위치했는데 해서여진을 위해 마련해 둔 것이고, 다른 한 곳은 개원 성동에 위치하고, 또 다른 한 곳은 광녕에 위치했는데 타안(朵顏) 등 세 개의 위(衛)를 위해 마련해 둔 것으로서 모두 성 안에서 40리 떨어진 곳에 있었다."[66] 그때부터 마시 무역이 꾸준히 발전했으며, 또 마시가 잇달아 증설되었다. 1464년(명 천순[天順] 8년)에 건주여진을 위해 무순(撫順) 마시를 개설했다.[67] 성화(成化) 시기에는 옛 성루 남쪽에 해서여진을 위해 마시 한 곳을 개설했다. 1523년(명 가정 2년)에 경운(慶雲) 성루 북쪽으로 옮겼다. 만력 초년, 청하(淸河) · 애양(靉陽)

---

64 《명 성조실록(明成祖實錄)》권34, 영락 3년 3월 계묘(癸卯)
65 《명 성조실록(明成祖實錄)》권41, 영락 4년 3월 갑오(甲午)
66 필공(畢恭), 《요동지(遼東志)》권3, 《변략 마시(邊略 馬市)》
67 《명 헌종실록(明憲宗實錄)》권7, 천순 8년 7월 을미(乙未)

관전(寬甸) 세 곳에 마시를 개설하고 얼마 뒤에 또 의주(義州) 목시(木市)를 개설했다.

마시는 관시(官市)와 사시(私市) 두 가지로 나뉘었다. 명 정부가 말 등 "전쟁에 쓰이는 도구"를 수매하는 마시를 '관시'라 하고 여진과 여러 민족 사이에 '생활용품'을 거래하는 장소를 '사시'라고 불렀다. 마시무역이 크게 번창했는데 교환 물품 중 여진이 제공하는 것으로는 말, 담비가죽, 인삼 등의 토산물이었고 한족지역에서 제공하는 것으로는 보습·삽 등의 철붙이로 만든 생산도구들과, 밭갈이 소·종자와 같은 생산물품들, 쌀·소금·명주 천·비단·솥·옷가지 등의 생활용품들이었다. 명 조정에서는 관원을 파견해 마시무역을 관리하도록 했다. 최초의 거래는 모두 물물교환이었다. 1417년(명 영락 15년)에 "마가(馬價, 말의 가격 또는 말을 고용하는 가격 즉 말 값)"를 개혁한 뒤 화폐거래를 실행하기 시작했다. 마시를 주관하는 관원은 시장에 진출하는 물품을 검사하는 것 외에도 상업세를 징수했는데 이를 "마시(馬市) 추분(抽分, 중국 송·원·명 때 외국 물품과 국내 토산물 거래 시에 징수하는 무역관세)"[68]이라고 했다. 게다가 마시에 와서 무역에 종사하는 여진 여러 위소의 두령들에게는 상을 내려 격려해 주었다.[69]

---

68 필공(畢恭), 《요동지(遼東志)》 권3, 《변략 추분화물(邊略抽分貨物)》. 정통(正統) 초년에 거세마 한 필에 은 6전(錢), 수말 한 필에 은 5전, 암말 한 필에 은 4전, 소 한 마리에 은 2전, 비단 한 필에 은 1전, 솥 하나에 은 1푼(分), 담비가죽 한 장에 은 2푼, 인삼 10위(圍. 두 손 엄지와 식지를 둥그렇게 맞이어 잡을만한 묶음)에 거래세 한 등이었다.

69 필공(畢恭), 《요동지(遼東志)》 권3, 《변략 마시(邊略馬市)》의 기록에 따르면 도독에게는 1인 당 양 한 마리에 매일 음식 세 상과 술 세 주전자를, 도지휘에게는 1인 당 양 한 마리에 매일 음식 한 상과 술 한 주전자를, 한 부락에는 4명 당 돼지고기 한 근(500그램)에 술 한 주전자를 상으로 내렸다.

여진 사회경제의 발전에 따라 마시무역을 확대하는 것이 절박한 수요가 되었다. 그래서 만력 연간에 이르러서 마시는 4~5곳이 증설됐으며 거래가 뚜렷이 발전하고 변화했다. 요녕(遼寧) 기록보관소에 보존된 일부 명대 요동(遼東) 마시무역 "추분청책(抽分淸冊)"[70]이 그 시기 마시 상황을 연구하는 데 진귀한 자료를 제공했다. 그 기록 정책을 통해 다음과 같은 몇 가지 상황을 알 수 있다. 첫째, 마시 개장 날짜가 더 이상 예전의 매월 한 두 차례, 매번 겨우 5일인 것이 아니라 만력 시기에 이르러서는 거의 매일 장이 서고 매월 개장 날자가 제한을 받지 않게 됐다.[71] 둘째, 명조 정부가 마시 물품에 대해 징수하는 상업세가 올랐다. 어떤 것은 몇 십 퍼센트 오르고 어떤 것은 몇 배 올랐다.[72] 셋째, 여진의 여러 부족이 마시에 와서 거래하는

---

70 요녕 기록보관소에 소장된 여진 관련 기록 자료 중 번호 을101호에서 을109호에 이르기까지 모두 만력 시기 마시무역 기록(불완전 기록)인데 신안관(新安關)(몽골을 대상으로 함) 진북관(鎭北關)(해서여진을 대상으로 함) 광순관(廣順關)(해서여진을 대상으로 함) 무순관(撫順關)(건주여진을 대상으로 함)의 무역 상황을 반영했다.

71 원래 명조 정부의 규정에 따르면 개원(開原)은 매 달 초하루부터 초닷새까지 한 차례 개장했는데 개원(開原)의 북관(진북관)과 남관(광순관) 두 곳의 마시를 포함해 모두 그러했다. 명당(明檔. 명조 기록) 을107호 《광순(廣順) 진북(鎭北) 신안(新安) 등 관(關)의 거래 물품 추분은(抽分銀) 두 장부(表冊)》에 기록된 개장 시간에 대한 통계만 봐도 마시 무역 시간의 변화를 분명하게 설명할 수 있다. 그 기록의 시간은 만력 12년(1584년)이며 광순관과 진북관은 초이튿날, 초엿새, 초이레, 초여드레, 초아흐레, 초열흘, 십이, 십삼, 십오, 십팔, 이십, 이십일, 이십이, 이십오, 이십육, 이십칠, 이십팔일에 개장한다. 불완전 기록이기 때문에 개장 일자가 완전하지 않은 것도 이러하니 개장 날짜가 17일간 이상으로서 과거에 비해 3배나 많다. 개장 시간 순서로 보면 개장 일자가 제한을 받지 않았음을 알 수 있다.

72 우리는 여기서 《전료지(全遼志)》 권2 《마시추분(馬市抽分)》의 액수(이 서책은 가정 16년에 수정한 것임)와 《명당추분청책(明檔抽分淸冊)》(이 서책은 만력 연간의 것임)을 대조하며 계산해 다음과 같은 결과를 얻어냈다.

《전료지》   《명당추분청책》
말, 수말 한 필에 은 5전(錢), 망아지 한 필에 은 3전,   말, 한 필에 은 7전.

횟수·인원수도 모두 예전보다 늘어나 매번 시장에 나오는 인원이 적어도 수십 명, 많을 때는 수천 명에 이르렀다. 예를 들어 해서여진 도독(都督) 맹골패라(猛骨孛羅)·알상(歹商) 등은 광순관 장에 나가는데 한 차례 장에 나가는 인원수가 1,100명이나 되었다.[73] 건주여진의 주장혁(朱長革) 등은 무순관 장에 나와 통상무역을 진행하는 자가 통상 250명에 달했다고 했다.[74] 넷째, 명조가 여진지역으로 운송하는 물품이 주로 밭갈이 소와 철붙이 생산도구라는 점이다. 이는 과거에 대량의 생활용품을 운송했던 것과 다른 점이다. 《추분청책》107호의 기록에 따라 통계를 내어본 결과, 해서여진에 운송된 밭갈이 소가 216마리, 보습이 4,292건에 달했다.[75] 위의 마시 관련 기록이 모두 완전하지 않은 기록이기 때문에 반영한 상황도 전면적이지 않고 숫자도 정확하지 않다. 그러나 위의 통계 숫자를 통해서도 그 시기 마시의 특징과 변화를 알아낼 수 있으며, 명조와 여진 지역 간의 밀접한 경제적 연계와 여진 사회경제의 발전을 알아낼 수 있었다.

거세마 한 필에 은 6전, 조랑말 한 필에 은 2전,
암말 한 필에 은 4전.

소, 큰 소 한 마리에 은 2전, 작은 소 한 마리에 은 1전,　　　소, 한 마리에 은 2전 5푼.
중간 소 한 마리에 은 1전 5푼, 송아지 한 마리에 은 5푼.
양, 면양 한 마리에 은 2푼, 산양 한 마리에 은 1푼.　　　양, 한 마리에 은 2푼.
담비가죽, 한 장에 은 2푼.　　　　　　　　　　　　　담비가죽, 한 장에 은 2푼 5리.
상의, 한 건지에 은 5푼.　　　　　　　　　　　　　상의, 한 건지에 은 1전 5푼.

73　요녕 기록보관소 소장, 명당(明檔. 명조 기록) 을107호 만력 12년, 《광순·진북·신안 등 관의 거래 물품 추분은 두 장부(廣順,鎭北,新安等關易換貨物抽分銀兩表册)》를 참고.

74　요녕 기록보관소 소장, 명당(明檔. 명조 기록) 을105호 만력 6년, 《정료후위(定遼后衛. 행정지역명) 경력(經歷. 관직명)이 상신한, 오랑캐들로부터 징수한 상업세와 내린 상의 은냥 등 각항 명세서(定遼后衛經歷呈報經手抽收撫賞夷人銀兩各項清册)》

75　요녕 기록보관소 소장, 명당(明檔. 명조 기록) 을107호 만력 12년, 《광순·진북·신안 등 관의 거래 물품 추분은 두 장부(廣順,鎭北,新安等關易換貨物抽分銀兩表册)》를 참고.

여진과 명조는 정치, 경제 등의 분야에서 예전 그 어떤 시기보다도 관계가 더 밀접했으며 왕래가 더 빈번했다. 게다가 명조 정부는 끊임없이 명군을 노아간도사 관청 소재지 일대에 주둔시켜 지키게 하고 주둔군에 대해서는 정기적으로 주둔지를 교체하도록 했으며, 항상 요동 등지로부터 군사 보급품을 대거 운송했다. 그로 인해 동북지역의 수로와 육로 교통도 따라서 발전하게 됐다. 명조시기에는 원대에 설치된 역참을 토대로 역참을 대대적으로 증축하거나 신축해 선로를 연장하거나 새로 개척했다. 《요동지》의 기록에 따르면 그때 당시 요동에서 동북 여러 지역으로 통하는 교통 간선이 총 6갈래에 달하였다. 개원성(開原城)은 6갈래 간선의 시작점으로서 동으로는 조선에 이르고, 서로는 내몽골에 닿았으며, 동북으로는 특림(特林) 지역의 만경(滿涇)까지, 서북으로는 만주리(滿洲里) 이북으로 통하는 사통팔달하는 역참 교통망이 형성됐다.[76] 특히 흑룡강 송화강 일대에 대해 명 조정은 요동과 노아간도사 간의 연계와 교통 운송을 보장하기 위해 1412년(명 영락 10년)에 송화강에서 흑룡강 하류까지 만경(滿涇) 등 45개의 역참을 설립했다.[77] 1420년(명 영락 18년)에 명조는 길림(吉林) 성의 송화강변에 조선소를 건설해[78] "배를 만들어 식량을 운반하는 것"과 군대를 운송하는 임무를 맡도록 했다. 명조는 동북지역의 교통 운송을 적극 발전시키고 역참을 증설하여 여진과 요동·중원지역간의 왕래를 더욱 강화했다.

---

76 필공(畢恭), 《요동지(遼東志)》 권9, 《외지(外志)》 참고.
77 《명 성조실록(明成祖實錄)》 권85, 영락 10년 9월 정묘(丁卯)
78 《길림 아십합달마애(吉林阿什哈達摩崖)》 참고, 《문물(文物)》 1973년 8기에 게재.

만족의 선조들은 수천 년간의 긴 역사 속에서 역대 왕조가 어떻게 바뀌었든, 또 어느 민족의 귀족이 중앙 왕조의 통치권을 장악했든 중원지역과 줄곧 밀접한 관계를 유지했다. 그들은 중화민족으로부터 분리될 수 없는 민족이었다.

제2절
만족의 흥기와 후금(後金)정권의 수립

1. 건주 3개 위(衛)의 설치와 해서 4개 부(部)의 형성 및 발전

만족은 건주여진으로부터 왔으며 그 직계 조상은 원래 흑룡강 북안에 거주했다.[79]

---

79   청대 서적에 만족의 기원과 관련해 삼선녀가 신조(神鳥)가 물어다준 열매를 삼키고 시조 포고리옹순(布庫里雍順)을 낳았다는 전설이 있다. 이 전설은 아주 오래 전으로 거슬러 올라간다. 《만문로당(滿文老檔)》의 기록에 따르면 1634년(천총(天聰) 8년) 12월 흑룡강 유역의 호이합(虎爾哈)부족을 정벌할 때 항복한 자 중에 목고십극(穆庫什克)이라는 자가 이런 말을 했다. "나의 조상들은 대대로 포고리(布庫里)산맥 포륵화리호(布勒和里湖)에 살았다. 현재 나는 이와 관련 서적이나 기록 책자 등을 가지고 있지 않다. 옛날 조상의 상황은 세세대대로 전해져 내려와 알고 있다. 옛날 포륵화리호에 아고륜(俄古倫) 경고륜(京古倫)·불고륜(佛古倫) 세 천상의 선녀가 내려와 목욕을 했다. 그중 막내 선녀가 신령한 까치가 물어다주는 빨간 열매를 입에 물었다가 그만 삼킨 뒤로 아이를 배 포고리옹순을 낳았다. 그렇게 만족이라는 민족이 생겨났다. 포륵화리호는 면적이 백리에 달하며 흑룡강과 120~130리 정도 떨어져 있다. 둘째 아들을 낳은 뒤 그들은 포륵화리호를 떠나 살합련오라지납이혼(薩哈連烏喇之納爾渾)이라는 곳으로 이주해 거주했다."(간다 노부오(神田信夫) 역주, 《구만주당(舊滿洲檔)》, 천총 9년(1), 124~125쪽). 목고십극이 말한 내용은 청대 역사서적의 기록과 완전 일치한다. 단 청대 역사 서적에는 포고리산이 장백산 근처에 있다고 했다. 편자주, 여기서 말하는 장백산은 아마도 상상 속의 신산으로서 훗날의 장백산이 아닐 것이다. 강희제가 말했다시피 "장백산이 본조 조상의 발상지라고 하는 데 대해 아직까지도 확실하게 아는 사람이 없다."(《만주원류고(滿洲源流考)》 권 14.) 기실 포고리산과 포륵화리호는 모두 흑룡강 북안에 위치했으며 즉 훗날의 강동(江東) 육십사둔(屯) 일대이다. 명말 청초 그 곳에 박화리둔(博和里屯)이라는 마을이 있었으며 다우르족(達斡爾族)이 이미 거주하고 있었다. 《성경통지(盛京通志)》 권 14의 기록에 따르면 흑룡강성(城)(옛날의

명대의 여진은 분포지역과 경제발전 정도에 따라 건주해서 그리고 야인(野人) '3대 부족으로 나뉘는데 그 세 부족 사이와 내부에서도 점유와 약탈'전쟁이 끊이지 않았다. 야인여진이 늘 해서와 건주를 침략했는데 "수차례나 산채(山寨, 해서여진을 가리킴)와 원수가 되어 싸워왔는데 싸움이 끊이지 않았다."[80] 해서와 건주는 '야인'여진의 침략을 피하기 위해 요동 및 관내와의 경제 연계를 강화했으며, 일부 부족과 위소는 점차 남쪽으로 이주하게 되었다.

원(元)조에 건주여진 지역에 5개의 만호부(萬戶부)를 설치하고 5명의 만호(萬戶)를 임명했는데, 그중 호리개(胡里改) 만호 아합출(阿哈出)과 알타령(斡朵怜) 만호 몽케 테무르(猛哥帖木兒) 두 만호가 지금의 송화강과 목단강이 합류하는 곳인 흑룡강성 의란(依蘭)현 경내에 거주했다.[81] 원말명초에 이르러 아합출 부족이 야인 여진의 침략을 받아 남으로 이주했으며 대략 홍무 연간쯤 그 부족은 봉주(鳳州)에 잠시 정착했었다.[82]

애혼성(璦琿城)) 남쪽으로 75리 떨어진 곳에 박과리산(薄科里山)이라는 산이 있고 동남쪽으로 60리 떨어진 곳에 박화리지(薄和里池)라는 호수가 있다. 청조에 제작한 지도《황여전람도(皇輿全覽圖)》《성경 길림 흑룡강 등 곳에 표기한 전적여도(盛京吉林黑龍江等處標注戰迹輿圖)》 그리고 《포특합 관아 관할도(布特哈衙門管轄圖)》 등을 보면 모두 흑룡강 북안에서 이 산과 호수를 찾아볼 수 있다. 이로부터 만족의 직계 선조가 당초에 흑룡강 이북에서 살았으며 후에 남쪽으로 이주했음을 증명할 수 있다. 전설 속 선조인 포고리옹순이라는 이름은 포고리산에서 온 것이다.

80 필공(畢恭),《요동지(遼東志)》권7, 여경(廬琼),《동술견문록(東戌見聞錄)》참고.

81 (조선)《용비어천가(龍飛御天歌)》7권 52장 참고, 화아아(火兒阿)는 곧 호리개(胡里改)이고, 알타리(斡朵里)는 곧 알타령(斡朵怜)이다.

82 필공(畢恭),《요동지(遼東志)》권7, 한빈(韓斌),《이조실록》7권, 세종(世宗)권24, 348, 362쪽.

1403년(명 영락 원년)에 아합출이 수도로 가서 임금을 알현했다. 명조는 그 부족에 건주위(建州衛)를 설립하고 아합출을 건주위 지휘사로 임명했으며 그에게 이성선(誠善)이라는 이름을 하사했다. 1409년(명 영락 7년) 아합출이 죽고 이듬해 그의 아들 석가노(釋家奴)가 "정벌 전쟁에서 공을 세운" 이유로 아버지의 직위를 세습하고 건주위 도지휘첨사(都指揮僉事)로 승진했으며 이현충(李顯忠)이라는 이름을 하사 받았다. 건주위 사람들은 봉주에 20여 년간 거주했는데 서부지역에 있던 몽골의 침략을 자주 받곤 했으므로 명 조정의 허락을 받고 1423년(명 영락 21년)에 봉주를 떠나 파저강([婆猪江], 지금의 혼강[渾江]) 유역으로 이주했다.[83] 석가노가 죽은 뒤 그 아들 이만주(李滿住)가 아버지의 직위를 세습해 건주위 도지사첨사가 됐다.[84] 건주위가 파저강 유역으로 이주한 뒤 또 북부지역의 "야인" 여진 홀랄온(忽剌溫) 부족의 침략이 끊이지 않았으며 "조선국 군대의 약탈과 학살로 조용할 틈이 없었다." 그래서 1438년(명 정통[正統] 3년)에 이만주는 부족을 이끌고 서쪽으로 이주해 "산동(山東) 혼하(渾河)로 자리를 옮겨 앉았다."[85]

원래 아합출 부족과 이웃이었던 알타령 만호 몽케 테무르(청 태조 누르하치[努爾哈赤]의 6대조)도 "고원유병(故元遺兵, 멸망한 원조의 잔여 군대)" 납합출(納哈出)과 야인여진의 약탈을 견딜 수 없어, 1372년(명 홍무

---

83   《이조실록》 7권, 세종(世宗) 권 24, 348~349쪽, 362쪽, 《명 영종실록(明英宗實錄)》 권19, 정통(正統) 원년 윤(閏)6월 임오(壬午)
84   《명 선종실록(明宣宗實錄)》 권15, 선덕(宣德) 원년 3월 신축(辛丑)
85   《명 영종실록(明英宗實錄)》 권43, 정통 3년 6월 무신(戊辰)

5년)에 하는 수 없이 "부족을 거느리고 이주하기 시작했다." 그들은 고향을 떠나 도문강(圖們江) 이남, 조선 경내의 경원(慶源) 일대에 거주하다가[86] 후에 알목하(지금의 조선 회녕[會寧])로 자리를 옮겼다.[87] 영락 초년, 건주위 지휘사 아합출이 명 조정에 '몽케 테무르가 총명하고 재능이 있으며 원견성이 뛰어나다'고 상주한 적이 있다. 그래서 1404년(명 영락 2년)에 명조 정부가 사절을 파견해 몽케 테무르를 조정으로 불렀다. 그 이듬해 몽케 테무르가 직접 명 황제를 알현했으며 명조 정부는 "몽케 테무르에게 건주위 도지휘사(지휘사라고 해야 함) 직위를 수여하고 인신(印信)을 하사했다."[88] 그는 건주위 지휘사 직에 임명되었으므로 1411년(명 영락 9년)에 부족을 거느리고 알목하를 떠나 건주위의 거주지역인 "봉주로 이주했다."[89]

1412년(명 영락 10년) 명조가 그 곳에 건주좌위(建州左衛)를 증설하고 몽케 테무르를 건주좌위 지휘사에 임명했다. 그러다 1423년(명 영락 21년)에 역시 몽골의 침략을 받아 건주위와 함께 봉주를 떠나 알목하 일대로 다시 돌아가 거주했다.[90] 1433년(명 선덕 8년)에 몽케 테무르와 그의 아들 권두(權豆)가 전부 "칠성야인(七姓野人)"에게 살해되자 건주좌위가 심각한 타격을 받고 거의 멸망의 상황에 빠져들었다. 1434년(명 선덕 9년)에 명조 정부가 범찰(凡察, 몽케 테무르의 이부동모 아우)을 도독참사로 임명하고

---

86 《이조실록》제 2권, 태종(太宗) 권 9, 547쪽, 《명원청계통기(明元淸系通紀)》 정편(正編) 권1, 33~35쪽.
87 (조선)《동국여지승람(東國輿地勝覽)》권 50, 회녕도호부(會寧都護府), (조선) 이긍익(李肯翊),《연려실기술(燃藜室記述)》권7
88 《이조실록》제 2권, 태종 권11, 645쪽.
89 《이조실록》제 7권, 세종 권20, 300쪽과 제4권 태종 권 21, 34쪽 참고.
90 《이조실록》제 7권, 세종 권20, 291쪽.

건주좌위의 사무를 담당하도록 했다. 1437년(명 정통 2년)에 명조 정부는 몽케 테무르의 둘째 아들 동산(董山)이 직위를 세습해 역시 건주좌위 지휘를 담당할 것을 명했다. 동산은 또 습격을 당하는 것을 피하기 위해 "요동으로 되돌아가 거주할 것"을 명조 정부에 요구했다. 명 조정의 허락을 받은 동산은 1439년(명 정통 4년) 봄, 부족을 이끌고 파저강으로 이주했다. 명조 정부는 그들을 "삼토하(三土河, 지금의 길림성 해룡[海龍]현)와 파저강 서쪽 동고하(冬古河) 사이에 위치한 지역에 배치해 이만주와 같이 지내게 했다."[91] 얼마 지나지 않아 범찰과 동산 숙질 사이에 영도권 쟁탈을 위한 "위인(衛印, 위의 관인) 쟁탈 전쟁"이 발생했다. 명조 정부는 건주좌위의 세력을 견제하고 약화시키기 위해 1442년(명 정통 7년)에 건주좌위를 제외하고, 또 건주우위를 증설하고 범찰을 도독동지(都督同知)에 임명하고 우위의 사무를 관리하면서[92] 삼토하(三土河) 일대에 거주하도록 했다. 그때부터 건주여진은 소자하(蘇子河) 유역을 중심으로 다시 집결하기 시작했다. 그곳은 산이 좋고 물이 맑으며 구릉이 기복을 이루고 땅이 기름지고 자원이 풍부했는데 청조의 발상지가 되었다.

건주 삼위는 오랜 세월 동안 고난과 떠돌이 생활과정에서 한데 모여 내부 연계와 협력을 강화해 그 세력이 점차 발전했다. 천순(天順) 연간에 동산이 건주 삼위의 수령이 되었으며 그 세력이 동북지역에 대한 명조 정부의 통치를 위협하기에까지 이르렀다. 명조 정부는 소수민족에 대해

---

91 《명 영종실록(明英宗實錄)》 권71, 정통 5년 9월 기미(己未)
92 《명 영종실록(明英宗實錄)》 권89, 정통 7년 2월 갑신(甲辰)

규제와 분화·기만(欺瞞) 정책을 펴면서 상경해 조공을 바치러 오는 건주 해서여진의 인원수를 감축토록 했는데 이른바 "옛날에는 조공 인원이 수백에 달했지만 천순 연간에는 50명 이내로 줄였다."[93] 게다가 공물에 대해 자꾸 트집을 잡으며 갖은 방법을 써서 괴롭혔으며[94] "조공으로 바친 공물에 대해 내리는 상도 크게 줄였다."[95] 그래서 여진 각 부족의 불만을 사서 "모두가 분노하고 원망하며 허튼 생각을 하게 되었다."[96] 동산은 기회를 틈 타 해서여진을 연합해 요동을 침범했다. 명조 정부는 비열한 수단으로 초무(招撫)를 명분으로 동산을 꾀어 북경으로 와서 조공을 바치도록 했다. 동산은 건주로 되돌아가는 도중에 광녕(廣寧)에 감금되어 얼마 뒤 살해됐다.[97] 같은 해 9월, 명 조정은 총병관(總兵官) 조보(趙輔)를 파견해 5만 명군을 인솔해 건주를 공격했으며 조선을 협박해 군대를 파견해 압록강(鴨綠江)을 건너 동쪽에서부터 협공할 것을 요구했다. 건주위 이만주는 전쟁에서 패해 파저강 강변까지 물러났다가 조선군에 살해됐다. 명조의 관군은 건주에 들어가서 마구 불을 지르고 사람을 죽이고 빼앗으며 만행을 저질렀으며 "산채를 불사르고 집안 물건을 모조리 빼앗아 갔다." 많은 여진인들이 "깊은 산속으로 도주해 숨었다."[98] 건주 삼위는 한 차례 대재앙을 당했다.

---

93 하교원(何喬遠), 《명산장(名山藏)》 왕형기(王亨記),
    동북 오랑캐 해서건주(東北夷海西建州)
94 초상우공(苕上愚公), 《동이고략(東夷考略)》 여직(女直) 참고.
95 나일경(羅日褧), 《함빈록(咸賓錄)》
96 마문승(馬文升), 《무안동이기(撫安東夷記)》
97 해빈야사(海濱野史), 《건주사지(建州私志)》 상권 참고.
98 《명 헌종실록(明憲宗實錄)》 권47, 성화(成化) 3년 10월 임술(壬戌)

중국역사에서 북방의 많은 소수민족이 점차 남쪽으로 이주해 한족의 선진문화와 빈번하게 접촉하면서 상업거래가 빠르게 늘어나고 경제생활은 크게 발전했으며 원시적인 민족경제가 한층 더 파괴되었는데 일부 민족은 사냥과 유목생활을 바꿔 농업에 종사하기에까지 이르렀다. 그 시기 발전단계에 처한 북방민족은 경제력의 성장에다 원래 사냥과 유목생활 속에서 단련된 탄탄한 군사조직과 용감한 정신까지 결합되어 필연적으로 군사적으로 강대해져 한족 통치왕조에 큰 위협으로 작용했던 것이다.

명대의 여진족은 바로 그러한 발전의 길을 걷고 있었다. 그렇기 때문에 비록 명조 정부가 동산을 진압했지만 봉황성(鳳凰城)에서 청하성(淸河城)을 거쳐 무순(撫順)에 이르기까지 그 일대에 둔전을 설치하고 또한 성루를 쌓아 요동의 방위를 강화하고 건주 세력의 변화를 면밀히 주시했다. 그러나 갈수록 부패해지는 명조 정부는 허약하던 데서 강대해지고 분산되었던 데서 통일되어 가는 건주여진의 굴기 과정을 철저히 바꿔놓는다는 것은 불가능한 일이었다. 만력 초년에 이르러 건주가 또 흥기하기 시작했으며 동·서 두 갈래로 나뉘었다. 동부의 파저강 유역에는 건주위의 왕올당(王兀堂)이 있고 서쪽 혼하 상류에는 건주우위 도지휘사 왕고(王杲)가 있었다. 그들은 자주 요동지역에 대한 약탈을 진행했으므로 명조 요동의 안전을 위협하는 하나의 요소로 작용했다. 건주여진이 남쪽으로 이주하는 것과 동시에 해서여진도 끊임없이 남으로 이주하면서 해서 사부(四部, 혹은 호륜[扈倫] 사부)가 형성됐다. 그 사부는 즉 엽혁(葉赫)·휘발(輝發)·합달(哈達)·오랍(烏拉)이다. 그중 엽혁부는 원래 송화강 북안에 거주하던 탑로목위(塔魯木衛)인데 그 선조인 타엽(打葉)이 그

위의 지휘자였다. 16세기 초(정덕(正德) 시기)에 명 조정은 축공혁(祝孔革)을 좌도독에 임명했다. 축공혁은 무리를 이끌고 남으로 이주해 개원 동북의 엽혁리하(葉赫利河)에 이르렀으며 바로 명조 정부의 북관(北關)이다. 16세기 중엽(가정 시기) 축공혁의 두 손자 영가노(逞加奴)와 앙가노(仰加奴)를 지휘참사에 임명하고 북관에 동·서 두 개의 성을 건설했는데, 그 세력이 갈수록 강대해졌으므로 해서의 많은 부족이 "우러러 귀순하면서 지역이 갈수록 확장되었다. 군대가 이르는 곳마다 사방에서 두려워서 복종하곤 해"[99] 해서여진 중의 강대한 세력으로 확장되었다.

휘발부는 원래 목단강(牧丹江) 유역에 거주하던 불제위(弗提衛)인데 그 선조인 탑실(塔失)이 그 위의 지휘자였다. 가정 시기 불제위는 휘발하 유역으로 옮겨 휘발부라고 칭했다.

합달부는 원래 송화강 북안의 호란하(呼蘭河) 동쪽의 탑산좌위였는데 그 선조 불랄(弗刺)이 도지휘참사였다. 16세기 초 속흑특(速黑忒)이 도독참사 직위를 이어 해서여진 중에서 가장 강대한 세력으로 발전했다. 그 뒤 속흑특의 아들 왕충(王忠)이 그의 뒤를 이어 위도독이 된 뒤 야인여진의 침략을 받아 호란하에서 개원(開原) 정안보(靖安堡) 광순관(廣順關) 밖의 소청하(小淸河) 상류로 자리를 옮겼는데 즉 명조 정부로부터 남관(南關)으로 불리었다. "왕충은 그 부족이 강성했는데 건주　해서　모령(毛怜) 등 182위 20소 56참 모두가 그 군사세력을 두려워했다."[100] 왕충이 죽은 뒤 그 조카

99　서건학(徐乾學), 《엽혁나랍씨가승(葉赫那拉氏家乘)》

100　왕재진(王在晉), 《삼조요사실록(三朝遼事實錄)》, 《총략(總略)》, 《남북관(南北關)》

왕대(王臺)가 그의 직위를 이어 좌도독이 되었으며 해서 각 부족은 "모두가 왕대에게 복종했다."[101] 그는 명조에 "가장 충성하고 순종했으며…… 동쪽 변경이 안정되어 30년간 농사짓고 방목할 수 있었던 것은 왕대의 세력이 강했기 때문이었다."[102]

탑산좌위 도독 왕충이 고향을 떠날 무렵 그의 사촌 조카 보연([補烟], 포연[布延]이라고도 함)은 부족을 거느리고 오랍하(烏拉河) 연안으로 자리를 옮겨 성을 쌓고 거주하면서 오랍부라고 칭했다. 융(隆)·만(萬) 시기에 이르러서는 송화강 남북과 목단강 서쪽의 여러 부족을 점차 정복하여서 해서 사부 중 강대한 한 갈래 세력으로 발전했다.

상기 내용에 비추어보면 건주와 해서의 남쪽으로의 이주는 대체로 가정(嘉靖) 때에 기본적으로는 안정이 되었다. 그들은 요동의 동북쪽을 따라 분산되어 집단 거주했는데 건주 삼위는 무순관 동쪽에 분포되었고 해서 사부는 개원 북쪽에 흩어져 살았다. 건주와 해서가 남으로 자리를 옮긴 뒤 사회경제가 크게 한 걸음 발전했다. 여진인들은 부지런히 일하며 한족의 선진적인 생산기술을 적극 받아들인 덕분에 여진 사회생산력의 발전이 빨라졌다. 그때 당시 적지 않은 한인(漢人)들이 여진 지역에 들어와 농업 경작기술을 전파하고 소갈이 기술을 널리 보급했는데 "농부와 소가 들판에 흩어져 있는"[103] 경작 풍경이 펼쳐졌다. 그리고 대량의 철제 농기구를 들여왔는데 예를 들면 철 보습, 철 호미 등을 들여와 황무지를 대대적으로

---

101 구구사(瞿九思), 《만력무공록(萬曆武功錄)》 권11, 《왕대전(王臺傳)》
102 심국원(沈國元), 《황명종신록(皇明從信錄)》 권35
103 《이조실록》 제 8권, 세종(世宗) 권77, 563쪽.

개간했다. 농업생산이 발전하면서 예전의 "사냥만 할 줄 알고 농사를 지을 줄 모르던"[104] 상황을 바꿔놓았다. 《수역주자록(殊域周咨錄)》의 기록에 따르면 그때의 여진은 "집을 짓고 살면서 농사를 지었으며 사냥에만 종사한 것이 아니다."[105] 따라서 채집·수렵 경제에서 점차 농업생산을 위주로 하는 경제단계로 변화했다. 만력 초년부터 건주여진은 이미 소량의 식량을 요동지역으로 송출하기에 이르렀다.[106] 이러한 현상들은 건주지역의 농업생산이 아주 빠르게 발전했다는 사실을 반영한다.

농업의 발전은 또 수공업의 발전을 추진하였다. 농업생산에서 대량의 철제 농기구를 필요로 하는 외에도 사냥과 방위에서도 대량의 철제 무기가 필요했다. 이런 철기는 주로 명조에서 공급했다. 그러나 1439년(명 정통 4년)부터 명조는 여진에 농기구를 제외한 다른 철기의 공급을 금지시켰다. 1476년(명 성화(成化) 12년)에 명 조정은 영을 내려 철기 공급을 엄히 금지해 여진 지역에 대한 모든 철기의 운송을 금지시켰다. 그 결과 여진 지역에서는 "남정네는 일하는데 사용할 보습과 삽이 없고 아녀자들은 바느질을 하는데 필요한 바늘과 가위가 없는"[107] 상황에 처해 그들의 생산과 생활이 심각한 영향을 받았다. 이런 상황은 여진족에게 자체적으로 제철업을 발전시키도록

---

104 《이조실록》제 18권, 성종(成宗) 권269, 379쪽.
105 엄종간(嚴從簡), 《수역주자록(殊域周咨錄)》 권24
106 요녕 기록보관소 소장 명당(明檔, 명조 기록) 을(乙)105호, 《정료후위(定遼后衛, 행정지역명) 경력사(經歷司)가 상신한, 오랑캐들로부터 징수한 상업세와 내린 상의 은냥 등 각항 명세서(定遼后衛經歷司呈報經手抽收撫賞夷人銀兩各項淸册)》를 참고, 만력 6년 8월. 이 명세서는 무순관 호시에 대한 완전하지 않은 기록인데 이 명세서에는 건주가 식량을 판매한 9차례 기록이 적혀 있다.
107 《명 헌종실록(明憲宗實錄)》 권172, 성화 13년 11월 기축(己丑)

51

압박했다. 최초에는 "명조에서 철을 사들여 스스로 제조했다."[108] "거래를 거쳐 들여온 솥이며 보습 등을······ 부숴서 녹여"[109] 다양한 기구를 제조했다. 가정제 때에 이르러서는 가공뿐만 아니라 해서지역에서는 철을 생산할 수 있기에까지 이르렀으며 용광로를 사용하기 시작해서 철을 강철로 제련할 수 있게 되었다.[110] 용광로를 이용해 철을 제련하게 되면서 수공업은 빠르게 발전이 이루어졌다. 이외에도 방직업과 같은 경우, 이전에는 "천을 짤 생각은 않고" 명조로부터 공급 받곤 했지만 현재는 베를 원료로 삼베를 생산해 자체 내부에서 사용할 뿐 아니라 일부는 요동지역으로 운반해 팔기도 했다.[111]

농업과 수공업의 발전은 상업교환도 더욱 빈번해지게 했다. 그때 당시 마시 거래가 아주 흥성했는데 그 목격자인 이공(李貢)은 《광녕 마시에서 오랑캐들의 거래를 관람하다(廣寧馬市觀夷人交易)》라는 글에서 다음과 같이 적고 있다. "상투를 틀어 올린 사람들을 가득 실은 수레바퀴가 굴러가는 소리가 끊이지 않았다. 오랑캐들이 남녀를 불문하고 서로 이끌고 나오는데 이민족 차림이 눈부실 정도로 현란했다······오랑캐의 물품과 중원의 물품이 모두다 장에 나온다. 통역관의 통역을 통해 어지러울 정도로 빈번한 거래가 이루어지는데 중원의 사람들은 오랑캐의 물품을 사들여 가치를 증식시키고

---

108 《이조실록》 제14권, 예종(睿宗) 권2, 417쪽.
109 《명 효종실록(明孝宗實錄)》 권195, 홍치(弘治) 16년 정월 갑오.
110 《이조실록》 제18권 참고. 성종(成宗) 권255, 218쪽.
111 요녕 기록보관소 소장, 명당(明檔) 을 105호, 정료후위(定遼后衛, 행정지역 명) 경력사(經歷司)가 상신한, 오랑캐들로부터 징수한 상업세와 내린 상의 은냥 등 각항 명세서(定遼后衛經歷呈報經手抽收撫賞夷人銀兩各項淸冊)》를 참고, 만력 6년 8월. 이 완전하지 않은 명세서에 16차례의 삼베 판매 기록이 적혀 있다.

오랑캐는 중원의 물품을 사들여 기뻐하는 모습들이었다."[112] 특히 담비 가죽이 관내에서 환영을 받아 수요량이 매우 많았다. 명 황궁에서만 매년 담비 가죽 1만 장씩 필요로 했다. 만력 황제는 매년 겨울 신하들에게 담비 가죽을 하사하곤 했는데 그 비용이 "수 만 관(緡)"[113]에 달했다. 이와 동시에 여진의 담비 가죽은 또 조선으로도 나갔는데 많은 밭갈이 소와 철기를 바꿔왔다. 이로부터 조선에서 담비 가죽을 입는 습관이 생기게 됐다. "부유하고 권세가 있는 집안에서는 옷과 이불, 방석 등을 모두 담비가죽으로 만드는 것을 자랑거리로 삼곤 했다. 마을에 작은 모임이 있을 때 담비 가죽 옷이 없는 여자들은 창피해서 모임에 참가하려고 하지 않았다."[114] 그때 당시 담비 가죽 옷을 입는 사람이 매우 많았음을 알 수 있다. 그래서 "담비 가죽은 가격이 높았으며 많은 사람들이 이득을 챙기려고 담비 가죽을 거래하곤 했다." 담비 가죽 한 장으로 쇠 호미 한 자루[115]를 교환하거나 큰 소 한 마리를 바꿀 수 있었다.[116] 대량의 "소와 쇠붙이가 그들의 소유로 넘어갔으며 소는 농사일에 쓰이고 쇠붙이는 군사력을 키우는데 이용됐다."[117] 이는 여진 사회경제의 발전에 적극적인 역할을 했다.

주목할 바는 사회생산의 발전과 상업교환의 확대에 따라 가치가 비슷한 등가물을 교환하는 화폐의 기능이 갈수록 뚜렷하게 나타났으며 그에 대한

112 《전료지(全遼志)》 권6, 예문하(藝文下)
113 《만력야획편(萬曆野獲編)》 권9 , 《초모요여(貂帽腰輿)》
114 《이조실록》 제21권, 중종(中宗) 권29, 193쪽.
115 《이조실록》 제15권, 성종(成宗) 권57, 519쪽 참고.
116 《이조실록》 제20권, 중종(中宗) 권1, 15쪽, 중종 권5, 163쪽 참고.
117 《이조실록》 제20권, 중종(中宗) 권21, 676쪽.

수요가 더욱 절박해진 것이다. 1522년(명 가정(嘉靖) 원년)에 탑산좌위 도독 속흑특(速黑忒)이 처음으로 명조에 조공을 바칠 때 무상(撫賞, 위로금으로 내리는 상)과 회사(回賜, 보답의 의미로 내리는 하사품)를 은냥으로 바꿔 줄 것을 청했다. 명 조정이 그 청을 허락했으나 "관례로는 삼지 않기로 했다."[118] 그런데 여진의 여러 위(衛)들이 계속 은냥으로 바꿔줄 것을 요구했으므로 1527년(명 가정 6년)에 명조는 조공을 바칠 때 무상으로 내리는 채색 비단을 은냥으로 바꿔 받을 것을 자원하는 자에 대해서는 그 하사품에 가격을 매겨 은냥으로 바꿔주기로 했으며[119] 동시에 공물에 대한 회사로 주는 채색 비단의 절반은 은냥으로 바꿔 주고 절반은 실물을 주기로 허용했다.[120] 1534년(명 가정 13년)에는 공물에 대한 회사의 전부를 은냥으로 바꾸어 하사했다.[121] 1564년(명 가정 43년)에 이르러 명조는 무상도 전부 은냥으로 바꾸어주었는데 그렇게 되자 무상과 회사 모두를 은냥으로 바꾸어 내주게 되었다.[122] 통계에 따르면 이 한 가지만으로도 여진지역에 흘러든 백은이 1만 5천 냥은 넘는 것으로 알려졌다.[123] 이밖에도 조공과 마시의 관영과

118 《명 세종실록(明世宗實錄)》권12, 가정(嘉靖) 원년 3월 갑인(甲寅)
119 신시행(申時行), 만력《대명회전(大明會典)》, 예부(禮部),
      동북이여직통례(東北夷女直通例)
120 신시행(申時行), 만력《대명회전(大明會典)》, 예부(禮部),
      동북이여직통례(東北夷女直通例)
121 신시행(申時行), 만력《대명회전(大明會典)》, 예부(禮部),
      동북이여직통례(東北夷女直通例)
122 신시행(申時行), 만력《대명회전(大明會典)》, 예부(禮部), 여직에 내리는 상(給賜女直)
123 《명 세종실록(明世宗實錄)》권 80, "가정 6년 10월 병진(丙辰), 예부가 이르기를
      조공을 바치러 오는 번승인(番僧人)과 여직 오랑캐인(女直夷人)이 한 해와 3년 사이에
      5천 4백 명도 넘었으며 상으로 내린 채색 천이 5천 5(4)백여 필도 넘는다. 여러 속국은
      최근 은냥으로 바꿔주기를 원한다……만약 물품을 은냥으로 계산하면 그 액수가

민간의 두 시장의 교역을 통해서도 많은 은자를 얻을 수 있었다. 여진은 대량의 은냥을 통제하고 있으면서 저들에게 필요한 모든 상품을 구매할 수 있었으므로 그들 내부 및 주변 여러 민족과의 경제적 연계를 확대하고 밀접히 할 수 있었다.

명조의 통치자들은 해서·건주가 남으로 이주한 뒤 사회경제가 빠르게 발전하고 세력이 꾸준히 커지는 것을 보고 매우 큰 위협을 느꼈다. 그래서 자신의 통치를 공고히 하기 위해 여진에 대한 통제를 강화해서 "그들이 각자 세력을 키워 서로 통일되지 못하게 하는"[124] 나누어서 다스리고 서로 견제하는 옛날 방법을 써서 여진의 여러 부를 장기적인 분열을 겪으며 끊임없이 혼전을 빚는 상태에 빠뜨리려 했다. 명조 정부는 이러한 목적을 이루기 위해 기회를 엿보아 진압하거나, 복종시키거나, 방비하는 등의

상당하다. 만약 은냥을 함께 주면 오랑캐들은 각자 원하는 바를 얻을 수 있다……황제가 이를 윤허했다." 이 같은 자료에 비추어볼 때 조공 자 한 명이 무상(撫賞)으로 채색 비단 한 필씩 하사 받을 수 있었음을 알 수 있다. 《대명회전》예부의 동북이여직조(東北夷女直條)에는 "가정 6년에 황제에게 주청을 올려 윤허를 받았는데, 말과 비단 한 필에 은 3냥씩 값을 쳐 주었다. 13년간 심사 확인했는데 모두 은냥으로 바꿔주었다."라는 기록이 있다. 이로부터 채색비단 한 필을 은 3냥으로 값을 쳐주고 조공 자 한 명이 말 한 필을 바치면 회사로(回賜)로 채색비단 두 필을 하사 받았는데 이를 견사 한 필과 바꿀 수 있었으며 그러므로 은 6냥으로 값을 쳐 바꿀 수 있다. 이외에 견사와 신발 양말 등의 하사품은 은 얼마에 값을 처야 하는지 알 수 없었으므로 조공 자 한 명 당 은은 약 10냥 정도 받을 수 있었다. 그때 당시 명조가 여진족에게 매년 1천 5백 명씩 조공을 바치도록 규정지었다. 이에 따라 계산하면 매년 여진족이 조공을 통해 얻을 수 있는 백은이 1만 5천 냥에 달했음을 알 수 있다.

124. 《명 경세문편(明經世文編)》 권 453, 양종백(楊宗伯)의 상소, 《해서·건주 오랑캐들이 조공을 바치려고 왔는데 남북 부락인들이 따라야 할 법도에 대해 알지 못해 주청을 올려 책문해줄 것을 청함으로써 (海建夷貢補至南北部 落未明謹遵例奏請, 乞賜詰問以折狂謀事)》

수단을 사용했다. 만력 초년, 혼하(渾河) 상류에는 건주우위 왕고(王杲)가 있고, 파저강(婆猪江) 유역에는 건주위 왕올당(王兀堂)이 있었으며, 휘발하(輝發河) 유역에는 휘발부 왕기노(往機砮)가, 오랍하(烏拉河) 유역에는 오랍부 보연(補烟)이, 개원북관(開原北關)에는 엽혁부(葉赫部) 영가노(逞加奴)·앙가노(仰加奴)가, 개원남관에는 합달부 왕대(王臺)가 각각 차지하고 있었다. 그중 왕대의 세력이 가장 강했다. 명 왕조는 왕대를 적극적으로 자기편으로 끌어들였다. 1573년(명 만력(萬曆) 원년)부터 왕고가 요동(遼東)을 끊임없이 침범했는데 1575년(명 만력 3년) 봄에 명조의 군사에 패한 뒤 합달부로 도주했으나 왕대가 그를 명 조정으로 압송하는 바람에 살해당하였다. 명조 정부는 왕대에게 "훈장과 직함을 추가로 수여하고……조서를 내려 용호(龍虎)장군에 임명했다."[125] 1578년(명 만력 6년)에 왕올당이 명조의 관전(寬甸) 여섯 보루 건설에 반대하고[126], 동시에 또 명조 관리들이 호시에서 "시장 가격을 강압 통제하는 것"에 불만을 느껴[127] 군사를 일으켜 명조에 반기를 들었다. 명조는 이성량을 파견해 군사를 이끌고 진압하게 했다. 아아하(鴉兒河)전투에서 왕올당이 패하였다. 1581년(명 만력 9년)에 왕올당이 재차 군사를 일으켰으나 또 실패했다. 1582년(명 만력 10년)에 왕대가 죽고 합달부에 내분이 일어나 왕대의 아들 호아한(虎兒罕)·강고륙(康古陸)·맹골패라(猛骨孛羅)가 서로 권력쟁탈을 벌였다. 엽혁부의 영가노·앙가노가 그 기회를 틈타

---

125   구구사(瞿九思), 《만력무공록(萬曆武功錄)》 권11, 《왕대전(王臺傳)》
126   초상우공(苕上愚公), 《동이고략(東夷考略)》, 건주.
127   《명사(明史)》 권238, 《이성량전(李成梁傳)》, 6186쪽.

합달부를 통제하려고 시도했다. 명 조정에서는 왕대의 손자 알상(歹商)을 도와 직위를 세습시키려고 했으나 영가노와 앙가노가 이에 반대했다. 명 조정에서는 영가노와 앙가노를 유인해 살해하고 알상에게 직위를 이어 합달부를 통할하게 했다. 영가노의 아들 잡새(卡塞)와 앙가노의 아들 나림패라(那林孛羅)는 아버지의 원수를 갚을 기회를 노리면서 몽골과 연락을 취하고 알상의 삼촌 강고류·맹골패라와 몰래 결탁해 내부에서 호응하도록 한 뒤 군사를 일으켜 알상을 공격했다.

그러자 명 조정은 군사를 파견해 진압했으며 알상의 통치를 안정시켰다. 1583년(명 만력 11년)에 왕고의 아들 아대(阿臺)는 아버지의 원수를 갚기 위해 정원보(靜遠堡)에서 명조의 군대를 공격했지만 결국 이성량에 의해 진압 당했다. 상기 서술에서부터 알 수 있다시피 만력 초기에는 여진 내부 및 명조와의 전쟁이 끊이지 않았으며 그 결과 여진은 더욱더 분열되어 분산할거하는 수많은 작은 부락으로 나뉘어졌다. 그때 당시 여진은 대체로 건주부(建州部)·장백부(長白部)·호륜부(扈倫部)·동해부(東海部) 등 4대 부로 나뉘었다. 건주부에는 소극소호하(蘇克蘇滸河, 오늘의 요녕성(遼寧省) 소자하(蘇子河))·혼하(오늘의 요녕성 혼하(渾河) 북안)·완안(完顔, 오늘의 길림성(吉林省) 통화(通化) 남쪽)·동악(棟鄂, 오늘의 요녕성 환인현(桓仁縣) 부근)이 포함되고, 장백부에는 납은(納殷, 오늘의 길림성 무송(撫松)현 동남쪽)·주사리(珠舍里, 오늘의 길림성 임강(臨江)현 북쪽) 압록부(鴨綠部, 오늘의 길림성 집안(集安)현)가 포함되었으며, 호륜부에는 엽혁(葉赫, 오늘의 길림성 사평(四平)시)·합달(哈達, 오늘의 요녕성 청하(淸河)유역)·휘발(輝發, 오늘의 길림성 화전(樺甸)현)·오랍(烏拉,

오늘의 길림성 이통(伊通)현)이 포함되었고 동해부에는 와집(窩集, 오늘의 흑룡강성(黑龍江省) 영안(寧安)현 동북)·와르카(瓦爾喀, 오늘의 길림성 연길(延吉) 북쪽)·쿠르하(庫爾哈, 흑룡강 중류 목단강(牡丹江) 하류 일대)가 포함되었다. 확실히 "여러 부가 한꺼번에 동시에 일어나 모두가 왕으로 자처하며 지위를 다투고 서로 죽이기를 했으며 심지어 골육상잔도 서슴지 않았다. 강자가 약자를 업신여기고 인구가 많고 세력이 강한 부가 인구가 적고 세력이 약한 부를 박해하곤 했다."[128] 건주 내부에서도 "서로 재물을 약탈하고 형제간에 서로 시기 질투했으며"[129] 서로 죽이기를 했다. 이처럼 분열 할거 하고, 서로 대립하며, 전란이 끊이지 않는 국면이 사회생산력의 제고와 발전을 저해하고 파괴했으며 여진 인민에게는 막대한 재난을 안겨주었다. 광범위한 여진 인민들은 모두 분열과 할거, 서로간의 복수에서 해탈되고 통일되고 안정된 국면이 실현되기를 원했다. 바로 이러한 역사적 조건하에서 누르하치(努爾哈赤)가 여진 여러 부를 통일하는 길을 걷게 되었다.

2. 누르하치의 여진 여러 부 통일 및 후금(后金)의 건립

누르하치는 1559년(명 가정 38년) 건주좌위 노예주 가정에서 태어났다.

---

128 《청 태조실록(淸太祖實錄)》 권1
129 《노만문상유(老滿文上諭)》

그는 건주좌위 도독 몽케 테무르의 6대손인데 역대 조상들 중에 명 조정의 책봉을 받아 건주좌위 지휘사・도독첨사(都督僉事)・도독 등의 관직에 오른 이들이 많았다. 누르하치는 10살 때 어머니를 여의고 계모의 학대를 받아 19살에 분가해 독립했다. 생계를 위해 그는 잣을 따고 인삼을 캐어 무순(撫順) 마시에 내다 팔았으며 얼마 뒤에는 명조 요동(遼東)대장 이성량의 부대에 의탁했다. "모든 전투에서 제일 앞장에 섰으며 전공을 거듭 세웠으므로 이성량은 그를 후하게 대접했다."[130] 힘겨운 노동생활과 긴장된 군 생활은 누르하치를 지혜롭고 모략이 많으며 무예가 출중한 훌륭한 인재로 단련시켰다. 1583년(명 만력 11년)에 건주 소극소호부 토륜성(圖倫城)의 성주 니감외란(尼堪外蘭)은 명군을 인솔해 아대에 대한 진압에 나섰다. 그때 누르하치의 조부 건주좌위 도지휘사 각창안(覺昌安)과 부친 건주좌위 지휘사 탑극세(塔克世)도 명군을 따라 전쟁에 참가하였다. 그 결과로 명군이 아대의 고랄성(古埒城)을 공파하는 전투에서 각창안은 불에 타 죽고 탑극세는 피살당했다. 명 조정은 누르하치의 조부와 부친의 억울한 죽음을 보상 해주기 위해 누르하치를 건주좌위 도지휘사에 임명했다. 이에 누르하치는 원한을 가까스로 삼키며 건주로 돌아와 발전을 도모했다.

　누르하치는 조부와 부친의 죽음에 대한 책임이 니감외란에게 있다고 생각했다. 1583년(만력 11년)에 그는 조부와 부친이 남겨준 13명의 장수들과 거병해 니감외란의 토륜성을 공략했다. 니감외란은 성을 버리고 도주했다. 이로써 누르하치는 건주여진 여러 부를 통일시키는 사업을 시작했다.

130　팽손이(彭孫貽), 《산중문견록(山中聞見錄)》 권1, 건주.

1584년, 그는 조가성(兆佳城)과 마이돈채(瑪爾(王+敦)寨)를 점령하고 동악부(董鄂部)를 항복시켰다. 1585년에는 계범채(界凡寨)를 공격해 계범 파이달(巴爾達)·살이호(薩爾滸)·가합(加哈)·탁막하(托漠河) 등 5개 채(寨)의 연합군 8백 명을 격파했으며 혼하(渾河)부를 정복했다. 같은 해에 또 안토과이가성(安土瓜爾佳城)을 공파하고 성주 낙막니(諾莫泥)를 죽였다. 1586년, 악륵혼성(鄂勒琿城)을 정복했으며 니감외란을 죽이고 소극소호부를 장악했다. 또 1587년과 1588년에는 철진(哲陳)부와 완안부를 귀순시켰다.

초창기에 누르하치는 겨우 건주여진 중의 한 갈래에 해당하는 약소한 세력이었으며 건주 안팎으로 많은 강적들이 있었으나 5년간 정복전쟁을 치른 뒤에는 분산 대립되었던 여러 부의 세력을 사실상 통일시켰으며 일약 여진족 중에서 가장 강대한 세력으로 떠올랐다. 누르하치는 강대하고 많은 적들과 부족 안팎에서 끊이지 않는 혼란한 쟁탈싸움의 국면 앞에서 굳센 의지와 어려움을 견뎌내려는 용기가 있었을 뿐 아니라 또 형세를 냉철하게 분석하고 대책을 강구할 줄도 알았다. 그는 부지런히 군사를 연마하고 싸움에서 용감했으며 앞장서서 군사를 이끌면서 늘 적은 병력으로 많은 적을 물리치곤 해 강적들을 거듭 정복했다. 누르하치는 스스로 "나는 어려서부터 천백만 명을 헤아리는 적진에 홀로 돌입해 활과 살이 교차하고 병기가 서로 부딪치는 속에서 얼마나 많은 악전고투를 겪었는지 모른다"[131]라고 말했다. 악륵혼성을 공략하는 전투에서 그는 직접 40명을 이끌고 적진에 돌입했다가 화살을 맞고 30여 곳이나 다쳤다. 이처럼 맹렬히

---

131 《만주실록(滿洲實錄)》 권3

돌진하고 맹렬히 싸우며 용감하게 나아가는 전투능력은 그가 승리를 거둘 수 있었던 중요한 원인이다. 이와 동시에 그는 정확한 전략과 정략을 제정했다. 처음에 그의 정벌범위는 건주 내부에 국한되었다. 특히 투쟁의 창끝을 니감외란에게 향했으며 상대적으로 강대한 해서여진과는 당분간 충돌이 발생하는 것을 피했다. 한편으로 몽골　조선은 가까이 끌어들여 친목을 도모했다. 그리고 명조의 중앙정부에 대해서는 더욱 공손하고 순종하는 자세를 취해 "외교사절을 보내 화친을 도모했으며 해마다 예물을 들고 우호적 방문을 했다."[132] 또 누르하치는 여러 차례 북경을 직접 방문해 조공을 바치곤 했으므로 명 조정은 최초에 그를 비교적 신임했다. 누르하치가 건주 여러 부를 통일한 뒤 명 조정은 1589년에 그를 도독첨사에 임명하고 1591년에 좌도독으로 승진시켰으며 1595년에는 "변방 요새를 보위해 공을 세웠기 때문에" 그를 또 승진시켜 용호장군에 책봉했으며 그를 "충직하고 양순하며 좋은 것을 본받으려고 노력하고 변방을 보위하는데 충성을 다하는"[133] 양호한 지방관으로 보았다. 이밖에 누르하치는 항복한 민중을 수용하고 내부 질서를 정돈했으며 경제를 발전시키는 것을 중시했다. 그는 "국정을 안정시켜 반란을 금지시키고 도둑을 방지했으며 법제로써 다스렸다."[134] "여러 부족을 불러들이고 만주 주변의 거주민들을 모두 평정했으며"[135] "호시거래를 실현해 상인들 간에 서로 통하게 했으므로

132　《청조실록채요(淸朝實錄采要)》 권1
133　《명대만몽사료(明代滿蒙史料)》 권4, 307쪽.
134　《청 태조실록(淸太祖實錄)》 권2
135　《만주실록(滿洲實錄)》 권2

만주는 백성이 부유하고 나라가 부강했다."[136]

건주여진의 통일과 누르하치의 궐기는 결국에는 강대한 해서여진과의 충돌이 생기게 되는 필연적인 일이다. 1593년(만력 21년), 해서 엽혁부의 수령 납림포록(納林布祿)은 합달·오랍·휘발·하르친(科爾沁)·시버(錫伯)·과이가(瓜爾佳)·주사리(朱舍里)·눌은(訥殷)등의 9개 부를 집결시켜 3만 명에 이르는 연합군을 구성해 군사를 3갈래로 나누어 누르하치를 공격해 왔다. 이는 누르하치가 군사를 일으킨 이후 첫 번째의 관건적인 전투였다. 9개 부의 연합군은 기세가 대단했으며 병력 또한 압도적인 우세였다. 그러나 누르하치는 위급한 상황에도 두려워하지 않고 태연하고 침착하게 대처했다. 그는 9개 부 연합군 내부에 존재하는 극복할 수 없는 모순을 정확하게 분석했다. 그는 "상대는 부족장이 많고 병사들은 모두 오합지졸이며 보아하니 진군하지 못하고 관망만 하고 있는 상황이므로"[137] "그중에 우두머리 한 두 명만 꺾어버리면 군사들은 스스로 물러가게 될 것이다."[138] "우리는 비록 병사가 적지만 필사적으로 싸운다면 반드시 승리할 것이다."[139]라고 분석했다. 그는 자신만만하게 장수와 병사들을 고무격려하며 빠르게 움직여 연합군보다 앞서 고륵산(古勒山)에 군영을 세워 "요충지로 삼고 적을 유인했다."[140] 전투에서 우수한 능력이 있는 병력을 중요지역에 집중하여 중점적으로 공격해서 엽혁부의

---

136 《만주실록(滿洲實錄)》 권2
137 《청 태조실록(淸太祖實錄)》 권 2
138 《만주실록(滿洲實錄)》 권2
139 《청 태조실록(淸太祖實錄)》 권2
140 《만주실록(滿洲實錄)》 권2

우두머리 부자이(布齋)를 참살하고 오랍의 우두머리 만타이(滿泰)의 아우 부잔타이(布占泰)를 포로로 잡았다. "엽혁의 패륵(貝勒) 등은 부자이가 죽임을 당하는 것을 보고 모두들 통곡했다. 함께 왔던 패륵 등은 모두들 크게 두려워하며 간담이 서늘해져 병사들을 살필 엄두도 못 내고 각자 사처로 뿔뿔이 흩어져 도망쳤다."[141] 누르하치는 "9개 부의 3만 군사를 물리치는" 중대한 승리를 거두었다. 그 승리로 인하여 그는 여진의 여러 부를 통일할 수 있는 진일보된 기반을 마련했다.

누르하치는 9개 부의 연합군을 물리친 후 승세를 타고 동쪽으로 진군해 주사리와 눌은 두 개의 부를 정복하면서 세력이 빠르게 확장되었다. 그때 당시의 누르하치와 그의 아우 슈르하치(速爾哈赤)에게는 장수가 각각 150여 명과 40여 명[142], 병사가 각각 1만 여 명과 5천 여 명이 있었으며[143] 군사세력은 이미 상당히 강대했다. 그 뒤 20여 년간 누르하치는 여진을 통일하기 위해 고되고 힘든 투쟁을 벌였는데 주요하게는 인구가 많고 세력이 막강한 해서 4개 부와의 싸움이었다. 그는 스스로 4개 부를 한꺼번에 멸할 수 없음을 깨달았다. 그는 "큰 나무를 베려면 어찌 단번에 벨 수 있겠는가. 마땅히 도끼로 조금씩 찍어 가늘게 만든 다음에야 베어 넘어뜨릴 수 있다. 마찬가지로 나라를 취하는데 어찌 모조리 궤멸시킬 수 있겠는가"[144]라고 말했다. 그래서 그는 분화정책과 점차 잠식하는 정책을

---

141   《만주실록(滿洲實錄)》 권2
142   (조선) 신충일, 《건주도록》
143   《이조실록》 제 28권, 선조(宣祖) 권69, 405쪽.
144   《만주실록》 권3

취했다. 한 방면으로 해서여진의 4개 부 중에서 비교적 강대한 엽혁·오랍 두 개 부와 동맹을 맺고 통혼해 인척관계를 맺었다. 특히 오랍부 우두머리 부잔타이(布占泰)를 끌어들였다. 누르하치와 슈르하치가 각각 부잔타이의 조카딸과 여동생을 아내로 맞아들이고 슈르하치는 또 딸을 부잔타이에게 시집보냈다. 그 목적은 해서 4개 부의 연합관계를 찢어놓아 하나씩 격파하기 편리하도록 하기 위해서였다. 다른 한 방면으로는 먼저 비교적 약소한 합달부와 휘발부를 공략해 점차 궤멸시키고자 한 것이다. 그때 당시 명조 정부는 여진이 통일된 후 세력이 강대해지는 것이 두려워 여러 부가 각각 분립을 유지하기를 바랐으며 세력 균형·분산 통치의 수단을 썼다. 그래서 점차 쇠락해가는 해서 4개 부를 감싸고 한창 흥기하고 있는 건주여진을 억눌렀다. 누르하치는 명군과의 충돌을 피하기 위해 여전히 명조의 명령에 복종할 의향을 밝혔다. 1599년, 누르하치는 이미 합달부를 공략해서 멸망시키고 그 우두머리 멍게불루(蒙格布祿)를 잡아들였으나 명조 조정의 간섭에 따라 어쩔 수 없이 겉으로는 합달부를 회복하는 척 하면서 멍게불루의 아들 우르구다이(武爾古岱)를 합달의 수령으로 세우고 자신은 배후에서 통제했다. 몽골에 대해서는 더욱더 의도적으로 끌어들였는데 몽골의 하르친부 짜루터(扎魯特)부 모두가 누르하치에게 귀순해 통일전쟁에서 그의 유력한 조력자가 되었다.

해서 4개 부와의 장장 20여 년에 걸친 투쟁과정에서는 동해 여진에 대한 쟁탈이 초점이었다. 동해 여진은 우수리강 동쪽과 흑룡강 양안·북으로 외흥안령에 이르는 광활한 지역 내에 분산 거주했으며, 그때까지 비교적 저급한 사회발전단계에 처해 있었다. 그들은 병력과 노예 노동력의 후비군이었고 재부의 원천이기도 했다. 해서여진이건 건주여진이건 동해 여진을 쟁취해 귀순시키는 쪽이 동북 통일전쟁에서 승산을 장악하는 것이다. 따라서 변방지역의 여러 부족과 여러 민족을 쟁탈하는 투쟁이 매우 치열했다. 1607년(명 만력 35년)에 동해 와르카부 비우성(裴優城, 현재의 길림성 훈춘(琿春) 부근)의 성주 무트허(穆特赫)가 오랍부의 괴롭힘을 당해내기 힘들어 자원해 누르하치에게 귀순했다. 누르하치는 아우 슈르하치와 아들 저영(褚英)·대선(代善)에게 군사 3천을 이끌고 비우성으로 가서 무트허의 부족민과 가솔들을 맞이하게 했다. 그런데 도중에 오랍부의 부잔타이가 만 명의 군사를 이끌고 도문강(圖們江) 일대에서 습격해왔다. 슈르하치는 군대를 돌려 퇴각하는 도중에 오갈암(鳥碣岩)에서 오랍부의 군대와 마주쳤다. 저영과 대선 등은 "산에 의지해 분격해 오랍부 군을 대패시키고", "적군 3천 명의 수급을 베고 5천 필의 말과 3천 벌의 갑옷을 노획했다."[145] 오갈암 전투의 승리는 동해 여러 부로 향하는 대문을 활짝 열어 제친 셈이다. 그때부터 누르하치의 "위세가 동부 여러 부족을 휩쓸었다." 오랍부는 "귀순할지 버틸지 엿볼 엄두도 내지 못했다. 병력으로 위협하고 있는데 누군들 감히 어찌할 엄두를 내겠는가." 이어 와르카부도 모든 "형세의 흐름에 따라 귀순했다."[146] 1609년, 호르한(扈爾漢)을 파견해 와집부(窩集部)의 호엽로(瑚葉路, 오늘날 흥개호(興凱湖) 부근)를 점령했다. 1610년(명 만력 38년)에는

---

145   《청 태조실록》권3
146   《이조실록》30권, 선조 권209

액역도(額亦都)를 파견해 군사를 이끌고 와집부의 나목도로(那木都魯)·수분(綏芬)·영고탑(寧古塔)·니마찰(尼馬察) 등 4개의 로(路)를 거둬 위로했으며 아란로(雅蘭路, 오늘날 소련 동부 해변의 아란하(雅蘭河))를 공략하여 점령했다. 1611년(명 만력 39년)에는 아바타이(阿巴泰)를 파견해 와집부의 오르고신(烏爾古宸)과 목륜(木倫) 두 개의 로(路)를 점령했다. 같은 해에 동해 호르하부(瑚爾哈部)의 자쿠타(扎庫塔) 주민이 귀순했다.

여진의 각 부를 통일하는 전쟁이 순조롭게 진행됨에 따라 건주 내부에 권력의 집중 통일배치와 지휘가 필요했다. 원시부락시대에서 남겨져 내려온 군사위주의 전통은 시간이 지날수록 형세 발전의 수요에 적응하지 못해 건주 내부에는 모순이 나타났다. 그 모순은 흥기하고 있는 만족의 역사에 깊은 낙인을 남겼다. 이 때문에 한 차례 또 한 차례의 정치음모와 가족 간의 비극이 끊일 새 없었다. 그때 누르하치의 동복 아우였던 슈르하치는 자신의 부족 군대와 재산을 소유하고 누르하치와 공동으로 건주의 사무를 관장하고 있었는데 그와 그 형 사이에 권력충돌과 의견충돌이 생겼다. 오갈암 전투에서 슈르하치는 비록 총지휘관이었음에도 오랍에 대한 누르하치의 태도에 찬성할 수 없어 지휘를 포기하고 소극적으로 방관하면서 "5백 명 군사를 인솔해 산 아래에 머물러 있으면서 …… 전과를 별로 올리지 못했다."[147] 이에 누르하치는 그에게 "싸움에 임해서 뒷걸음질을 쳤다고 자주 불평을 늘어놓았다"[148]라고 꾸짖고 슈르하치는 이에 불복했다. 그 뒤

---

147 《청 태조실록》 권3
148 금량(金梁), 《만주비당(滿洲秘檔, 만주 비밀 서류)》,
      《태조책제(太祖責弟, 태조가 아우를 꾸짖다)》

누르하치는 슈르하치에게 부족의 군사를 파견해 성을 쌓는데 복역할 것을 요구했으나 그는 "부하에게 일하러 나가지 말 것"을 명했으며 그 자신은 따로 성을 쌓으려고 했다.[149] 1609년에 슈르하치는 부족들을 인솔해 "다른 부족에게로 도주해 거주하려고"[150] 시도했다가 누르하치에게 발각되어 구금되었다. 누르하치는 또 그의 재산과 노예를 몰수하고 선동자 일부를 처형해 내부 분열 세력을 깨끗이 숙청함으로써 여진 여러 부의 통일에 장애가 되는 걸림돌을 제거했다.

누르하치는 내부 분열세력을 제거한 뒤 여진 각 부를 통일하는 전쟁을 새로운 절정으로 이끌었다. 1612년(명 만력 40년), 누르하치는 군사를 이끌고 오랍을 공략했으며 승리를 거두고 돌아갔다. 그 이듬해에 재차 오랍을 공격해 멸망시킴으로써 동해와 흑룡강 유역으로 통하는 길을 막고 있던 걸림돌을 제거해버렸다. 1614년에는 군대를 파병해 와집부의 아란과 서림(西林) 2개의 로(路)를 정복하고 1615년에는 또 다시 파병을 통해 와집부의 동액혁고륜성(東額赫庫倫城), 오늘날 소련 납혁답하(納赫塔河) 부근을 공격하여 점령했다. 1616년(명 만력 44년, 후금 원년) 7월에 누르하치는 처음으로 파병하여 흑룡강·정기리강(精奇里江)·우만하(牛滿河)일대의 살합련(薩哈連)지역에 진입해[151] 52개의 마을을 점령하고 같은 해 9월에 또 흑룡강과 우수리강이 합류하는 곳의 동쪽에

---

149   정개우(程開祐), 《주료석화(籌遼碩畵)》 권1을 참고.

150   《만문로당(滿文老檔)》 태조1, 만력 37년 3월, 금량집(金梁輯), 《만주비당(滿洲秘檔, 만주 비밀 서류)》, 《태조책제(太祖責弟, 태조가 아우를 꾸짖다)》

151   《청 개국 초기 여러 부족 정복 강역고(淸開國初征服諸部疆域考)》, 《연경학보(燕京學報)》 제23기, 179~180쪽에 게재.

있는 사건부(使犬部)를 항복시켰다. 1617년에는 재차 파병해서 동해에 계속 흩어져 살고 있는 각 부를 귀순시켰으며 또 "섬에 살면서 험난한 지세를 믿고 불복하는 자들은 작은 배를 타고 들어가 모조리 취했다."[152] 사할린 섬과 그 부속 도서를 공격했는데 "사할린이 귀순해 매년 담비 가죽을 공물로 바쳐왔다. 성장(姓長)·향장(鄉長)·자제(子弟) 등의 행정구역을 설치해 다스렸다."[153] 1619년, 누르하치는 또 파병을 하여 동해 호르하의 유민들을 항복시켰으며 같은 해 엽혁(葉赫)부를 멸하고 해서 4부를 통일했다.

누르하치는 중국 역사에서 뛰어난 인물이며 중국 여진족의 민족 영웅이었다. 그는 아버지가 남겨준 13명의 장수들에 의지해서 군사를 일으켜 여진 각 부의 통일을 위해 30여 년간 분투했다. 작은데서 커지고 약하던 것에서 강해져서 정예병사 6~7만 명을 갖출 정도로 발전했으며 "동해에서는 옛 요동 변경까지, 북으로는 몽골·눈강까지 남으로는 조선 압록강까지 동일 언어를 사용하는 부족은 모조리 정복"함으로써 "여러 부족을 최초로 하나로 통일시켰으며"[154] 여진 각 부를 통일하는 대업을 기본적으로 완성했다. 누르하치는 역사 발전의 추세에 따라 여진인의 힘을 이용해 여진들이 장기간 이어온 분열 할거와 혼란스러운 국면을 결속시켰다. 이로써 여진 사회의 발전과 여러 종족 간의 경제문화 교류 및 중국 동북 국경방어를 강화하고 공고히 하는 면에서 적극적인 기여를 하였다.

---

152   《청 태조실록(淸太祖實錄)》 권5
153   《사할린 섬 지략(庫頁島志略)》 권1
154   《청 태조실록(淸太祖實錄)》 권3

여진 여러 부가 점차 통일됨에 따라 농업·수공업·수렵업·상업 등도 모두 발전을 이루었다. 특히 농업생산의 발전은 더욱 뚜렷해져서 사회생산의 주요 부분이 되었다. 누르하치는 통치를 강화하기 위해 새로운 형세에서 점차 낡은 것을 버리고 새롭게 세우기 시작했다. 그는 여러 가지 제도와 기구를 설립했는데 정치·경제 · 군사·문화 등의 방면에서 많은 개혁조치를 취했다.

첫 번째는 "팔기(八旗)제도"를 수립한 것이다. 이 제도는 "기(旗)로 사람을 다스리는, 즉 기로 군사를 다스리는"[155] 군정합일제도이며 또 "출정할 때는 임전태세를 갖추고, 전쟁이 끝나고 돌아오면 농사일에 종사하는"[156] 군과 민이 일체가 된 사회조직형태이기도 해서 행정관리·군사정벌·조직생산의 세 가지 기능을 갖추었다. 이 제도는 통일전쟁 중에서 점차 발전되어 온 것인데 여진족이 사냥할 때 "우록(牛錄)"조직을 실행하던 데로부터 점차 변화되어 온 것이다. 그때 당시 "무릇 출병해 사냥을 할 때면 사람이 많고 적고를 막론하고 족채(族寨, 부족의 성채)에 따라 움직였다. 만주족은 사냥을 시작할 때에 각각 화살을 한 대씩 쏘게 해(各出箭一枝) 열 명 중 한 사람을 우두머리로 세워 나머지 아홉 명을 인솔해 사냥을 떠나는데 각자가 맡은 방향에 따라 질서 있게 전진하곤 했다. 그 우두머리를 우록(牛錄, 큰 화살이라는 뜻) 액진(厄眞, 주인이라는 뜻)이라고 부른다."[157] 1601년(명 만력 29년)에 누르하치는 이러한 "우록"조직을 토대로 그 앞 세대 금조(金朝)의

---

155 《청조문헌통고(淸朝文獻通考)》 권179, 병고(兵考)1
156 《명청사료(明淸史料)》 병편(丙編), 1권, 15쪽.
157 《청 태조실록(淸太祖實錄)》 권2

맹안모극(猛安謀克)제도를 참고로 삼아 기제(旗制)를 정식으로 제정했다. 그는 황·백·홍·남 네 가지의 색깔로 4기(旗)를 설립하고 3백 명으로 하나의 우록을 편성한 뒤 각각의 우록에 우록액진을 한 사람씩 두어 우록 내의 모든 사무를 관리하도록 규정지었다. 1615년(명 만력 43년)에 이르러 "귀순해오는 사람이 점점 늘어나 8개의 기로 나누어" 원래 4기 이외에 또 양황(鑲黃)·양백(鑲白)·양홍(鑲紅)·양람(鑲藍) 4기를 증설했다. 황·백·남에는 모두 붉은 띠를 두르고 홍기에는 흰 띠를 둘러 총 8기가 되도록 했다. 그리고 3백 명을 한 우록으로 정하고 우록액진을 한 명씩 두었다. 5개의 우록을 하나의 갑라(甲喇)로 묶고 갑라액진을 한 사람씩 두었으며 5개의 갑라를 하나의 고산(固山)으로 묶고 고산액진 한 사람과 보좌직을 두 사람씩 두었는데 그 보좌직을 미릉(美凌)액진이라고 불렀다. 고산액진은 곧 기주(旗主)로서 보병과 기병 7,500명을 거렸다. 누르하치는 8기의 최고 통솔자이며 파아라(巴牙喇, 직속 정예 호위대) 5천 여 기를 거느리고 있었으며 여러 기의 기주들도 인원수가 각기 다른 파아라를 소유하고 있었다. 그때 당시 누르하치는 두 개의 황기를 거느리고 대선(누르하치의 둘째 아들)은 두 개의 홍기를, 황태극(皇太極, 누르하치의 여덟 째 아들)은 양백기를, 망고르타이(莽古爾泰, 누르하치의 다섯째 아들)는 양람기를, 두도(杜度, 누르하치의 장손)는 정백기(正白旗)를, 아민(阿敏, 누르하치의 조카)은 정람기(正藍旗)를 각각 거느리고 있었다.[158] 그들은 각각 관할 기의

---

158   이민환(李民寏), 《건주문견록(建州聞見錄)》, "호어(胡語, 서북과 북방 여러 민족 언어)로 8장군을 8고사(高沙, 기주)라고 불렸으며 노추(奴酋, 누르하치)가 두 고사·아두(阿斗, 아돈(阿敦)) 우두(于斗, 누르하치의 사위)의 군사를 통솔하고,

최고 통치자로서 군사와 행정·생산을 조직하는 대권을 장악하고 있었으며 팔기 간에는 평행관계를 유지했다. 그래서 "무릇 잡동사니들을 거둬 모을 일이 있거나 전쟁이나 공사를 벌일 때면 노추(누르하치)가 8장군(8기주)에게 명하고 8장군은 그에게 속한 유누(柳累, 우록)에게 명하며, 유누는 그에게 속한 군졸에게 명하곤 했는데 명령이 전달되기까지 적잖이 지체되곤 했다."[159] "우록"은 팔기제도의 기층조직으로서 지연을 위주로 하고 혈연을 보조로 삼아 구성되었다.

우록액진 아래에 보좌직으로 대자(代子)를 2명 두고 또 4명의 장경(章京)과 4명의 발십고(拔什庫)를 설치했으며 3백 명으로 구성된 우록을 4개의 탑탄(塔坦, 즉 마을 혹은 부락)으로 나누어 장경 한 명과 발십고 한 명이 한 탑탄의 여러 가지 사무를 관리하게 했다.[160] 이로 보아 팔기제도는 하나의 완벽한 군사조직과 정권의 통치기구로서 분산되어 있는 여진의 여러 부를 모두 기 아래에 통합하여 조직해서 생산과 전쟁을 벌일 수 있게 함으로써 통일전쟁의 승리를 보장할 수 있었음을 알 수 있다.

중군(中軍, 주력부대) 통솔자와 같으며, 귀영가(貴盈哥, 대선)도 두 고사·사(奢) ·부양고(夫羊古)의 군사를 통솔했으며, 나머지 네 고사는 왈홍대시(日紅歹是, 황태극)·왈망고대(日亡古歹, 망고르타이)·왈조두라고(日皂斗羅古, 두도)·왈아미라고(日阿未羅古, 아민)이다."

159 이민환(李民寏), 《건주문견록(建州聞見錄)》, "호어(胡語, 서북과 북방 여러 민족 언어)로 8장군을 8고사(高沙, 기주)라고 불렀으며 노추(奴酋, 누르하치)가 두 고사·아두(阿斗, 아돈(阿敦)) 우두(于斗, 누르하치의 사위)의 군사를 통솔하고, 중군(中軍, 주력부대) 통솔자와 같으며, 귀영가(貴盈哥, 대선)도 두 고사·사(奢) ·부양고(夫羊古)의 군사를 통솔했으며, 나머지 네 고사는 왈홍대시(日紅歹是, 황태극)·왈망고대(日亡古歹, 망고르타이)·왈조두라고(日皂斗羅古, 두도)· 왈아미라고(日阿未羅古, 아민)이다."
160 《만문로당(滿文老檔)》 태조4, 만력 43년 11월.

두 번째는 성을 쌓은 것이다. 누르하치는 원래 이도하(二道河) 마을 남산에 살았는데 "사방 1리에 흙으로 성벽을 쌓았으며"[161] 성벽 높이가 십여 자이고 "치첩(雉堞)·사대(射臺)·격대(隔臺)·호자(壕子)도 없었다."[162] 성이 너무 비좁고 누추해 속칭으로 구로성(舊老城, 낡고 오랜 성)으로 불렸다. 1603년(명 만력 31년)에 소자하(蘇子河)와 가합하(嘉哈河)가 합류하는 곳의 동쪽 기슭에 "산을 성으로 삼고 흙을 쌓아올려 성곽으로 삼았으며"[163] "사방 4리 범위 내에는 남쪽에 문이 하나, 동쪽에 문이 두 개, 북쪽에 문이 하나 있었는데"[164] 혁도아랍(赫圖阿拉)이라고 불렸으며 속칭으로 노성(老城, 오랜 성)으로 불렸다. 1605년, 누르하치는 또 외성을 하나 추가로 건설했는데 성 높이가 여섯 장에 이르고 문을 여덟 개로 만들었다.[165] 그 성은 "흙과 돌을 섞었거나 혹은 목재를 넣어 쌓아올렸으며 성 위에 활을 쏘는 구멍을 빙 둘러 설치했는데 모양이 마치 성가퀴와 비슷했으며 문은 모두 널판으로 만들었다."[166] 이로 보아 혁도아랍에는 내성과 외성이 있었음을 알 수 있다. 그리고 그때 당시 내성에는 누르하치와 그 귀족들이 살고 외성에는 기병(旗兵)들이 살았으며 노예들은 성 안에 살고 여러 업종의 장인들은 모두 성 밖에 살고 있었는데 각 성에는 약 3만 여명의 인구가 살았음을 알 수 있다. 혁도아랍성은 규모가 커졌을 뿐 아니라

---

161 《흥경현소지(興京縣小志)》 권11, 고적 "고군성(古郡城)"
162 (조선) 신충일, 《건주도록(建州圖錄)》
163 《흥경현소지(興京縣小志)》 권11, 고적 "고군성(古郡城)"
164 가경(嘉慶) 《대청일통지(大淸一統志)》 권58, 홍경(興京)
165 (조선) 이성령(李星齡), 《춘파당일월록(春坡堂日月錄)》 권27
166 정개우(程開祐), 《주료석화(籌遼碩畵)》 권1, 《누르하치고(奴兒哈赤考)》

일정한 구도까지 갖췄으며 누르하치 관할지역의 정치·군사·경제·문화의 중심이었다.

세 번째는 인재를 선발하고 정무에 대해 논의했으며 소송을 처리한 것이다. 통일전쟁으로 인해 강토가 끊임없이 확대되고 인구가 갈수록 늘어나 관리사무가 많아 바빠졌다. 누르하치는 통치를 위해서 많은 관원이 필요했다. 그는 천거와 선발 방식을 거쳐 인재를 등용했는데 인재를 선발할 때에 혈통을 보지 말고 재능과 품덕을 보아야 하며 어느 한 방면에서 뛰어난 재능이 있는지를 보아 조건에 부합되는 인재를 선발 등용해 정무에 참가할 수 있도록 할 것을 요구했다.[167] 1615년에 5명의 의정(議政) 대신을 설치해 팔기의 기주들과 함께 정무를 논의하고 중요한 업무 관련 정책을 의논하고 결정하는데 참여하도록 했다. "5일에 한 차례씩 조정에 모여 국정을 논의하고 군과 나라의 대사는 모두 그런 방식으로 결정하곤 했다."[168] 이러한 연합의정제는 건주의 정치·군사의 중추 결정기구였다. 이와 동시에 또 법제를 반포해 찰이고제(扎爾固齊) 등의 10명에게 서무(庶務)를 분담해 송사사건에 대한 심리를 맡도록 명했다. 형사나 민사사건이 발생할 경우, 먼저 10명의 찰이고제가 심문을 거친 뒤 다섯 대신에게 보고하며, 다섯 대신이 재심사를 거쳐 사건을 여러 패륵(貝勒)에게 알려 논의를 거쳐 결정하곤 했다. 만약 원고나 피고 어느 일방이 불복할 경우 상소할 수 있으며 그 상소 건에 대해서는 누르하치가 내막을 분명하게 조사해서 최종 판정을

---

167 《만문로당(滿文老檔)》 태조4, 만력 43년 11월.
168 금량집(金粱輯), 《만주비당(滿洲秘檔)》, 《태조행군쇄기(太祖行軍瑣記)》

내렸다. 비록 그때 당시 법규가 아주 원시적이고 일부는 관습법이었으며 매질과 벌 · 사형 등의 형벌이 있었지만 누르하치는 법규가 있어야 한다고 크게 강조했다. 그는 모든 사람이 법을 미리 알고 따르도록 함으로써 함부로 처분하고 멋대로 때리고 처벌하는 혼란스러운 상황을 바꿔 층층이 공동 심사하는 제도를 수립했다.

네 번째는 만문(滿文)을 창제한 것이다. 누르하치 통치 초기에는 원래의 여진족 언어가 이미 통용되지 않게 되었다. 그 당시의 여진족은 자신의 언어만 있고 문자는 없었다. "무릇 서한의 경우 몽골 문자로 대변하는 경우가 10분의 6~7 정도이고 한자로 대변하는 경우가 10분의 3~4 정도 차지했다."[169] 이러한 상황은 당연히 새로운 형세에 적응할 수 없었다. 1599년(명 만력 27년), 누르하치는 에르더니(額爾德尼)와 갈개(噶蓋) 두 사람에게 몽골문 자모와 여진족 언어의 음을 합쳐 만문을 창제하라고 명하였다. 그 만문은 글자 형태가 몽골문과 아주 흡사한데 노만문(老滿文)으로 불렸으며 또 무권점(無圈點)만문으로도 불렸다. 비록 노만문은 문법이 완벽하지 않고 부족한 점이 많지만 여진 민족의 문자로 널리 응용되고 보급되기 시작했다. 이는 여진 사회가 한 걸음 앞으로 발전했음을 의미한다.

누르하치가 위와 같은 여러 가지 조치를 추진한 것은 그를 위주로 하는 노예주 귀족의 통치를 강화하고 공고히 하기 위한 것임은 의심할 나위가 없었다. 그러나 그러한 조치들은 통일전쟁의 산물이며 또 역으로는 통일전쟁을 추진했다. 한편 그 통일전쟁은 진보적인 것으로써 만족

---

169   복격(福格), 《청우총담(聽雨叢談)》 권11

공동체의 형성과 사회생산력 발전의 추진, 여러 민족 사이의 경제와 문화교류 강화에 모두 적극적인 역할을 하였다. 누르하치는 역사의 흐름에 따라 여진 여러 부를 통일하는 역사적 사명을 기본적으로 완성했다. 1616년(명 만력 44년), 누르하치는 한(汗)을 칭하고 제위에 등극했으며 "대금(大金, 후금(後金)이라고도 함)"을 세우고 연호를 천명(天命)이라고 정했다. 그는 분산되었던 여진의 여러 부를 후금 지방정권 아래로 통일시킴으로써 후금의 세력이 빠르게 장대해져 명조 중앙정부와 대항할 수 있는 강대한 지방 세력으로 부상했다.

3. 살이호(薩爾滸)전투와 후금의 요심(遼沈)지역 진입

모택동(毛澤東)주석은 "역사상의 반동 통치자들은 주로 한족 반동 통치자들이었으며 중국 여러 민족들 가운데서 여러 가지로 장벽을 만들고 소수민족을 괴롭혔다."[170]라고 말했다. 명조 시기의 통치자가 바로 그러했다. 이들은 정치적으로 민족적 멸시와 압박정책을 실행했다. 여진족에 대해서는 "부락을 나누어 세력을 약화시키고, 종족별로 갈라놓음으로써 그들이 각자 영웅을 자칭하게 해서 세력이 하나로 통일될 수 없게 했다."[171] 이들은 건주와 해서 각 부족 사이를 이간질해 분열시켰다. 예를 들어 오랍을

---

170 모택동, 《10대 관계에 대해 논함(論十大關係)》, 278쪽, 1977년 판.
171 《명 경세문편(明經世文編)》 권480, 《웅경략집(熊經略集)》 1, 《벗에게 답함(答友人)》

부추겨 여러 차례나 건주를 침범하게 하고 엽혁(葉赫)을 충동질해 장기간 누르하치와 대적하게 함으로써 여진 여러 부가 통일되는 것을 방해했다. 한편 명조 요동(遼東)의 관리들은 여진을 "곤충과도 같다면서 매우 깔보았으며"[172] 함부로 때리고 멋대로 죄를 덮어씌웠으며 아무 이유 없이 무고하게 살해하곤 하여 민족 간의 간격과 모순이 깊어지게 했다. 이들은 경제적으로 여진지역의 생산 발전을 극구 저해했다. 명조의 조공과 마시 거래를 관리하는 관리는 관아와 민간인 간의 무역기회를 틈타 가격을 낮춰 강제로 빼앗다시피 하고 세금을 많이 징수해서 개인의 주머니를 채웠다.

만력 중엽 후기부터 명조는 건주에 대해 경제봉쇄와 물자운송 금지 정책을 실행했으며, 1608년(명 만력 36년)에 건주가 조공을 바치는 것을 중지시키고 그 이듬해에는 또 마시를 폐쇄함으로써 이 2년 동안 건주의 인삼 십여만 근이 썩어나가게 했다. 게다가 한족 백성이 여진지역에 들어가는 것을 엄히 금지시키고 건주로부터 무리하게 시하(柴河) · 법납하(法納河) 등지의 경작지를 빼앗았으며, 또 경작지에서 농작물을 수확하지 못하게 했다. 명조의 이러한 행위는 여진 민중의 극심한 분노와 원한을 불러일으켰다. 누르하치는 "내가 관할을 맡은 천조(天朝)의 950리 경계를 13년간 보호하고 지키면서 경계를 범할 엄두를 내지 않았으며, 고분고분하지 않았던 적이 없었는데"[173] 그럼에도 불구하고 "요동 경계지역의 일부 관리들은 나를 해치려하고 공을 쌓아 포상을 받으려고만

---

172   《이조실록》 제34권, 인조(仁祖) 권16, 443쪽.
173   《이조실록》 제28권, 선조(宣祖) 권73, 469쪽.

하고 있다"[174]라며 몹시 분개했다.

　민족 압박이 있는 곳에 민족 저항이 따르는 것은 당연한 이치였다. 1618년 1월 누르하치는 제왕대신들에게 "올해 안으로 반드시 명조를 정복할 것"이라고 비밀리에 선포했다. 그는 또 "짐은 명조와 전쟁을 하려고 하노라. 모두 합쳐보면 '칠대 한'(일곱 가지 큰 원한)이 있으며, 그 이외의 작은 불만들은 일일이 헤아리기가 어려울 정도이다. 그래서 정벌에 나서고자 한다"라고 말했다. 그리고 팔기의 장병들에게 명해 "갑옷과 투구를 수선하고 병장기를 정비하며 말을 준비하도록 했다."[175] 각 한 개 우록의 50명의 피갑 중 10명은 남겨서 성을 지키게 하고 40명은 출전하되 모든 행동은 반드시 우록액진의 지휘에 따르도록 했다. 같은 해 4월 13일 누르하치는 보병과 기마병을 합쳐 총 2만 군사를 거느리고 명조에 대한 정벌에 나섰다. 그들은 '칠대 한'을 명조를 정벌하는 격문(檄文)으로 삼고 군사를 두 갈래로 나누어 명군을 향해 공격을 개시했다. 누르하치가 직접 우익 4기(양황ㆍ정백ㆍ양홍ㆍ양백)를 인솔해 무순(撫順)을 공격하자 성을 지키던 명조의 관군 장수 이영방(李永芳)이 성을 바치고 항복했다. 그는 또 동시에 좌익 4기(정황ㆍ정홍ㆍ양람ㆍ정람)에 명해 동주(東州)ㆍ마근단(馬根單) 등지를 공격 점령하도록 했다. 명조의 요동 순무 이유한(李維翰)이 급히 총병(總兵) 장승음(張承蔭)에게 명해 명조 관군 1만을 거느리고 가서 진압하도록 했으나 후금 군사의 매복 습격에 당해서 전군이 몰살되었다.

174　(조선) 신충일,《건주도록》
175　《청 태조실록(淸太祖實錄)》 권5

7월에 누르하치는 또 팔기병을 이끌고 아골관(鴉鶻關)에 진입해 청하성(淸河城)을 포위 공격했다. 명조 장수 추저현(鄒儲賢)이 굳게 지키며 저항했으나 결국 성은 함락되고 그는 살해당하였다. 이어 후금은 또 일도장(一堵墻)과 감장(城場)의 두 성을 점령했다. 누르하치가 군사적으로 승리를 거듭하자 "전 요동이 뒤흔들렸을 뿐만 아니라" 북경에서도 "온 조정이 발칵 뒤집혔다." 심지어 하루 종일 무위도식하며 나랏일에는 전혀 무관심했던 신종(神宗)마저도 "요좌(遼左)의 전군이 전멸하고 노(虜, 한족이 만주족을 비하하여 부르던 말)의 세력이 갈수록 확장되고 있어 경계 지대의 군사 상황이 매우 위급하다"[176]는 사실을 깊이 느낄 정도였다.

명조는 요동을 안정시키고 반동 통치를 공고히 하며 하루 빨리 후금의 세력을 진압하기 위해 대규모의 후금에 대한 공격을 일으키기로 결정지었다. 그러나 명조 말기 정치의 부패로 인해 요동에 주둔하고 수비하던 명조의 관군은 이를 데 없이 부패해져 있었다. 명의상으로는 군사가 8만 명이 넘었지만 실제로 전투력을 갖춘 군사는 고작 1만여 명밖에 되지 않았으며 게다가 군기가 해이하고 사기가 떨어져 있었다. "장기간 병장기를 정비하지 않아 창이 녹슬고 무디어 쓸 수 없게 되었으며 사금(四金)과 육고(六鼓)는 거의 소리가 나지 않았다. 갑자기 병사들에게 전쟁에 나가 적을 무찌르라고 명하자 팔다리가 후들거리고 얼굴이 사색이 되었다."[177] 이러한 군대는 너무 취약해서 일격에도 바로 허물어지게

---

176 《명 신종실록(明神宗實錄)》 권568, 만력 46년 4월 병신(丙辰)
177 정개우(程開祐), 《주료석화(籌遼碩畫)》 권4, 《앙진미의대신달벌소(仰陳未儀大伸撻伐疏)》

마련이었다. 그래서 명조 정부는 "전국의 군사를 요심(遼沈)에 집결시켰으며 또 조선과 엽혁(葉赫)까지 불러들였다."[178] 그러나 전국 각지에서 징발한 군대 역시 요동의 명조 관군들과 마찬가지로 부패해져 있었으므로 "출관하는 것이 싫어 땅에 엎드려 통곡하는" 이들이 많았으며, 적지 않은 장령들은 "울면서 전선으로부터의 전출을 요구했다."[179] 이를 볼 때 명조 정부가 출사해도 승리는 보장되지 않았으며 최후의 승부를 건 위험한 전쟁일 수밖에 없었음을 알 수 있었다.

명 조정은 양호(楊鎬)를 요동 경략(經略)에 임명하고 두송(杜松)·이여백(李如柏)·유정(劉綎) 등을 보좌직에 임명한 뒤 군대를 이동시키고 군비를 조달하는 등 9개월 남짓한 준비기간을 거처 1619년(명 만력 47년, 후금 천명 4년) 4월에 파견된 명군(明軍)들이 요동으로 잇달아 당도했다. 거기에다가 조선에 협박을 가해 징발한 1만 3천 명의 조선 병력까지 합쳐 총 10만 여 명에 달했는데,[180] 47만 대군인 것으로 알려져 있었다. 양호는 여러 장수들과 의논해 군사를 4갈래로 나누어 후금을 공격하기로 결정했다. 총병 유정은 군사를 이끌고 관진(寬甸)을 나서 동쪽으로 진군하고, 총병 마림(馬林)은 군사를 이끌고 삼차구(三岔口)를 나서 북쪽으로 진군하며, 두송은 군사를 이끌고 무순관(撫順關)을 나서 서쪽으로 진군하고, 이여백은 군사를 이끌고 아골관(鴉鶻關)을 나서 남쪽으로 진군하기로 했다. 그중에서 서로군의 두송이 주력이었으며 모두 혁도아랍(赫圖阿拉)을 향해 곧추

---

178   《동화록(東華錄)》, 천명 4년 3월.
179   《명 신종실록(明神宗實錄)》 권571, 만력 46년 6월 임술(壬戌)
180   왕재진(王在晉), 《삼조요사실록(三朝遼事實錄)》 권1

진군해 나갔다. 이밖에 왕소훈(王紹勛)이 여러 군의 군량과 마초를 총괄하고 양호는 심양(沈陽)에 주둔해 지키기로 했다. 명 조정은 스스로의 허장성세에 속아 "여러 갈래의 군대가 일제히 돌진하게 되면 열흘이면 전쟁을 마무리할 수 있을 것"[181]이라고 기고만장해 했다.

누르하치는 명조 군사의 전략적 배치와 행동계획을 파악하고 형세를 정확하게 분석한 결과 명군이 군사를 나누어 동시에 공격하며 성동격서의 전술을 쓰고자 한다고 판단했다. 누르하치는 "명군은 남로군을 먼저 우리 눈에 띄게 해 우리 군이 남로군을 공격하도록 유인하고 있다. 그러나 무순에서부터 육박해 오고 있는 서로군이 필히 주력군일 것이니 마땅히 서둘러 막아내야 한다. 서로군만 물리친다면 다른 여러 갈래의 군사는 문제가 되지 않을 것이다."[182]라고 분석했다. 그래서 겨우 5백 명만 파견해 동로 유정의 군대를 막게 하고 모든 병력을 집중시켜 서쪽에서 오는 두송이 인솔한 명군의 주력군을 공격했다. 이른바 "네가 군사를 몇 갈래로 나누어 진군해오든지 관계없이 나는 오로지 한 갈래로만 공격 한다"[183]라는 것이다. 이러한 배치는 적중했다. 병력을 보면 명군의 10만여 명의 병력에 비해 후금은 겨우 6만 명이었으므로 열세임이 분명했다. 그러나 명군이 네 갈래로 나뉘어 병력이 분산된 데다가 유정·마림· 이여백의 3군은 산이 높고 물이 험한 지세를 따라 고난의 행군을 해야 했으므로 당분간 당도할 수가 없었다. 오직 두송의 군사만이 무순을 나서서 혼하(渾河)를 건너 소자하(蘇子河)를

181   《이조실록》 제 33권, 광해군 권129, 433쪽.
182   《청 태조실록(清太祖實錄)》 권6
183   《요사술(遼事述)》, 요좌병단(遼左兵端)

따라 올라오면 길이 평탄하여 행군하기 쉬우므로 이틀이면 혁도아랍에 당도할 수 있었다. 누르하치가 6만 명으로 두송의 3만 명을 친다면 전투에서 우세가 보장되며 주도권을 장악할 수 있었다. 그래서 그는 직접 팔기의 대군을 통솔해 서부전선의 명군을 차단하고자 빠르게 진군해 나갔다. 양측의 군대는 살이호 일대에서 격돌했으며 이로써 유명한 살이호 전투의 서막이 올랐다.

그 전투는 세 단계로 나눌 수 있었다.

첫 번째 단계는 살이호·길림애(吉林崖)의 전투이다. 4월 13일, 두송이 3만 명의 명군을 거느리고 무순관을 나서서 14일 살이호에 당도했을 때 후금이 명군의 동부쪽으로의 진군을 막고자 계범성(界凡城)을 쌓는 중이라는 소식을 접했다. 그래서 두송은 2만 명의 군사를 살이호에 주둔시켜 지키게 하고 그 자신은 1만 명의 군사를 거느리고 계범성을 공략하기로 결정했다. 그는 이미 분산된 병력을 또 두 갈래로 분산시킨 것이다. 그때 누르하치는 팔기병을 거느리고 이미 계범의 동쪽에 당도해 각개 격파할 수 있는 전투기회를 장악했다. 그는 "먼저 살이호 산에 주둔한 병력을 격파할 것이다. 그 병력이 무너지면 계범의 군사는 당연히 간담이 서늘해질 것이다."[184]라고 말했다. 그는 대선과 황태극에게 두 기의 군사를 이끌고 가서 두송을 막을 것을 명하고 자신은 직접 여섯 기의 군사를 거느리고 살이호의 명군을 향해 맹공격을 가했다. 명군은 갑작스레 공격을 당하자

---

184 《청 태조실록》 권6

살이호 강 서안으로 뿔뿔이 도주했으며 결국 득력아합(得力阿哈) 일대에서 전멸되었다. 한편 두송은 길림애 아래에서 겹겹이 포위되었으며 결국 두송은 목숨을 잃고 전군이 전멸되었다. "사망자 시신이 산과 들을 뒤덮었고 피가 흘러 강을 이루었으며 병장기와 시신이 혼하에 떠내려가는데 마치 해빙기에 얼음장이 빙빙 돌며 떠내려가는 듯했다."[185]

두 번째 단계는 상간애(尙間崖)·비분산(斐芬山)의 전투이다. 4월 14일, 마림이 명군과 엽혁군을 이끌고 삼차구를 나서서 부륵합산(富勒哈山)의 상간애에 군대를 주둔시켰다. 그리고 반종안(潘宗顔)을 파견해 한 군을 인솔하여 비분산에 주둔 수비하게 하고 또 공염(龔念)을 파견해 한 군을 이끌고 알휘악모(斡輝鄂模)를 수비하게 하면서 적을 견제하고 협공하는 형국을 이루어 서로 지원할 수 있도록 했다. 누르하치는 서부전선에서 명조 주력군을 궤멸시킨 뒤 승세를 타고 용감하게 북상하기 시작했다. 15일, 후금의 군사는 먼저 알휘악모에 주둔한 명군을 격파하고 뒤를 이어 또 상간애를 공격했다. 명군은 대패하고 마림은 간신히 목숨을 부지해서 개원(開原)으로 도주했다. 비분산의 명군도 무너졌다.

세 번째 단계는 아포달리강(阿布達里岡)·부찰(富察)의 전투이다. 4월 10일, 유정의 군대가 관전을 나섰다. 이 노선의 명군은 비록 제일 일찍 출병했음에도 산길이 험하고 큰 눈이 쌓여 진군 속도가 느린 탓에 15일이 되어서야 비로소 심하(深河)에 당도할 수 있었다. 후금 소수의 수비군이 도중에 그들의 진군을 막고 싸우다가는 후퇴하곤 하면서 명군의 진군을

---

185 《만주실록》 권5

극구 지체시켰다. 16일, 유정이 아포달리 강에 당도하고 강홍립(姜弘立)이 인솔한 조선 군대가 부찰(부차(富車))에 당도했는데 혁도아랍과의 거리가 아직도 50~60리나 되었다. 그때 누르하치는 이미 서·북 두 전선에서 승리를 거두고 즉각 호르한(扈爾漢)·아민·대선·황태극을 잇달아 파견하면서 밤낮없이 동부전선으로 달려가도록 했다. 따라서 아주 빠른 시일 내에 동부전선에 3만여 명의 병력이 집결해 "산골짜기에 매복해서" 공격기회를 노리고 있었다. 한편 명군은 마을을 불사르고 "부락들을 약탈하면서" 아무런 경계도 없이 전진했다. 후금군은 "불의의 습격을 가해 명군 부대를 휩쓸었는데" 유정은 전사하고 전군이 전멸되었다.[186] 이어 대선은 팔기 군사들을 집결해 부찰일대의 조선군을 공격했다. 강홍립의 군영이 겹겹이 포위되어 "비좁고 외진 산속에 병사들이 혼잡하게 모여 연일 굶주림과 목마름에 시달렸다. 돌아가려니 길이 끊겼고 싸우려니 군사들 모두 두려움에 부들부들 떨면서 심지어 무기를 버리고 주저앉아 꼼짝도 않고 있으니 어찌해 볼 도리가 없었다."[187] 그래서 강홍립 이하 전군이 항복하고 말았다. 양호는 세 갈래의 군대가 모두 무너졌다는 놀라운 소식을 접하고 급히 이여백에게 철군을 명해 명조의 네 갈래 대군 중 겨우 이 한 갈래만 패망의 액운을 면할 수 있었다.

살이호 전투는 병력을 집중하여 유리한 전장과 전투기회를 선택하고 연속작전, 속전속결, 각개격파를 통해 전략적으로 소수의 병력으로 다수를

---

186 이긍익(李肯翊), 《연려실기술(燃藜室記述)》 권23, 《심하전투(深河之役)》
187 이민환(李民奐), 《건주에서 돌아온 뒤 자신의 견해를 진술한 상소
     (自建州還後陳情疏)》

이겨내는 전형적인 전투사례였다. 이 전투에서는 누르하치의 융통성 있고 원활한 지휘재능과 후금의 장수와 병사들의 용맹한 전투능력을 충분히 보여주었다. 5일 사이에 세 곳에서 세 차례의 대전을 치렀으며 전투에 앞서 배치가 치밀하고 전투과정이 용감하고 완강했으며 전투가 끝난 뒤 재빠르게 전장에서 빠져나와 즉각 새로운 전투에 투입했다. 결국 후금이 대승을 거두고 명군은 참패했다. 이 전투는 양측 모두에게 매우 관건적인 전투였다. 이로써 명조의 세력은 크게 쇠퇴해 여진 각 부의 통일발전을 저해하려던 명조의 정책이 철저히 실패했으며 공격에서 방어로 방향을 바꾸는 수밖에 없도록 하였다. 후금은 세력이 커짐에 따라 정치적 야심과 재부를 약탈하려는 욕망도 커져 방어에서 공격으로 방향을 바꾸었다.

누르하치는 전쟁에서 승리한 뒤 군대를 인솔해 서부로 진군하면서 요동을 짓밟기 시작했다. 그는 개원·철령을 점령하고 인구·재물·곡식들을 대거 약탈했다. 8월에는 또 엽혁을 공격해 궤멸시켰다. 요동지역이 온통 혼란에 빠졌다. 명군은 "단단한 갑옷이며 날카로운 병장기며 긴 창과 화기(火器) 등을 모조리 잃어버렸다." 장수와 병사들은 "경보소리만 들어도 놀라서 간담이 서늘해지곤 했으며" "몸에 걸칠 갑옷도 없고 손에 든 무기도 없이 군대를 따라 군량만 축내며 억지를 부리고 출전하려고도 하지 않았다." "군영마다 탈영병이 하루에도 천백을 헤아리고" "모든 병사들, 모든 군영에서 도주를 꾀하고 있었다."[188] 명 조정이 요동에서 장기간 경영해오며

---

188 웅정필(熊廷弼), 《웅양민공집(熊襄愍公集)》 권1,
    《요좌의 대세가 이미 기울었다는 내용을 서술한 상소(遼左大勢久去疏)》

건설했던 정에 군대와 군사 요충지가 철저히 해체되었다. 명조 정부는 웅정필(熊廷弼)을 경략으로 파견해 요동으로 가서 군사를 관리하도록 하고 그에게 책임지고 후금을 공격해서 잃어버린 땅을 수복하도록 명했다. 웅정필은 전쟁에서 막 패한 뒤라 군사역량의 비교에서 자신에게 크게 불리하므로 오로지 "굳게 지키면서 점차 압박하는" 책략으로 장기적인 방어 방침에 따라 후금의 예기를 약화시키고 힘을 모아 서서히 반격을 도모할 수 있다는 점을 인식하고 있었다. 그는 요동을 1년 남짓 가량 수비하면서 군무를 대거 정돈하고 군율을 바로 세웠으며 성을 보강하고 연병하고 병장기를 만들었으며 둔전하고 식량을 저장하면서 굳게 지키는 것을 전투 수단으로 삼아 아주 훌륭한 효과를 거두었다. 이에 누르하치는 감히 쉽게 서부로 진군할 수 없게 되었다. 주동몽(朱童蒙)은 이렇게 말했다. "경략 웅정필은…… 임명된 지 겨우 10개월 만에 요양(遼陽)을 황폐한 성에서 새로운 모습으로 바꿔놓았다. 두려움에 떨던 군사가 안정을 되찾고 봉집(奉集)·심양(沈陽) 두 개의 비었던 성은 현재는 엄연한 군사 요충지로 바뀌기에까지 이르렀다. 현재까지 백성이 안주하고 상인들은 안심하고 시장에서 장사를 하며 행상들이 잇달아 찾아들고 있는데 그로 인해 후금은 그들이 그 지역을 작전준비지역으로 삼으려는 줄로 여겼다.(而后之人因之以爲進戰退守之地)"[189]

통치계급 내에는 항상 유심주의론자들이 많은 법이었다. 그들은 허위적이고 교만하고 거만하며 의론을 끝없이 펼치면서 눈을 감은채로

---

189 왕재진(王在晉), 《삼조요사실록(三朝遼事實錄)》 권3

현실을 보지 못하며 자신의 약점을 솔직하게 인정하지 않으려 한다. 그런데 그 때 당시 명조의 많은 대관료들이 바로 그러했다. 그들은 대민족주의의 편견에 사로잡혀 새롭게 흥기한 후금을 업신여기며 장기적인 방어방침을 취하는 것을 반대했다. 그들은 웅정필이 그렇게 많은 돈을 낭비하고도 아무런 계획도 세우지 않고 감히 출격할 엄두를 못 내고 있다면서 그에게 공격적인 방침을 취해 후금을 토벌하되 속전속결할 것을 촉구했다. 웅정필이 조정의 압력을 받아 경략직에서 물러나자 명조 정부는 군사적 재능이 전무한 원응태(袁應泰)를 파견해 그를 대체했다. 원응태는 취임한 후 웅정필의 수많은 시설들을 바꿔버렸다. 그는 웅정필이 법을 적용함에 있어서 너무 엄하다고 여겨 "너그러운 쪽으로 방침을 바꾸고 많은 곳을 수정했다."[190] 뿐만 아니라 맹목적으로 출병해 후금을 공격하고자 했다. 그런데 명군이 미처 출병하기도 전인 1621년(명 천계(天啓) 원년) 3월, 누르하치가 이미 대군을 인솔해 심양을 포위 공격했다. 여러 차례의 격전을 거쳐 심양이 함락되었다. 이어 후금의 군사들은 또 요양을 공격했다. 요양을 지키던 명군은 1만 명도 채 되지 않았지만 완강하게 저항했다. 후금은 "철기군으로 사면에서 공격했고" 명군은 "용감하게 맞서 싸워 흰색의 초병을 격파하고 또 황색의 초병을 격파했으며 2~3천명을 베어 말 위에서 떨어뜨렸다." 결국 사흘간의 격전을 거쳐 적은 병력으로 많은 군사를 당해낼 수 없어 3월 21일 요양이 함락되고 원응태는 자살했다. 후금의 군대가 요하(遼河) 동부를 휩쓸고 지나가면서 진강(鎭江) · 해주(海州)

---

190   《명사(明史)》 권259, 《원응태전(袁應泰傳)》

· 요주(耀州) · 개주(盖州) · 복주(復州) · 금주(金州) 등 70여 개의 성을 점령했다. 누르하치는 새롭게 점령한 지역에 대한 통치를 강화하기 위해 도읍을 살이호 성에서 요양으로 옮겼다.

요심(遼沈)이 함락되었다는 소식이 북경에 전해지자 조정 전체가 발칵 뒤집혔다. 명 조정은 다시 웅정필을 기용해 요동경략에 임명하고 왕화정(王化貞)을 요동 순무에 임명했다. 그러나 공격이냐 방어냐 하는 전략방침의 쟁론은 해결되지 않고 오히려 더욱 격화되었다. 웅정필은 여전히 방어방침을 고집하며 광녕(廣寧)에 대한 방어를 강화하고 하서(河西)의 혼란스러운 국면을 안정시킨 뒤에 다시 동으로 한걸음씩 밀고 나갈 것을 주장했다. 그러나 다른 일부 대 관료들은 실패 속에서도 교훈을 얻지 못하고 또 다시 여전히 공격을 주장했다. 특히 왕화정은 "군사에 대해 전혀 알지 못했으며 큰 적을 가볍게 여겼다."[191] 관외(關外)의 군사 전체를 동원해 후금과 한 판 승부를 낼 것을 주장했다. 그리하여 경략은 지킬 것을 주장하고 순무는 싸울 것을 주장하면서 "두 사람 사이의 논쟁은 물과 불의 관계가 되었다."[192] 왕화정이 실권을 쥐고 있었고 10여 만 병력을 장악하고 있었으므로 제멋대로 할 수 있었지만, 웅정필은 겨우 4천 군사를 가지고 있었으므로 어찌할 수가 없었다. 1622년 정월, 누르하치는 웅 · 왕 두 사람간의 모순을 이용하여 군대를 출병해서 요하를 건너 서쪽으로 진군하기 시작했다. 웅정필은 역량을 집중해 광녕을 지킬 것을 주장했지만 왕화정은

191 《명사(明史)》 권259, 《왕화정전(王化貞傳)》, 6698쪽.
192 계육기(計六奇), 《명계북략(明季北略)》 권2, 《광녕궤(廣寧潰)》

병력을 여러 성에 분산시켜 피동적으로 공격당하는 태세를 취했다. 후금의
군대가 서평(西平)을 포위 공격하자 왕화정은 그의 심복인 손득공(孫得功)을
파견해 구원하도록 했으나 결국 전패하고 손득공은 광녕으로 돌아가
후금에 항복하려고 꾀했다. 그는 "군사와 백성들에게 하루 빨리 머리를
깎고 귀순할 것을 호소했다." 그래서 "온 성이 혼란에 빠지고 모두들 뿔뿔이
흩어져 도주하기에 바빴다."[193] 왕화정은 황급히 서쪽으로 도주하고 광녕이
함락되었다. 이어 후금은 또 잇달아 40여 개 성을 함락시키고 요하 서부의
큰 면적의 땅을 점령했다. 그 뒤 누르하치는 명 조정과의 더 나은 작전상의
편리를 위해 또 다시 요양에서 심양으로 도읍을 옮겼다. 그는 또 "크던 것이
작아지고 작던 것이 커질 수 있는 법이다. 자고로 흥망성쇠 변화의 이치가
참으로 많았다…… 나는 금조의 한(汗)으로서 정도를 행해 하늘의 총애를
받게 되었다. 하물며 남경(南京)·북경(北京)·변경(汴京)은 원래부터 한
사람만 거주할 수 있는 곳이 아니라 여진·한인(漢人)이 번갈아 거주해야
하는 곳이 아닌가?"[194] 분명한 것은 그때 누르하치는 막강한 군사실력을
갖추었으며 명군을 거듭 격퇴시키고 거의 요동 전역을 점령하다시피
했으므로 명조 정부와 전국 통치권을 쟁탈할 수 있는 힘과 웅심을 이미
갖추게 되었다.

광녕이 함락된 후 웅정필·왕화정은 하옥되어 처형당하고 명 조정은
왕재진(王載晉)을 요동경략에 임명하여 파견했다. 겁이 많고 담이 작은

---

193 《요사술(遼事述)》, 《웅과 왕의 공과 죄(熊王功罪)》
194 《만문로당(滿文老檔)》 태조41, 천명 7년 4월.

왕재진은 관외를 포기하고 산해관까지 퇴각해 수비하면서 관문 밖 8리에 험준한 변경요새를 쌓아 군사를 배치해 수비할 것을 주장했다. 그의 이러한 소극적인 방어 주장은 중하급 장령 원숭환(袁崇煥) 등 이들의 반대를 받았다. 원숭환은 원래 하급문관으로서 모략과 담략이 뛰어났다. 광녕이 함락될 무렵 그는 홀로 말을 타고 산해관을 나와서 순찰을 돈 적이 있다.

그는 명을 받고 "전둔(前屯)으로 가서 요동의 백성들을 배치하고 사경에 입성했으며 밤에 가시덤불을 헤치며 호랑이와 표범이 출몰하는 곳에 들어가기도 하며"[195] 험하고 어려운 일을 두려워하지 않고 과감히 맡았다. 그는 관외의 형세를 조사한 뒤 "나에게 군사와 군마, 그리고 군량만 내어주면 나 혼자라도 이곳을 충분히 지켜낼 수 있다"[196]라고 말했다. 그는 관내(關內, 산해관 이내)를 보위하려면 반드시 관외를 지켜야 하며 관외를 보위하려면 반드시 영원(寧遠, 현재의 요녕성(遼寧省) 홍성현(興城縣))을 지켜야 한다고 주장했다. 그 이유는 "영원이 산해관 동쪽, 광녕의 서쪽에 위치해 있어 요충지이기 때문이다."[197] 그리고 부근 바다 가운데에 있는 각화도(覺華島)에 수군을 배치하고 군량과 말의 여물을 저장해서 적을 견제하고 협공하는 형세를 이룰 수 있다. 그는 광녕이 함락된 후 이곳은 산해관의 보호벽이 될 수 있으므로 쉽게 포기하고 적에게 내어주어서는 안 된다고 주장했다.

원숭환의 주장은 병부상서 손승종(孫承宗)의 찬성과 지지를 얻었다. 얼마 뒤 명 조정은 손승종을 기용해 왕재진을 대체해서 요동경략에

195   (일) 이나바 기미야마(稻葉君山), 《청조전사(淸朝全史)》 상권, 135쪽.
196   《명사(明史)》 권 259, 《원숭환전(袁崇煥傳)》, 6707쪽.
197   《영원위묘학비(寧遠衛廟學碑)》, 《만주금석지고(滿洲金石志稿)》, 2권, 34쪽.

임명했다. 손승종은 웅정필의 "방어 위주"의 전략 방침을 계승하고 원숭환의 제안을 받아들여 산해관의 방어를 대거 정돈했다. 그는 영원의 방어력을 중점적으로 강화하고자 원숭환·조대수(祖大壽) 등을 파견하여 영원에 주둔시켜 수비하면서 영원성을 쌓게 하는 한편 금주(錦州)·대능하(凌河)와 소능하·송산(松山)·행산(杏山) 및 우둔(右屯) 등의 여러 요새를 수리하고 건설하도록 했다. 이로써 금주와 영원을 중점으로 하는 관외 방어선을 형성해 누르하치가 이용할 만한 허술한 틈을 주지 않았다. 1625년(명 천계 5년, 후금 천명 10년) 9월, 손승종은 요주(耀州)전투에서 패한 것으로 인해 환관 도당의 공격을 받아 사직했다.

명 조정은 고제(高第)로 손승종을 대체했다. 고제는 관외를 지켜낼 수 없다고 생각하여 손승종의 조치에 반기를 들어 "금주·우둔·대능하와 소능하·송산·행산·탑산(塔山)의 수비에 사용하던 전구(戰具)를 철거하고 수비군을 모조리 몰아 입관시켰으며 식량 십여 만석을 포기했다. 그로 인해 주검이 사처에 널리고 울음소리가 들판을 들끓게 하였으며 백성들의 원성이 끊일 줄 몰랐고 군대는 더욱 분발하지 못했다."[198] 원숭환은 고제에게 권고해도 듣지 않자 고제의 명령에 따르지 않고 고립된 영원성을 굳게 지켜나갔다. 1626년(명 천계 6년, 후금 천명 11년) 정월, 누르하치는 대군을 인솔하여 서부로 진군하면서 영원성을 포위하고 원숭환에게 서신을 띄워 항복할 것을 권했다. 원숭환은 장수와 병사들을 고무하고 격려해서 죽기를 각오하고 성을 지킬 것을 맹세했다. 영원성의 수비가 견고했으므로

---

198 《명사(明史)》 권 259, 《원숭환전(袁崇煥傳)》, 6709쪽.

후금은 막강한 군사를 가지고도 함락시킬 수 없었다. 누르하치는 직접 전선에 나서서 전쟁을 진두지휘하고 성 위에서 홍이대포(紅夷大砲)로 공격했다. 누르하치는 오래도록 공격했으나 성을 점령하지 못하고 "세력이 크게 꺾여 물러났다."[199] 영원전투에서 대승을 거둔 것은 명조가 후금과의 작전에서 거둔 최초의 중대한 승리였다. 그 승리는 후금의 예기를 꺾어놓았으며 요동 전역을 빼앗고 바로 관문을 점령하려던 누르하치의 계획을 물거품으로 만듦으로써 산해관과 관내의 안전을 지켜냈다. 누르하치는 영원성에서 실패해 심양으로 퇴각한 후 늘 근심에 싸여 우울해 지내다가 그해 7월에 독창으로 앓다가 8월 11일 병사했다. 이는 청조 흥기 초기에 맞닥뜨린 가장 중대한 손실이었다.

---

199 이성령(李星齡), 《춘파당일월록(春坡堂日月錄)》 권12

제3절
만족 사회경제의 발전 - 노예제에서 봉건제로의 과도

1. 만족사회의 노예제시대

마르크스는 "노예제는 하나의 경제적 범주이기 때문에 언제나 여러 민족의 사회제도 중에 포함 된다"[200]라고 말했다. 만족사회도 예외가 아니었다. 만족의 직계 조상인, 원래부터 흑룡강 유역에 거주했던 여진족은 오래 전에 이미 노예제사회에 들어서 있었다. 그들은 명대 중엽에 남하해서 개원 북쪽·혼하 상류 일대로 옮겨 거주했다. 그 시기의 그들은 가내노예제 단계에 있었으며 포로로 잡혀온 한인을 "노예로 삼아 부리곤 했다."[201] 그들 중 일부는 집안에서 "노비"로 부리고 또 일부는 "논밭으로 내몰아 농사일을 하도록 했다."[202] 게다가 또 "서로 팔거나 사다가 부리기도 하면서"[203] 이를 통해 "큰 이익을 챙기곤 했다."[204] 누르하치 시기에 여진의 노예제는 노예주 계급이 "팔기제도(八旗制度)"를 제정하고 "기(旗)를 단위로 백성을

---

200 《마르크스 엥겔스 선집》 제1권, 마르크스, 《철학의 빈곤》 , 110~111쪽.
201 《이조실록》 제7권, 세종 권 32, 501쪽,16권 성종 권80, 54쪽.
202 《명 영종실록(明英宗實錄)》 권103, 정통(正統) 8년 4월 경술(庚戌)
203 《이조실록》 제19권, 《연산군일기》 권17, 209쪽.
204 《이조실록》 제19권, 《연산군일기》 권17, 199쪽.

다스렸다." 그는 후금의 관할 하에 있는 모든 인구를 기내에 편입시켜 팔기 기주가 사회노동력 전체를 통제하도록 함으로써 가내노예제에서 장원노예제로 변화시켰다.

이 시기에 여진의 사회생산력은 빠르게 발전했다. 1616년 누르하치가 후금을 세울 때 당시 그의 통치지역은 이미 4천여 리까지 확장되어 있었고, 인구는 40~50만 명으로 늘었다. 개원 동쪽에서부터 혼하·소자하·동가강(佟家江)을 거쳐 압록강 변에 이르는 지역에 많은 하곡평원이 분포되었는데 기름진 땅과 풍부한 수원이 있어 농업생산에 매우 적합했다. 요동의 일부 한인 백성들은 명조의 착취와 압박에 견딜 수 없어 살 길을 찾아 건주지역으로 도주했다. 또한 포로가 되었거나 항복한 명군을 포함해서 포로가 된 많은 한인 백성들도 후금에 정착하고 농사를 짓기 시작했다. 특히 후금과 인접한 지역의 한인 백성들은 여진족과 밀접한 왕래를 이어오면서 일부는 의형제를 맺고 심지어는 통혼까지 했다.[205] 이들 한인 백성들은 후금으로 들어오면서 선진적이고 숙련된 농업생산기술을 가져왔다.

누르하치 또한 농업생산을 크게 중시해서 철제 농기구와 소갈이를 적극 보급했으며 경작용 소를 도살하는 것을 엄히 금지시켰다. 이에 따라 건주는 경작지가 빠르게 확대되고 식량 생산량이 꾸준히 늘어 농업생산이 크게 발전했다. 1619년(명 만력 47년, 후금 천명 4년), 조선인 이민환(李民寏, 1573~1649)이 이곳의 농업이 번영한 것을 보고 "땅이 기름지고 곡식이

---

205 진인석(陳仁錫), 《무몽원초집(無夢園初集)》, 《기노간세(紀奴奸細)》를 참고.

풍성하며 한전에는 다양한 작물을 심어서 없는 것이 없다."[206]라고 했으며 "수확이 풍성하고 창고가 넘쳐난다"[207]고 말했다. 그때 농업은 이미 후금의 사회생산의 주요 부분이 되었다.

농업발전의 토대 위에서 수공업도 빠르게 발전했다. 후금의 수공업은 전문분업이 형성되어 이른바 "은·철·피혁·목재 등의 여러 분야에서 모두 분업을 실현했다."[208] 후금의 도성인 혁도아랍에서는 "북문 밖에 대장장이가 있어 갑옷을 전문적으로 만들고, 남문 밖에 활과 화살을 만드는 장인이 있어 활과 화살을 전문적으로 만들었으며"[209] 여러 장인 중 "대장장이의 솜씨가 극히 좋았다."[210] 그때 제철업은 수공업 중에서 제일 중요한 분야였다. 누르하치가 흥기하기 전에 건주에서는 비록 이미 낡은 철을 제련해 일부 병장기와 농기구를 가공하여 제조할 수는 있었지만 자체의 힘으로 철광을 채굴해 제련하지는 못했다. 누르하치는 철강 제련업을 크게 중시해 철공을 아주 우대했는데 "옷가지와 일상생활용품을 많이 내어주고 소와 말도 주었다." 1599년(명 만력 27년)에 이르러서 건주는 철광을 채굴하고 제련할 수 있게 되었다. 그때부터 "철강업이 흥성해"[211] 과거 철기를 명조와 조선으로부터의 수입에 의지하던 상황이 기본적으로 바뀌었다. 그리고 방직업도 발전을 가져왔다. 1616년 누르하치는 "전국에 포고문을 발표해

---

206 이민환, 《건주문견록((建州聞見錄)》
207 《만주로당》 태조4, 만력 43년 12월.
208 이민환, 《건주문견록》
209 정개우(程開祐), 《주료석면(籌遼碩面)》 권1, 《누르하치고(努爾哈赤考)》
210 이민환, 《건주문견록》
211 《이조실록》 29권, 선조 권134, 773쪽.

누에를 쳐 비단을 짜고 목화를 심어 천을 짜기 시작했다."[212] 제철업과 방직업을 제외하고도 도자기업·조선업·건축업·은제품 제조업도 모두 각기의 정도가 다르게 발전했다.

농업과 수공업의 발전은 사회분업을 확대했으며 상업의 발전을 추진했다. 누르하치 시기에는 상품생산과 교환이 뚜렷하게 발전했다. 그는 마시와 조공을 통해 명조와의 상품교환을 확대했는데 건주의 인삼·담비가죽 등의 특산물로 대량의 생산 자료와 생활용품을 바꿔왔다. 인삼 수출을 확보하고 인삼이 썩는 것을 막기 위해 "삶아서 말리는" 제작방법을 취해 "안정적으로 꾸준히 내다 팔아"[213] 큰 이익을 챙겼다. 상품 생산의 발전과 거래가 확대됨에 따라 여진족 내부에 장사를 업으로 하는 상인이 생겨났는데 그들은 건주와 명조·조선 사이를 오가며 장사를 했다. 특히 후금의 정권이 수립된 후 거래할 수 있는 상품이 꾸준히 늘어남에 따라 원래의 마시와 여진 각 부족 간의 좁은 시장을 돌파했다. 새로운 상품거래의 수요에 적응하기 위해 1616년에 후금은 화폐를 주조하기 시작했다. 그 주조 화폐를 "천명통보(天命通寶)", 또는 "천명한전(天命汗錢)"[214]이라고 불렀으며, 전체 경내에서 유통시켰는데 상업의 발전에 아주 유리했다.

농업과 수공업·상업의 발전은 노예제의 발전을 추진했다. 마침 누르하치의 시기는 가내노예제가 장원노예제로 변화하는 시기였다. 노예는 가장 중요한 생산 자료였는데 노예의 주요 원천은 전쟁 포로였다.

---

212 《만문로당(滿文老檔)》 태조(太祖) 권5, 천명 원년 정월.
213 《청 태조실록(淸太祖實錄)》 권2
214 《청조문헌통고(淸朝文獻通考)》 권13, 《전폐고(錢幣考)》 1, 《제전통고(制錢通考)》 1

누르하치가 홍기할 때 건주의 크고 작은 노예주들은 매 차례의 전쟁 중에서 "각자가 약탈한 것은 각자의 소유로 했다."[215] 결국 "재물(노예 포함)을 탈취하려고 형제간에 서로 반목하게 되고"[216] 동족상잔까지 하는 결과를 불렀다. 누르하치는 내부 모순을 완화하고 자신의 통치를 강화하고 공고히 다지기 위해 과거 전쟁 중에서 "각자가 약탈한 것은 각자의 소유로 하던" 낡은 관습을 폐지하고 "모조리 관아에 바쳐 평균 분배하는"[217] 제도로 바꾸었으며, 몰래 은닉하고 바치지 않는 자에 대해서는 그 죄를 엄히 물었다.[218] 여진 각 부족의 통일전쟁의 성공적인 발전과 후금 정권의 수립에 따라 누르하치는 여진의 최고 통치자가 되었다. 그가 통치하는 구역 내에서의 모든 토지와 백성은 명의상으로 모두 그의 소유였으며 그는 토지와 백성을 팔기 기주와 관병들에게 분배하고 하사하여 향유하도록 했다. 누르하치는 노예제 국가정권기구인 팔기제도로 나라를 다스렸는데 군대도 통치하고 민간도 다스리면서 사회생산을 전반적으로 조직했다. 팔기 우록은 사회생산의 기층조직으로서 우록이 담당한 사회생산 복역의 성질로 말하자면 개인의 경작을 위해 복역하는 내우록과 나라의 둔전을 위해 복역하는 외우록이 있었다.

"톡소(tokso, 拖克索)"는 내우록이 경작하는 농장에 속한다. 《청문감(淸文鑒)》에 따르면 "경작하는 사람이 사는 곳을 톡소라고 한다."[219]

215　《금국의 한이 여러 장령들에게 내린 칙서(金國汗敕諭諸將領稿)》
216　《노만문상유(老滿文上諭)》
217　《금국의 한이 여러 장령들에게 내린 칙서(金國汗敕諭諸將領稿)》
218　《만문로당》 태조10, 천명 4년 6월.
219　《청문감(淸文鑒)》 권19

1596년(만력 24년)에 조선인 신충일이 건주로 오는 도중에 보았던 여섯 곳의 "농막(農幕)"이 바로 "톡소"였다. 이러한 '농장'은 모두 누르하치의 가족과 그 부하의 소유였다. 예를 들어 누르하치 본인이 '농장' 한 곳을 소유하고, 그의 아우 슈르하치가 '농장' 두 곳을, 슈르하치의 사위인 동시나파(童時羅破)가 '농장' 한 곳을, 누르하치의 종제(從弟, 사촌 아우)인 동아두(童阿斗)가 '농장' 한 곳을, 동유수(童流水)가 '농장' 한 곳을 각각 소유하고 있었다.[220] '농장'에는 전장(田莊)을 책임지고 관리하는 관장인(管莊人)을 두었다. 누르하치의 관장인은 왕치(王致)라는 사람이고 슈르하치의 관장인은 쌍고(双古)라는 사람이었다. 그들이 노예를 부리고 감독해 농사를 짓게 했다. 이는 전형적인 노예제장원이었다.

16세기 말 건주 경내에는 '톡소'가 너무 많은 편은 아니었다. 신충일의 《건주도록》에 거론된 31명의 노예주 수령 중 '톡소'를 소유한 이는 고작 5명뿐이었으며 게다가 각각의 '톡소'가 점유한 경작지 면적도 크지 않았다. 예를 들어 만차천(蔓遮川, 현재의 혼강[渾江]의 지류인 신개하[新開河]) 유역의 동유수가 소유한 '톡소'는 경작을 시작한 지가 겨우 20여 일밖에 안 되며[221] 경작지 면적은 총 1백 무에 이르렀다. 그러나 통일전쟁이 성공적으로 발전함에 따라 통할지역이 꾸준히 확대되고 노예 수량이 갈수록 늘어나면서 '톡소'의 수량도 빠르게 늘어났다. 노예제 장원의 발전상황은 1619년 이민환(李民寏)의 《건주문견록(建州聞見錄)》에서도 일부 나타나게 된다.

220 (조선) 신충일, 《건주도록》
221 (조선) 신충일, 《건주도록》

그때 당시 위로 누르하치와 여러 패륵(貝勒)에서 아래로는 팔기 병사에 이르기까지 "모두 노비와 장원을 소유하고 있었다"라고 기록했는데 '농장'이 최초의 5~6곳뿐이 아니었음을 분명하게 나타냈다. 비록 '농장'의 정확한 수량은 알 수 없지만 일개 팔기 장수 한 명이 농장을 50여 개나 소유한 사실을 볼 때, 그때 당시에 '농장'이 아주 많았음을 알 수 있다. 이들 '농장'은 모두 팔기 관병들의 소유였으며 그들은 "농사일을 하지 않고" "노비들이 경작하도록"[222] 했다. 이로부터 노예제 장원이 이미 아주 보편화되었음을 알 수 있다.

'톡소'를 제외하고는 또 외우록이 경작하는 둔전이 있었다. 누르하치 통치 초기에는 군사들에게 군량과 급료를 보급하지 않고 백성이 조세를 바치지 않았다. 이러한 낙후한 경제제도는 통일전쟁과 사회발전의 수요에 적응할 수 없었다. 이러한 상황을 바꾸기 위해 "각 부락에 둔전(屯田)을 설치하고 그 부락의 추장에게 맡겨 경작하게 하면서 사용할 때가 되면 쓰곤 했다."[223] 1615년(명 만력 43년)에 이르러 누르하치는 원래 조세를 징수할 생각이었으나 "백성들에게 조세를 바치게 하면 또 백성들에게 고통을 주게 될까" 걱정되어 둔전을 정돈해서 "각각의 우록에서 남정 10명에 소 4마리를 내어 넓은 땅에 밭을 일구고 식량을 심게 해서 수확한 식량을 국고에 저장하도록 했다." 그리고 "16명의 대신을 위임 파견하고 8명의 파극십(巴克什, 청대에 문서관리를 담당하던 관원)에게 그 부분의 식량의

222 이민환, 《건주문견록》
223 (조선) 신충일, 《건주도록》

수급사항을 기록하도록 했다."[224] 각각의 우록에서 둔전에 파견한 사람들은 모두 자유민이며 생산된 식량은 관아의 창고에 바쳐 후금의 지출에 사용되었다. 이런 둔전의 성질은 자유민이 후금에 강제 노역을 하는 것이며 일정한 봉건 부역의 요소도 포함되었다.

사회 계급구조의 형성은 사회생산의 발전과 일치하며 서로에게 영향을 주었다. 특히 사회생산의 특징이 사회 계급구조를 제약했다. 그때 당시 후금의 통치 아래 있는 인구가 40~50만 명이었으며, 팔기 우록을 단위로 하여 사회생산을 조직하고 있었다. 인류의 이러한 사회 생산과정 속에서 노예주·노예·자유민 세 개의 계급이 형성되었다.

노예주 계급에는 다음과 같은 몇 개 부류의 사람들이 포함되었다.

(1) 누르하치와 그 가족 : 그들은 팔기 기주를 겸령해서 높은 정치권력을 장악하고 의정에 참가해 국책을 결정할 뿐 만 아니라 전쟁에서 "각자가 약탈한 것은 각자가 점유해" 대량의 토지와 노예·가축·재물들을 소유하고 있었다. 그들은 만족 중에서 가장 권세가 있는 노예주 특권집단이며 또 후금 통치계급의 핵심이기도 했다.

(2) 팔기 각급의 장수 : 이들은 군사 장령이기도 하고 지방 행정장관이기도 하여 전쟁을 통해 약탈했거나 상으로 받은 것까지 합쳐 역시 많은 노예와 재물을 소유하고 있었다. 그들의 지위는 패륵과 버금가며 후금

---

224 《만문로당》 태조4, 만력 43년 12월.

통치의 골간 세력이었다.

(3) 귀항한 장령 : 이들은 건주부 이외의 주변 여진 각 부족과 기타 여러 민족 수령들로서 한족의 관료지주를 포함해서 부족의 무리를 이끌고 와서 복종하였거나 혹은 전쟁에서 항복한 장령들이었다. 누르하치는 이들을 아주 우대했는데 대량으로 상을 내렸을 뿐 아니라 "좌령(佐領, 만주어 '우록'을 한어로 번역한 말)에 임명해 그 무리를 거느리게 했으며"[225] 팔기에 편입시켜 팔기 장령으로 삼았다. 상기의 세 부류가 노예주계급을 이루었다. 그들은 대량의 '톡소'와 매매 · 학살 · 순장이 가능한 노예를 소유하고 있고, 또 각기 다른 규모의 주선(jusen, '여진족' 만주어 발음으로서 한어로는 '제신(諸申)'이라고 함, 자유민)을 점유하고 있었다. 만족 노예제의 발전과 더불어 노예주들은 필연코 외부로부터 노예와 재물을 약탈해 노예의 원천을 확대하고 재부의 점유를 늘리고자 하기 때문에 약탈이 노예주의 직업과 목적이 되었다. 그들은 "군사를 연마하는 데만 열중하면서 농사일은 할 줄 몰랐으며"[226] 노동생산에 참가하지 않고 전문적으로 노예의 모든 잉여노동을 착취하는 것을 생활 수단으로 삼았다. 엥겔스가 심각하게 제시했다시피 노예주는 자신의 노동으로 생활 자료를 얻는 것을 노예들만의 일로 간주했는데 이런 행위는 심지어 강도짓보다도 더 몰염치했다.

---

225 《양길재총록(養吉齋叢錄)》 권1
226 이민환, 《건주문견록》

노예계급에는 다음과 같은 두 가지 부류가 있었다.

(1) 전쟁 포로 : 누르하치는 전쟁 중에서 항복한 자와 포로가 된 자를 각각 달리 처리했다. 일반적으로 항복해온 자는 민호(民戶)에 편입시키고 포로가 된 자는 팔기 관병들에게 나눠주어 노예로 삼게 했는데 이들을 아합(阿哈)이라고 불렀다. 1613년(명 만력 41년), "오랍의 패잔병들 중 귀순한 자들에 대해서는 그 처자식과 하인들을 돌려주고 만호(萬戶)로 편호(編戶)시키고 나머지 포로들은 여러 군사들에게 나눠주었다."[227] 또 예를 들면 1618년(명 만력 46년, 후금 천명 3년)에 누르하치가 무순 등의 지역을 점령한 뒤 "공로에 따라 상을 내리면서 획득한 사람과 가축 30만을 여러 군사들에게 나눠주고 항복한 자들은 하나의 천호(千戶)로 편호시켰다."[228] 이로부터 여진족이거나 한족이거나를 막론하고 포로이기만 하면 팔기 관병들에게 나눠주어 노예로 삼게 했음을 알 수 있다.

(2) 자유민을 노예로 강등시켰다 : 그때 당시에는 전쟁이 잦아서 사회 재부가 꾸준히 늘어남에 따라서 만족 자유민(주선, 한어로는 제신(諸申))들 간에 계급분화가 생겼다. 그중 일부는 노예주가 되고 소수는 천재와 인화로 인해 노예로 전락했으며 또 일부는 "집안 식구로

---

227 《청 태조실록(淸太祖實錄)》 권4
228 《청 태조실록(淸太祖實錄)》 권2

삼아 데려다 부리면서"[229] 노예로 삼았다.

이들 노예는 강제적으로 가내노동에 종사해야 했을 뿐만 아니라 더욱이 농업경작에 쓰이는 경우가 더 많았다. 예를 들어 1618년, 누르하치는 한꺼번에 여러 패륵의 '톡소'에서 8백 명의 노예를 뽑아다가 혼하 일대로 가서 곡식을 타작하고 말리는 일을 시켰다.[230] 그는 "아합(노예)에게 경작지에서 생산한 곡물을 액진(노예주)과 같이 나눠 먹게 했다."[231] 이는 아합이 사회의 직접 생산자임을 설명한다. 그러나 노예주는 생산 자료와 노예를 소유하고 있어 노예의 노동 생산품은 모두 그들이 점유했다. 《건주문견록》에는 "노비들이 경작을 해서 그 주인에게 바쳤다."라고 기록되어 있다. 《만무로당비록》에도 "노복이 애써 경작하여 그 주인을 공양했으며 감히 개인의 소유로 삼지 못했다"라고 기록되어 있다.

이밖에 노예들은 정치적 지위가 전혀 없었다. 그들의 거주·생활·혼인·시집 장가 등의 모든 면에서 개인적으로 자유가 없었으며 반드시 주인의 지시에 따라야 했다. 노예주는 노예에 대해 생사여탈권(살리고 죽이는 것과 주고 빼앗는 권력)이 있어 멋대로 사고팔거나, 혹독하게 때리고 학살했다. 노예는 비인간적인 대우를 받아야 했고 가축과 같은 지위에 있었으며 말할 줄 아는 공구일 뿐이었다. 이들 노예의 자녀들은 대대로 노예로 살아가야 했으며 제멋대로 주인을 떠날 수 없으며 도주하면 치죄를

---

229   (조선) 신충일, 《건주도록》
230   《만문로당(滿文老檔)》 태조7, 천명 3년 9월.
231   《만문로당(滿文老檔)》 태조17, 천명 6년 윤2월.

당하곤 했다. 스탈린이 말했다시피 "노예점유제도 아래에서의 생산관계의 토대는 노예주가 생산 자료와 생산종사자를 점유하는 것인데 이들 생산종사자는 노예주가 그들을 가축과 마찬가지로 매매하고 학살할 수 있는 노예들이다"[232] 라고 말했다.

자유민은 다음과 같은 두 부류로 구성되었다.

(1) 건주 자유민 : 이전에 건주여진은 종족 노예제를 실시했는데 그들끼리는 "서로 노예로 삼지 않아서" 여진족은 노예주를 제외하고는 일반적으로 모두가 자유민이었다. 이 시기에 이르러서 비록 내부에 계급분화가 생겨났지만 대다수는 모두 팔기의 전사가 되었다. 그들은 전쟁을 영예와 치부의 수단으로 간주했기 때문에 매번 "출병할 때면 기뻐하지 않는 이가 없었으며 처자식들도 모두 기뻐하며 오로지 재물을 많이 얻을 수 있기만을 바랐다."[233] 전쟁에서 승리를 거두게 되면 노예와 가축·재물을 나눠 가질 수 있기 때문이었다. 그래서 《건주문견록》에서는 "노예주와 그의 여러 아들들에서부터 하급 병졸에 이르기까지 모두 노예와 농장을 소유하고 있었다."라고 기록하고 있다.

(2) 귀항(歸降)한 여러 민족의 백성과 병사들 : 누르하치는 이들 귀항민

---

232 《스탈린문선》 상, 《변증 유물주의와 역사 유물주의에 대해 논함》 199쪽, 인민출판사 1962년 판.
233 이민환, 《건주문견록》

모두에게 토지와 가축·생산도구·생활용품을 상으로 주었으며 이들을 팔기 관병들에게 분배해 노예로 삼지 않고 민호(民戶)에 편입시켰다. 그중의 대다수가 팔기병에 가입해 군대를 따라 출정했으며 이들도 다른 병사들과 마찬가지로 전리품을 나눠 가질 수 있었다.

상기의 자유민들은 인신의 자유가 있고 자신의 재산에 대한 소유권을 행사할 수 있었지만, 여전히 팔기 기주와 액진에게 종속되어 보호를 받아야 했으며, 스스로 전마와 병장기·군량을 마련해 병사징집에 응해 출전하거나 무상노역에 종사하는 등을 비롯해 기주와 액진에 대한 일정한 의무를 이행해야 했다. 그때 당시의 누르하치와 여러 패륵은 자유민을 자신의 사유재산으로 삼아 임의로 부하들에게 상으로 주곤 했다. 이로부터 자유민의 사회적 지위가 낮은 편이었음을 알 수 있다. 예를 들면 소극소호(蘇克蘇滸)부의 낙미납(諾米納) 등 네 명의 부장이 무리를 이끌고 귀향할 때 누르하치에게 "저희들이 제일 먼저 귀순해온 충성심을 생각해 수족처럼 아껴 천민으로 대우하지 말아 주십시오"[234]라는 요구를 한 점에서 알 수 있다.

상기와 같이 생산 자료의 소유·계급관계·제품 분배방식 등의 방면에서 누르하치가 요심(遼沈)지역을 점령하기 전에는 노예제의 시기에 처해 있었음을 설명했다. 이런 노예제는 팔기제도 아래에서 진화 발전한

---

234   《청 태조실록(淸太祖實錄)》 권1

것으로서 가내노예제에서 장원노예제로 변화했다.

2. 노예제에서 봉건농노제로의 과도

누르하치가 심양(沈陽)과 요양(遼陽)의 넓은 지역을 점령한 후 후금 사회가 노예제에서 봉건제로 변화하기 시작했다. 그 변화과정은 우여곡절이 많고 더디며 고통스러운 과정이었다. 그래도 비교적 선진적인 봉건농노제는 결국에 노예제를 전승하면서 주도적인 생산방식이 되었다. 일반적으로 노예제도의 쇠락은 노예제 국가의 패전, 노예의 폭동, 노예 원천의 고갈이 원인이었다. 그러나 후금의 노예제가 봉건제로 대체되는 과정에는 군사적 승리와 정복지역의 확대, 포로의 급증이 동반되었는데, 이에 따라 노예화에 대한 포로인구의 강렬한 저항 및 광범위한 정복지역의 비교적 선진적인 생산방식에 따라 후금이 불가피하게 적응한 결과였다.

요심지역은 원래부터 한족 인구가 많고 농업생산이 비교적 발달한 곳으로서 봉건생산관계가 주도적 지위를 차지했다. 명조 정부는 여기서 장기적으로 군둔(軍屯)제도를 실행해왔다. 16세기 중엽(명조 가정 후기)에 요동에 군둔호가 9만 6400 여 호(戶, 가구), 총 38만여 명에 군둔지 368만 무[235], 그리고 대량의 민호(民戶)와 민지(民地, 민유지)가 있었다. 예를 들어 요양지역에 "매년 여분의 농지가 있었으며 논밭길이 수천 리나 이어져 있고

---

235   《전료지(全遼志)》권2, 《부역지(賦役志)》참고.

둔보(屯堡, 군대가 주둔해 있는 성)들이 서로 마주 보고 세워져 있으며"[236] 이미 아주 번영하고 부유한 모습이었다. 그밖에 요심지역은 원래부터 수공업과 상업·교통운수업이 상당히 발달했는데 생철(무쇠) 한 가지만 보더라도 매년 공물로 바치는 철이 40여 만 근에 달했다.

후금이 요심지역에 들어서자 치열한 전쟁으로 인해 생산이 심각하게 파괴되고 대량의 인구가 죽거나 도주해 기존의 계급관계가 파괴되고 번영했던 모습이 사라져버렸다. 그렇지만 현지에서 기존의 선진적인 생산방식이 전면 소멸될 수는 없는 법이었다. 만족은 그 지역으로 이주해 정착하고 통치하기 시작하면서 사회질서를 안정시키는 과정에서 만족 원래의 노예제도를 점차 바꾸고 현지 생산력 발전수준에 적응해야만 했다. 후금 정권도 이것과 상응하여 일련의 조정과 변혁조치를 취해 새로운 상황과 새로운 수요에 적응하기 시작했다. 마르크스와 엥겔스의 주장처럼 "정착한 정복자가 채납한 사회제도형태는 그들이 직면한 생산력 발전수준에 적응해야 한다. 만약 초기에 이러한 적응과정을 거치지 않았다면 생산력에 따라 사회제도형태를 변화시켜야 한다."[237]

후금은 요심지역의 생산력 수준에 적응해 자체의 기존 생산방식을 어떻게 바꿨을까? 이는 아주 순탄하지 못하고 투쟁으로 가득한 과정이었다. 1621년(명 천계 원년, 후금 천명 6년) 7월, 다시 말하면 후금이 요심지역에 들어선 바로 그해에, 누르하치가 명을 내려 "장정의 숫자에 따라 밭을

---

236 《요양 현지(遼陽縣志)》 권1
237 《마르크스 엥겔스 전집》 3권, 《독일 의식형태》 , 83쪽, 인민출판사 1960년 판.

나눠주는" 조치를 실행토록 하고 요심지역의 쓰지 않고 버려둔 농지 30만 일(日)[238]을 후금의 병사들에게 나눠주었다. 장정 한 명 당 밭 6일씩을 나눠주어 5일에는 식량을 심고 1일에는 목화를 심도록 했다. 조세의 징수방법은 다음과 같다. 즉 장정 3명 당 관전(官田, 관아 소유의 밭) 1일씩을 가꾸고 장정 20명 중에 1명은 병사로 징집되고 1명은 노역에 종사하도록 하였다.[239]

"장정의 숫자에 따라 밭을 나눠주는" 조치는 만족 노예주와 병사·백성을 요심지역으로 이주시키기 위한 조치였다. 토지 소유권은 후금 국가에 속하며 국가가 소유한 노예 숫자에 따라 토지를 노예주와 자유민에게 분배했다. "장정의 숫자에 따라 밭을 나눠주는" 조치로 원래 명조의 지주와 관리·한족 백성에게 속해 있었던 일부 토지는 만족 노예주와 자유민 손에 들어가게 되었다. 그러나 그로 인해 만족 내부의 계급구조를 직접 변화시키지는 않았으며, 후금 사회 내에서 새로운 생산방식을 갖지는 못했다. 노예주는 기생충과 같은 본성 때문에 노동에 참가할 리 없었으며 밭을 분배 받은 일반 병사들도 전쟁에, 훈련에, 당직과 노역까지의 임무가 과중했기 때문에 경작할 시간이 별로 없었다. 농업노동의 중임은 여전히 노예와 나머지 장정들의 몫이 되었다. 따라서 후금이 요심지역에 들어온 뒤에도 여전히 대량의 노예가 존재했으며 전쟁 중에 끊임없이 노예를

---

238 "일(日)" 즉 "상(晌)", 혹은 "조(朝)"라고도 함. 1"일"은 약 5무의 토지에 해당함.
239 후금 사회에서는 전 국민이 병사였다. "장정 20명 중 한 명이 병사로 징집되고 한 명은 노역에 종사하도록 했다." 이는 평소의 기준을 가리킨다. 만약 큰 전쟁이나 특별한 공사가 있을 시에는 군사나 노역자를 징집하는 비례가 이 같은 기준을 훨씬 초과한다.

약탈해 착취의 원천을 보장했다. "장정의 숫자에 따라 밭을 나눠주는" 조치를 실행한 해에 누르하치는 다음과 같이 말했다. "주인 된 자는 마땅히 노복을 가엾게 여겨야 하고 노복은 마땅히 자신의 주인을 위해야 하며, 노복은 농업에 종사해 마땅히 자신의 주인과 함께 나눠 먹어야 하고 주인도 마찬가지로 얻은 재물과 사냥해 얻은 물건을 마땅히 노복과 나눠 가져야 한다."[240] 이는 그가 수립하고자 하는 사회관계의 보편적인 준칙이며 실제로 존재하는 노예제 생산관계를 이상화한 것이었다.

원래 요심지역에 거주하던 한족 농호(農戶)들은 전란으로 죽거나 대량으로 도주한 사람을 제외하고 여전히 원래의 고장에 거주하며 농사를 지었는데 초기에는 토지를 잃지도 않고 분배 받지도 못했다. "장정의 숫자에 따라 밭을 나눠주는 정책"의 규정에 따르면 "해주(海州) 일대에 밭이 10만이 있고, 요양 일대에는 20만 일이 있어 합쳐서 밭이 30만 일이었는데, 마땅히 그 지역에 주둔한 군사들에게 분배해 주어 그냥 내버려두어 묵히지 않도록 한다. 그 곳 백성의 밭은 여전히 백성이 경작하게 한다"[241]라고 규정지었다. 규정에 따라 장정 한 명 당 땅을 60일씩 나눠주었는데 30만 일의 토지는 5만 명의 장정에게만 나눠줄 수 있었다. 그런데 그때 후금의 병사는 5만 명에 그치지 않았다. 따라서 30만 일의 토지를 모든 후금의 병사들에게 나눠주려면 부족했으므로 한족 민호에게 나눠줄 여분의 토지가 있을 리 없었다. "장정의 숫자에 따라 밭을 나눠주는" 정책은 토지를 군사들에게

---

240 《만주실록(滿洲實錄)》권6, 천명 6년 윤2월 11일.
241 금량집(金梁輯), 《만주비당(滿洲秘檔)》 56쪽, 《인구수에 따라 밭을 나눠줄 것을 명한 태조의 조서(太祖諭計口授田)》

나눠주는 정책이지 요심지역의 전체 만족과 한족 주민들에게 토지를 분배해주는 것은 아니었다.

　그러나 만족의 노예제 생산방식과 기존 한족의 봉건 생산방식이 동일한 지역 내에서 서로 범하지 않고 평화롭게 공존할 리가 만무하였다. 양자 사이에는 바로 심각한 마찰이 일어났다. 후금이 요심지역을 점령하자마자 누르하치는 새로 이주해온 만족과 현지 한족이 같이 거주하면서 같이 먹고 같이 살고 같이 농사를 지을 것을 명했다. 《만문로당(滿文老檔)》에는 "여진족과 한족이 같은 마을에서 같이 살며 식량을 같이 먹고 가축들을 같이 먹이곤 했으며"[242] "여진족에게 요동 인근의 한족 집에 같이 살면서 식량을 같이 먹고 밭을 나눠주어 경작하도록 했다"[243]라고 기록되어 있다. 누르하치는 명을 내려 "여진족과 같이 거주하는 한족들은 식량을 몰래 감춰두어서는 안 된다. 집에 식량이 몇 곡(斛) 몇 되가 있는지를 사실대로 고해 숫자를 통계한 뒤 인구수에 따라 1인당 매달 4되씩 나누도록 한다. 그렇게 9월까지 나눈 뒤 여분의 식량이 있으면 식량의 주인에게 되돌려주도록 한다. 우리 여진은 본토를 멀리 떠나 이주해 와서 심히 고생이 많다. 여진과 같이 거주하는 한족들은 가택을 내주고 식량을 공급하며 농사를 지어야 하니 역시 심히 고생이 많다."[244] 명분상에서 이는 멀리서 온 만족을 안치하기 위한 임시적 조치인 것 같지만 실질적으로는 한족 농호를 노예화하기 위한 수단이었다. 대량의 만족이 정복자의 자세로 한족 농호

242　《만문로당(滿文老檔)》 태조29, 천명 6년 11월 22일
243　《만문로당(滿文老檔)》 태조47, 천명 8년 3월 20일
244　《만문로당(滿文老檔)》 태조30, 천명 6년 12월 1일

가정에 들어갔는데 늑대가 양의 무리에 뛰어든 것 같았다. 이른바 "같이 살고 같이 먹고 같이 경작한다는 것(同住·同食·同耕)"은 실질적으로는 곧 약탈과 압박·유린이었다. 그렇게 되자 두 민족·두 가지 생산방식이 팽팽하게 맞서게 되었으며 모순은 걷잡을 수 없을 정도로 격화되었다.

한족 백성들의 도주·저항·폭동이 하늘을 찌를 듯한 기세로 발전했다. "장정의 숫자에 따라 밭을 나눠주는" 조치가 실행된 그 한 해에 요양 백성들은 폭동을 일으켜 "수십 명을 죽였으며 오랑캐들은 황급히 도주했다." 폭동을 일으킨 대중들은 "5~6백 명의 대오를 만들어 남쪽으로 행진해 나가는데 여진족들은 감히 위협할 엄두를 내지 못했다." 동산(東山)의 광부들은 끝까지 항복하지 않았으며 "만족 식 머리를 깎는 자가 있으면 죽이곤 했다."[245] 그리고 또 철산(鐵山)의 농민봉기는 한 차례의 전투에서 후금의 병사 3~4천 명을 죽이거나 다치게 했다. 그밖에도 소규모의 저항사건들이 꾸준히 발생하자 누르하치는 어명(諭旨)을 내려 "근간에 간사한 무리들이 식수와 음식, 소금에 독을 넣는가 하면 돼지에게 독을 먹여 내다 파는 자들이 있다는 소문을 들었다"[246]면서 심지어 민족들이 길을 떠날 때 "인원수가 너무 적어서는 안 되며 마땅히 열 명 이상씩 무리를 지어 동행하도록 하라"라고 규정지었다.[247] 2년이 지난 뒤(1623년, 천명 8년)에도 만족 통치자들은 여전히 "도둑이 창궐하는 풍기가 갈수록 심해지고

---

245   팽손이(彭孫貽), 《산중문견록(山中聞見錄)》 권3
246   금량집(金梁輯), 《만주비당(滿洲秘檔)》 69쪽, 《간사한 무리가 독을 뿌리는 사건을 조사 금지시키라는 조서(査禁奸徒投毒諭)》
247   금량집(金梁輯), 《만주비당(滿洲秘檔)》 69쪽, 《홀로 길을 떠나는 것을 금하라는 조서(諭禁單身行路)》

있다"[248]며 한탄했다. 기세등등한 계급투쟁은 바로 만족 통치자들의 기세를 꺾어놓았으며 요심지역의 노예화 과정을 저지시켰다.

만족 통치자들은 피비린내 나는 진압을 통해 백성들의 저항을 억누르고자 군사를 파견해 여러 둔보(屯堡, 군대가 주둔해 있는 성)의 한족백성들을 대대적으로 학살했다. 예를 들어 1623년(천명 8년), 복주(復州)백성들이 저항투쟁을 일으키자 대선(代善)을 파견해 2만 군사를 이끌고 가서 진압하게 했다. 대선은 군사를 이끌고 전진하면서 학살을 감행하여 소수의 농민만 남겨 경작에 종사할 노예를 5백호로 편성하여 그 지역의 한족백성들을 정식으로 노예화해 버렸다. 그 후 누르하치는 저항하는 한족 백성들에게 화가 나 "우리는 한족들에게 항복하라고 꾸준히 설득하고 있는데 한족들은 몽둥이를 들고 저항하기를 멈추지 않는다."[249]라고 원망했다. 그는 각급 관리들에게 명령을 내려 한족에 대해 상세히 선별해 무릇 저항하는 한족과 책을 읽어 글을 깨친 선비(秀才)들을 모조리 죽이도록 했다.

이러한 야만적인 학살로 요심지역은 온통 공포의 분위기로 가득 찼다. 후금의 통치자들마저도 훗날 자신의 행동이 부당하다고 거듭 인정했다. 황태극은 "과거에 요동의 백성들이 항복한 뒤 다시 반란을 일으키는 바람에 우리는 그들을 죽이곤 했는데 그 방법을 너무 지나치게 쓴 것을 스스로 후회한다"[250]라고 말했다. 대선의 아들 악탁(岳托)은 "과거에 요동의 병사와

248 금량집(金梁輯),《만주비당(滿洲秘檔)》69쪽,
     《태조가 도둑을 엄히 금하다(太祖嚴禁盜)》
249 《만문로당(滿文老檔)》태조66, 천명 10년 10월 4일.
250 《청 태종실록(淸太宗實錄)》권5, 천총(天聰) 4년 10월.

백성들을 죽였는데 그것 역시 그때 당시 형세 때문이긴 하지만 우리는 참으로 후회하고 있다"[251]라고 말했다.

학살정책은 문제를 해결하는 것이 아니라 오히려 사회질서의 더욱 큰 혼란과 생산의 급격한 하락을 불러왔다. 요심지역에 들어온 후금의 귀족 노예주들은 끊임없이 늘어나는 군사공급과 일상의 경비지출을 해결하기 위해서는 한족 농민에 대한 착취에 의지해야만 자신의 존재를 유지할 수 있었다. 따라서 노예가 되기를 거부하는 한족 백성들을 전부 죽일 수는 없는 일이었다. 그래서 정책을 조금 바꿔 한족 백성을 노예화하는 과정을 늦추어서 학살 뒤에 남은 한족 백성들을 장(莊)으로 편성했다(編莊). 《만문로당》의 기록에 따르면 "팔기의 왕대신(王大臣)들은 각각 여러 길로 나누어 마을에 이를 때마다 그들(한족 백성을 가리킴)을 학살했다. 학살이 끝난 뒤 미리 선별해둔 자들을 남정 13명과 소 7마리를 하나의 장(莊)으로 편성해 총병관(總兵官, 명·청조대의 무관 직명)이하 비어(備御, 명대의 변방수비 하급무관)이상까지 각각 한 장(莊)씩 분배해 주도록 했다." 그리고 또 "너희들(한족 백성을 가리킴)에게 한(汗)과 패자(貝子, 청대 귀족 작위 명)의 전장(田莊, 전답과 장원)을 경작하게 하고 매 장(莊)마다 남정 13명과 소 7마리에 1백 조(朝)(상(晌))의 논밭을 나눠줄 것이다. 그중 20조는 관아의 것이고 80조는 수확해서 너희들 개인의 소유로 삼도록 한다."[252] 이러한 전장 편성조치는 후금 기존의 톡소제도와 요동의 군둔제를 참고했는데 토지는

---

251   《청 태종실록(淸太宗實錄)》 권10, 천총(天聰) 5년 10월.
252   《만문로당(滿文老檔)》 태조66, 천명 10년 10월.

국가 소유이고 남정 1명 당 책임지는 땅이 6.15일이지만 실제로 경작하는 땅은 7.69일이었다. 매 장마다에 장두(莊頭, 장의 우두머리) 한 명씩을 두어 장전(莊田)생산 등의 사무를 책임지고 관리하도록 했다. 장두는 팔기 우록의 장경(章京)에게 그의 장내의 남정 인원수, 이름, 가축생장 상황을 보고해야 했다. 그리고 토지 100일 중 80일을 13명의 남정에게 고루 분배해 그들 스스로 심고 수확해 생계를 유지하도록 했다. 나머지 땅 20일은 13명의 남정을 조직해 같이 경작하고 수확은 모두 장주(莊主)에게 바치게 했다. 각 장(莊)마다 남정들은 또 노역에 종사해야 했다. 만약 노역에 뽑힌 남정이 장(莊)을 떠나면 그의 토지는 장에 남은 다른 남정이 대신 경작해야 했으므로 각각의 남정의 경작 임무는 아주 과중했다.

생산자들은 땅에 속박되어 자유로 이주하는 것도 허용되지 않고 황무지를 개간하는 것도 허용되지 않았으며 노예주들은 그들에 대한 생사여탈의 권력을 쥐고 있었다. 그들은 지위가 노예와 아주 비슷하지만 어찌되었던 자신 소유의 토지가 있고 독립적인 경제적 원천이 있었다. 역사자료의 기록에 따르면 "요심지역의 농민들이 한 해에 수확한 곡식은 모조리 팔고산(八高山, 팔기 기주를 가리킴)의 집에 들어가곤 했는데, 스스로 살아가기 어려울 정도로 가난한데 어디에 여분의 식량이 있어 내다 팔겠는가."[253]라고 했다. 이로부터 한 방면으로는 생산자들이 착취 받는 정도가 심각해 노예와 별반 다를 바 없었고, 다른 한 방면으로는 그들은 "개인 소득이 있으며" 만약 "여분"이 있다면 "식량을 거래"할 수도 있었음을

---

253 《이조실록》인조 권41, 경신(庚辰)년 12월 임술(壬戌)

알 수 있다. 이는 그들에게 그나마 자체의 독립적인 경제활동이 있었음을 표명한다. 심지어 일부 장원에서는 정액(定額) 착취를 실행했다. 예를 들어 8천명의 농노를 소유한 대귀족 은격덕이(恩格德爾) 액부(額駙, 부마, 제왕의 사위를 가리킴)는 "총 8천 명의 남정을 분배 받았는데 매년 은 528냥에 곡물 880곡을 징수하고 복역자 140명과 소 70마리가 노역에 종사하곤 했다."[254] 이러한 정액 착취를 실행함으로써 노동자들은 생산물자 중에서 생활 자료의 필요한 부분을 초과한 남은 액수를 얻을 수 있었는데 이는 노예제에 비하면 중대한 역사적인 발전이었다.

후금이 전쟁에서 승리를 거듭하면서 점령한 지역이 크게 확대되고 포로인구가 크게 늘어났다. 따라서 이러한 장원의 설립이 보편화되었다. 예를 들어 심양 부근에서는 "제왕이 장을 설립했는데 장 사이의 거리가 10리 혹은 20리이다. 장의 규모는 크고 작고 다양했는데 큰 것은 10가구, 작은 것은 8~9가구가 안 되는 것도 있었다. 그리고 대다수는 한족과 우리 동쪽(조선을 가리킴)의 포로들이었다…… 장이 밀집되게 분포되었다."[255] 이들 귀족 노예주 소유의 장원 중에서 일부는 여전히 노예제이고 일부는 이미 개인의 독립적인 경제를 갖춰 농노제로 변화하기 시작했다. 그러나 변화속도가 느린 편이고 생산효율이 높지 않았으며 장정들은 대량으로 도주했다. 그래서 일부 장원은 비록 비교적 좋은 경작지를 점유하고 있었지만 생산량이 매우 낮아 매년 "쓰는 비용이 소득에 미치지 못했다."[256]

---

254 《만문로당(滿文老檔)》 태조45, 천명 8년 2월 14일.
255 《심관록(沈館錄)》 권3
256 《심양상계(沈陽狀啓)》, 26쪽.

생산효율이 더 높아서 발전이 더 빠른 다른 한 종류는 "둔지(屯地)"였다. 둔지는 한족이 귀순한 후 민호로 편성된 자의 토지 및 일부 만족 자유민의 토지를 가리킨다. 그들은 "장정의 숫자에 따라 밭을 나눠주는" 정책에 따라 "분지(份地, 분여지, 나누어 가진 자기 몫의 땅)"를 분배 받아 민호로 편입된 뒤 장둔(莊屯, 청조 초기 정부가 각 기 관병들에게 토지를 나눠주어 형성된 마을)을 구성하고 자작하면서 후금 국가에 관곡(官糧)을 바치고 노역에 종사했다. 이들 민호는 실제적으로 후금 국가의 농노호였다.

그들은 팔기조직에 편입된 뒤 우록액진의 감독 아래에 노동을 하였으며 관장장비(管莊將備)·발십고(拔十庫) 등이 협조해서 관리했다. 따라서 민호는 역시 자유가 없었다. 그러나 민호는 더 이상 귀족노예주 통제 아래의 노예가 아니었다. 후금은 "거부하는 자는 포로로 하고 항복하는 자는 민호로 편입시키는"[257] 원칙에 따라 일부 포로인구를 노예로 삼고 다른 일부는 민호로 편입시켰다. 일찍이 1618년(천명 3년)에 누르하치가 무순을 함락시켰을 때 일부 한족 백성들이 이영방(李永芳)을 따라 후금에 귀순했다. "무순성의 항복한 1천호 인가에 대해서 그들 부자간, 형제간, 부부간이 서로 이산하지 않도록 하고…… 또 타던 말과 부리던 노복들, 밭갈이 소, 입던 옷 등도 모두 사람을 봐가면서 착한 자일 경우 각각 옷 다섯 벌(습, 襲)씩 나눠주었으며…… 무릇 일상생활에 쓰이는 모든 기물들을 다 일일이 가득 챙겨 주었다. 그리고 그들은 여전히 니감국(尼堪國, 명조를 가리킴)의 제도에 따라 크고 작은 관원을 임명하고 여전히 무순성에서 항복해온

---

257 《명청사료(明淸史料)》 1권, 양고리(揚古利)액부(額駙)의 사적.

유격(遊擊, 무관명) 이영방에게 맡겨 관할하도록 했다."[258]

민호로 편입된 만족과 한족 백성들은 국가로부터 받는 착취가 아주 심각했다. 그들은 팔기 조직 내에 속박되어 매년 국가에 관곡을 바쳐야 했는데 "남정 3명 당 곡물 2곡씩 징납해야 했다."[259] 그리고 노역에 종사해야 했는데 병역을 포함해서 총 30여 가지에 달했다. 그러나 그들은 포의(包衣, 노예를 가리킴)와는 달랐으며 장원 내의 장정들과도 달랐다. 그들이 바치는 관곡은 일정한 수량으로 규정되어 있고 노역은 한 집당 한 가구를 단위로 해서 뚜렷한 봉건 착취의 성질을 띠었다. 그들은 자신의 "분지(份地)"에서 자신의 가축과 농기구로 노동을 해서 수확물의 일부를 국가에 바치고 나머지는 개인이 소유할 수 있었다. 심지어는 소량의 노예도 소유할 수 있었다. 이런 둔지의 생산량은 장원보다 조금 높았다.

경제적인 우위가 발생함에 따라 둔지는 아주 빠르게 발전했으며 특히 후금 정부가 대대적으로 부양정책을 폈다. 그때 당시의 후금은 지출이 갈수록 늘고 있었는데 수입은 대부분 둔지에 의지해서 얻었으며 병사와 부역 종사자의 원천도 대다수가 편호(編戶)였다. 후금정권은 이러한 봉건착취제도를 기반으로 점차 정착되었다. 기주와 귀족들이 소유한 장원경제는 형세의 발전에 적응하지 못해 점차적으로 정권을 받쳐주는 역할을 상실하고 오히려 분열세력으로 변해갔다.

1626년에 황태극이 즉위한 뒤 그는 역사 발전의 추세에 순응해 봉건화

---

258 《만문로당(滿文老檔)》 태조6, 천명 3년 4월.
259 《만문로당(滿文老檔)》 태조45, 천명 8년 2월 16일.

과정을 대대적으로 추진했다. 천총(天聰) 초년, 황태극은 맹아도(孟阿圖) 등을 파견해 "경작지 면적을 측량해", "여러 곳의 여분의 땅"을 정부가 거둬들여 민호에게 분배해서 경작하게 하고 더 이상 장전(莊田)을 설립하지 못하게 하였다. 또 기존의 장정 13명을 한 장으로 편성하던 것을 장정 8명을 한 장으로 고쳐 편성했으며 "나머지 한족은 둔(마을)으로 나누어 거주하게 해서 민호로 편입시켰다."[260] 1630년(명 숭정(崇禎) 3년, 후금 천총 4년) 11월, 황태극은 장정에 대한 조사를 명했다. "우록액진에게 각자의 우록 내의 장정을 조사하도록 해서 이미 장정이 된 것이 분명한 자는 각자의 둔(마을)에서 조사를 완료하도록 했다" "이번 조사 때 장정을 은닉한 자가 있으면 장정을 관아로 잡아들여 죄를 물을 것이다. 본주(本主)와 우록액진·발십고 등도 모조리 그에 상응한 죄를 물을 것이다. 만약 우록액진·발십고가 미리 내막을 알면서 은닉하였을 경우 장정 1명에 은 5냥씩 벌금하고 역시 상응한 죄를 물을 것이다."[261] 1634년(명 숭정 7년, 후금 천총 8년) 10월, 황태극은 "포로로 잡힌 자들에 대해서는 예전처럼 8명씩 평균 분배하지 않고 장정이 부족한 기에 보내 보충하도록 한다. 팔기제도 아래에 우록을 설치하고 1례를 30우록으로 정한다. 예를 들어 1기에 30우록이 넘는다면 초과하는 부분을 떼어 30우록이 채 되지 않는 다른 기들에 보내 보충하도록 한다."[262]라고 선포했다. 이러한 일련의 조치들을 통해 대량의 토지를 둔지로 바꿨으며 노예주가 은닉했던 장정들을 후금의

260 《청 태종실록(淸太宗實錄)》권1
261 《청 태종실록(淸太宗實錄)》권7
262 《청 태종실록(淸太宗實錄)》권20

통제를 받는 백성으로 편성시킴에 따라 만족 귀족의 경제특권은 막대한 타격을 받았다.

1631년(천총 5년) 황태극은 기주 패륵들의 권력을 더 약화시키고 노예제에 더 큰 타격을 가하기 위해 "이주조례(離主條例, 노예가 노예주를 이탈하는 것을 허용하는 조례)"를 발표했다. 이 조례에서는 무릇 노예주가 사사로이 사냥을 하거나, 함부로 사람을 죽였거나, 전리품을 은닉했거나, 여성을 간음했거나, 공로를 허위로 조작하고 인재를 멋대로 천거했거나, 상소를 제지하는 등의 죄를 지었을 경우 노복이 노예주를 고발하는 것을 허용하며 "그 노예주를 떠나는 것을 허용한다"[263]라고 규정지었다. 그 이듬해에 또 "이주조례" 내용을 보충했는데 "만약 여러 건을 고발하더라도 죄에 대한 처벌의 경중은 같으며 심사를 거쳐 그중 한 가지만 사실임이 밝혀져도 무고죄를 면할 수 있다. 만약 고발한 사건 중에 사실인 것이 많거나 사실인 것과 허위인 것이 꼭 같은 비중을 차지할 경우 원고가 자신의 노예주를 떠날 수 있도록 허용한다"[264]라고 규정지었다. 《이주조례》는 후금정권이 노예주를 단속하는 무기가 되었으며 이 조례가 반포 시행된 후 일련의 기록에 남은 주인 고발 사례들이 발생했다. 많은 노비들이 주인을 고발했는데 고발 내용이 사실임이 밝혀져 주인을 떠나도록 허락 받아 농노로 신분이 바뀌었다. 일부 노비는 다른 사람의 노예로 옮겨 가기도 했다. 노예들은 이 조례를 이용해 노예주들과 투쟁을 벌여 자신의 지위를 바꾸기

---

263   《청 태종실록(淸太宗實錄)》 권9
264   《청 태종실록(淸太宗實錄)》 권11

위해 노력했다. 황태극의 목적은 노예세력을 이용해서 귀족의 특권을 제한하고 단속함으로써 자신의 칸권(汗權, 칸의 권한)을 수호하고 공고히 하기 위하는데 있었다.

1638년(숭덕(崇德) 3년), 황태극은 이미 자신의 권력이 막강해졌을 무렵 또 명을 내려 일부 노비들을 직접 해방시켰다. 명령에서는 "예전에 요동을 취할 때 저항하는 백성은 죽임을 당하고 포로가 된 자는 노예로 삼았다. 짐은 그러한 양민들 중에 일반 집안에서 노복이 된 자가 심히 많은 것을 생각하니 그들이 너무 가여워 보인다. 따라서 제왕을 비롯해 이하 백성 집안에 그런 양민을 노예로 둔 집안을 조사해서 민호로 편성토록 하라"[265]고 했다. 이러한 조치도 노예제도를 약화시키는 역할을 했다.

황태극은 후금정권의 최고 통치자로서 봉건제를 발전시키고 노예제를 약화시키는 한편 농업생산을 장려했는데 특히 주요 조세의 원천인 둔지의 농업생산에 크게 관심을 가져 관원과 여러 우록들에게 농업을 장려하고 독촉하도록 거듭 타일렀다. 그는 "전답과 가옥은 백성들이 의지해 살아가는 대상이고 농민들에게 군사력을 강화해야 한다고 설득하는 것은 국가의 대도이다. 그대들은 관련 군영의 둔지로 가서 자세히 살피도록 할 것이며 공무의 책임을 미루지 말지어다."[266]라고 말했다. 후금의 농업생산은 주로 한족에 의지했다. 황태극은 일부 한족을 보호하는 조치를 취했는데 예를 들어 만족과 한족이 둔(屯, 마을)을 나누어 따로 거주하도록 하면서 만족이

---

265 《청 태종실록(清太宗實錄)》 권40
266 《청 태종실록(清太宗實錄)》 권13

한족의 거주지에 가서 "장민(莊民)들의 소, 양, 닭, 돼지"[267] 등의 재물을 "함부로 가져가는 것"을 금지시켰으며, 일부 밭갈이 소와 농기구가 부족한 한족들에게는 "소와 농기구를 내주어" "농사시기를 놓치지 않고 농사를 짓도록"[268] 했으며, 또 예전의 한족들에 대한 이주 금지령을 취소하고 "황무지여서 경작할 수 없거나" 혹은 "지세가 낮아 경작이 어려울 때에 이주를 원할 경우에는 이주를 허락했다."[269] 또한 한족 백성들에게 "모두 안심하고 농업에 종사하라"[270]고 거듭 고지했다.

황태극은 한족 백성이 농사를 짓는 것을 보호하는 한편 만족들도 농업생산에 참가하도록 적극 격려했다. 다년간 전쟁이 끊이지 않아 만족의 장정들은 거의가 전쟁에 나가고 농업생산은 주로 노인과 아녀자, 아이, 노예들이 맡고 있어 당연히 생산인력이 부족했기 때문이다. 황태극은 만족의 장정이 전쟁에만 참가하고 경작에 종사하지 않는 현상을 바꾸기 위해 천총 연간에 "삼정추일(三丁抽一, 장정 셋 중 한 명 뽑기)" 정책을 실행하기 시작했다. 즉 장정 세 명 중에서 한 명을 뽑아 갑옷을 입혀 전쟁에 보내고 두 명은 남겨서 생산에 종사하도록 했는데 이들을 여정(餘丁)이라고 불렀다. 갑옷 입은 자와 여정의 관계는 여정이 농업생산에 종사해 갑옷 입은 자의 생계를 책임지고 갑옷 입은 자는 얻은 전리품을 여정에게 나눠주는 것이다.

---

267   《청 태종실록(清太宗實錄)》권1
268   《청 태종실록(清太宗實錄)》권6
269   《청 태종실록(清太宗實錄)》권1
270   《청 태종실록(清太宗實錄)》권6

황태극은 즉위한지 얼마 지나지 않아 농업생산을 보호하기 위해 대규모의 건축공사를 중단시켰다. 그는 "건축공사를 진행하는 것은 농업생산에 방해가 된다"면서 앞으로 "보수를 멈추고 더 이상 공사를 진행하지 않으며 백성들에게 재물을 지원해주어 농사에 전념하도록 해서 본업을 중시하도록 하라"[271]라고 말했다. 그 뒤에 또 일련의 농업생산 보호법령을 잇달아 반포하고 시행했다. 예를 들어 귀족들이 교외로 나가 독수리를 날려 사냥할 때 "백성들에게 피해를 주거나 전원을 짓밟고 가축을 상하게 하는 것"을 금지하며 이를 어길 시에는 "절대 가벼이 용서치 않을 것"[272]이라는 법령이 있었다. 가축들이 농지에 뛰어들어 볏모를 파괴할 경우 벌금을 은냥으로 배상하도록 한다. 제사, 장례 등에 쓰기 위해 소, 말, 노새, 나귀를 함부로 죽이는 것을 금한다. 그리고 또 만약 "민부를 멋대로 노역에 내몰아 농업생산을 방해했을 경우 관할 우록장경·소발십고 등을 모조리 치죄토록 하라"[273]는 명령을 내렸다. 또한 왕, 패륵, 대신들도 가노들이 민간의 농지를 짓밟는 것을 종용해 감히 금지령을 어길 시에는 법에 따라 처벌하도록 명했다. 천총 5년, 황태극이 대패륵(황태자) 대선 등과 함께 강에서 고기를 잡고 있는데 "어떤 두 사람이 말이 벼를 먹고 있는 것을 내버려두고 있는 것을 발견하고는 백성의 벼를 먹는 것을 보고도 내버려둔 죄를 물어 특히 대중이 보는 앞에서 각각 화살을 쏘아 귀를 관통하는 벌을 주었다."[274]

271 《청 태종실록(清太宗實錄)》 권1
272 《청 태종실록(清太宗實錄)》 권23
273 《청 태종실록(清太宗實錄)》 권22
274 《청 태종실록(清太宗實錄)》 권9

또 식량 생산량을 높이기 위해 좁쌀을 바쳐 속죄하는 제도를 실행하고 식량의 자유로운 매매를 허락했다. "죄를 지은 자가 속죄할 은냥이 없어 식량을 바치기를 원하면 시가에 따라 가격을 매겨 식량으로 바치도록 허용했다. 여분의 식량이 있어 협조하기를 원하는 자에게는 상을 내리고 팔기를 원하는 자에게는 팔도록 허용했다."[275]

황태극은 또 농업생산기술을 크게 중시해 경작할 때 "지리(地利, 농작물을 심기에 좋은 토지 조건)"와 "토의(土宜, 땅의 성질이 농작물 가꾸기에 알맞음)"에 주의하도록 요구했다. 그는 "재배하기에 알맞아야 하고 각기 토지조건(지리)에 따라야 한다. 지세가 낮고 습한 곳에는 찰피(稗)와 벼, 수수를 심고, 지세가 높은 언덕에는 잡곡을 심을 수 있다. 부지런히 비료를 주어 땅을 기름지게 만들어 제때에 심어 가꾸었다가 가을에 수확하게 되면 집집마다 풍족함을 경축할 수 있다. 만약 시기를 놓쳐 경작하지 못한다면 식량은 어디서 온단 말인가?"[276]라고 말했다. 그는 또 "무릇 곡식을 파종할 때에는 땅의 성질에 맞춰야 한다. 땅이 건조하면 기장과 조를 심고 땅이 습하면 수수와 찰피를 심어야 한다. 각 둔보의 발십고들은 거리가 멀거나 가까운 것을 막론하고 자주 가서 경작하는 것을 감독하도록 하라. 만약 제때에 감독하지 않아 농사를 망쳤을 경우에는 죄를 물을 것이다"[277]라고 말했다.

후금정권의 봉건제 육성과 일련의 농업생산 발전 조치에 힘입어 만족의

275　《청 태종실록(淸太宗實錄)》권58
276　《청 태종실록(淸太宗實錄)》권31
277　《청 태종실록(淸太宗實錄)》권34

사회경제는 한층 더 발전하였으며 노예제는 봉건 농노제로 대체되었다. 물론 노예제가 짧은 시간 내에 사라질 수는 없으므로 두 가지 생산방식 간의 투쟁은 계속해서 이어졌다. 그 투쟁이 정치적으로는 황태극을 대표로 하는 칸 권(汗權)과 기주, 패륵 권력 사이의 투쟁으로 나타났다. 황태극 재위 18년간에 노예제가 봉건농노제로 대체됨에 따라 두 개의 정치세력 간에는 첨예한 투쟁이 계속 되었다.

제4절
후금의 정치개혁과 명조와의 전쟁

1. 정치개혁과 후금정권의 봉건화

황태극은 경제개혁을 실행하는 한편 정치적으로도 일련의 중요한 조치를 취해 통치를 공고히 하고 후금정권의 봉건화가 진일보 되도록 추진했다.

원래 누르하치는 팔기제도를 창설해 그 아들과 조카들을 여러 기의 기주에 임명하고 기내에 각기의 관속(官屬)을 설치하고 각 기의 병사와 백성을 통솔하고 관할하도록 했다. 이에 따라 기주 패륵들의 권익을 확대하기 위한 아귀다툼이 안팎으로 끊이지 않았다. 누르하치는 만년에 이르러서 팔기의 기주들을 연합하여 공동으로 집권하고 사회의 재부를 공동으로 소유하는 방법으로 그들 사이의 모순을 조율하려고 시도했다. 군사적 민주제도를 반영한 씨족사회의 합의제(合議制)를 봉건제에 들어서기 시작한 후금에 접목하는 것은 애초에 실행 불가능한 일이었다. 황태극이 칸 위(汗位)에 등극한 뒤에는 "대선·아민·망고르타이" 3대 패륵(大貝勒, 직함)과 공동으로 정무를 처리했다. 게다가 또 "월별로 당직을 서며 나라의 모든 중요한 정무는 당직 패륵이 모두 장악하곤 했다."[278] 실제적으로는 네 명이 윤번제로 집권했으며 인구와 재산도 팔기에 골고루 분배했다. "인력이 생기면 반드시 여덟 집에서 나눠 가지고 땅이 생기면 반드시 여덟 집에서 나눠서 소유했다. 즉 한 사람과 한 치의 땅을 두고도 패륵이 황제에게 양보하지 않았고, 황제 또한 패륵에게 양보하는 법이 없었다."[279] 예를 들어 조선에서 진상품을 보내올 때 "예물 명세서를 올려오면 팔고산(즉 팔기주)이 평균 분배하는 것이 관례가 되었으며 만약 남은 물품 수량이 부족할 경우에는 더 세분해 나누곤 했다."[280] "패륵들이 사사건건 견제하고 있어 칸이라는 헛된 이름만 가졌을 뿐 실제로 일개 패륵과 별반 다를 바 없었다."[281] 황태극은 이러한 "헛된 이름뿐인 칸이라는 지위"를 참고 견디려 하였을 리가 만무하였다. 그는 권력을 집중하기 위하여 "한법(漢法)"을 도입했으며 더욱이 구제(舊制)를 바꾸고 일련의 개혁을 실행했다.

첫째, 칸의 권한(汗權)을 강화하고 공고히 했다. 황태극은 칸 권을 강화하고 제왕의 권세를 대폭 약화시키기 위해 자신과 권력다툼을 벌일 수 있는 충분한 세력을 갖춘 3대 패륵을 엄하게 단속했다. 그때 당시 후금의 정책결정기구인 의정회의는 팔기 기주가 통제하고 있어 칸 권을 크게 속박하고 있었다. 그래서 1626년(명 천계(天啓) 6년, 후금 천명 11년) 10월,

278 《청 태종실록(淸太宗實錄)》 권5
279 《천총조신공주의(天聰朝臣工奏議)》 권 상, 《호공명이 오만 무지하게 다섯 차례 상소를 올리다(胡貢明五進狂瞽奏)》
280 《비변사등록(備邊司謄錄)》 4권.
281 《천총조신공주의(天聰朝臣工奏議)》 권 상, 《호공명이 오만 무지하게 다섯 차례 상소를 올리다(胡貢明五進狂瞽奏)》

황태극은 각각의 기에 기내의 정무를 총괄하는 대신을 한 명씩 두고 기내의 정무를 직접 관장하도록 했다. 그들은 "무릇 국정에 대해 의논할 때면 여러 패륵과 함께 의논했으며 사냥을 나가거나 출병할 때에도 각자 본 기의 군사를 인솔해 나가는 등 모든 사무에 대해 조사했다."[282] 또 얼마 뒤에는 모든 패륵에게 의정회의에 참가하도록 요구하였으며, 각각의 기에서 3명을 추가로 의정에 참가하도록 했다. 그렇게 되자 기주의 통제권이 파괴되고 정책결정기구는 자문기관으로 바뀌었다. 1629년(명 숭정 2년, 후금 천총 3년) 정월, 황태극은 "월별로 당직을 서기 때문에 처리해야 할 중요한 사무가 항상 많다"라는 이유로 3대 패륵의 월별 정무처리 권력을 박탈했다. "그렇게 하고나서 여러 패륵에게 월별 당직사무를 대신 처리하도록 했다."[283]

1632년(명 숭정 5년, 후금 천총 6년) 2월, 황태극은 "황제가 3대 패륵과 함께 모두 남향해서 앉던"[284] 구제(舊制)를 폐지하고 자신만 홀로 "남향해 독좌(獨坐)"함으로써 칸(汗)의 독존적 지위를 두드러지게 했다. 이와 동시에 황태극은 칸 권을 공고히 하기 위해 기회를 틈타 반대세력들을 꾸준히 제거했다. 1630년(명 숭정 3년, 후금 천총 4년) 7월, 그는 둘째 패륵 아민이 "난주(灤州)·영평(永平)·천안(遷安)·준화(遵化) 4개의 성"을 버리고 싸움에서 패해 돌아온 것을 구실로 삼아 아민에게 16가지 죄상을 매겼으며 "스스로를 군왕으로 여긴 죄", "반란을 꿈꾼 죄"[285] 등의 죄명을 씌워 '아민'을

---

282 《동화록(東華錄)》 천명 11년 9월.
283 《동화록(東華錄)》 천총 3년 정월.
284 《청 태종실록(淸太宗實錄)》 권11
285 《청 태종실록(淸太宗實錄)》 권7

연금시키고 그에게 귀속되었던 인구, 노예, 재산을 몰수했다. 그로부터 얼마 지나지 않아 '아민'은 병으로 죽었다. 1631년(명 숭정 4년, 후금 천총 5년) 8월, 황태극과 셋째 패륵 망고르타이 사이에 언쟁이 생겼는데 '망고르타이'가 검을 뽑아 들고 달려들었다. 이에 황태극은 이를 빌미로 '망고르타이'를 치죄하고 그의 대패륵 직함을 해직하고 일반 패륵으로 강등시켰으며 그에게 귀속되었던 5개 우록의 속관(屬官)들을 박탈하고 은 1만 냥의 벌금을 내도록 하였다. 이에 '망고르타이'는 화병이 나서 죽었다. 아민과 망고르타이가 죽자 3대 패륵 중에서 '대선' 한 사람만 남았다. 1635년(명 숭정 8년, 후금 천총 9년) 11월에 이르러 황태극은 대선이 그를 공경하지 않는다는 등의 4가지 죄상을 열거해 징벌로 말과 안장, 갑옷과 투구 등의 물품과 은 1만 냥을 바치게 하고 이를 빌미로 '대선'에게 자신의 명령에 무조건 복종할 것을 요구했다. 이로써 칸 권을 위협하던 3대 패륵 세력을 모조리 제거하고 황태극은 혼자 팔기 중에서 정황·양황·정람 3개의 기를 통제하면서 실권이 크게 확대되었다. 따라서 나머지 기주들이 그와 맞서기에는 무기력했으므로 칸 권(汗權)은 강화되고 공고해졌다.

두 번째, 국가기구를 정돈하고 개혁했다. 1616년, 누르하치는 칸(汗)으로 칭하고 후금정권을 수립했다. 그는 팔기제도로 국가정권기구의 직능을 행사했다. 그때 당시의 후금은 인구가 적고 땅이 좁았으며 노예제시기에 처해 있었다. 그러한 노예제를 토대로 제정된 팔기제도는 그나마 일시적으로 국가기구를 대체해서 통치를 진행할 수 있었다. 그러나 후금이 요심지역에 들어선 뒤 인구가 많아지고 땅이 넓어졌으며 이미 봉건제시대에 접어들기 시작했기 때문에 팔기제도는 더 이상 새로운 형세에 적응할 수 없게 되어 반드시 개혁을 해야 했다. 누르하치도 후기에 이르러서는 국가기구에 대한 정돈과 개혁에 착수했지만 시간과 여건상의 이유로 실현하지 못했다. 황태극이 즉위한 뒤 칸 권을 강화하기 위해 그는 한족문화를 적극적으로 습득했으며 국가기구에 대해 대대적인 개혁을 단행하여 후금정권의 빠른 봉건화를 추진했다. 그는 "모든 일을 대명회전(大明會典)에 따라 행하도록" 요구하면서 "그것의 책략이 지극히 타당하다"[286]라고 했다. 그렇기 때문에 행정기구를 정돈하고 개혁함에 있어 명조의 제도를 많이 본받았다. 1629년(명 숭정 2년, 후금 천총 3년), 황태극은 문관(文館)을 설립하고 "유신(儒臣)들을 두 팀으로 나누어 명하였는데 방식(榜式, 청대에 만주대학사에 대한 칭호) 달해(達海)와 강림(剛林) 등에게는 한자로 된 서적을 번역하도록 하고 방식 고이전(庫爾纏)과 오파십(吳巴什) 등에게는 후금조대의 장단점에 대해 기록하도록 했다."[287] 그때의 문관은 비록 제도가 완벽하지 않고 사무의 처리도 혼란스러웠지만 이미 내각의 초보적인 형태를 갖추었다. 1636년(명 숭정 9년, 청 숭덕(崇德) 원년) 4월, 문관을 내삼원(內三院)으로 고쳤다. 내삼원은 조령(詔令)의 작성과 사서(史書)의 편찬 등을 담당하는 내국사원(內國史院), 대외 문서와 칙유(勅諭)의 관장과 작성 등을 담당하는 내비서원(內秘書院), 유가경서에 대한 설명과 역사주해 · 제도의 반포 등을 담당하는

---

286 《천총조신공주의(天聰朝臣工奏議)》 권상, 《형부의 사무에 대해 진술한 고홍중의 상소(高鴻中陳刑部事宜奏)》
287 《동화록(東華錄)》 천총 3년 4월.

내홍문원(內弘文院)이다.[288] 팔승정(八承政, 8명의 승정(관직명))을 설치해 내삼원의 사무를 분관하도록 했다. 같은 해 6월에는 내삼원 관제(官制)를 다시 개정했는데 내국사원에 대학사(大學士) 1명, 학사 2명씩, 내비서원에 대학사 2명, 학사 1명씩, 내홍문원에 대학사 1명, 학사 2명씩을 각각 두었다.[289] 내삼원의 조직과 직무배치는 문관에 비해 더욱 완벽해지고 확대되었다. 내삼원의 대학사·학사는 국가기밀 사무에 참여하여 권력을 장악함으로써 황태극이 정무를 처리할 때의 오른팔일 뿐 아니라 또 팔기의 사무를 평가 의논하고 팔기를 견제하는 역할도 했다.

1631년(명 숭정 4년, 후금 천총 5년) 8월, 황태극은 "관제를 개정해 육부(部)를 설립했다." 즉 이(吏)·호(戶)·예(禮)·병(兵)·형(刑)· 공(工)의 육부이다. 각 부마다 패륵 한 명을 통솔자로 배치하고 만족 승정(承政) 2명과 몽골 승정 1명, 한족 승정 1명에 참정(參政) 8명, 계심랑(啓心郎) 1명씩을 편성했다. "각 부별 사무의 많고 적음에 따라 관직을 추가 임명하도록"[290] 했기 때문에 각 부의 참정 이하 관원 수는 각기 달랐다. 비록 패륵들이 육부의 사무를 분관하고는 있었지만 그들과 황태극 간의 관계는 더 이상 예전의 평등한 관계가 아니라 봉건제의 군신(君臣) 예속(隸屬)관계였다. 얼마 지나지 않아 황태극은 또 육부를 직접 통제하기 위해 패륵의 권력을 한 층 더 약화시켰다. 그는 "왕 패륵이 육부와 이원의

---

288 《동화록(東華錄)》 숭덕(崇德) 원년 3월을 참고.
289 《동화록(東華錄)》 숭덕(崇德) 원년 5월을 참고.
290 《청 태종실록(淸太宗實錄)》 권9

사무를 장관하던 것을 중단할 것"[291]을 명함으로써 패륵들을 국가기구 밖으로 소외시키고 황태극이 정무를 독재했다.

1636년(명 숭정 9년, 청 숭덕 원년) 6월, 삼원과 육부 이외에 도찰원 (都察院)을 설치했는데 그 직책은 상소에 대해 논의하고, 사건을 공동심사하며, 아문을 조사하고 시험의 감찰 등을 수행하였다. 만약 여러 제왕대신이 불법행위를 저질렀을 경우 그 죄를 들어 임금에게 상소를 올려 검거할 수 있었다. 상주한 사건이 사실과 어긋나더라도 그 죄를 묻지 않았다. 1638년 7월, 몽골아문(衙門)을 이번원(理藩院)으로 개정하고 내몽골과 외몽골에 대한 사무를 담당하게 했다. 이번원은 훗날 청조가 소수민족을 통치하는 통치기구가 되었다.

내삼원과 육부 · 도찰원 및 이번원을 통틀어 삼원 팔아문이라고 칭했다. 이는 명조의 제도를 본받아 수립한 일련의 비교적 완벽한 국가기구이다. 이러한 정권기구는 비록 팔기제도와 공존하지만 이미 기존의 팔기제도가 행사해오던 국가권력을 점차적으로 대체해버렸다. 황태극은 이런 정권기구를 통해 권력을 집중시켰다.

세 번째, 한족 관료와 지식인을 통합했다. 황태극은 칸 권을 강화하고 봉건제를 발전시키기 위해서는 후금 통치계급의 기반을 반드시 확대시켜야 했다. 특히 명조와 맞서 싸우고 한족인구가 많은 요동지역을 통치하기 위해서는 더욱더 한족 관료와 지식인을 이용해야 했다. 지식인은 문화지식을 장악하고 있었기 때문에 정치적 통치를 수립하고 공고히 하는데

---

291   원규생(阮葵生), 《다여객화(茶余客話)》 권1, 팔기 육부 이원(八旗六部二院)

있어서 빠져서는 안 되는 요소였으며 게다가 사회적으로 상당한 영향력과 세력을 가지고 있었다. 그래서 황태극은 만족 귀족의 근본적인 이익에는 손해를 끼치지 않는 것을 기본으로 하면서 한족 관료와 지식인의 역할을 크게 중시해 그들이 자신을 위해 봉사하게 했다.

예를 들어 범문정(范文程)·이영방(李永芳)·마광원(馬光遠)·고사준(高士俊)·고홍중(高鴻中) 등의 이들은 모두 황태극이 중용한 심복들이었다.

범문정을 예로 들면 황태극이 즉위한 뒤 "공(公, 범문정을 가리킴)을 황제 주변에 등용 배치하고", "공을 비서원 대학사로 임명해 기밀대사 담당부서를 장관하게 했으며", "그때부터 여순(旅順)을 평정하고 평도(平島)를 취하고 고려를 정복하고 몽골을 항복시키는 등의 모든 대사에 대해 논의할 때 공은 언제나 곁에 있었다. 매번 중요한 정사를 의논할 때마다 태종은 반드시 범 모는 알고 있느냐고 묻곤 했다. 공과는 아직 의논하지 않았다고 답하면 그는 왜 범 모와 의논하지 않느냐고 되묻곤 했다. 공이 병환으로 자리를 비우고 사무를 보지 못해 처리해야 할 사무들이 가득 쌓여도 공이 병이 완쾌된 후에 결정하곤 했다."[292] 이러한 사실로 볼 때 황태극의 한족 책사들에 대한 신뢰와 중용을 볼 수 있다. 후금의 통치지역이 점차 확대되고 인구가 꾸준히 늘어남에 따라 이들 지역에 대한 관리를 담당할 더욱 많은 한족 관리가 필요했다. 1629년에 후금은 과거시험을 실시해 인재를 선발하기 시작했다. 경내의 생원(生員)들에게 과거시험에 참가할 것을 명했다. "문예에 능한 자들을 선발해 후한 상을 주고 다른 사람의 본보기로 삼았다." "여러

292　이과(李果), 《재정총고(在亭叢稿)》 권6, 《범문숙공공전(范文肅公傳)》

패륵부 이하 및 만족·한족·몽골 가정의 모든 생원들이 시험에 참가할 것을 명하고 집안의 주인들은 그들이 시험에 참가하는 것을 막지 못하게 하였으며 시험에 급제한 자가 있으면 다른 장정을 주인집에 보내 인력을 대체하도록 했다."[293] 그해의 시험에 2백 명을 선발하고 이어 1634년, 1638년, 1641년에 계속 과거시험을 실시하여 인재를 선발함으로써 한족 지식인을 대거 선발해서 여러 행정기구에 배치했다. 이러한 조치를 통해 일부 한족 지식인을 노역의 지위에서 해방시켰을 뿐만 아니라 정치적으로도 그들의 지지와 옹호를 얻었다. 이들 지식인은 황태극이 통치를 실시하는데 유력한 조수가 되었다. "작은 데 쓰면 작은 효과를 보고 큰 데 쓰면 큰 효과를 보곤 해서"[294] 아주 뚜렷한 정치적 효과를 거두었다.

황태극은 정치적으로 상기와 같은 조치를 취함으로서 칸 권과 왕권, 집권과 분권의 모순을 기본적으로 해결함으로써 칸 권을 강화시키고 권력이 집중된 강력한 정권기구를 수립했다. 그는 이러한 정권기구를 이용해서 외부와 내부에서의 투쟁을 전개함으로써 한 방면으로는 명 왕조와 싸워 군사적으로 잇달아 승리를 거두고 다른 한 방면으로는 후금의 경내에서 경제개혁을 실행하여 만족사회의 빠른 봉건화를 추진했다.

여기서 짚고 넘어가야 할 것은 황태극의 개혁은 낡은 제도를 전면 폐지하고 새로운 제도를 세우는 대대적인 개혁이 아니라 낡은 제도를 제한하고 개조하는 한편 별도의 새로운 제도를 수립하여 두 가지 제도가

---

293 《대청태종문황제성훈(大淸太宗文皇帝聖訓)》권4
294 《천총조신공주의(天聰朝臣工奏議)》권 7중, 《한족 인재를 등용할 것을 청하는 진연령의 상소(陳延齡請輪用漢人奏)》

병행되면서 권력이 나뉘도록 했다는 점이다. 예를 들어 팔기제도 이외에 또 팔아문을 설치하고 의정회의 이외에 또 내삼원을 설치한 것 등이다. 만족사회는 이러한 점진적인 개혁을 거쳤기 때문에 큰 분열과 내전이 일어나지 않았다. 그러나 이처럼 두 제도가 서로 영향을 주고 서로 견제했기 때문에 칸 권은 여전히 일정한 제약을 받았으며 기주와 패륵들은 여전히 정치와 경제에서 상당한 실력을 가지고 있었다.

네 번째, 황태극은 군사 원천을 확대해서 병력이 강한 명 왕조와 전쟁을 치르고, 또 만족의 팔기기주와 패륵들의 군사세력과 균형을 유지하기 위해 한군(漢軍) 팔기와 몽골 팔기를 창설했다.

원래 팔기 산하의 인구(人丁)는 만족뿐 아니라 한족과 몽골족도 있었다. 1633년(명 숭정 6년, 후금 천총 7년), 황태극은 만족 여러 호(戶, 가구)에서 한족 10명 중 한 명씩을 뽑아 한병(漢兵)을 한 기(旗)로 편성하고 흑기(黑旗)를 표식으로 삼았으며 액부 동양성(佟養性)에게 통솔하도록 했다. 그 이듬해, 한병을 한군(漢軍)으로 개칭했는데 만족어로 "오진초합(烏眞超哈)"('오진'은 한어로 '중요하다[重]'는 뜻이고 '초합'은 한어로 '병[兵]' 혹은 '군[軍]'이라는 뜻)이라고 한다. 1637년(명 숭정 10년, 청 숭덕 2년), 황태극은 한군기(漢軍旗)를 두 기로 나누고 석정주(石廷柱)를 좌익고산액진(左翼固山額眞)에, 마광원(馬光遠)을 우익고산액진에 각각 임명했으며 여전히 만주 팔기제도에 따라 장정들을 우록으로 편성했다. 1639년, 황태극은 다시 한군 2기를 4기로 나누고 마광원 · 석정주 · 왕세선(王世選) · 파연(巴延) 4명을 고산액진에 임명해 각각 한 기씩을 인솔하도록 했다. 1642년에 이르러 또 4기를 추가로 설립해서 총 8기로 만들고 한군팔기로 칭했다.

한군팔기 깃발의 색깔은 만주팔기와 똑같게 하고 각각의 기에 고산액진 한 명에 매륵장경(梅勒章京) 2명, 갑나장경(甲喇章京) 5명씩을 두었다. 이밖에 1634년(명 숭정 7년, 후금 천총 8년), 팔기 중에서 용감하고 싸움을 잘하는 몽골족을 선발해 또 다시 몽골이기(二旗)를 편성했다. 1635년에 몽골팔기로 확충 편성하고 깃발 색깔과 건제(建制)는 여전히 만주팔기와 같게 했다. 한군팔기와 몽골팔기의 구성은 비록 만주팔기와 같지만 한군팔기와 몽골팔기의 고산액진은 모두 황태극이 임명하기 때문에 만약 그들이 직분을 감당하지 못할 경우 임의로 교체할 수 있는 것이 만주팔기 기주의 세습제와 다른 점이다. 황태극은 만족·몽골·한군 팔기의 최고통솔자로서 이들 팔기군을 직접 지휘하고 파견 이동시킬 수 있었다. 만족·몽골·한군 24기의 군사 수량은 입관(入關, 관내 즉 산해관 서쪽으로 들어옴)전의 통계에 따르면, 만주팔기는 약 319개 좌령(佐領, 우록의 한어번역)에 6만 3천여 명이었고, 몽골팔기는 약 129개 좌령에 2만 5천여 명이었으며, 한군팔기는 약 167개 좌령에 3만 3천여 명으로서 총 615개 좌령에 약 12만여 명이었다.

한편 황태극은 팔기병의 전투력을 강화하기 위해 끊임없이 군율을 반포 시행하고 화기제조에 박차를 가했다. 1634년(명 숭정 7년, 후금 천총 8년) 7월, 황태극은 "대군을 지휘해 작전을 진행하려면 단속을 엄히 해야 하고 법률을 명확히 제정해 군의 의지를 강하게 세워야 한다"라고 생각하여 군율을 반포 시행했다. 군율에 따르면 "대군은 대열에 따라 서서히 행군하되 떠들어대면 안 되고, 큰 군기의 범위를 벗어나지 못하며……

사당을 파괴해서는 안 되고, 행인을 죽이지 못하며, 적병 중에 저항하는
자는 죽이고, 귀순하는 자는 받아들이며, 포로가 된 자에 대해서는 그들의
옷을 빼앗아서는 안 되고 부부라면 서로 갈라놓아서는 안 되며……
여인을 간음해서는 안 되고…… 술을 마시지 못하며…… 만약 이를 어길
시에는 사형에 처할 것이다."[295]라고 규정지었다. 그 뒤 상기의 군율을
거듭 강조했다. 이밖에 비록 팔기 기병이 행동이 기민하고 날렵하긴
하지만 적의 요새를 공격하는 공격전에는 적합하지 않았다. 예를 들어
누르하치가 영원(寧遠)에서 패하고 황태극이 두 차례나 광녕(廣寧)을
공격했으나 점령하지 못했으며 모두 명군의 화기 때문에 피해를 당했다.
그래서 1631년(명 숭정 4년, 후금 천총 5년), 황태극은 왕천상(王天相)
등에게 명령해 화포의 연구와 제조에 박차를 가해 그해 6월에 제조해냈으며
"천우조위대장군(天祐助威大將軍)"이라고 이름을 지었다. 그 이외에도
명군에게서 얻은 "홍의대포(紅衣大砲)"가 여러 문 있어 여러 기에 배치해
운영하도록 하였다. 그리하여 황태극은 야전에 능한 팔기기병을 갖추었을
뿐만 아니라 공격전을 할 수 있는 포병도 갖추어 팔기병은 전투력이 크게
증강되었다.

　다섯 번째, 신만문(新滿文)을 창제하고 라마교를 이용했다. 일찍이
누르하치 시기에 몽골문 자모를 이용해 만문을 창제했었다. 그런데 이런
옛 만문은 "원래부터 동그라미와 점을 찍지 않아 위와 아래의 글자가
비슷해서 구별을 할 수 없으며 어려서 배울 때에 책 속에서 평소에 흔히

---

295 《청 태종실록(淸太宗實錄)》 권19

쓰는 말은 글의 뜻을 보고 쉽게 알아 볼 수 있지만 인명과 지명은 틀리기 십상이었다."[296] 옛날의 만문은 결함이 너무 많으며 문법도 완벽하지 않았다. 1632년(명 숭정 5년, 후금 천총 6년), 황태극은 달해(達海) 등에게 명해 옛 만문을 기초로 해서 동그라미와 점을 찍고 또 12개의 자두(字頭, 표제자)와 전기외자부호(專記外字符號)를 창제하도록 해서 동그라미와 점이 있는 신만문이 태어났다. 신만문은 구조와 응용 상에서 비교적 완벽하여 청조가 창립되어 2백 수십여 년 간 통용된 만문이 되었다.

그리고 황태극은 라마교를 이용해 몽골과 티베트와 연계하기 위하여 라마교를 크게 선양하고 육성했다. 일찍이 천명(天命) 초년에 티베트 오루타르한낭소(斡祿打兒罕囊素) 라마가 몽골에서 라마교를 전도했는데 누르하치는 사람을 파견해 그를 후금으로 청해 와서 "절을 짓고 그에게 장전을 하사하라는 어명을 내리고"[297] "그에게 임무를 주었다."[298] 그런데 그는 얼마 지나지 않아 죽었다. 황태극 시대에 이르러서는 수복한 몽골의 부락이 갈수록 늘어나 라마교의 전파가 더욱 넓어지자 황태극은 라마교를 이용하는 것을 더욱 중요시했다. 1629년에는 오루타르한낭소 라마를 위해 특별히 탑을 건설하고 비를 세워 기념하도록 했다.

이런 정책은 막남(漠南)과 막북(漠北)을 통일하고 티베트와 몽골을 단합하는데 아주 큰 역할을 했다. 1634년(명 숭정 7년, 후금 천총 8년),

---

296 《국조기헌류징(國朝耆獻類徵)》 권1, 《달해전(達海傳)》
297 《요양현지(遼陽縣志)》 권5, 《단묘지(壇廟志)》
298 《대라마탑비문(大喇嘛塔碑文)》

차하르모르근(察哈爾墨爾根) 라마가 호법 "마하가라(嘛哈噶喇)"[299]의 금신(金身)을 싣고 귀순했다. 얼마 뒤 티베트의 달라이(達賴) 라마도 성경(盛京)으로 사절을 보내왔는데 황태극은 더 열정적으로 접대했다. 그 목적은 "현재 할하(喀爾喀, 객이객)의 한쪽 구석만 아직 정복하지 못했는데 외번(外藩)의 몽골·티베트지역에서는 오로지 라마의 말만을 따르므로"[300] 달라이 라마의 사자를 통해 몽골·티베트 민족과의 연계를 취하여 자신의 세력을 강화하는데 있었다.

상기의 정치·경제·군사·문화사상의 방면에서 실행한 일련의 조치에 힘입어 황태극은 자신의 지위를 크게 강화할 수 있었다. 그는 한 방면으로는 기주·패륵의 세력을 견제하여 약화시키고 봉건 황권을 공고히 했으며 요심지역의 사회질서를 안정시키고 만족의 봉건화를 촉진했다. 다른 한 방면으로는 그의 군사실력이 증강되었고 정치적 책략의 운용이 더욱 광범위해지고 더욱 원활해졌으며 동북을 점차적으로 다시 통일시켰고 몽골·티베트와 연합했으며 명 왕조와의 장기적 대치 상황에서 줄곧 기세가 등등해서 군사적 우세를 유지했다.

---

299 "마하가라(嘛哈噶喇)", 즉 원(元) 세조 때 팔사파(八思巴)가 천금으로 주조한 금불, 원 왕조의 호법 보물이다.
300 《동화록(東華錄)》 순치(順治)조 권19

2. 황태극의 즉위와 명조에 대한 화해 책략

누르하치는 임종을 앞두고 비록 구왕 도르곤(多爾袞)(제 14자)이 칸 위(汗位)를 잇도록 하였지만 그의 나이가 어린 탓에 큰 패륵이었던 대선(제 2자)이 섭정을 하였다. 그러나 그가 죽은 뒤에 그의 아들들은 그의 유명(遺命)을 따르지 않고 형제간에 칸 위의 쟁탈을 위해 치열하게 싸웠다. 결국에는 사왕 황태극(제 8자)이 자신이 장악한 병권과 대선의 지지가 합쳐져서 마침내 후금의 칸 위를 찬탈했다.[301] 그는 등극한 후에 중원의 주인이 되어 아버지의 뜻을 이어서 야심만만하게 명조의 통치방식을 따라하는 것을 후금의 기본방침으로 삼기로 결심했다. 그러나 그때 후금은 여전히 "나라의 정권이 공고하지 않고" "시국이 안정되지 않은" 혼란 속에 처해 있어 황태극은 많은 내부와 외부의 모순에 맞닥뜨렸다. 첫 번째는 민족모순, 즉 만족귀족과 광대한 한족 민중 간의 모순이었다. 요동지역의 한족 백성들은 "매 번 침범을 당하면 대다수가 도주했는데"[302] 그들이 반기를 들어 무장투쟁을 일으키기에 이르렀다. 두 번째는 계급모순인데, 즉 후금의 농노주와 농노사이의 모순이었다. 농노들은 농노주를 위해 장전을 경작하고 노역에 참가해야 했다. "아들이 노역해야 하고 손자도 노역해야 했으며 할아버지가 되어서도 노역은 끝날 줄을 몰랐다.(儿子当差,孙子又当差,至于爷爷差事还不去)"[303] 그렇기 때문에 수많은 농노들은 농노주의 착취와

---

301 이긍익(李肯翊), 《연려실기술(燃藜室記述)》 권27, 《정묘로란(丁卯虜亂)》
302 《청 태종실록(淸太宗實錄)》 권3
303 《천총조신공주의(天聰朝臣工奏議)》 권 중, 《일곱 가지 사안에 대해 조목별로

압박을 견디지 못하고 도주하는 이가 있는가 하면 저항하는 이도 있었다. 세 번째는 후금 통치계급의 내부 모순이었다. 즉 칸 권(汗勸)과 제왕권력 사이의 모순이었다. 황태극이 즉위하자 제왕들은 마음속으로 불만을 품게 되어 권력쟁탈을 위한 투쟁이 아주 치열했다. 네 번째는 경제문제였다. 명조가 후금의 조공과 호시를 중단해버리자 "비록 은자는 많아도 무역을 진행할 곳이 없게 되자 은값이 떨어지고 물건 값은 엄청나게 뛰어올랐다."[304] 게다가 또 심각한 자연재해까지 입어 "먹을 식량이 없는 집이 매우 많았으며"[305] "사람까지 잡아먹는" 참혹한 상황까지 나타났다. 다섯 번째는 후금은 군사적으로 삼면으로 적을 맞은 지경에 이른 것이다. 즉 동쪽은 조선, 서쪽은 몽골, 남쪽은 명 왕조와 맞선 상황이었다. 다년간 정복전쟁이 끊이지 않아 많은 남정들이 농사에서 손을 떼고 출정하였다. "소를 팔고 옷을 저당 잡혀서 말을 사고 군사 장비를 갖추다보니 가산을 모조리 탕진했으며"[306] 경제가 어려워지자 백성들은 전쟁을 싫어하게 되었다. 황태극은 명 왕조의 중앙 통치권을 빼앗으려면 반드시 위와 같은 일련의 문제를 해결할 수 있는 조치를 취해야 한다는 것을 인식하게 되었다. 이러한 문제의 해결 여부에서는 시간이 중요한 요소였다. 특히 명 왕조와의 사이에는 시간을 벌어야 했다. 그래서 그는 명 왕조와의 화해를 명목으로 내세웠다.

　　　진술한 호응원의 상소(扈應元條陳七事奏)》
304　《청 태종실록(清太宗實錄)》 권3
305　《천총조신공주의(天聰朝臣工奏議)》 권 중, 《조적 방법에 대해 진술한 포승선의 상소(鮑承先陳羅糧方法奏)》
306　《천총조신공주의(天聰朝臣工奏議)》 권 상, 《용병 책략에 대해 공경스레 진술한 영완 아 등의 상서(寧完我等謹陳兵機奏)》

그 목적은 시간을 벌어 힘을 키우며 시기가 성숙되기를 기다려 중원을 들이치기 위한 데 있었다. 후금의 조신 고사준(高士俊)이 말했다시피 "우리나라(후금)에는 화해가 이롭고 저쪽 나라(명 왕조)에는 화해가 이롭지 않사옵니다.

우리나라는 화해 중에도 군사력을 과시하는 것을 하루도 멈추지 않지만 저쪽 나라는 화해 중에 시간을 지체하고 게을러지기 쉽사옵니다. 신이 말씀 올리고자 하는 것은 꾀를 써서 대사를 도모하자는 것이며 후퇴하는 척 하면서 앞으로 나가기를 꾀하자는 것이옵니다."[307] 그래서 황태극은 조선과 몽골·명조 정부에 후금이 화해를 원한다는 뜻을 꾸준히 전달했다. 일찍이 누르하치가 사망했을 때 명조 영원 안무 원숭환(袁崇煥)이 부유작(傅有爵)과 라마 유남목좌(鎦南木坐, 즉 이(李) 라마) 등을 파견해 문상하면서 허실을 살펴보도록 했다. 황태극은 예의 바르게 대하며 화해의 의향을 밝혔다. 문상하러 왔던 사절들이 돌아갈 때 그는 특별히 방길납(方吉納) 등에게 명하여 배웅하게 했으며 또한 직접 만나서 그가 원숭환에게 보내는 친서를 전하며 서로간의 화해를 구했다.[308] 1627년(명 천계 7년, 후금 천총 원년) 2월, 황태극은 또 원숭환에게 서신을 보내 화해조건을 제시했다. 같은 해 11월, 황태극은 특별히 명조 황제에게 서신을 올려 쌍방이 하루 빨리 화해할 수 있기를 희망한다고 밝혔다. 1629년(명 숭정 2년, 후금 천총

---

307   《천총조신공주의(天聰朝臣工奏議)》권 상, 《고사준이 자신의 미숙한 의견에 대해 공경스레 진술한 상소(高士俊謹陳管見奏,)》
308   금량집(金梁輯), 《만주비당》, 《태종이 원숭환에게 보낸 서신(太宗與袁崇煥書)》을 참고.

3년) 2월, 황태극은 원숭환에게 보내는 서신에서 천총의 연호를 밝히지 않고 기사년(己巳年)이라고만 씀으로써[309] 명조의 정삭(正朔)을 준봉하는 것으로 화해를 구하고자 하는 성의를 보여주었다. 그 뒤 일곱 차례나 서신을 띄워 화해의 뜻을 밝혔으며 심지어는 그해 12월, 황태극은 군사를 이끌고 입관하여 북경성 아래까지 군사를 바로 들이대어서까지도 "명의 황제에게 화해의 서신을 바치며"[310] 여전히 화해를 원한다는 의향을 밝혔다. 1631년에서 1632년까지의 2년간은 황태극이 화해를 위해 가장 빈번하게 활동한 시기였다. 그는 명조에 "상소문을 올려 신하라고 칭하며 거듭 간절히 청했다."[311] 그리고 또한 조선이 나서서 "그들 사이에 중재 역할을 해" 명 조정에 그를 대신해 주청을 들여 줄 것을 청하였으며 명조에서 투항한 장수들인 공유덕(孔有德)과 경중명(耿仲明)을 명 왕조에 도로 돌려보내 "자신의 성의를 표하고자 한다는 뜻"[312]을 전해 줄 것을 청했다. 황태극이 이처럼 화해를 외쳐댔지만 그것은 수단에 불과할 뿐 목적이 아니었다. 그는 화해를 외칠 때도 명 왕조와 조선에 대한 군사적 약탈 행동을 멈춘 적이 없었다. 다만 이런 군사행동은 화해라는 명분의 엄폐 아래에서 진행되었을 뿐이다. 그 목적은 성을 공격하고 땅을 점령해 확장하려는 데 있는 것이 아니라, 재물과 인구를 약탈해 내부의 어려움을 해결하기 위하는데 있었다. 황태극은 충분한 시간을 벌어 칸 권을 강화하고 생산을 발전시켜

309　《기사년 정월 금국의 한이 원숭환에게 보낸 서신(己巳年正月金國汗致袁崇煥書稿)》

310　금량집(金粱輯), 《만주비당(滿洲秘檔)》,
　　　《태종이 북경성을 둘러보다(太宗環閲北京城)》

311　주문욱(周文郁), 《변사소기(邊事小紀)》 권3, 《조선국자(朝鮮國咨)》 3

312　《이조실록》 인조 권28

내부를 공고히 했으며, 조선과 몽골 두 방향의 위협을 해소해 전반적으로 동북지역을 통일했다. 숭덕 연간에 이르러서 그는 화해의 기치를 던져버리고 전력을 집중해 명조를 공격했다.

3. 두 차례에 걸친 조선 출병

누르하치가 흥기한 뒤에 조선의 중요한 지리적 위치로 인해 후금과 명조 모두는 극구 조선과 좋은 관계를 맺으려고 애썼다. 후금의 목적은 조선과 명조의 왕래를 끊어버리고 명조의 동강 주둔군 모문룡(毛文龍)부에 대한 조선의 지원을 끊어버려 후환을 없애려는 데 있었다. 한편 명조의 의도는 조선과 관계를 맺어 후금을 견제하려 하였다. 그래서 명군은 "려(麗, 조선)병과 서로 의지하는 형국을 이루어 등래(登萊)와 서로 소식을 통하면서 서로 원조할 수 있도록 하기 위함이었다."[313] 비록 후금이 백방으로 조선과 명조의 관계를 이간질했으나 다양한 역사적 현실적 원인으로 말미암아 조선은 여전히 명조와의 합작을 유지했기 때문에 후금의 계책은 실현되지 못했다.

황태극은 등극한 뒤 하루 빨리 동쪽의 조선 문제를 해결하기로 결심했다. 때마침 조선에 내란이 일었으므로 황태극은 그 기회를 틈타 조선에 출병했고, 그 기회에 명군 모문룡부까지 궤멸시킬 계획이었다. 1627년(명

---

313   《명희종실록(明熹宗實錄)》 권 13, 천계 원년 8월 경오(庚午)

천계 7년, 후금 천총 원년) 2월 23일 황태극은 선전포고도 없이 전쟁을 일으켜 아민·지르하랑(濟爾哈朗)·아제격(阿濟格) 등을 파견해 3만여 명의 팔기병을 인솔해서 조선으로 진군하게 했다. 황태극은 출정을 앞두고 그들에게 "이번 출병은 조선만을 정벌하기 위한 것이 아니다. 모문룡이 저쪽 나라의 해도(海島)와 가까이 있으며 우리 반민(叛民)들을 받아들이고 있기 때문에 군을 정비해 출정하는 것이니 그대들은 두 가지를 도모 할지어다"[314]라고 명했다. 28일 후금군이 돌발적으로 압록강을 건너 의주(義州)를 포위 공격했다. 그러나 의주 군민의 용감한 저항에 부딪쳤다. 마지막까지 성을 지키던 군민들은 "적은 수효로 많은 적을 물리쳐야 했으므로 더 이상 버틸 수 없게 되었다." 의주가 함락된 후 수만을 헤아리는 백성과 군사가 모두 도륙 당하였다.[315] 그 뒤 후금군은 군사를 나누어 철산에 주둔한 모문룡을 향해 공격을 가했다. 모문룡은 싸움에서 패하자 피도(皮島)로 퇴각하여 수비했다. 아민은 군사를 지휘해서 남쪽으로 진군하면서 정주(定州)·신주(宣州)·곽산(郭山) 등지를 잇달아 점령했다.

후금군은 이르는 곳마다에서 조선 백성의 저항에 부딪쳤다. 후금의 군사들은 평산(平山)성을 점령한 뒤 진군을 멈추고 "군사를 풀어 사처에서 약탈하는" 한편 "화해를 기다리고 있었다." 그때 조선 국왕 이종(李倧)은 강화도로 도주한 뒤 아민의 주둔지로 사절을 파견해 화해를 청했다. 아민은 유흥조(劉興祚)에게 파견되어온 사절을 따라 강화도로 가서 평화조약

---

314 《동화록(東華錄)》, 천총 원년 정월.
315 《이조실록》 인조 권16

건에 대해 의논하도록 명했다. 후금은 조선에 명조와의 관계를 단절하고 왕제(王弟) 이각(李覺)을 후금에 볼모로 파견하며 매년 대량의 재물을 진상할 것을 요구했다. 조선정부는 후금의 막강한 군사적 압력 하에 하는 수 없이 "강도화약(江都和約)을 체결했다. 그럼에도 불구하고 아민은 또 군사들을 풀어 사흘간 더 약탈을 감행하고 나서야 비로소 군사를 물렸는데 퇴각하는 도중에도 노략질하고 소란을 피워 조선 백성들은 큰 피해를 당했다. 조약을 체결한 후에도 후금은 또다시 조선을 핍박해 중강(中江)과 회령(會寧) 두 곳에 시장을 열도록 하고 도주자들을 되돌려주는 대가로 공물을 추가로 바치게 했는데 이에 대해 조선 백성들은 분분히 들고 일어나 저항했다.

후금에 있어서 그 평화조약 체결의 중요한 역할은 그 조약으로 인해 조선과 명조의 관계를 기본적으로 끊어버린 것이다. 그로 인해 모문룡은 하는 수 없이 해도로 퇴각해 수비하게 되었는데 군량이 부족하고 고립무원의 경지에 처하게 되었다. 후금은 그 기회를 틈타 서둘러 모문룡에게 항복하도록 요구했다. 모문룡은 이미 항복할 의향을 품고 있었다. 그 일을 알게 된 원숭환이 1629년(명 숭정 2년, 후금 천총 3년) 7월 적과 내통하고 나라를 배반한 죄를 물어 모문룡을 살해했다. 모문룡이 죽임을 당하자 그의 부장들인 공유덕과 경중명 등이 무리를 이끌고 후금에 투항해버렸다. 그로써 후금 동부의 위협은 대체적으로 해제된 셈이었다.

그 이후로 후금은 요서(遼西)와 내몽골의 광범위한 지역을 정복해 세력이 갈수록 강대해지자 후금과 조선 사이의 형제 나라의 관계를 바꿔 조선을 후금의 직접적인 통제를 받는 속국으로 만들려고 꾀했다. 1636년(명 숭정

9년, 청 숭덕 원년) 12월 27일, 황태극은 조선이 "맹약을 거듭 어기고" "명조를 도와 나를 해쳤다"[316]는 구실을 대고는 조선에 두 번째 출병을 하였다. 이튿날 황태극은 10만 대군을 인솔해 압록강을 건너 곧장 조선의 경성을 향해 진군했다. 이듬해 1월 9일 후금의 군사가 경성을 포위 공격하자 조선의 국왕 이종은 남한산성으로 퇴각해 지키기 시작했다. 그러자 후금 군사들이 또 남한산성을 포위했다. 황태극은 도르곤을 파견해 군사를 이끌고 강화도를 공격 점령하도록 했다. 후궁과 두 왕자 그리고 내관 및 많은 종실 인원들이 모두 포로가 되자 조선 국왕은 하는 수 없이 투항하고 성하지맹(城下之盟)을 체결했다. 그 주요 내용은 첫째, 명조와의 모든 왕래를 단절하고 청조의 신하로 칭하며 군신관계를 수립한다, 둘째, 조선 국왕은 장자와 다른 한 아들을 청군(淸軍)에 넘겨 성경(盛京)으로 데리고 가 볼모로 삼는다, 셋째, 매년 황금 1백 냥과 백금 1천 냥, 백저포(白苧布) 2백 필, 다양한 색상의 견직물 2천 필, 다양한 색상의 고운 모시 4백 필, 다양한 색상의 포목 1만 필, 쌀 1만 포(包)를 진상해야 한다는 것 등이었다. 청군은 조선에서 철수할 때 또다시 도중에 "이르는 곳마다 오래 머물며 노략질을 하고 먹을 것을 얻어갔다…… 멀고 가까운 마을을 막론하고 모조리 약탈을 당했으며 농사철을 놓쳐버린 데다가 또 남은 식량조차 없어 백성들의 삶이 처참하기 이를 데 없었다."[317] 게다가 조선에서 징병을 하는데 한 번에 1만 2500명씩 징집했다.[318] 또 포로로 잡혀간 인구를 돈으로

---

316 《청 태종실록(淸太宗實錄)》 권31
317 《심양상계(沈陽狀啓)》, 8쪽.
318 《심양상계(沈陽狀啓)》, 10쪽.

되찾아가도록 강요했는데 "부르는 게 값이라, 가격은 천정부지로 치솟았다. 사족(士族, 사대부 가문)과 그 부모, 처자 등에 대해서는 몸값을 백 천 냥까지 요구하여 되찾아가기가 하늘의 별따기처럼 어려웠으므로 모두 희망을 잃어 통곡소리가 길바닥을 가득 메웠다. 그중 친인척이 없이 홀홀단신인 자들은 언젠가 나라에서 되찾아주기만을 학수고대하며 매일같이 자국 외교사절이 머무는 관사(館舍) 밖에서 울며 하소연하는데 차마 눈 뜨고 볼 수 없을 정도로 처참했다." [319] 이를 보았을 때 청군은 조선을 침범해서 조선 백성들에게 막대한 재난을 가져다주었음을 알 수 있다.

4. 몽골과 흑룡강유역의 통일

명말(명조 말기), 몽골은 막남 · 막북 · 막서 3대 부로 나뉘어져 있었으며 각 부는 분열 할거상태에 처해 있었다. 황태극은 명조와 싸워 이기려면 조선이라는 후환을 제거해야 할 뿐 아니라 반드시 몽골을 정복해야 한다고 여겼다. 그러지 않고는 명조와 몽골이 연합하게 되면 앞뒤로 적을 맞는 형국이 될 것이기 때문이었다. 명조 측으로 말하자면 갈수록 강성해지고 있는 후금에 맞서기 위해서는 반드시 동쪽으로는 조선과 연합하고 서쪽으로는 몽골과 연계를 맺어야 했다. 일단 몽골이 후금 쪽으로 넘어가게 되면 수도는 후금 병력의 압박에 처하게 될 것이다.

319　《심양상계(沈陽狀啓)》, 22~23쪽.

특히 명조와 후금 사이에 세워진 막남 몽골은 명조와 후금이 쟁탈을
벌이는 중점지역이었다. 그때 당시 막남 몽골의 범위는 동으로 길림에
이르고, 서로는 하란산(賀蘭山)에 이르며, 남쪽은 장성과 인접하고, 북으로는
사막에 이르렀는데 이 넓은 지역이 모두 원조(元朝) 후대들이 흩어져 사는
지역이었다. 그중에서 차하르부(察哈爾部, 찰합이부)가 가장 강성했는데
"동쪽의 요서에서부터 서쪽의 조하(洮河)에 이르기까지 모두 차하르에
속하며 차하르의 세력이 허타오(河套, 황하(黃河)가 녕하(宁夏)에서
섬서(陝西)성까지 굽이돌아 흐르는 곳) 서부를 휩쓸었다."[320] 차하르부는 8대
영(營) 24부를 포함했는데 그 부 수령 임단한(林丹汗)은 "막강한 군사력을
갖추고 한남(漢南)지역을 종횡무진하면서"[321] 스스로 몽골대한으로
자칭하고 주변 여러 부를 멋대로 침범했으므로 여러 부는 견딜 수 없는
고통을 받았다. 막남의 여러 부는 명조와 후금 사이의 쟁탈에 대해 대체로
두 가지 각기 다른 태도를 가지고 있었다. 한 가지는 차하르부의 임단한을
위주로, 명조에 의지해 명조의 지지를 받아 막남 여러 부를 통제하고
통치하며 후금에 대항할 것을 주장하는 부류이고, 다른 한 가지는 막남의
대다수 부로서, 임단한의 통제와 괴롭힘에서 벗어나 후금에 귀부해 그의
보호를 받기를 희망하는 부류였다. 명조 정부는 임단한을 극구 지지했는데
매년 임단한에게 하사하는 세폐(歲幣)를 크게 늘리고 원래 막남 동부
몽골 여러 부에 주던 세폐를 취소해 그것을 임단한에게 주었으며 쌍방은

---

320 팽손이(彭孫貽), 《산중문견록(山中聞見錄)》, 《서인지(西人志)》
321 복격(福格), 《청우총담(聽雨叢談)》 권2, 《몽골》

공동으로 후금에 저항하기로 약속했다. 황태극은 "당근과 채찍을 병용하는" "정벌과 안무"방법을 이용해 귀순하기를 원하거나 관망하며 흔들리는 일부 부를 적극 단합하고 끌어들이는 한편 이미 부족민을 이끌고 귀순해온 수령에게는 후한 상을 내리고 관작을 수여해 각자의 부족민을 통솔하게 했다. 하르친(科爾沁)·옹우특(翁牛特, 웡뉴터)·곽이라사(郭爾羅斯, 귀얼뤄스)·두이백특(杜爾伯特, 두얼보터)·찰뢰특(扎賚特, 짜라이터)·극십극등(克什克騰, 커스커텅)등의 부가 잇달아 후금에 귀순했다. 한편으로 차하르부의 임단한은 무력으로 정복했다. 1628년(명 숭정 원년, 후금 천총 2년) 10월, 황태극은 직접 여러 군을 지휘해 임단한을 공격해 서랄목륜하(西剌木倫河, 시라무렌 강) 유역을 점령했다. 1632년(명 숭정 5년, 후금 천총 6년) 5월, 황태극은 또다시 군사를 인솔해 임단한을 공격했다. 임단한은 패하여 도주했는데 먼저 서토묵특부(西土默特部)로 도주했다가 다시 청해(靑海)로 도주했다. 1634년(명 숭정 7년, 후금 천총 8년) 임단한은 청해의 대초탄(大草灘)에서 병으로 죽었다. 그 이듬해에 황태극은 도르곤 등을 파견해 서부 정벌에 나서서 허타오 지역에 진입하여 임단한의 잔여세력을 궤멸시키고 임단한의 정비(正妃)와 아들 액철(額哲)을 사로잡고 원조에서 물려받은 국새를 획득해 돌아갔다. 차하르부가 멸망된 후 원래 그 통치 하에 있던 부들은 모두 후금에 귀순했다. 1636년(명 숭정 9년, 청 숭덕 원년), 막남몽골 16개 부의 49명의 봉건 영주가 성경에서 대회를 열고 황태극을 칸(可汗)으로 추대함에 따라 막남의 여러 부는 모두 후금에 굴복해 신하를 자칭하며 통치를 받았다. 이로써 황태극은 "동쪽의 조선을 항복시키고 서쪽의 차하르한을 수용했으며 압록강 북쪽에서 시작해 하란산

만리장성 이북 지역에 이르기까지 모두 그의 판도로 귀속시켰다." 그때부터 청군이 입관했는데 대체로 내몽골을 경유했으며 몽골 기병을 길잡이로 세웠다.

황태극은 막남몽골을 통일한 후 또 막북몽골과 적극 연계하기 시작했다. 16세기 말, 막북몽골에는 3개의 강대한 봉건주 집단-세투칸(土謝圖汗·차사크투칸(札薩克圖汗)·체첸칸(車臣汗)이 있었는데 이를 할하 3부라고 불렀다. 1636년, 황태극은 할하 3부로 사자를 보내 귀순할 것을 권고하였다. 같은 해 체첸칸이 위정라마(衛征喇嘛) 등을 파견해 "서신을 가지고 조정으로 와서 낙타와 말·담비 가죽 등 물품을 진상하게 했다."[322] 1638년(명 숭정 11년, 청 숭덕 3년), 할하 3부는 "공동으로 사자를 파견해 조정으로 왔으며"[323] 황태극은 할하 3부에게 매년 청조에 각각 "흰 낙타 한 마리에 흰 말 8마리씩 진상할 것, 이른바 구백지공(九白之貢)"[324]을 규정했다. 이로써 청조와 신속(臣屬)관계를 수립했다.

청조는 막남몽골과 막북몽골의 여러 부를 통일해 몽골의 위협을 제거하고 용맹하고 싸움에 능한 몽골 기병을 명조를 공격할 시에 중요한 세력으로 삼았을 뿐만 아니라 차르 러시아의 중국 북방 변경 침략에 대항하는 투쟁에서는 할하몽골이 적극적인 역할을 했다.

막남몽골과 막북몽골을 통일시킴과 동시에 황태극은 누르하치의 유업을

---

322 《황조개국방략(皇朝開國方略)》 권22
323 장목(張穆), 《몽골유목기(蒙古遊牧記)》 권7,
      《외몽골 할하 4부 총서(外蒙古喀爾喀四部總叙)》
324 기운사(祁韻士), 《황조번부요략(皇朝藩部要略)》 권3

이어 흑룡강유역을 통일시켰다.

흑룡강유역은 만족의 고향으로서 누르하치가 흥기한 뒤 고향을 적극 수복해 흑룡강 하류를 기본적으로 통일시켰다. 황태극 시대에 이르러 그는 흑룡강 유역에 대한 경영을 크게 중시해 계속하여 흑룡강 중상류지역을 수복해나갔다. 황태극은 "이 지역 백성들은 언어가 우리나라와 같고……원래 선조가 우리와 같으며, 역사 기록에 분명히 밝혀져 있다"면서 그래서 이곳 주민에 대해서는 "선한 말로써 위로하고 어루만져주어야 한다"[325]라고 말했다. 1631년(명 숭정 4년, 후금 천총 5년) 8월, 흑룡강 중류의 호르하부(虎爾哈部)의 탁흑과(托黑科) 등 4명의 수령이 "조정에 와서 담비·여우·스라소니 등의 가죽을 진상했다."[326] 1634년(명 숭정 7년, 후금 천총 8년) 5월, 삭륜부(索倫部) 두목이 "경기리올라(京奇里兀喇, 현재의 제야강(結雅河)) 사람" 바르다치(巴爾達奇, 파이달기)가 "귀순하려고 애쓰며 해마다 지방 특산물을 진상했으며"[327] "44명을 거느리고 조정에 와서 담비가죽 1,818장을 진상했다."[328] 그의 이끎과 영향 아래에 외흥안령(外興安嶺) 이남의 삭륜부 대다수가 후금에 귀순하자 그의 뛰어난 공로를 생각해 황태극은 족녀(族女)를 바르다치에게 시집을 보내 바르다치를 후금의 액부로 삼았다. 1637년(명 숭정 10년, 청 숭덕 2년) 6월, 흑룡강 상류의 우루수(烏魯蘇)성의 삭륜부 수령 보무보고르(博木博果爾)가 "8명을

---

325 《청 태종실록(清太宗實錄)》 권21
326 《청 태종실록(清太宗實錄)》 권9
327 북경시문물관리처 소장, 《일등아사합합번바르다치비(一等阿思哈哈番巴爾達奇碑)》
328 《청 태종실록(清太宗實錄)》 권18

거느리고 조정에 와서 말과 담비 가죽을 진상했다." 이로써 흑룡강 상류 "남북 양안 여러 성이 모두 귀순했다."[329] 이밖에 오논 강(鄂嫩河)·네르친스크 일대의 몽골족 무명안부(茂明安部), 바이칼호 동쪽의 사록부(使鹿部) 등도 모두 잇달아 귀순했다. 1639년(명 숭정 12년, 청 숭덕 4년), 보무보고르가 반란을 일으켜 바르다치에게 사람을 보내 같이 행동할 것을 청했으나 "바르다치는 흔들리지 않고 성을 튼튼히 쌓고 제왕의 군대가 오기를 기다리면서"[330] 보무보고르의 반란행각에 단호히 반대했다. 황태극이 사무스카(薩木什喀)·소하이(索海) 등을 파견해 청군을 거느리고 반란을 평정하러 오자 바르다치의 적극적인 지지와 유력한 협조를 얻었다.[331] 청군은 후마 강(呼瑪河)까지 이르러 군사를 나누어 보무보고르를 공격했다. 청군이 야크사(雅克薩)를 점령하자 보무보고르는 패해서 권속들을 데리고 도주했다. 청군은 또 봉진(鋒陳)·아사진(阿薩津)·도진(多金)·우쿠러(烏庫勒)·우루쑤(烏魯蘇) 등의 성을 점령했다. 1641년(명 숭정 14년, 청 숭덕 6년) 1월, 청군은 "치로타이(齊洛臺, 현재 소련 경내의 치타)라는 곳에 이르러 보무보고르와 그의 처자 권속 남녀노소를 합쳐 총 956명을 포로로 하고 말과 소 844마리를 획득했다."[332] 황태극은 보무보고르의 반란을 평정하고 바이칼호 동부의 광대한 지역을 수복했다.

---

329 《흑룡강지고(黑龍江志稿)》권54, 《보무보고르전(博木博果爾傳)》
330 《흑룡강지고(黑龍江志稿)》권54, 《보무보고르전(博木博果爾傳)》
331 북경시문물관리처 소장, 《일등아사합합번바르다치비(一等阿思哈哈番巴爾達奇碑)》, "동당상잔(同黨相殘)하고 또 형제를 거느리고 와서 귀순하도록 힘을 보탰다." 이른바 "동당"이란 바르다치와 보무보고르가 같은 삭륜부 소속임을 가리킨다. 그런데 한 사람은 반란에 반대하고 한 사람은 반란을 일으킨 것이다.
332 《청 태종실록(淸太宗實錄)》권53

이로써 "동북 해변(오호츠크해)에서부터 서북 해변(바이칼호)에 이르는 지역의 사견부(使犬部)와 사록부(使鹿部), 그리고 검은 여우와 검은 담비가 나는 곳……어루터(厄魯特) 부락, 또 오난 강(斡難河) 발원지에 이르기까지 멀고 가까운 여러 나라가 사처에서 신복해왔다."[333]

황태극은 흑룡강유역을 통일한 후 여기에 "성장(姓長)·향장(鄕長)을 설치하고 분호(分戶)해서 관할하도록 하며"[334] 백성을 다스리고 조세를 받는 일을 담당하도록 했다. 그리고 이 지역의 주민을 모두 기적(旗籍)에 편입시켜 "신만주(新滿洲)"로 칭했다. 그들은 "모두 여러 기에 예속되었으며" "모두 갑옷을 입고 참군해" 만족 팔기의 구성부분이 되었다. 이들 팔기병은 중국 동북 변방을 보위하고 공고히 하는데 중요한 역할을 하였다.

5. 황태극의 명조에 대한 전쟁

황태극은 명의 중앙정권을 탈취하기 위해 입관하여 처음부터 화해의 명분을 내세움으로써 명조의 투지를 마비시키고 분산시켰다. 그러나 그는 화해 기치의 엄폐 하에서도 명조에 대한 전쟁을 한 번도 멈추거나 포기한 적이 없었다.

1627년(명 천계 7년, 후금 천총 원년) 5월, 황태극은 조선침략 전쟁에서

---

333   《청 태종실록(清太宗實錄)》권61
334   《청조문헌통고(清朝文獻通考)》권 271, 《여지(興地)》3

승리한 뒤 즉각 군사를 움직여 서부로 진군해 갑작스레 명군을 공격했다. 그는 금주(錦州)·영원(寧遠)을 공격했으나 점령하지 못하자 대능하(大凌河)와 소능하 두 성을 파괴하고 약탈을 감행한 뒤 군사를 돌려 심양으로 돌아갔다.

1629년(명 숭정 2년, 후금 천총 3년) 12월, 황태극은 대군을 직접 인솔해 원숭환의 방어구역을 피하여 산해관으로 들어가지 않고 몽골을 경유해 몽골병을 길잡이로 삼아 희봉구(喜峰口)를 거쳐 입관하였다. 그는 준화(遵化)를 함락시키고 곧장 북경성 아래에 이르자 명조 전체가 너무 놀라고 두려워 어쩔 줄을 몰라 했다. 원숭환·조대수(祖大壽)가 산해관 밖에서 군사를 이끌고 입관하여 지원했다. 황태극은 이간책을 사용하여 숭정의 손을 빌어 원숭환을 죽였다. 조대수는 군사를 이끌고 관외(關外, 산해관 동쪽)로 퇴각했다. 그때 당시의 명조는 여러 갈래의 지원군이 분분히 북경에 당도했다. 황태극은 명군과 북경 교외에서 접전하여 명조의 장수 만계(滿桂)를 죽였다. 1630년(명 숭정 3년, 후금 천총 4년), 황태극은 북경에서 철병해 군사를 이끌고 동쪽으로 진군했다. 그는 영평(永平)·심주(深州)·천안(遷安) 등 부현(府縣)을 점령한 뒤 영평·천안·난주(灤州)·준화 네 개의 성에 군사를 주둔시켜 지키게 하고 자신은 군사를 인솔해 냉구(冷口)로 출관(出關, 산해관 동쪽으로 나옴)해서 심양으로 돌아왔다. 얼마 뒤 영평 등 네 개의 성에 주둔해서 수비하던 아민은 적군의 후방에 깊이 침투한데다 지원이 없어 고군분투하다가 명군에 패하여 관외(關外, 산해관 동쪽)로 퇴각했다.

1634년(명 숭정 7년, 후금 천총 8년), 황태극은 재차 입관해 군사를 네 갈래로 나누어 명군을 향해 공격했다. 한 갈래는 상방보(尚方堡)에서 선부(宣府)·대동(大同)을 공격하고, 다른 한 갈래는 용문구(龍門口)로 해서 곧장 선부로 진군했으며, 또 한 갈래는 독석구(獨石口)로 해서 응주(應州)를 공격하고 마지막 한 갈래는 득승보(得勝堡)를 거쳐 대동을 공격하게 하였다. 후금의 팔기병은 여러 곳을 마음대로 침범해 파괴하고 인구와 재물을 대거 약탈하여 심양으로 퇴각해 돌아갔다.

1636년, 황태극은 9년간의 노력을 거쳐 후금의 통치를 강화하고 공고히 했으며 조선과 몽골의 위협을 기본적으로 없애고 명조의 중앙정권을 탈취하기 위한 준비를 해놓았다. 그해 5월, 황태극은 칭제하고 국호를 대청으로 정했으며 연호를 숭덕으로 개원했다. 그때부터 황태극은 주요한 역량을 명조를 공격하는 데 두었는데 명조와 청조의 관계는 새로운 시기에 들어섰다.

같은 해 가을, 황태극은 아제격(阿濟格)에게 명하여 독석구를 거쳐 거용관(居庸關)으로 입관해 곧장 북경에 이르게 했다. 그런 뒤 남하해서 보정(保定)을 공략했는데 10여 개의 성을 잇달아 함락시키고 인구와 가축 18만을 약탈해서 성경으로 돌아갔다. 1638년(명 숭정 11년, 청 숭덕 3년), 황태극은 또다시 도르곤·악탁(岳托)에게 명하여 두 갈래의 청군을 인솔해서 명조를 공격하게 했다. 한개의 군은 장자령(墻子嶺)으로, 다른 한 개의 군은 청산관(靑山關)으로 진입해서 양군은 북경 교외의 통주(通州)에서 합류했다. 그런 뒤 탁주(涿州)에 이르러 8갈래로 군사를 나누어 한 개의 군은 태행산(太行山)을 따라, 한 개의 군은 운하를 따라 각각 진군하고 중간의 6갈래 군사는 북에서 남으로 진군했다. 진정(眞定)

·광평(廣平)·순덕(順德)·대명(大名) 등지를 모두 짓밟았다. 그런
뒤 청군은 임청(臨淸)에서 운하를 건너 산동(山東)에 진입하였고
제남(濟南)을 공격하여 점령했으며 명덕왕(明德王)을 사로잡고 50여 개 성을
함락시켰으며 46만 명의 인구를 포로로 하고 금은 백여만 냥을 노획했다.
이듬해 봄, 청군은 천진(天津)을 거쳐 북상하여서 출관해 성경으로
돌아갔다.

황태극은 칭제하기 전과 후, 여러 차례 입관하여 침범했으며 인구와 가
축·재물들을 대거 약탈해가곤 하면서도 내지에는 감히 발을 붙일 엄두를
내지 못했다. 그것은 청군이 이르는 곳마다에서 백성들이 분분히 일어나
저항을 한 이유를 제외하고도 중요한 이유는 명군이 여전히 산해관과
관외의 금주 등지를 통제하고 있어 청군은 내지에 감히 오래 머물지
못했던 것이다. 산해관은 북경을 둘러막은 요새와도 같으며 금주(錦州)는
산해관의 문호(門戶)와도 같았다. 청조는 북경을 탈취하고 전국의
통치권을 쟁탈하려면 반드시 금주와 산해관을 점령해야 했다. 따라서
명조가 멸망하기 전 몇 년 동안에 이곳은 명과 청이 치열한 쟁탈전을 벌인
전장이었다.

1640년(명 숭정 13년, 청 숭덕 5년), 청병이 금주를 공격하자 명군의 금주
수비군 장수 조대수(祖大壽)는 강력히 저항했다. 그 결과 청군은 "크게
패해 대장 여러 명이 죽었다." 그러자 심양의 "길거리에 나다니는 사람들의
얼굴마다에 불안해하는 기색이 역력했다."[335] 그 이듬해 1월, 황태극은 다시

---

335 《심양상계(沈陽狀啓)》, 205쪽.

도르곤을 파견해 군사를 이끌고 금주를 포위 공격하게 했으나 역시 패했다. 4월, 황태극은 금주에 대한 공세를 강화하기로 결심하고 정친왕(鄭親王) 지르하랑(濟爾哈朗)·무영군왕(武英郡王) 아지거(阿濟格)·패륵 도토(多鐸) 등을 파견해 도르곤과 교체하게 했다. 그들은 대규모의 팔기병과 성을 공격할 때 사용할 수많은 대포를 가져와 맹렬한 포위공격을 개시했다. 금주 외성의 몽골병이 투항하자 청군은 외성을 점령했다.[336] 조대수가 명 조정에 위급함을 알렸고, 7월에 명조는 홍승주(洪承疇)를 파견해 팔총병의 보병과 기마병 13만을 인솔해 금주를 구원하도록 했다. 홍승주는 행동을 신중히 하고 엄밀한 방어를 위주로 하며 감히 무모하게 진군하지 못하고 금주성 남쪽으로 18리 떨어져 있는 송산의 서북에 진을 쳤다. 지르하랑은 우익의 팔기병을 파견해 명군을 공격했으나 결국 "실패하고 산정에 군영을 세웠는데 두 개의 홍기·양람기 3기의 군영을 적군에 빼앗겼으며" "군대에 부상자가 아주 많았다."[337] 청군은 "적을 당해낼 수가 없는 형세에 처하게 되자 급히 위급함을 알려 구원을 청했다." "금주를 포위한 청군이 거듭 패전해 패퇴하는 형세에 처하게 되자" "심양(沈陽)에서는 근심하는 표정이 역력했다."[338] 황태극도 급하고 "답답하고 분해 피를 토할 지경이었다. 그래서 심양의 모든 인구를 거느리고 서쪽의 금주로 달려갔다."[339] 한편 명조 숭정황제는 밀조를 내려 홍승주에게 속전속결하며 전진해 금주의

---

336 《심양상계(沈陽狀啓)》, 281쪽.
337 《태종문황제일록잔권(太宗文皇帝日錄殘卷)》, 숭덕 6년 6월 을유(乙酉)
338 《심양일기(沈陽日記)》, 412쪽.
339 《이조실록》 35책, 인조 권40

포위를 풀 것을 명했으며 병부에서도 빨리 전쟁을 치르도록 거듭 촉구했다. 그래서 홍승주는 군량과 마초를 금주 서남으로 30리 떨어진 행산(杏山)과 탑산(塔山)의 필가산(筆架山)에 저장해두고 스스로 6만 군사를 인솔해 선두에서 진군하면서 그 외의 군사는 그 뒤를 따르게 했다. 기마병은 송산 삼면을 에워싸고 보병은 성 북쪽에 위치한 유봉산(乳峰山)을 근거지로 삼도록 배치했다. 황태극은 직접 대군을 거느리고 9월 19일 심양을 떠나 23일 금주 전선에 당도해 송산과 행산 사이에 병력을 배치했다. 그는 모든 병력을 집중시켜 명조 홍승주의 원군을 공격했다. 먼저 명군의 군량 공급통로를 끊고 군량을 수호하던 탑산의 명군을 격파하고 명군 필가산의 군량과 마초를 빼앗았다. 명군은 군량과 마초도 잃고 또 작전에서 불리해지자 군심이 흔들리기 시작했다. 그래서 유봉산에 주둔 수비하던 명군을 송산으로 철수시키려고 시도했다. 명군은 철수 도중에 매복해 있던 청군의 습격을 받아 해변까지 쫓겨 갔는데 "청군의 공격을 당한데다 밀물이 밀려들어 물에 빠져 죽고 해서 육지와 바다에 숱한 주검이 쌓였다."[340] 오삼계(吳三桂)·왕박(王朴) 등 극소수만 포위망을 뚫고 나와 행산으로 도주했다. 황태극은 행산에 움츠리고 있던 명군이 반드시 영원(寧遠)으로 도주할 것으로 짐작하고 송산과 행산 사이에 함정을 파고 복병을 배치해 명군이 지나가기를 기다렸다. 여기서 명군은 또 한 번 꺾이고 오삼계와 왕박 등만 몸을 빼서 영원으로 도주했다. 그 전투에서 청군은 명군 5만 3천여 명을

---

340 《심양일기(沈陽日記)》, 413쪽.

섬멸하고 말 7천 4백여 필에 갑옷과 투구 9천 3백여 건을 노획했다.[341] 청군은 전투에서 승리하자 사기가 크게 진작되었다.

홍승주의 군대는 겨우 패잔병 1만여 명이 남았으며 청군에 의해서 송산성 안에 포위되고 말았다. 그는 5차례나 포위망을 뚫으려고 했으나 성공하지 못했으며 명조에서 보낸 원병도 우물쭈물하며 좀처럼 당도하지 않았다. 1642년 3월에 이르러 송산성 안의 식량이 다 떨어지고 원조까지 끊긴 상황에서 부장(副將) 하승덕(夏承德)이 청군에 항복하고 내응해 청병을 성안으로 끌어들였으며 결국 홍승주는 포로가 되었다. 오랜 동안 겹겹이 포위되어 곤경에 빠진 금주는 기진맥진하게 되었으며 "성 안에서는 기아에 시달리다 못해 사람까지 잡아먹는 지경에 이르렀다."[342] 송산과 행산의 명군이 패배하고 기다리는 원군도 오지 않아 희망이 없는 것을 본 조대수는 성을 들어 항복했다. 그렇게 되자 명조는 관외에서 영원성 한 개의 성만 외롭게 남은 것 외에 기타는 전부 청군의 수중에 들어갔다.

황태극이 송산과 금주에서 승리를 거두자 형세는 전반적으로 청군에 아주 유리해졌다. 황태극이 말했다시피 "연경(燕京)을 취하는 것은 마치 큰 나무를 베는 것과 같다. 먼저 양 옆에서부터 조금씩 찍어나가면 나중에는 큰 나무가 스스로 넘어지게 되어 있다…… 현재 명조의 정예 군사는 다 멸망하고 우리 군이 사처를 포위하고 주름잡고 다니고 있다. 저쪽은 국세가 갈수록 쇠락하고 우리 병력은 갈수록 강해지고 있어 이제는 연경을 얻을 수

---

341   《태종황제가 명군을 대파한 송산 전투 서사문(太宗皇帝大破明師于松山之戰書事文)》
342   《심양상계(沈陽狀啓)》, 407쪽.

있게 되었다."[343]

그 당시의 부패한 명 왕조는 이자성(李自成) 농민군에 의해 심각한 타격을 받아 거의 멸망해가고 있었다. 부패한 명조의 통치자들은 지주계급 본성의 발로로 인해 방향을 돌려서 만족귀족과 화해한 다음에 모든 역량을 집중하여 농민봉기군을 궤멸시키고자 시도했다. 숭정황제는 병부상서 진신갑(陳新甲)에게 권한을 부여하여 마소유(馬紹愉)를 관외로 파견해 황태극과 담판하고 평화조약을 체결해서 가져오도록 했다. 일이 누설되자 북경은 들끓었다. 숭정은 책임을 회피하기 위해 진신갑을 처형했으며 명-청간의 평화회담은 결렬되었다. 황태극은 평화회담이 결렬되자 명조의 통치자들에게 한 층 더 압력을 가하기 위해 같은 해 11월에 패륵 아바타이를 파견하여 청군을 인솔해서 입관하도록 했다.

그들은 계주(薊州)를 함락시키고 기남(畿南)에 깊이 파고들었다가 방향을 돌려 산동으로 향하면서 80여 개의 성을 잇달아 공파하고 명 종실 노왕(魯王)을 살해했으며 인구 36만 명과 가축 55만 마리를 사로잡았다. 이어서 북경을 경유하는 데에도 명군은 전혀 가로막지 않고 청군을 성경으로 돌아가도록 통과시켰다. 1643년(명 숭정 16년, 청 숭덕 8년) 9월 21일, 황태극이 뇌출혈로 갑자기 죽자 그의 아들 복림(福臨)이 즉위하고 연호를 순치(順治)로 바꾸었다. 그때 당시의 복림은 겨우 6살이었으므로 두 숙부인 도르곤과 지르하랑이 국정을 보좌했다.

숭정 17년 3월 19일, 이자성이 이끄는 농민봉기군이 북경을 공격하여

343 《청 태종실록(淸太宗實錄)》 권62

점령하고 주원장(朱元璋)이 세운 명 왕조를 뒤엎었다. 그런데 영원 총병 오삼계를 위주로 하는 명조의 봉건관료 지주계급은 역사무대에서 퇴출되는 것이 달갑지가 않았다. 그들은 지주계급의 통치를 회복하기 위하여 농민군에 대한 뼈에 사무치는 원한을 품고 청군과 결탁해서 그들을 입관시켜 농민군을 진압했다. 따라서 청조 통치자들은 오삼계 등의 인도 하에 군사를 이끌고 거침없이 입관해서 북경을 점령하고 있던 농민봉기군 및 명조의 잔여세력과 치열한 전쟁을 벌였다.

제2장

청군의 입관과 농민봉기의 진압 및 각지 백성의 항청 투쟁

제1절
정성공이 영도한 항청 투쟁과 대만 수복

1. 정성공이 영도한 항청 투쟁

항청(抗淸)투쟁을 끝까지 밀고나간 집단은 정성공(鄭成功)이 영도한 해상 무장집단이었다.

정성공(1624년-1662년)은 본명이 삼(森)이고 자는 대목(大木)이다. 그의 부친은 정지룡(鄭芝龍)이다. 정성공은 소년 시절 수재에 합격하였다. 훗날 그를 높이 평한 남명의 융무제(隆武帝)는 주씨(氏) 성을 하사했고 이름을 성공으로 개명했다. 사람들은 그를 "국성야(國姓爺)"라고 불렀다. 정지룡은 청에 투항하였고 아들에게도 귀순할 것을 권유했다. 하지만 정성공은 아버지의 명을 거부하고 명조의 국권회복을 위해 군사력을 모았다. 그는 "제왕의 부름에 응하지 않고 머리카락을 자르지 않으려는 의지가 산처럼 굳건하다"[344]라고 말했다. 그 후 광동(廣東) 남오(南澳)라는 곳에서 세력을 모아 의군을 조직했다. "배부구국"의 기치를 들고 항청 투쟁을 진행한 정성공은 처음에는 융무, 후에는 영력(永曆)의 연호를 받들었다.

---

344 《명청사료(明淸史料)》 정편(丁編) 2본.

1647년부터 1649년까지 정성공은 해상 의병을 거느리고 복건(福建)의 동안(同安), 해징(海澄), 장포(漳浦)를 차례로 격파한데 이어 천주(泉州), 민남(閩南) 연해 일대를 정복하고 금문(金門), 하문(廈門)을 점령하여 금(金), 하(夏) 지역에서 항청 기지를 구축했다. 명조 때, 하문은 중좌소(中左所)로 불렸다. 정성공이 점령한 뒤 이곳을 사명주(思明州)로 개명하고 '육관(六官)'을 설치해 정사를 돌보았다. 또 행정기구를 보완하고 모든 항청의 역량을 끌어 모았다. 금, 하 지역의 사회질서가 상대적으로 안정을 유지하고 해외무역도 일정 부분 발전했다. 따라서 여러 지역의 상인과 백성이 모두 사명주에 모여 살았는데 그 당시 "밥을 짓고 장사를 하며 살아가는 백성들의 모습으로 보아 태평성세가 따로 없었다."[345] 항청 의병 규모가 빠르게 늘어나면서 그 세력이 광동의 조주(潮州), 조양(潮陽), 혜래(惠來), 게양(揭陽) 일대로까지 확대되었다.

1652년 대서군은 반청의 높은 물결을 일으켰다. 정성공은 10만 대군을 거느리고 해징, 장태(長泰), 장주(漳州), 장포(漳浦) 등의 지역을 공격해 서로 호응하면서 명성과 기세를 널리 떨쳤다. 1653년(순치 10년, 남명 영력 7년), 광서(廣西)로 진군하는 이정국(李定國)과 호응하기 위해 정성공은 수군을 조주까지 남하하도록 명했다. 또 노왕의 옛 부하인 장명진(張名振)의 의병과 합류해 북상하였으며 장강(長江)에 진입한 후 숭명(崇明)도에 군대를 주둔시켰다. 이듬해 이정국은 광동에서 부대를 합류시킨 후에 신회(新會)를 공격하자고 정성공에게 제안했다. 하지만 정성공이 파견한 부하가

---

345   유헌정(劉獻廷), 《광양잡기(廣陽雜記)》 권3

기한을 어긴 탓에 결국에 부대 합류계획은 물거품이 되었고 전쟁에서 패한 이정국은 광서로 물러났다. 1655년 장명진은 다시 장강으로 진입해 의진(儀眞)을 함락시킨 뒤 금산(金山)에 선박을 정박시키고 명효릉을 향해 제사를 지내고 절을 올렸다.

그 후로 복건 연해 지역에 머물면서 청조 군대를 여러 번 완파한 정성공은 이정국과 함께 북벌을 할 수 있기를 기대했다. "군사를 이끌고 파죽지세로 쳐들어가 적을 급습하고 우리가 협공을 펼친다면 함께 제하(濟河)의 선박을 불사를 수 있을 것이다. 또 안팎으로 호응한다면 바로 적의 근거지를 함락할 수도 있다. 이어 청조 황실의 간사한 자를 처단하고 나서 목숨을 걸고 조정의 기강을 보좌하는 것이야말로 우리 평생의 염원이 아닌가!"[346] 이밖에 장명진이 죽자 장황언(張煌言)이 나머지 군대를 이끌고 정성공과 긴밀하게 협력했다. 이정국, 정성공, 장황언 외에 유체순(劉體純), 학요기(郝搖旗), 이래형(李來亨)의 기동 13가군 등 4개의 무장 세력은 산간지역의 섬에서 간고하게 투쟁을 벌였다. 이들은 백절불굴의 정신으로 서로 지원하며 줄곧 항청의 기치를 높이 들었다.

1658년 청군은 서남지역에 주둔한 이정국 군을 대대적으로 진공했다. 이정국 군과의 동고동락 관계가 절실했던 정성공과 장황언이 서남의 위급한 정세를 돌리기 위해 군사를 거느리고 절강(浙江) 연해를 공격해 장강에 진입할 준비를 했다. 하지만 불행하게도 바다에서 폭풍을 만나 군선이 뒤집히면서 수많은 의병들이 수장되는 바람에 부득이 퇴각할 수밖에

346　정성공이 이정국에게 보낸 편지, 양영(楊英)의 《종정실록(從征實錄)》에서 인용함.

없었다. 하지만 정성공과 장황언은 이번 실패로 용기를 잃기는커녕, 오히려 차근차근 준비를 진행해서 1659년(청조 순치 16년, 남명 영력 13년) 6월에 재차 북벌을 단행했다. 초토(招討) 대원수에 오른 정성공과 감군(監軍)에 취임한 장황언이 17만 명의 수군을 이끌고 병력을 83개 대대로 나눴다. 군은 숭명도를 발판으로 7월, 초산(焦山)에 상륙한 후 과주(瓜州), 장강의 중요한 문호인 진강(鎭江)을 차례로 함락하고 남경(南京)에 육박했다. 장황언은 별도로 군사를 이끌고 강을 거슬러 올라가서 무호(蕪湖)를 함락시켰다. 그 후 군사를 4곳으로 분산시켜 휘주(徽州), 영국(寧國), 태평(太平), 지주(池州)의 30여 부, 주, 현을 수복했다. 이로써 드넓은 강남과 환남(皖南)지역에 항청의 불씨가 번지기 시작했다. 현지인들은 "소쿠리에 밥을 담고 단지에 국을 들고 나와 군대를 환영했을 뿐만 아니라" "너도나도 이들에게로 귀순하러 왔다."[347] 무호를 함락한 장황언의 부대는 "군대가 방대하지 않고 선박도 얼마 되지 않았지만 대의로 백성들의 마음을 감화시켰다. 군대가 가는 곳마다 약탈을 금지시켰기 때문에 백성들이 너도나도 소고기와 술을 들고 나와 군을 위로했으며, 지팡이를 짚고 나와 향을 피우며 멀리서 의관을 바라보면서 눈물, 콧물을 흘렸는데 이는 15년간 보지 못했던 일이라고 생각했다."[348] 이곳 백성들은 다양한 형식으로 항청 무장 세력을 지원했기 때문에 그 당시의 형세는 이들에게 아주 유리했다.

이 사건은 전국에 큰 파란을 일으켰다. 정세가 긴박해졌다고 판단한

---

347   허호기(許浩基), 《정연평년보(鄭延平年譜)》
348   전조망(全祖望), 《길기정집(鮎埼亭集)》 권9, 《은장공신도비(鄞張公神道碑)》

청조 순치제가 직접 진압에 나서려 했다.[349] 하지만 파죽지세에 자만한 정성공이 적을 얕잡아 보면서 인근 주와 군이 소문만 듣고 귀순하러 오는 데 만족해했다. 심지어 그는 "작은 고을이 차례로 귀순하러 오는데 도움을 받지 못하는 고립된 성이 투항하러 오지 않고 뭘 더 기다리겠는가!"라며 호언장담했다.[350] 그는 남경에 입성할 날이 멀지 않았다고 생각하고는 남경을 쉽게 손에 넣을 것이라 믿었다. 청조 총독 낭정좌(郎廷佐)는 남경을 사수하는 한편, 정면승부가 어렵다고 생각되어 정성공에게 특사를 보내 비겁하게 사정했다. 정성공은 적들의 간계에 넘어가 두 달이나 기다리면서 제때에 남경을 공격하지 않았다. 견고한 성지에 주둔한 장병들은 한가하게 놀면서 대사가 곧 성사될 것이라 생각했다. 또 이들은 배를 타고 노닐면서 "밤낮을 가리지 않고 가무를 펼쳤으며"[351] "무기를 내려놓고 연회를 베풀었을 뿐만 아니라 술을 마시고 물고기를 잡아먹는 것을 낙으로 생각했다."[352] 청조 장군 양화봉(梁化鳳)이 남명군의 전투력이 해이해지고 약해진 틈을 간파하고 남경에서 돌연 습격을 가해 남명군을 물리쳤다. 정성공의 주요한 장령인 감휘(甘輝)가 포로로 잡혀 살해당하자 사기가 저하되어 군은 전쟁에 연이어 패하고 결국에는 후퇴했다. 설 곳이 없게 된 정성공은 황급히 장강에서 물러나 하문으로 퇴각했다. 환남(晥南)에서 지원을 받지 못하고 고립된 지경에 이른 장황언은 청군이 전력을 다해 공격을 개시하자

---

349 서재(徐鼒),《소전기년(小腆紀年)》권19, 팽손이(彭孫貽),《정해지(靖海志)》권3 참고.
350 양영(楊英),《종정실록(從征實錄)》
351 팽손이,《정해지》권3
352 서재,《소전기년(小腆紀年)》권19

전에 함락했던 도시를 다시 청군에게 내주었을 뿐만 아니라 군대도 패하고 뿔뿔이 도망치기에 바빴다.

나중에는 장황언도 홀로 산길을 따라 절동(浙東) 천대(天臺)로 도망쳤다. 그는 그곳에서 힘을 모아 다시 일어나려고 계획했지만 역량이 많이 떨어진 상황에서 더는 일어날 힘이 없었다. 1664년 8월 장황언은 해도에서 청군에 의해 체포되었고 10월, 항주(杭州)에서 용감하게 희생되었다.

정성공은 강남 북벌에 실패하고 육군의 절반을 잃은 가운데 그의 부하 장령들도 수십 명이 희생되었다. 하문으로 돌아온 정성공은 다시 힘을 모을 생각이었다. 하지만 이때 청군은 그의 뒤를 바짝 추격해서 한꺼번에 항청 역량을 뿌리 채 뽑으려 했다. 1660년 5월, 6개월의 휴식과 정비를 마친 정성공이 장주(漳州) 해문(海門)항에서 청군의 포위를 뚫자 청조의 안남(安南) 대장군 달소(達素)는 황급히 도망쳤다. 이때 정성공은 대량의 선박을 포획했다. 이번 승리로 인하여 전투의지가 회복되고 부대 규모는 확대되었다. 이는 정성공이 네덜란드 침략자를 몰아내고 대만을 수복할만한 토대가 되었다.

정성공이 영도하는 의병이 강남으로 퇴각한 후 청조 통치자들은 그들의 재차 북벌을 막고 이들 세력을 뿌리 채 뽑기 위해 1661년에 "천계령(遷界令)"을 반포하고 산동에서 광동까지의 연해 주민들에게 내륙 30리 안으로 이주할 것을 명령했다. 어선과 상선의 출항을 금지했을 뿐만 아니라 전원이 황폐해져도 경작하지 못하게 했기 때문에 백성들은 생명의 위협을 받고 재산은 가늠할 수 없을 정도로 심각한 타격을 입게 되었다.

당시 청조는 이미 북방에서 통일을 실현하였다. 남방지역은 이정국을 위주로 한 대서군의 항청 투쟁이 저조기에 들어서면서 청조 통치자들은 보다 많은 병력을 모아 동남쪽의 한 귀퉁이에 위치한 하문을 공격할 가능성이 커졌다. 이런 국면이 형성된 데다 외국 식민침략자를 몰아내려는 중국의 애국주의 사상이 북돋아지자 1661년 2월, 정성공은 "여러 장군을 불러 비밀리에 상의했다……대만을 수복해 근거지로 삼고 장령의 가족들을 그곳에 안착할 것이다. 그리고는 사방에 군사를 출병시켜 토벌함으로써 우국지심을 고취시킬 수 있을 것이다. 이렇게만 된다면 백성이 한마음으로 힘을 모아 나라를 부강하게 할 수 있을 것이다"[353]라고 주장했다. 그래서 그는 잠시 청군의 공격을 피해 대만을 수복한 후 계속해서 힘을 모아 그곳을 항청 투쟁 기지로 활용하려고 마음먹었다.

2. 정성공의 대만 수복과 침략자 네덜란드에 대한 격퇴

대만은 중국 동남해의 큰 섬으로 바다를 사이에 두고 복건과 마주하고 있다. 대만은 예로부터 중국의 영토였다. 일찍이 수천 년 전의 신석기 시대에 대만과 대륙 사이에는 벌써 공동의 문화적 연계가 있었다. 한나라 때 대만과 팽호열도(澎湖列島)를 통틀어 이주(夷州) 혹은 전주(澶州)라 불렀다.[354] 3국과 수당시대 때, 대륙 백성들이 자주 대만을 왕래했다. 당나라로

---

353   양영(楊英), 《종정실록(從征實錄)》
354   《후한서(后漢書)》 권115, 《동이열전(東夷列傳)》 참고.

부터 오대, 송나라와 원나라에 이르기까지 바다를 건너 대만에 정착하는 동남연해 백성들이 많았고 그중에서도 특히 복건 백성들이 다수였다. 고산(高山)족과 한족은 대만의 개발에 크게 기여했다.

그들과 대륙 백성들은 정치, 경제, 사상문화와 혈연관계 등 여러 부분에서 연계가 아주 긴밀했다. 송나라 때, 대만 및 팽호 열도는 복건 천주(泉州) 진강(晉江)현에 속했다. 원나라 때, 팽호에 순검사(巡檢司)를 설치해 팽호와 대만을 관할했으며 이로써 대만에 대한 관리를 한층 강화했다. 명조 때에도 순검사를 설치하고 군사를 주둔해 팽호를 지켰다. 명조 말기 천기(天啓) 때, 대륙의 유랑민들이 대거 유입됐는데 정지룡은 복건성의 굶주린 백성 수만 명을 대만으로 이주시킨 바 있다.[355]

하지만 17세기 동방을 횡행했던 식민주의자 네덜란드는 1604년(명조 만력 32년)부터 대만, 팽호를 여러 번 침략했다가 중국 군민에 의해 격퇴 당하였다. 1624년(명조 천기 4년), 대만 서남의 항구인 녹이문(鹿耳門)에 침입한 네덜란드 침략자들은 사주(沙洲)에 대만성(열란저성(熱蘭遮城), 현재의 안평(安平))을 건설했다. 이듬해, 신항사(新港社), 문항(蚊港)을 침략해 점령하고는 거짓말과 15필의 조포(粗布)로 대량의 토지를 사취하고 적감성(赤嵌城)(보라문사성(普羅文査城), 현재의 대남(台南))을 건설했다. 1642년, 스페인 식민자의 수중에서 대만 북부의 계롱(雞籠)(기륭(基隆)), 담수(淡水)를 되찾았다.

---

355 황종희(黃宗義), 《행조록(行朝錄)》 권4,
     《사씨시말(賜姓始末)》 의 《국수총서(國粹叢書)》 참고.

네덜란드 식민주의자들의 대만 침범으로 인하여 중국의 영토주권이 완전히 파괴되었다. 네덜란드 식민주의자들은 중국의 대만 백성들에 대해 잔혹한 식민주의 통치를 실시했다. 그들은 몇몇 가구의 대만 백성을 하나의 소'결(結)'로 묶고 여러 개의 소'결'을 하나의 대'결'로 엮었으며 '결'의 우두머리를 정해 관리하도록 함으로써 층층이 억압했다. 그리고는 대만의 경작지를 강점하고 '왕전제'의 명분으로 농민들에게서 과중한 토지세를 강제로 받아냈다. 토지 매 갑(甲)(약 11무) 당 바쳐야 하는 토지세를 보면 "상전은 18석, 중전은 15석 6두, 하전은 12석 2두였다."[356] 무릇 7세 이상이면 해마다 인두세로 네덜란드 화폐 4순(盾)을 바쳐야 했다. 이밖에도 대만의 토산물을 대거 약탈했는데 해마다 일본으로 운송해 판매하는 사탕이 7만, 8만 단(擔), 녹피가 5만 장에 달했다. 위 두 가지 무역에서 얻는 이익만으로도 30만 순을 넘었다. 네덜란드 침략군이 계속해서 여러 지역을 토벌해 미친 듯한 강탈과 학살, 약탈을 감행했다. 토벌 만행에 가담했던 스위스 군관은 이렇게 적었다. "4개 군으로 나뉜 부대가 동시에 총을 쏘고 북을 두드리고 나팔을 불며 중국 백성들을 공포와 두려움에 빠뜨리려 했다. 특히 중국 백성들은 대포를 두려워했다. 한 번도 총과 대포소리를 들어보지 못한 사람들이 많았기 때문이다. 수많은 '야만인(蠻人)'이 우리에게 살해당했다. 그들이 비명을 지르고 비참하게 울부짖었으며 놀라고 당황해 어찌할 바를 모르면서 뿔뿔이 집 밖으로 뛰쳐나왔다……도망치다가 우리에 의해 부상을 입기도 했다……우리는 그곳에 사흘 동안 머물러 있었다. 그러다가 불을

---

356 연횡(連橫), 《대만통사(台灣通史)》 권8

질러 모든 걸 태워버렸다."[357]

네덜란드 침략자들은 중국 땅에서 사람을 죽이고 불을 지르는 등 온갖 만행을 다 저질렀다. 바로 위대한 무산계급 혁명지도자 마르크스가 말한 것처럼 말이다. "네덜란드-17세기에 표준화된 자본주의 국가이다-식민지 역사는 '신의를 저버리고 뇌물을 주고 살해하고 비열한 행위를 하는 한 폭의 절묘한 그림을 그려냈다.' ……그들의 발길이 닿는 곳마다 황폐해지고 인가가 드물어졌다."[358] 네덜란드의 식민통치를 받게 된 대만은 마르크스의 판단이 정확한 것이었음을 확실하게 증명해 주었다.

네덜란드의 식민주의자들은 대만을 중국 대륙을 침략하는 발판으로 삼았다. 1633년부터 1634년 사이, 그들은 대만을 통해 복건 연해의 하문, 조안(詔安) 일대로 침입해 "마구 강탈하고 불을 질렀는데" "그 광경이 아주 처참했다."[359] 그 당시의 식민주의자들은 중국 대륙 침략을 확대함에 있어 복건 연해 일대에서 항청 투쟁을 견지하고 있는 정성공 의병들이 가장 큰 걸림돌이라고 여겼다. 이에 "포모사(福摩薩)(즉 대만) 장관과 평의원회는 국성야의 기지를 공격할 것을 건의했다."[360] 침략자들은 만약 정성공의 의병을 없앨 수만 있다면 "보다 번창해지고" "중국에 깊이 뿌리를 내릴 수 있을 것"이라고 생각했다. 이러한 식민주의자들의 자백에서 탐욕과 침략의 본성이 고스란히 드러났다. 때문에 대만을 수복해서 조국 영토주권의

357　허버트(赫伯特), 《자바,대만, 전인도 및 실론 여행기(爪哇,台灣,前印度及錫蘭旅行記)》, 《정성공연구논문집(鄭成功硏究論文集)》302쪽 인용.
358　《마르크스엥겔스전집》 제 23권, 《자본론》 1권, 제 24장, 820쪽.
359　《중찬복건통지(重纂福建通志)》 권267, 《명외기(明外紀)》
360　네덜란드 동인도회사, 《바타비아성일지(巴達維亞城日志)》 1661년 3월 23일

독립과 완정을 수호하고 중국이 식민지로 전락되는 걸 반대하는 것이 중국 인민의 이익과 요구에 부합되었다.

정성공은 국민의 염원에 부합되는 행동을 실천에 옮겼다. 이는 그의 일생에서 가장 훌륭한 업적이라 할 수 있다. 애국주의와 반침략 투쟁 전통을 가진 대만 인민은 네덜란드 식민주의자들의 침략에 맞서 저항 투쟁을 벌였다. 규모가 상대적으로 큰 투쟁은 1624년과 1629년 그리고 1652년에 벌어졌다. 이중에서도 특히 1652년 곽회일(郭懷一)이 영도한 반침략 인민봉기의 규모가 가장 컸다. 비록 봉기가 잔혹하게 진압 당했지만 네덜란드 식민주의자의 침략을 반대하는 대만 인민들의 투쟁은 끊이지 않고 계속되었다. 이들은 정성공이 대만을 수복하는데 있어 가장 믿음직한 힘이었다. 대만 인민들의 애국주의 사상은 정성공이 영도한 네덜란드 식민주의자 반대투쟁에서 고무적인 역할을 하였다.

1661년 4월 21일, 정성공은 2만 5천 명으로 구성된 부대를 이끌고 금문(金門) 요라만(料羅灣)에서 출발해 이튿날 팽호에 도착했다. 그 후의 4월 29일에는 대만 녹이문에 도착했다. 네덜란드 식민주의자들은 사전에 이미 방어태세를 취하고 있었다. 대량의 양식을 약탈해 비축한 외에도 포대를 쌓아올리고 항도를 가로막았을 뿐만 아니라 상선과 어민의 출해를 엄격하게 금지하고 있었던 것이다.

하지만 정성공은 대만 인민들의 열렬한 옹호를 받았다. 네덜란드 식민주의자의 침해와 교란을 몹시 증오하고 있던 대만 상인 하정빈 (何廷斌)은 중국군에 정보와 지도를 제공했다. 또 네덜란드 군의 포루와 항도의 험난한 곳을 에둘러 지나갈 수 있도록 이끌어줬기 때문에 정성공

부대는 북선위도(北線尾島)와 화료도(禾寮島)를 통해 빠르게 상륙할 수 있었다. 대만의 한족과 고산족(高山族) 인민들이 조국의 부대가 왔다는 소문을 듣고 모두 한걸음에 달려와 환영하며 지원했다. 국내외의 기록에 따르면, 중국군이 해안에 거의 다다르자 "그들을 맞이하기 위해 중국인 수천 명이 달려왔고 화물차를 비롯한 도구를 동원해 그들의 상륙을 도왔다."[361] "인근 각사 토번 수령들이 모두 영합하러 갔다는", "소문을 듣고 남북로 토사(즉 고산족 인민)들이 귀의하기 위해 잇달아 찾아왔으며", "단지에 국을 담고 환영하러 나온 토민 남녀들로 길이 꽉 막혔다."[362] 중국군이 빠르게 자리를 잡으면서 대만을 수복하기 위한 전쟁을 시작할 수 있었다.

중국군은 바다와 육지에서 합동작전으로 네덜란드 군에 엄청난 타격을 가했다. 해상작전에서 그들이 나무배로 네덜란드 군함 헥토르호를 포위해 격침시키자 궁지에 몰린 네덜란드 군은 황급히 도망쳤다. 대만의 바다를 통제한 중국 군함은 대만성과 적감성(赤嵌城)에서의 네덜란드 침략자들의 해상교통 연계를 차단시켰다. 육지 작전에서 네덜란드 침략군은 더욱 처참하게 패했다. 성채를 기반으로 전쟁을 개시한 네덜란드 군은 중국군에 포위되면서 협공을 당했다. 침략군 두목 토마스 베이더와 118명의 침략군이 모두 사살 당했다. 대포와 총 등 선진무기를 대량 준비한 네덜란드 군에 비해 중국군이 가진 것이라곤 화살과 칼뿐이었다. 이처럼 빈약한 무기로 선진기술을 갖춘 대포와 총을 가진 침략자를 몰아냈다는 것은 자체적으로

361   프레드리크 코예트 《경시당한 대만(被忽視的台灣)》 권 하.
       (C.E.S.Formosa Under the Dutch)
362   양영(楊英), 《종정실록(從征實錄)》

국가주권과 영토완정을 수호하려는 중국 인민들의 견고한 입장이 충분히 드러났을 뿐만 아니라 외래 침략에 맞서는 중국 인민들의 백절불굴의 영웅적인 기개를 고스란히 보여주었다.

정성공 군은 극히 어려운 조건에서 이를 악물고 전투를 견지했다. 대만 인민의 부담을 줄이기 위해 부대의 보급은 대륙에서 운송해 오는 물자나 네덜란드 식민주의자들에게서 노획한 일부 물품으로 충당했다. 이밖에도 논밭을 개간해 경제를 발전시키고 사회질서를 안정시키려고 노력했다. 부대는 "고산족 인민들에게 부담을 줘서는 안 되고"[363] "현재 토민과 백성들이 경작하고 있는 논밭을 점해서는 안 된다"[364]는 여러 가지 규정을 냈다. 정성공 군이 침략자를 몰아내는데 대만 인민들이 발 벗고 나서서 힘을 보탰다. 네덜란드 침략자의 기록에 따르면, "산간지역과 평원에 사는 백성들과 장로들, 그리고 남부에 살고 있는 주민 다수가 국성야에게 투항했다. 장로들마다 옅은 색의 비단 도포 한 견지에, 금색 공이 달린 모자 한 개, 중국 신발 한 켤레를 선물로 받았다. 이들은 현재 우리가 노력하면서 전파하고 있는 기독교의 진리를 욕하고 있다……그들은 국성야가 왔다는 소문을 듣고는 네덜란드인 한 명을 살해했다."[365]

"그들은 오히려 우리를 반대하며 배 위의 노와 몽둥이를 휘어잡고 우리를 때렸다. 그들은 (네덜란드)오장의 칼을 빼앗았으며 그의 머리 여러 군데에

363　양영(楊英), 《종정실록(從征實錄)》
364　위의 책.
365　《젠란디아성일기 발췌(熱蘭遮圍城日記摘錄)》, 1661년 5월 17일.

상처를 입혔다."[366]

대만 인민들의 지지와 지원을 받은 정성공 군은 완벽하게 승리했다. 네덜란드 침략자들은 황급히 물러나 군대를 적감성과 대만성 2개의 성채에 집중시키고는 성채를 바탕으로 마지막 발악을 할 속셈이었다. 정성공이 군대를 이끌고 우선 적감성을 포위하고는 네덜란드 식민주의자들을 향해 "적감성은 줄곧 중국의 소유였기 때문에……마땅히 주인에게 돌려줘야 하고" "만약 당신들이 계속 어리석게 제멋대로 행동하며 명령을 거역한다면……그럼 바로……명을 내려 그쪽의 성채를 공격할 것"[367]이라고 거듭 강조했다. 반침략군의 위풍당당하고 용감무쌍한 기세에 성채를 지키던 네덜란드 침략군은 하는 수 없이 투항하고 적감성에서 물러났다. 이어 정성공 부대는 식민주의자의 통치 수부인 대만성을 포위했다. 그 당시 "지원이 없어 고립된 대만성을 만약 억지로 공격한다면 큰 타격을 가할 수 있을 지"에 대해 확신이 없었던 정성공은 "스스로 투항하도록 포위하여 곤경에 빠뜨리는 방식을 취하기로" 결정했다.[368] 이듬해 봄까지 이런 국면이 지속됐다. 궁지에 몰린 네덜란드의 식민주의자들은 "협상"으로 시간을 지연시키려 한다든지, 지원병을 구걸해 포위를 뚫고 나가려고 한다든지, 심지어 청조 군과 결탁해 정성공 부대를 물리치려 하는 등의 비열한 방법과 수단을 가리지 않고 총동원했다. 하지만 대만을 수복하고 외래 침략자를 중국 영토로부터 몰아내려는 정성공의 결심을 동요시키지는 못했다.

---

366 허버트, 《자바,대만, 전인도 및 실론 여행기》
367 프레드리크 코예트 《경시당한 대만》 권 하.
368 양영(楊英), 《종정실록(從征實錄)》

침략자들은 공격하지 않으면 물러나지 않을 기세였다. 8개월 넘게 포위가 지속되던 가운데 정성공은 마침내 공격을 통해 탐욕스러운 네덜란드 식민주의자들을 엄하게 처단하기로 결심하였다.

1662년 1월 중국 부대가 대포를 쏘아 올렸다. 대만성 인근의 방어시설이 모조리 파괴되면서 침략자에 대한 포위망이 점차 좁아졌다. 약 9개월간의 지속된 포위에 굶어죽거나 전사한 네덜란드군은 1,600여 명에 달해 전쟁에 나갈만한 병사는 고작 600명에 불과했다.[369] 이제 그들에게 지원은 불가능한 일이었다. 가령 지원이 대만에 도착한다 해도 상륙할 수 없었던 것이다. 궁지에 몰린 침략자들은 하는 수없이 무기를 내려놓았다. 네덜란드 침략군의 총책임자인 프레드리크 코예트(Frederick Coyett)는 "국야성에게 편지를 보내 협상할 의향이 있으며 우혜 조건 하에 성채를 내놓기로" 결정했다.[370] 1662년 2월 1일(순치 18년 12월 13일), 네덜란드 침략자들은 투항서에 서명했다. 정성공은 무장을 해제하고 투항한 침략자들에 대해 관대한 정책을 실시했다. 그들의 생활을 보살폈을 뿐만 아니라 개인재산을 가져가는 걸 허락하였다.

네덜란드의 총책임자인 "프레드리크 코예트는 정성공에게 투항했고 정성공은 그가 귀국할 수 있도록 놓아줬다. 이로써 대만을 평정했다."[371] 중국 대만에 대한 네덜란드 침략자들의 38년간의 식민통치는 이로써

---

369 《앤 크로프(燕克洛夫) 목사가 실론 벨다우(錫蘭巴爾道) 목사에게 보낸 편지》 참조,
      감위림 《대만섬 기독교회사(台灣島基督敎會史)》 1권, 154쪽.
370 프레드리크 코예트 《경시당한 대만》 권 하, 《믿을만한 증거(可靠證據)》
371 하린(夏琳), 《민해기요(閩海紀要)》 권2,
      완민석(阮旻錫), 《해상견문론(海上見聞錄)》 권2

종식되었으며 아름답고 풍요로운 대만은 조국의 품으로 돌아왔다.

"17세기의 기준화된 자본주의 국가"이자 동방의 식민 패주인 네덜란드 침략자들과의 투쟁에서 위대한 승리를 거두고 그들을 몰아낸 것은 서방 식민주의자들의 흉악한 기세에 큰 타격을 가했을 뿐만 아니라 아시아 및 기타 지역 인민들에게 식민주의를 반대하는 투쟁을 일으키도록 격려했다. 이는 세계적인 반식민주의 투쟁에서 거두어 낸 과거에 없던 위대한 성과로, 중대한 역사적 의미를 지니고 있다.

대만이 수복된 후 얼마 지나지 않은 시점인 1662년 6월 23일, 정성공이 병으로 급사했다. 중국 역사상 가장 걸출한 민족 영웅인 정성공은 국가 주권의 독립과 영토 완정을 수호하는데 크게 기여했다. 이밖에 정성공은 대만에 머문 짧은 시간동안, 사회질서를 안정시키고 경제를 발전시키기 위해 노력했다. 또 병사를 각지로 파견하여 황무지를 개간하게 한 외에도 농민들에게 군사훈련을 시켜 평소에는 농사를 짓고 전쟁시기에는 참전하게 하는 정책을 펼쳤다. 한편, 병사의 행동을 엄격히 단속하고 고산족의 이익을 지켜준 것은 물론 그들에게 우경, 농기구를 가져다주고 경작기술까지 전파했다. 고산족은 그들의 도움을 받아 "부지런히 경작해서 축적을 늘렸기 때문에", "집집마다 번창해지고 생활이 풍요로워졌다."[372] 정성공은 외국 침략을 반대한 영웅이자 여러 민족을 단결시켜 생산을 발전시키고 조국 대만의 개발을 이끈 선행자이기도 하다.

---

372 우영하(鬱永河), 《채류일기(采硫日記)》 권 중.

제3장

청조의 전국 통치 및 초기 통치정책

제3장
청조의 전국통치 및 초기 통치정책

통치의 근본은 경제가 기본이므로 정치, 법률제도와 다양한 정책은 경제를 기반으로 구축되는 상층의 구조물이다. 청조는 중국 관내로 입관 전에는 관내에 있는 광범위한 한족지역에 대해 근본적인 차원에서 경제체계를 바꿀 수 없었을 뿐만 아니라 바꾸지도 못했다. 따라서 정권 건설과 여러 가지의 정책들은 입관 후에 직면하게 된 경제체계와 실제수요에 따라 점차적으로 조정하고 개혁해서 한족의 지주계급과 봉건 전제주의자와의 공동정권을 세워야 했다. 제도와 정책은 통치계급의 이익과 의지를 집중적으로 대변하지만 객관적 조건의 제약을 받기 때문에 객관적 실제를 벗어날 수는 없었다. 청조 통치자들은 오랜 통치를 이어가기 위해 광범위한 한족지역의 경제체계와 실제수요에 적응할 수밖에 없었다. "청조는 명조 제도를 전승했다"고 늘 말하는데 실질적인 내용과 의미는 바로 여기에 있다.

청조 초기에 정권을 건설하고 정책조치를 실시하는 과정에서 3가지의 모순이 걸림돌로 나타났다. 첫 번째 모순은 광범위한 한족지역에 이미 들어서 있던 봉건 후기의 경제정치관계와 만족이 현재 처해 있는 봉건 초기 농노제 간의 모순(만족은 농노제 잔여와 원시 군사 민주제 경향이 짙었음)이다. 광범위한 관내지역의 경제, 정치를 만족의 사회발전단계에 영합시킬 것인지? 아니면 관내지역의 형세에 보조를 맞춰 빠르게 도약할 것인지? 사회제도의 모순은 만주 귀족들에게 서로 다른 2가지의 요구를 제기함으로써, 청조의 통치핵심에 있어서 뚜렷한 대립성을 띠는 2가지 정치추세가 나타났다. 이러한 2가지 요구와 2가지 추세가 대립하는 가운데에서 투쟁하였기 때문에 청조의 제도와 정치는 때로는 진보하고 시행되다가도 때로는 퇴보하고 폐지되는 모순성과 불확실성을 드러냈다. 두 번째 모순은 만족과 한족 간의 민족모순이다. 만족은 소수민족이다. 만족 통치자들은 전 중국을 통치하기 위해 중화민족 전체의 이익 대변자로 변신했다가도 가끔은 인구수가 방대한 한족 지주계급과 연합을 결성해서 명조 때와 같은 전제주의 봉건정권을 건립해야 했다. 그러나 만족 측근들은 한족 지주관료 세력이 지나치게 강대해지는 걸 방지하고 억제해서 자신들의 권력지위를 보장해야 했다.

청조는 한족 지주를 상대로 억제하고 구슬리는 2가지 방법을 동원했는데 그중 구슬리는 방법을 가장 많이 사용했다.

세 번째 모순은 입관 후 일시적인 군사와 정치투쟁의 수요와 오랜 세월 동안의 통치 이익간의 모순이다. 청조 초기, 통치자들은 오래 지속될 수 있는 전국적인 통치기반 건립을 최고의 목표로 세웠다. 따라서 질서를 안정시키고 생산을 발전시키며 세금을 줄이고 여러 가지 모순을 완화해야 하는 필요성을 깨달았다. 그래서 그들은 꾸준히 조서나 명령을 내려 백성과 한족 지주들에게 유리한 다양한 약속을 내걸었다. 하지만 장기적인 군사투쟁과 내부 보수 세력으로 인하여 그들의 약속은 다수 실행되지 못하고 단지 약속에만 그쳤다.

이 때문에 청조 초기의 제도와 정책은 모순으로 뒤섞이고 복잡한데다가 확고하지도 못하는 등 여러 가지 폐단이 많았다. 그러나 장기적인 추세를 보면, 광범위한 한족지역을 통치하는 수요에 적응하기 위하여 노력하고 있으며 시간이 흐름에 따라 이 추세는 더욱 명확해졌다는 것을 마땅히 짚고 넘어가야 한다. 만족의 최고 통치자였던 도르곤(多爾袞), 순치제(順治帝), 강희제(康熙帝)는 진취적이고 상대적으로 명석한 두뇌를 가졌기 때문에 여러 가지 저해요건과 간섭을 배제하고 역사발전의 요구에 점차 순응할 수 있었던 것이다. 이러한 것들은 청조 초기에 군사적으로 승리할 수 있었던 핵심요소라고 하겠다. 청조 통치자들이 다양한 제도와 정책을 제정했을 때, 남방에서는 항청 투쟁이 급속도로 번졌다. 쌍방의 군사적 승패는 정치와 경제 분야의 경쟁에 달려있었다고 해도 과언은 아니었다. 청조 통치자들은 제도를 조정하고 개혁하고 추진하는 과정에서 발전추세를 유지했을 뿐만 아니라 더욱이 서로 간에는 단결하여 힘을 합쳤다. 이러한 것들은 광범위한 지역에서 점차 상대적으로 안정된 통치를 실현할 수 있었고, 또한 최전방의 전쟁을 효과적으로 지원함으로써 역량이 분산되고 극도로 부패한 협소한 국면의 남명정권을 무너뜨릴 수 있었던 것이다. 강희제 때에 삼번의 난을 평정한 후에는 만족 측근을 핵심으로 하고 한족 지주계급과 연합하는 전제주의 봉건정권은 최고로 안정되고 공고해졌었다.

제1절
만주귀족을 핵심으로 한 만족 한족 지주계급 정권의 건립

1. 만주귀족의 특권을 수호하는 조치

청조가 입관 후 건립한 전국적 정권은 입관 전의 정권기구, 정치제도를 기반으로 명조의 봉건전제주의 정치체제를 취하는 한편, 만주 귀족의 특권을 보호했다. "의정왕대신회의(議政王大臣會議)"는 만주 귀족들로 구성됐으며 엄청난 권력을 행사했다. 이들 성원은 "모두 만족 대신으로 임명했으며", "그중 절반은 귀족의 자손이나 세작이었다."[373] 한족 관리가 참여할 수 없었는데, 이는 만주 귀족에 대해 정권에서의 특권지위를 반영했다. 청조 초기, '의정왕대신회의'를 '국의(國議)'[374]라고 불렀다. 이 회의에서는 나라의 중대하고 비밀스러운 군사정치 사무를 처리했는데 그 권력은 한족관리들이 참여할 수 있는 여러 기구를 훨씬 초월하였다.

의정왕대신회의에 '의정처(議政處)'를 설치했고 "회의는 항상 중좌문에서 소집되었는데 마치 황제가 조회를 여는 것과 비슷했다."[375]

---

373 소련(昭槤),《소정잡록(嘯亭雜錄)》권2
374 담천,《북유록》, 기문 하.
375 소련,《소정잡록》권2

담천(談遷)의 《북유록(北遊錄)》에는 이런 구절이 있다. "청조 대사에 대해서는 제왕대신들이 이미 결정한 일이라면 최고의 지위에 있는 황제일지라도 어찌할 도리가 있겠는가!" 또 "6부(六部)의 사무는 모두 의정왕이 직접 결정했다." 강희제 때도 이 같은 명을 내렸다. "무릇 의정왕, 패륵(貝勒), 대신들에게 회의에서 토론하도록 명을 내린 것이라면 나라의 중대한 기밀사무인 만큼 회의할 때 마땅히 신중하고 면밀해야 한다."[376] 이처럼 만족 상층부의 정치특권을 지키기 위해 유지하고 있는 귀족 합의제(合議制) 형태는 입관 후 동란 속에 처한 광범위한 한족지역에서의 효과적인 통치를 실현해야 하는 현실적인 요구에 갈수록 적응할 수 없었던 반면에, 전제 집권추세는 갈수록 강화됐다. 그러나 청조 황제와 팔기 기주, 제왕들이 서로 간에 권력다툼을 진행하는 가운데에서 의정왕대신회의의 권력은 점차 약화되었다. 그 권력은 점차 황제의 수중으로 집중되었다. 강희제 때에는 남서재에서 조서를 내리고 특히 옹정제 때에 군기처를 설립한 이후로는 "의정왕대신회의의 권력은 크지 않았지만 이름은 여전히 존재했고 만주대신들이 직무를 겸했다."[377] 건륭제 56년에 이르러서는 "유명무실해져서" "이름만 있고 실권이 없는 의정왕대신회의의 직무를" 취소하고 "의정왕대신회의"를 해산시켰다.

만주 귀족의 특권을 보장하기 위한 또 다른 조치로는 중추기구에서 만주 귀족과 관리를 중용한 것이다. 훗날에 비록 한족 관리수가 많아지고 지위와

---

376 《청성조실록(淸聖祖實錄)》 권31
377   소련, 《소정잡록》 권2

권력이 높아지긴 했지만 만주 귀족들은 줄곧 중추기구의 권력을 장악하고 있으면서 남에게 권력이 돌아가지 못하도록 했다. 일찍 1631년(천총 5년), 육부를 설립했을 초기, 만주 제왕은 각기 나눠서 관리했다. 이부는 도르곤, 호부는 덕격류(德格類), 예부는 살합린(薩哈璘), 공부는 아바태(阿巴泰), 형부는 제얼합랑(濟爾哈朗), 병부는 악탁(嶽托)이 각각 관리했다.[378] 그 후로 황제, 기주와 제왕 간의 권력다툼에서 제왕이 사무를 대행하는 상황은 여러 번 반복됐다. 1643년(숭덕 8년), 도르곤은 섭정한 후 얼마 지나지 않아 제왕이 육부를 나눠서 관리하던 제도를 철회했다.

1651년(순치 8년)에 이르러 제왕에 의한 육부의 사무 관리를 허락했지만 얼마 지나지 않아 또다시 철회되었다. 제왕이 육부의 사무를 대행할 때 사실은 "한 사람이 결정권을 가졌다." 육부에 소속된 다른 만족과 한족 관리는 "그들의 장단에 맞춰 춤을 추며 자신들의 의견을 애기하지 않았으며……모든 걸 그들의 명에 따를 뿐이었다"[379] 제왕의 육부 사무 관리 권한을 철회한 후로도 부 내의 사무는 여전히 만주관리가 주관했다. 각부의 상서(尙書)를 봐도 오로지 만족 상서일 뿐 한족 상서는 없었다. 그때 한족 관리는 상서보다 직급이 낮은 시랑(侍郞)으로 밖에 오르지 못했다. 각부에서 "만족만이 상서에 오를 수 있고 좌우 시랑은 모든 사무에서 제한을 받았기 때문에……감히 자신의 주장을 펼치지 못했다."[380] 1648년(순치 5년), 육부에

378　《청사고(淸史稿)》 명전 참고.
379　조익(趙翼), 《첨폭잡기(簷曝雜記)》 권2
380　향옥헌(向玉軒), 《청라인재비대료소(請羅人才備大僚疏)》,
　　　《황청주의(皇淸奏議)》 권2 참조.

한족 상서를 내기는 하였지만 부 내의 대권은 여전히 만족 상서가 장악했다. 한족 지주를 자기편으로 끌어들이기 위해서 청조가 한족 관리를 임용하는 과정에 "한족, 만족을 가리지 않고 똑같이 대우하겠다"라고 목소리를 높였다. 하지만 실질적으로 만족과 한족 통치자의 협력은 평등관계가 아니었을 뿐만 아니라 정권을 똑같이 나누려는 것은 더더욱 아니었다. 가까이에서 황제를 알현할 수 있는 중앙 한족관리는 극히 드물었다. 하지만 "만족관리는 좌우 어전에서 때때로 황제의 조령을 받아갔다."[381] 반면에 "한족 관리들은 용안을 뵙고 싶어도 그런 기회가 주어지지 않았다."[382] 특히 도르곤이 죽은 후 청조의 최고 통치자들은 만주 대신들의 통치지위를 지키기 위해 더욱 혈안이 됐다. 순치제도 "짐이 집정한 후로 각 아문에서 올려오는 주사를 봐도 만족 대신일 뿐 한족대신은 보지 못했다"[383]라고 인정했다. 평소 가까이에서 황제를 알현할 수 있는 자들은 모두 만족 대신이었고 중앙각급기구에서 실권을 장악한 자들은 역시 만족 대신이었다. "예로부터 각 아문과 관련된 사무는 모두 만족 관리가 책임졌다."[384] 강희제 때에 이르러서도 똑같이 "만족 대신들의 권력은 막강했으며 육부의 한족 대신 9명은 그저 문서에 따라 실행해야 했다. 만주인들이 헛기침만 해도 두려워 감히 어기는 자가 없었다."[385]

청조 통치 기간, 만주 귀족들은 최선을 다해 자신들의 특권지위를

381 《청세조실록(淸世祖實錄)》 권71
382 주정연(朱鼎延)《청양태교성치소(請襄泰交盛治疏)》,《황청주의》 권5 참조.
383 《청세조실록》 권71
384 《청세조실록》 권129
385 소련,《소정잡록》 권5

지키면서 한족관리가 침범하지 못하도록 했다. 1653년(순치 10년), 첨사부(詹事府) 소첨(少詹)을 지낸 이정상(李呈祥)은 "부원, 아문은 만족 관리를 해임하고 한족 관리만 임용해야 한다"라고 건의했다. 이는 만주 귀족의 특권지위에 대한 도전이 아닐 수 없었다. 결론적으로는 이를 "합리적이지 못하다"고 여긴 황제가 "망언"이라고 비난했다. 이 때문에 이정상은 성경(盛京)으로 유배를 가는 처벌을 받았다. 그해 4월, 사건을 처리하는 과정에서 이부상서 진명하(陳名夏), 호부상서 진지린(陳之遴) 등 28명의 한족관리와 만족관리 간에는 의견차이가 있었다. 그래서 위 28명의 관리를 오문(午門)으로 불러 모아 호되게 질책했다. "단합하려 하지 않고", "진정으로 화목을 바라지 않으며", 만족관리의 의견에 대해 "서로 모순되어" 의견차이가 생긴 것이라며 의견차이의 근원이 한족관리에게 있다고 여겼다. 따라서 그들에게 봉록을 삭감하고 강등처분을 내려야 한다고 주장했다.

만주 귀족들은 일부 기구를 설치하고 제도를 실행했을 뿐만 아니라 "만주를 우선 존중하는" 특권지위를 확정지었다. 이밖에도 일부 조치를 통해 이 같은 특권지위를 대대손손 이어가려 하였다. 그중에서도 세습제도가 가장 대표적이다. "개국 초기 무릇 공헌을 한 자라면 급별, 순서에 관계없이 그대로 세습을 유지할 수 있다."[386] 1648년(순치 5년)에는 또 이런 규정을 내어 놓았다. "개국해서부터 만주 관리들이 대대손손 종군해 탁월한 공로를 세웠기 때문에……관리에 임용된 자는 대대손손 그 관직을 세습할

---

386 소련, 《소정잡록》 권2

수 있다.”[387] 세습 규정을 통해 만주 귀족들은 특권지위를 얻었으며 그 자리를 직접 자손들에게 물려줄 수 있었다. 이밖에도 종실, 왕공, 귀족의 자제들은 고위관직에 오를 수 있는 여러 가지 규정이 제정되어 있었다. 1647년(순치 4년)에는 호위병에 관련된 제도를 내어 놓았다. “성경의 3품 이상 관리 그리고 외지에 있는 총독, 순무, 총병 등은 모두 나라를 위해 힘을 이바지하고 열심히 살아간다……따라서 특별히 자식 한 명을 황궁으로 보낼 수 있도록 허락한다. 이들은 입궁 후에 호위병으로 임명되어 청조의 예의를 습득하게 한다. 짐이 그 자의 능력을 시험해보고 책임을 맡겨 직무를 배치할 것이다”[388]라는 규정에 한족 관리의 자제들도 포함되긴 했지만 위 삼기(三旗)의 자제들은 높은 평가를 받아 특별히 후한 대우를 받았다. 따라서 “양왕(鑲黃), 정황(正黃), 정백(正白) 삼기는 모두 천자가 통솔하는 군으로 그자들의 자제를 선발하여 호위병에 임명하며 이들을 숙위시종 후보로 삼는다.” 호위병 중에서도 어전 호위병이 가장 존귀했다. “왕공, 황태자, 공을 세운 황제의 가술과 친척, 세신들 가운데에서 선발했으며 어전에서는 측근처럼 황제를 보필하고 출순(出巡)할 때면 황제에게 일상행위의 시중을 들었다. 만주의 재상과 장수의 다수는 이들 중에서 선발됐기”[389] 때문에 팔기 자제가 한족 자제와는 다르게 벼슬길에 오를 수 있는 방법이므로 과거시험만 있는 건 아니었다.

만주 귀족은 계급특권을 수호하는 과정에서 만족 이익의 대변자로 자신을

387 《청세조실록》 권41
388 《청세조실록》 권31
389 복격(福格), 《청우총담(聽雨叢談)》 권1

포장하면서 민족의 특수성을 강력히 유지하고 만족의 복장, 언어, 문자 외에도 말을 타고 활을 쏘는 등 민족의 풍속습관을 적극적으로 제창했다. 만주 귀족은 경각심을 늦추지 않았다. 그들은 인구 비례가 적은 만족이 광범위한 한족에게 동화되지 않기 위해 노력하였다. 자기 민족의 특색과 우월성을 보존하는 한편, 민족 간의 장벽을 만들어 마음속에도 장벽을 쌓았다. 이들의 목적은 만주 귀족의 통치지위를 지키기 위한데 있었다. 말을 타고 활을 쏘는데 뛰어난 만족이 만주 팔기군의 작전능력까지 갖춘다면 정치적으로도 통치권을 유지할 수 있었다. "만약 말을 타고 활을 쏘는 습관을 버리고 소맷부리가 넓은 옛날의 예복을 입는다면 남의 먹잇감이 될 것이다."[390] 그래서 해마다 2, 3번의 수렵을 계획해서 말을 타고 활 쏘는걸 훈련했다. 만족들은 말 타고 활 쏘는데 편리한 복장을 갖췄다. 이들은 한족 백성들에게도 머리채를 땋아 올리고 그들의 복장을 입을 것을 강요했으며 이를 만족 통치에 귀의하는 상징으로 간주하였다. 옛 제도를 보존하고 한족의 풍속을 억제하기 위해 만족과 한족 간의 통혼을 반대했다.

한편, 종실 자제들에게 "만주 서적만 배울 것"을 명령하고 한자와 한서를 배우지 못하도록 했다. 하지만 만족은 입관한 후로 한족지역에 잡거해 있었기 때문에 한족과 만족의 융합은 필연적인 역사적 추세가 되었다. 인구가 적은 만족은 경제발전이 한족에 많이 뒤져 있었다. 한족의 발달된 '경제상황'에 자발적으로나 혹은 부득이하게 적응하려 했느냐를 떠나서 생활습관과 언어 등의 부분에서 장기적인 역사과정을 거치면서 어쩔 수

---

390 《청태조실록》 권32

없이 한족의 영향을 더 많이 받게 됨으로서 이에 따라 한족과 만족 간의 차이는 점차 없어지게 되었던 것이다. 1654년(순치 11년)에 내린 조서에는 이 부분을 언급한 구절이 있다. "한서를 배우고 한족 풍속을 따르게 된다면 만주의 옛 제도를 점차 잊어버릴 것"[391]이라고 경고했다. 훗날에는 또 "현재 팔기 백성들은 문학을 숭상하고 군사에는 태만하다. 심지어 갑옷 입는 것을 위험한 일이라 생각하고 있어 과거에 비해 군대에 대한 태도가 확연히 달라졌다"[392]라고 말했다. 이 같은 "한화(漢化)" 추세는 갈수록 뚜렷해졌다. 강희제 말년에 이르러서는 성경에 "기민이 잡거해 있으면서 만주인이 만주어를 사용하지 못하는"[393] 현상까지 나타났다. 건륭제 때에는 만족 종실마저 "국어(만주어)로 대화할 수 없는" 지경에 까지 이르렀다.

만주 귀족들은 자체의 특권지위를 지키기 위해 "만주를 우선 숭상하는" 민족통치 원칙을 실행했다. 이러한 원칙은 자연히 만족과 한족 지주계급 간의 장기적인 모순으로 이어지게 마련이다. 하지만 만주 귀족들은 빈약한 세력으로 광범위한 한족지역을 효과적이고도 안정적으로 통치하기 위해 한족 지주계급을 끌어들이고 이용해야만 했다. 이처럼 한족 지주와의 연합 관계를 적극적으로 유지해서 여러 민족의 백성들을 착취하고 진압했다. 사실상 청조 정부는 만주 귀족을 핵심으로 하는 만주와 한족 지주계급의 공동 집권정치를 펼쳤다. 청조 통치기간, 만주와 한족 지주간의 연합이 자주 이뤄진 반면, 모순은 부차적이고 잠시적인 것이었다. 또한 이것은 청조

391　《청세조실록》 권48
392　《청세조실록》 권106
393　《강희기거주(康熙起居注)》 강희 54년 2월 26일.

정부가 약 3세기 동안 통치를 이어갈 수 있었던 중요한 원인이다.

2. 한족 지주계급을 유화적(宥和的)으로 통제

만주 통치자들은 입관 전부터 이미 항복한 한족 관리와 장수들을 구슬려서 이용하려는 기본방침을 확정했다. 누르하치(努爾哈赤)와 황태극은 범문정(範文程), 녕완아(寧完我), 홍승주(洪承疇) 등의 항복한 문사와 이영방(李永芳), 고유덕(孔有德), 상가희(尙可喜), 경중명(耿仲明) 등의 명조의 투항 장수를 중용하였다. 청조와 명조의 오랜 전쟁에서 항복한 관리와 장수들은 만주 귀족들에게 큰 힘이 되었으며 청조에 없어서는 안 될 믿음직한 역량으로 작용하였다.

입관 후, 관내 광범위한 지역의 계급관계에 급격한 변화가 찾아왔다. 만족과 한족 통치계급 간에는 전국정권을 차지하기 위한 권력다툼이 있었을 뿐만 아니라 농민봉기를 진압해야 하는 등의 이해관계가 일치한 부분이 있어 한족 지주계급 사이에는 더 큰 분화가 생겼다. 일부 한족 지주들은 명조 통치를 회복하고 자체 이익을 지키기 위해 오히려 청조 반대 기치를 들고 농민군 잔여세력과 협력을 도모했다. 또 일부 한족 지주들은 농민봉기에서 심각한 타격을 입게 되자 청조에 의탁해서 그들의 도움을 받았다. 만주 통치자들은 인구가 많은 한족과 기타 여러 민족을 통치하기 위해 한족 지주를 구슬리고 통제하고 이용하는 정책을 적극적으로 펼쳐 전국을 통치할 수 있는 기반을 확대하고 공고히 해야 했다.

만주 귀족은 북경으로 진입한 후 "군주를 회복하고 아버지의 원한을 갚자"는 구호를 제시했다. 이는 명조의 문관과 무장 세력이 농민봉기군에 원한을 품고 그들을 공격하도록 하기 위해서였다. 명조 숭정제의 장례를 치른 후 능묘를 짓고 관리와 백성들에게 3일간 복상할 것을 명했다. 이런 조치를 통해 이전의 한족 정권에 대한 '관대'와 '예우'를 표현해 명조에 미련을 품은 한족 지주들의 마음을 만족시키는 한편, 신정권에 대한 그들의 반대 정서를 완화시키려 하였다. 또 명조의 관리를 불러들이고는 "관리들에게는 예전과 같은 관직을 주고 백성들은 예전에 하던 일을 계속하게 하며 현명하고 재간이 뛰어난 자를 임용하는 등의 조치로 그들에게 보상해서 고발하지 못하도록 했다."[394] 무릇 명조 "각 아문의 관리를 예전대로 임용하고……외적을 피하기 위해 고향으로 돌아가거나 깊은 산 속에 숨은 자들도 소문을 듣고 오면 예전 관직 그대로 임용할 것"이라는 명을 내렸다.[395] 이밖에도 "무릇 문관, 무관, 군민이라면 떠돌이 도둑이었거나 이들의 압박으로 항복자가 되었던 것을 막론하고 청조에 귀의하면 여전히 임용을 허락한다"라고 명했다. 명조 통치기간, 물과 불의 관계였던 한족 지주계급간의 여러 파벌은 청정부의 농락과 통제 아래, 각자의 직책을 맡게 됐다. 명조의 전 대학사 풍전(馮銓)은 위충현(魏忠賢)에 아첨하는 것으로 악명이 높았다. 청조에 항복한 후 여전히 대학사란 전 직함을 그대로 갖고 '내원에서 사무를 보좌했다.' 동림당(東林黨)에 빌붙어

---

394 《청 세조실록》권5
395 《청 세조실록》권8

있던 진명하(陳名夏)도 도르곤의 중용으로 이부상서, 홍문원 대학사에 올랐다. 심지어 이자성(李自成)의 농민봉기 대오에 참여했던 지주계급 우금성(牛金星) 부자도 청조에 항복한 후 관직에 임용되었다.

명조 관리를 임용할 때에는 원관(原官)에 임명하는 이외에 현임관리의 '추천'을 허락하였다. 여러 지방관들에게 "경내에서 종적을 감춘 덕행과 재능이 출중한 자를 차례로 추천해 선발할 것을"[396] 요구하였다. 명조 때의 일부 유명관리를 상대로 섭정왕 도르곤은 직접 '서정(書征)'에 나섰다. 예를 들면 "멸망한 명조의 대학사 풍전에게 편지로 명을 내리자 풍전이 곧바로 달려왔다."[397] 이에 따라 명조 때 이부상서 사승(謝升), 호부상서 풍전, 예부상서 왕봉(王鋒), 훗날 남명 복왕 정권 때의 예부상서 전겸익(錢謙益) 등은 모두 신정권에 의탁했다.

오랜 세월동안 공자를 대표로 한 유가사상은 봉건 지주계급의 통치 사상으로 되었고 역대 봉건 통치자들은 공자를 신성한 우상으로 떠받 들었다. 때문에 공자에 대한 만주 통치자들의 태도는 한족 지주계급에 대한 정책에서 아주 중요한 부분으로 꼽혔다. 만주 통치자들은 북경으로 들어온 후 곧바로 "관리를 파견해 선사 공자에게 제사를 올리도록 했다." 또 공자의 후손들은 "대대로 연성공(衍至公)으로 봉해진다"라고 정했다. 1645년, 공자에게 '대성지성문선왕(大成至聖文宣先師)'이란 작호를 붙였으며 도르곤은 직접 "선사 공자의 묘를 찾아뵙고 절을 올렸다." 한족

---

396   《청 세조실록》 권5
397   《청 세조실록》 권5

지주계급은 "공자를 존중하고 유교를 숭상한다면 그 어떠한 새로운 국가에 머리를 숙여도 괜찮다"[398]라고 여겼다. 공자를 존중하는 만주 통치자들의 태도는 한족 지주계급과 지식인을 자기편으로 끌어들이는데 중요한 역할을 발휘했다.

과거시험은 봉건사회에서 관리를 선발하는 주요한 통로였다. 우수한 인재를 선발하는 방식으로 과거시험을 계획해서 한족 지주계급 지식인을 구슬리고 매수함으로써 그들의 저항정서를 무마하였다. 이 또한 청조가 초기 과거시험을 회복하기로 결정을 내린 중요한 목적이었다. 1645년 8월(순치 2월 7일), 절강(浙江) 총독 장존인(張存仁)은 지방에 '순치를 반대해 역모를 꾀하는 자가' 있다는 이유로 청조 정부에 "제학(提學)을 속히 파견해 과거시험으로 우수한 인재를 선발하도록 해야 한다. 지식인들에게 벼슬에 오를 희망이 생기면 반역을 꾀하려던 생각도 점차 사라질 것이다"[399]라고 건의했다. 과거시험을 실시해서 우수한 인재를 선발하는 것으로 통치를 공고히 하는 목적을 이루려고 하였다. 장존인은 이를 '군대를 움직이지 않을 수 있는 방법'이라 불렀는데 이 한 마디는 과거시험의 역할을 고스란히 표현했다. 같은 해 11월, 범문정(範文程)도 비슷한 주장을 내놓았다. "천하를 다스리려면 백성의 마음을 얻어야 한다. 지식인은 덕행과 재능이 우수한 평민으로 지식인의 마음을 얻는다면 백성의 마음을 얻을 수 있기 때문에 여러 가지 방도를 동원해서 우수한 인재를 널리 구하는 것이 바람직하다."[400]

---

398   《노신전집(魯迅全集)》 제5권, 제416쪽.
399   《청 세조실록》 권19
400   《청사열전(淸史列傳)》 권5, 《범문정》

그래서 그해부터 '향시(鄕試)'를 시작했다. 이어 1646년 3월, 성경에서 천하의 거인(擧人)을 상대로 '회시(會試)'를 계획했다. 대학사 범문정, 강림(剛林), 풍전, 여완아가 회시 총재관(總裁官)을 맡았고 4월에 또 '전시(殿試)'를 계획했다.

청조 초기, 한족 지주계급은 명조 말기의 농민봉기에 의해 타격을 심하게 입었다. "외적들이 쳐들어오면서 지식인들의 가정이 파괴되고 일자리를 잃어 먹고 입을 것을 해결할 방법이 없을 때"[401] 만주 통치자들이 과거시험을 계획해서 우수한 인재를 선발함으로써 "지식인들에게 벼슬에 오를 수 있다는 희망을 심어줬기 때문에" 자연히 일부 지식인들의 옹호를 받게 되었다. 순치 2년, 전국 다수 지역이 아직은 전쟁 포화에 휩싸여 있는 상황에서 첫 과거시험을 치르던 날, 순천 향시에 "수재(秀才) 3천 명이 응시했다." 이에 도르곤은 "사람이 정말 많이 모였다!"[402]라고 감탄했다. 일부 지식인들이 과거시험에 응시하면서 한족지주와 지식인의 저항정서를 일정부분 완화할 수 있었을 뿐만 아니라 만주 통치자의 통치역량도 강화되었다.

만주 통치자들은 한족 장수, 병사를 투항하도록 권유하는 한편, 이미 항복한 장수와 병사를 재편성해 농민 봉기군과 남명 왕조를 상대로 전쟁을 치를 수 있는 힘을 키웠다. 그들은 이런 방법으로 인구가 적은 만족들이 광범위한 지역을 통치하는 가운데에서 모자라는 병력의

---

401   조용(曹溶), 《조진학정육사(條陳學政六事)》, 《황청주의(皇淸奏議)》 권1 참조.
402   《다르곤섭정일기(多爾袞攝政日記)》, 순치 2년 윤달 6월 21일.

어려움을 해결하려 하였다. 만주 통치자들은 입관 전부터 한족 팔기군을 설립하였다. 공유덕(孔有德), 상가희(尙可喜), 경중명(耿仲明) 그리고 훗날의 홍승주(洪承疇), 오삼계(吳三桂) 모두는 한족 팔기군에 속했는데 그중 오삼계의 공로가 가장 크고 세력 또한 최고였다. 그가 만주 통치자를 도와 사천(四川), 운남, 광서(廣西)를 점령하고 장헌충(張獻忠) 농민봉기군의 잔여세력을 진압함으로써 마침내 남명의 계왕(桂王) 정권을 종식시켰다. 한족 팔기군은 전부 한족으로 구성됐지만 만주 팔기의 조직형식을 취했기 때문에 만주와 한족이 서로 결부된 특징을 나타내었다. 한족 관리들이 팔기를 이용해 여러 지역을 귀순시키며 자기들만의 역할을 발휘하였다.

청조 전기의 지방 총독과 순무의 다수는 한족 기인들이었다. 청조 초기, 장존인(張存仁)(한군 양람기)은 진(晉), 예(豫), 절(浙), 민(閩) 등의 지역을 귀순시키고 유원군(楡園軍)을 진압하였다. 훗날에는 직예(直隷), 산동(山東), 하남(河南)총독에 임명되었다. 맹교방(孟喬芳)(한군 양홍기)은 섬서(陝西)총독에 임용된 후 섬서 여러 지역을 귀순시키는 한편, 회민봉기도 진압했다. 홍승주(한군 양황기)를 임용해서 남방을 귀순시키고 수많은 한족관리를 임용해서 각지에서 진행되고 있는 봉기군를 진압했다. 이에 따라 "강남 호해의 많은 외적들을 모두 평정했다." 훗날 또 홍승주에게는 호광(湖廣), 강서(江西), 운남, 귀주 등의 지역을 맡아 다스리게 하였다. "서남의 내란을 평정하는데 있어 모두 그의 공이 있었다."[403] 한군 팔기는 청조 통치를 강화하는 데에 없어서는 안 될 세력이 되었다. 특히 지방에서는

---

403 조익, 《첨폭잡기》 권2

그 역할이 더욱 두드러졌다. 청조 초기부터 중기에 이르기까지 만주 팔기를 여러 지역에 주둔시켜 방비하는 한편, 한족 팔기에 의탁하는 걸 줄곧 중시하여 왔다. 순치제, 강희제, 옹정제 시기 지방총독과 순무의 경우에는 "팔기 가운데서 총독과 순무에 오른 자가 한족은 10명 중 7명이고 만주인은 10명 중 3명이며 몽골인은 오직 2명 뿐"[404]인 것으로 집계됐다. 이는 한족 팔기가 청조 통치를 공고히 하는 과정에서 생겨난 역할을 구체적으로 설명해주는 대목이다.

한족 관리와 지주계급을 구슬리는 정책은 만주 통치자의 영도지위를 지키고 청조 통치를 공고히 하는 목적을 전제로 했기 때문에 그들을 구슬리고 억압하는 정책을 서로 결부시켰다. 시간별로, 서로 다른 상대에 대한 정책뿐만 아니라 치중점도 조금씩 달랐다. 여러 지역의 한족 지주계급은 처한 환경이 달랐기 때문에 일정한 시간 내에는 청조 통치자들의 태도도 서로 달랐다. 대체적으로, 명조 말기에는 농민봉기군이 지나간 지역마다 지주계급이 심각한 타격을 입게 됨으로서 수많은 지주와 관료들은 빠르게 청조 통치자들에게 귀순하였다. 청조 통치자들이 실행한 대량 임용정책에 대해 "모두 크게 기뻐하며" 충심으로 감사한 마음을 표했다.

청조 군이 도착하지 못한 남방 여러 지역에는 남명 노왕(魯王), 당왕(唐王), 계왕 등의 항청 정권이 차례로 존재했다. 청조 통치자들은 강압적으로 머리채를 깎게 하는 것 외에도 성을 점령한 후에 성안의 주민을 깡그리

---

404   복격, 《청우총담》 권3

학살하는 '도성' 등의 낙후하고 야만적인 조치를 실행한 탓에 일부 한족 지주는 한동안 청조 통치자를 반대하기도 했다.

이밖에 청조 통치가 아직은 공고해지지 못했을 때에는 한족 관리와 지주들에 대해서 주로 '관대한 정치를 펼쳤다.' 하지만 청조 통치가 나날이 공고해지면서는 그들에 대한 태도도 점차 강경해졌다.

한족 관리, 지주들이 청조 통치에 대해 서로 다른 태도를 취하고 있는 가운데 1646년 6월(순치 3년 4월), 청조 통치자들은 이 같은 명을 내렸다. "전대에 향 사무를 관리하던 하급 관리, 감생 등을 대상으로 그들을 관직이나 지위에서 전부 해임하고 백성들과 함께 모든 토지세와 노역세 등을 바쳐야 하는 지세를 평균적으로 감당하게 한다. 그리고 다양한 요역을 감당하고 관부를 위해 무상으로 일하게 한다. 슬쩍 속여 넘기려거나 사칭해 부담을 줄인다면 중한 처벌을 내린다."[405] 기존의 명조 지주계급은 농민을 착취하고 압박하는 다양한 정치적, 경제적 특권을 누렸다. 그들의 자제들 중 거인, 감생(監生), 생원(生員)에 오른 자들은 세금으로 바치는 일정한 양의 양식을 면제받을 수 있는 대우를 향수했다. 현직 각급 관리들은 "세금을 제멋대로 지나치게 징수해 백성들이 폭정의 압박을 견뎌내기 힘들었을" 뿐만 아니라 심지어 "고향으로 내려간 전직 관리들조차 세력만 믿고 연약한 백성들을 압박, 착취했으며 위아래가 한 마음이 되어 서로 감싸고 보호했기 때문에 백성들은 고소할 곳조차 없었다."[406] 청조에서 위 명령을 반포했을 때는

405　《청세조실록》 권25

406　조익, 《입이사찰기(廿二史箚記)》 권34, 《명향관학민지해(明鄕官虐民之害)》

이미 북방과 장강유역 일대 지역을 통제한 뒤였다. 하지만 서북지역에서 장헌충의 농민봉기군이, 동남 일대에서 명조 관리, 지주들이 옹호하는 노왕, 당왕 정권이 항청 투쟁을 진행하고 있었기 때문에 일부 한족관리, 지주들은 여전히 청조 통치자들과 대항하려는 생각을 가지고 있었다.

이 명령은 한족관리와 지주 중에서 아래와 같은 두 가지 부류에 속한 자들을 주요한 대상으로 했다. 첫 번째 부류는 청조 통치자들과 협력하려 하지 않으면서 아직은 귀순하지 않은 자들, 즉 "직예 및 여러 성 지방의 재직 문관과 무관 등 아직 청조에 임용되지 않은 자"들은 여전히 명조 이래의 지주계급 특권에 의탁해서 법을 어기고 제멋대로 행동했다. 더욱이 "이들은 시골에서 권세를 이용하여 백성을 억압하면서 요역과 부세를 면제해주는 척하는 시늉만 하였다." 두 번째 부류는 "민(閩), 광(廣), 촉(蜀), 전(滇) 등의 지방에서 가짜 관리들이 신임을 얻고 임용되었다." 즉 항청 투쟁에 참가한 명조 관리, 지주들이 "군대에 의지해 순치를 반대한 반면, 부형자제들은 여전히 유지만 믿고 제멋대로 횡포를 부렸다."[407] 청조 통치자들은 이들이 명조 정권을 등에 업고 얻은 특권을 제한하였는데 '향관', '감생'신분을 취소하였다. 이는 청조 통치자들이 한족 지주계급을 구슬리는 한편, 그들의 이익과 특권에 대해서 일정하게 제한하고 있다는 점을 보여주었다.

1657년(순치 14년), 청조 통치자들은 순천(順天), 강남(江南) 지역의 과거시험에서 부정행위사건을 이유로 한족관리와 지주계급에 대해 한 차례의 대규모적인 억압조치를 취하였다. 이는 청조 통치자들이 입관

---

407 《청세조실록》 권25

후 한족 관리와 지주계급을 상대로 실행한 조치로서 정책차원의 중요한 사건으로 꼽힌다. 이는 훗날 한족관리와 지주 그리고 지식인 관련 사건을 다루고 판결하는 시작점이 되었다.

이번 과거시험 사건에 연루된 주임 시험관, 시험관, 거인 등은 사형, 교수형과 유배 등의 처분을 받았다. 또한 그들의 가산을 몰수하고 심지어는 부모, 형제, 처자들마저도 상현보(尚陽堡)와 영고탑(寧古塔)으로 유배되었다. 기록에 따르면, "무릇 남북의 거자(擧子)들은 모두 2차 시험에 참가해야 한다. 북쪽 시험장(순천을 가리킴)에서 먼저 진행한다. 천자가 직접 어전으로 와보니 수험자들은 붓과 벼루를 들고 곳곳에서 찾아왔으며 수험생이 많아 몇 리 밖에까지 줄을 지었다. 그날은 눈이 내리고 천지가 꽁꽁 얼어붙었지만 수험생들은 모두 금전의 계단 아래에서 기다렸다. 잠시 후 수험생들은 수많은 문장을 창작해냈다. 군대가 오가며 그들의 주변을 순시했다. 이 같은 시험을 3번 치르고 나서야 최종 결정을 내릴 수 있었다." "이번 풍파에 연루된 스승과 제자는 모두 붙잡혔고 일부는 현장에서 족쇄를 차게 되었거나 일부는 족쇄를 차고 수 천리의 길을 걸었다. 이들의 자산은 책자에 등록한 후 몰수했으며 그들의 아내와 자녀 또한 멀리 떨어져 유랑생활을 하였다. 이번 사건에 조정에서 중요한 관직을 맡은 관리 2, 3명도 연루되었고 관직에서 물러나 고향에서 생활하는 자들도 요행으로 모면하지는 못했다. 이들은 모두 족쇄를 차고 수 천리 밖으로 유배되었다. 족쇄를 차고 갖은 학대를 받아 피범벅이 되었는데 그

모습이 아주 흉하였다."[408] 1661년(순치 18년), 강남 일대의 소(소주, 蘇),
송(송강, 松), 상(상주, 常), 진(진강, 鎭) 4개 부에서 또 주소안(奏銷案)이
발생하였다. 이때는 청조 통치가 이미 점차 공고해진데다 남명 제왕의
항청 운동을 이미 차례로 진압했고 농민봉기군의 대규모 항청 투쟁도 거의
마무리 단계에 들어선 시점이었다. 하지만 강남의 한족 지주계급 지식인
가운데는 주명(朱明)을 정통으로 하는 민족사상이 깊이 뿌리를 내린데다가
이곳에 대한 청조의 조세와 부역 착취는 아주 심각했다. 구체적으로 보면
"강남의 조세와 부역은 타성보다 백배나 과중했는데 그중에서도 소주와
송강이 더욱 심했다." 상주의 경우 "그제의 세금을 다 바치지도 못했는데 또
새로운 종목의 세금을 납부해야 할 때가 됐다. 그 액수가 수십만에 달했다.
사농(司農)이 세금을 낼 돈이 없다고 보고했지만 10년 어치의 세금을
한꺼번에 징수하라고 했다. 지금 백성들이 더는 세금을 낼 힘이 없기 때문에
체불한 세금은 여전히 그대로다."[409] 주국치(朱國治)는 강녕(江寧) 순무에
오른 후 조세와 부역을 체불한 지주, 신사 등을 상대로 책자로 만들어 위에
보고했다. 책자에는 "강남 유지 1만 3천여 명의 이름을 열거해 이들이
양식납부를 거부한다고 적었다. 따라서 모조리 관직에서 제명시킨 후
이곳으로 보내 심문하고 처벌을 가한다. 채찍과 몽둥이로 형벌을 가하는
외에도 명성을 바닥에 떨어뜨린다. 예를 들면 탐화(探花)가 1전(錢)을
빚지면 바로 해임됐다. 따라서 민간에는 '탐화가 돈 1문의 가치도 없다'는

408　왕가정(王家楨),《연당견문잡기(研堂見聞雜記)》
409　동함(董含),《삼강식략(三岡識略)》

소문이 돌 정도였다." 결론적으로는 수재, 거인, 진사들 가운데서 무릇 지세를 정액대로 납부하지 못한 자들은 모두 그들이 누리고 있는 명예와 지위를 모두 내려놓아야 했다. 현직 관리는 2개 급을 낮춰 전용됐기 때문에 한동안 "사적(仕籍)과 학교가 텅 비게 되었다."[410] 이로 인하여 한족 지주 사대부에 대한 타격이 심했기 때문에 '소주와 송강의 사림(詞林)이 극히 적은'[411] 상황이 초래되었다. 약 20, 30년의 회복기간을 거쳐 강희제 중기에 이르러서야 조금 호전되었다.

410   동함,《삼강식략》
411   왕사진(王士禎),《향조필기(香祖筆記)》 권7

제2절
청조 초기의 경제정책과 통치계급의 내부 모순

1. 청조 초기의 사회경제 회복

청조 초기, 오랜 세월의 전쟁으로 말미암아 사회경제는 심각하게 파괴되고 광범위한 면적의 경작지는 황폐해졌을 뿐만 아니라 농민들이 죽고 몰래 이사를 가면서 전국 각지는 황량하고 쓸쓸한 모습이 되었다. 직에 남부는 "논밭을 내버리고……사람들이 도망쳤으며……여러 곳을 떠돌아다녔다. 멀리 내다보니 논밭이 황폐해지고 주변의 벌판과 가정집에는 인기척조차 없을 정도로 아주 황량했다."[412] 산동의 경우, "토지가 황폐해지고 한 가구에 한, 두 사람만 남았으며 논밭 10무 중 한, 두 무만 가꿨다……황무지가 많고 인정이 적었다."[413] 하남(河南)의 경우 "장강 이북에서는 하남의 황무지 면적이 가장 넓었다. …… 잡초가 우거진 황무지가 끝없이 펼쳐지고 사람이 극히 드물었는데 이런 상황이 나타난 지 거의 20년이 된다."[414] 청조 군이 강남의 여러 성에서 남명정권과 농민 항청 투쟁을 진압한지 약 20년이 되는

---

412 위주윤(衛周允), 《통-진민고소(痛陳民苦疏)》, 《황청주의》 권1 참조.
413 《청세조실록》 권13
414 이인룡(李人龍), 《간황의관민력소(墾荒宜寬民力疏)》, 《황청주의》 권4 참조.

시점에 "대군이 도착하는 곳마다 농지는 황폐해지고 가옥은 텅 비는"[415] 등 파괴현상이 아주 심각했다. 강남성 영산(英山)현에는 기존의 사람이 1만 1,135명이었는데 1651년(순치 8년)에 이르러서는 542명 밖에 남지 않았다. 전당(田塘)의 토지 면적은 1천 195경(頃, 1경은 100무(畝)) 80여 무(畝, 1무는 약 667제곱미터)에 달했는데 청조 초기에 이르러서는 숙전 26경 40여 무 밖에 남지 않았다.[416] 호남(湖南), 양광(兩廣) 등의 지역은 "천리를 내다보아도 인적을 찾아볼 수 없었다."[417] 장사(長沙)의 경우에는 "성내와 성 밖에는 기와와 벽돌조각 뿐이었고 가옥이라곤 찾아볼 수 없었다……정경이 황량하기 그지없었으며 참혹하고 고통스러운 마음을 이루 말로 표현할 수 없었다."[418] 사천성은 1671년(강희 10년)에 이르러서도 "경작할 논밭이 있어도 그 논밭을 경작할 농민이 없는"[419] 현상이 여전했다. 동남 연해 일대의 항청 투쟁을 진압하기 위해 청조 통치자들은 절강, 복건, 광동 등의 지역에서 해금정책을 실시했다. 구체적으로는 바다무역과 어업을 금지하는 한편, 천해령(遷海令)을 수차례 반포해서 연해 각성의 주민들을 내륙으로 50리 이주시키는 등의 다양한 조치를 실행했다. "그곳을 평지로 만들어 모두 떠나게 하도록 함으로써"[420] "이주된 백성들은 기존의 재산이나 일자리를

---

415 초진(肖震),《청정인심이유세도소(請正人心以維世道疏)》,《황청주의》권15 참조.
416 《명청사료(明淸史料)》, 병편 제8권.
417 유여모(劉餘謨),《간황흥둔소(墾荒興屯疏)》,《황조경세문편(皇朝經世文編)》
     권14 참조.
418 홍승주,《공보대병도장사일기제본(恭報大兵到長沙日期題本)》,
     《홍승주장주문책회집(洪承疇章奏文册彙輯)》86쪽.
419 《청성조실록(淸聖祖實錄)》권36
420 굴대균(屈大均),《광동신어(廣東新語)》권2,《지어(地語)》,《천해(遷海)》

모두 잃게 되었다."[421]

청조 통치자들도 역대 신왕조가 시작될 때에 직면했던 문제에 똑같이 부딪히게 되었다. 구체적으로는 토지가 황폐해지고 사람이 죽고 백성들의 생활이 궁핍해지고 국가재정이 파탄에 이르고 계급모순이 아주 첨예하였다. 청조 초기의 통치자들은 명조 말기의 통치자들처럼 상당한 착취를 실현할 수 없었을 뿐만 아니라 더구나 예전의 착취방법을 그대로 고수할 수도 없었다. 이러한 배경에서 이른바 '요역을 줄이고 세금을 낮추는' 정책을 제정하였다. 그 당시의 이런 정책은 청조 통치계급이 정권을 공고히 할 수 있는 유일한 경로였다. 오랜 세월의 통치경험이 있는 한족 관료지주들은 명조의 멸망에서 가혹한 착취가 농민봉기를 야기하는 중요한 이유였다는 점을 알았다.

"10여 년간, 도둑사건이 도처에서 일어나고 있다. 수차례 도둑질하는 현상을 없애려고 하였지만 핵심을 잡지 못했기 때문에 이곳으로 오는 자는 감당해야 할 조세와 부역이 가혹하고 종류가 많았다."[422] 청조 통치자들에게는 "백성의 마음을 얻기 위해서는 요역을 줄이고 세금을 낮추는 것이 최상의 방법이며"[423], "세금을 면제하거나 요역을 줄이고 세금을 낮추면 농민들이 세금의 고통을 적게 받기 때문에 저항심리는 자연히 없어질 것"[424]이라고 건의했다. 농민들에 대한 착취를 일정하게 줄임으로써

421 《청세조실록》 권18
422 향옥헌(向玉軒), 《걸조복초진적소(乞早撲剿晉賊疏)》, 《황청주의》 권1 참조.
423 주정청(朱鼎淸), 《청명기망정인심소(請明紀綱定人心疏)》, 《황청주의》 권1 참조.
424 《청세조실록》 권19

사회생산을 어느 정도 회복하고 계급모순도 다소 완화하는 것이 청조 통치계급이 통치를 공고히 하는 데 있어서의 급선무가 되었다.

1644년(순치 원년) 7월부터 여러 지역의 서로 다른 상황을 기준으로 토지세를 일정 부분 감면하거나 전부 혹은 50% 혹은 3분의 1정도 면제하였다. 또 1년, 2년, 3년 정도 각자의 상황에 따라 면제기한을 정하기도 하였다. 8월, 섭정왕 도르곤은 명조 말기에 정액 세금 외에 추가로 납부해야 했던 가장 가혹한 삼향(3가지 세금)을 면제한다는 명을 내렸다. "전조의 악정에서 백성들에게 가장 큰 해가 됐던 조치는 바로 요향(遼餉)이다. 이 때문에 가난에 허덕이던 백성들이 도둑질을 하게 된 것이다. 부가세 초향(剿餉)을 증가하는 외에도 각지의 훈련을 위해 또 연향(練餉)을 추가로 받아냈다. 유독 위의 3가지 세금은 몇 배에 달했기 때문에 백성들의 생활은 극도로 궁핍해지고 고달팠다. 많이는 20여 년, 적게는 10여 년간 세금에 시달렸기에 온 세상은 도탄 속에 빠지고 백성들의 생활은 극도로 가난해져 아주 긴박한 상황에 놓였다. 심지어 양료(糧料, 식량)를 구입하는 상황도 나타났다. 관리가 시장가격을 안정시킨다는 명분을 내걸었지만 실은 무를 단위로 세금을 더 징수하기 위한 수단이었다.……명시된 삼향 외에 납부해야 하는 세금을 한 배 이상 늘리는 등의 교묘한 방법으로 백성들에게 재앙을 가져다준 이 정책이야말로 최고의 악정이었다.…… 순치 원년을 시작으로 무릇 정액 세금 외의 모든 부가세, 예를 들면 요향, 초향, 연향과 구입하는 미두(米豆)는 전부 면제한다."[425] 조세 징수는 만력

---

425   《청세조실록》 권6

초년 《부역전서(賦役全書)》에 기록한 정액 외에 나머지 기타 부가세는 전부 면제한다고 규정하였다.

조세 징수제도를 확정하고 관리들이 세금을 징수하는 과정에서 마음대로 세금액수를 늘리거나 줄이는 폐단을 근본적인 차원에서 차단하기 위해서 1646년 《부역전서》를 수정할 것을 명했다. 그 후로 수정을 거쳐 1654년에 완성됐다. 《부역전서》의 제정은 아래와 같은 몇 가지 원칙을 따랐다.

만력 연간 부가세 삼향을 징수하기 전의 금액으로 적용한다. 무릇 세금은 토지의 비옥함과 척박함 그리고 사람들의 빈곤함과 부유함을 근거로 차별성 있게 징수한다. 세금은 모두 은, 미두, 보릿짚 생산량에 따라 그 액수를 정한다. 전서에는 경작지, 인정 조세의 정액 그리고 황무지의 개간 수를 징수의 근거로 적용한다고 정하였다. 16살에 성년 인부로 등록되었다가 60세가 넘으면 제명되었으며 세금은 사람 수에 따라 증가되었다.[426]
《부역전서》의 규정을 보면 농민에 대한 착취는 만력 이후에 비해 일정 부분 줄어들었다. 또한 납세자들이 납부 조세액수를 정확히 아는 외에도 관리들이 중간에서 교묘한 방법으로 비밀리에 세금을 더 받아내는 행위를 막기 위해 1649년 10월(순치 6년 9월)에 '역지요단(易知由單)'을 출판해 여러 주와 현에서 응당 납부해야 하는 세금조항을 열거했다. 얼마를 운송하고 얼마를 남기며 무 당 응당 징수해야 할 세금액수 등을 여러 사람들이 보는 앞에서 공개하고 세금을 받은 자는 직접 증명서를 써준다. 정액세금 외에

---

426   왕경운(王慶雲), 《석거여기 (石渠餘記)》 권3 참조.

부가세를 징수하는 자에 대해서는 고발하는 것을 허락한다.[427] 이밖에도 1653년, 상납미를 호송해서 납부하던 것을 "관리가 받고 관리가 호송해서 납부해야지 백성을 파견해서는 안 된다"[428]로 바꾸면서 일부 상납미 납부를 호송하던 백성들이 빚만 지는 고통을 덜어주었다.

'요역을 줄이고 세금을 낮추는' 정책은 역사적 조건에 기초한 산물이지 통치자들이 베푼 은혜는 아니었다. 오랜 세월의 전쟁으로 인한 파괴 때문에 새로 건립된 봉건왕조는 앞전의 왕조처럼 거대한 재산을 끌어 모을 수 없게 되었다. 게다가 농민봉기로 인하여 오래된 분배관계의 일부 고리가 파괴되면서 신왕조는 더 이상 과거처럼 할 수는 없었다. 이것은 조세개혁을 실시하게 된 조건이다. 새로운 봉건왕조는 계급모순을 완화하고 통치를 공고히 하기 위해서 사실화된 객관적 형세에 적응하지 않으면 안 되었기 때문에 세금징수에 대해 일정 부분 조정하고 개혁했다. 이는 '요역을 줄이고 세금을 낮추는' 정책의 실상이다. 이 같은 정책은 청조 초기의 사회생산력 회복에 적극적인 역할을 발휘하였다.

하지만 여기서 짚고 넘어가야 할 부분은 청조의 순치와 강희가 황위에 오른 전기에는 항청 투쟁을 진압하고 삼번의 난을 평정하기 위한 대규모 군사전쟁을 줄곧 진행했기 때문에 재정과 경제 부분에서 조정개혁을 구체적이고 전면적으로 실시할 수는 없었다. '요역을 줄이고 세금을 낮추는' 정책이 규정으로만 제정됐을 뿐 실제적으로 실행되지 못했기 때문에

---

427 《명청사료》, 병편 339쪽.
428 《청세조실록》 권74

농민들의 조세와 요역 부담은 여전히 아주 과중했다. 예를 들면 하남의 경우 "제왕의 군대가 계속 정벌에 나서고 하천공사 상태가 긴박해서 양식과 마초를 수 백리 밖으로 운송해가야 했다. 하지만 열을 보내면 그중 1, 2개만 도착할 뿐이었다. 징발과 운송이 어렵고 운송길이 험난해서 이로 고달픈 생활을 하는 백성이 얼마인지 헤아릴 수조차 없다."[429] 순치 후기, 복건, 절강, 운남, 귀주에 군사를 파견해 전쟁을 진행했기 때문에 "북에서 남에 이르기까지 여러 성의 경험으로 보아 인부, 선박, 군량과 마초, 미두를 공급하는데 이루 헤아릴 수 없이 많은 돈이 들어갔다. 따라서 여러 성은 모두 곤궁에 처하게 됐다."[430] "복건과 절강 지역에서 군사전쟁을 진행함에 따라 감당해야 하는 할당 임무로 백성들의 생활이 극도로 고달팠다. 군사나 말을 공급해야 했을 뿐만 아니라 가축에게 먹이는 풀과 사료를 제공해야 했기 때문에…… 10가구 중 9구가는 비게 되었다."[431]

전쟁이 끊이질 않는데다 경작지가 황폐해지고 사람들이 도망치는 국면은 여전했으며 조세수입이 늘어나지 않는 가운데 대규모 전쟁에 필요한 자금은 오히려 증가되었다. 따라서 "1년의 수입으로 그해의 지출을 해결하기조차 어려웠다."[432] 그 시기 청조 정부는 군인의 급양 물자와 급여를 해결하는데 필요한 병향(兵餉)이 부족해 골머리를 앓았지만 뾰족한 해결방법이 없었다. 1652년(순치 9년)의 수지 통계 숫자는 병향의 지출이 정부수입의 다수를

429 나국사(羅國士), 《급복역체원액소(急複驛遞原額疏)》, 《황청주의》 권3 참조.
430 계진의(季振宜), 《주구원이고본소(籌久遠以固根本疏)》, 《황청주의》 권15 참조.
431 요연계(姚延啓), 《경진시무팔관(敬陳時務八款)》, 《황청주의》 권14 참조.
432 《청세조실록》 권44

차지했다는 점을 말해준다.

"해마다 들어오는 지세는 1천 485만 9천여 냥인데 지출 비용이 1천 573만 4천여 냥에 달해 당시에 87만 5천여 냥이 모자라는 상황이다. 그중 해마다 여러 성의 병향으로 지출되는 비용이 1천 3백여만 냥인 반면, 여러 가지 비용은 고작 2백여만 냥 밖에 되지 않아 국가 재산의 다수가 전쟁비용에 들어갔다."[433]

모순을 완화하고 통치를 공고히 하기 위해서는 조세를 더 증가하면 안 되었다. 다시 말해 장래를 고려하지 않은 채 눈앞의 이익만 탐내서도 안 된다는 것이었다. 또한 전방에서 전쟁의 포화가 하늘을 덮고 있는 가운데 방대한 규모의 군사비용을 마련하지 못해 발등에 떨어진 불을 안 끌 수도 없었다. 청조 재정은 극도로 어려운 상황에 놓이게 되었다. 이런 문제를 아주 중시한 청조 통치자들은 1647년과 1649년에 조세감면과 필요한 군비 마련 사이의 모순 해결방법을 전시의 시험문제로 출제했다.[434]

이 같은 곤경에서 벗어날 수 있는 근본적인 방법은 유동인구를 모아

---

433   유여막(劉餘漠), 《경진개간방략소(敬陳開墾方略疏)》, 《황청주의(皇淸奏議)》
      권4 참고.
434   1647년 전시 제목은 "현재 통일을 실현한지 얼마 되지 않아 아직은 용병(用兵)하는
      시기라 군사는 군량이 필요한데 군량은 백성들에게 얻어야 하는 실정이다. 조세를
      줄여 백성들에게 혜택이 돌아가게 하고 싶지만 군대의 사기가 떨어질까 걱정되고 군량
      공급을 충족시키고 싶지만 백성들이 어려운 생활에서 벗어나지 못할까 두렵구나.
      어찌 하면 두 가지에 모두 이로울 수 있겠는가?" 1647년 전시 제목은 "전란으로 세상이
      어수선해지기 시작해서부터 땅이 황폐해지고 백성들이 도망쳐 각종 조세를 보충하여
      채울 길이 없구나. 그러니 현재 사회를 안정시키고 경제력을 회복시킴으로써 농민들이
      본업으로 돌아가고 백성들이 풍요로운 생활을 누리고 나라를 부강하게 하려는데
      실행가능한 방법이 무엇일까?"《청세조실록》 권31, 권 43 참조.

황폐된 논밭을 개간해 농업생산을 회복하고 발전시키는 것뿐이었다. 황무지 개간과 둔전을 처음으로 제창한 자로는 산동 순무 방대태(方大)이다. 1644년 9월(순치 원년 8월), "주인이 없는 황무지를 유랑민이나 관리, 백성들에게 나누어 줘서 개간하게 한다. 주인이 있지만 개간할 자가 없는 밭은 관부에서 소와 종자를 제공하고 3년 후부터 지세를 수취한다"[435]라는 규정을 내렸다. 같은 해 12월, 하남 순무 나수금(羅繡錦)이 하북 부현(府縣)의 황무지가 9만 4천 5백여 경에 달한다는 이유로 병사들에게 개간할 것을 요구했다.[436] 1649년 6월(순치 6년 4월), 청 정부는 공식적인 결정을 내렸다. "여러 지역으로 도망한 백성들은 본적 여부를 떠나 모두 불러와서 보갑에 편입시킴으로써 안정된 생활을 누리며 즐겁게 일하게 할 것이다.

현지에서 주인이 없는 황무지를 조사한 후 주와 현의 관리가 인가증 도장을 찍어준다. 따라서 황무지를 개간해 경작을 할 수 있으며 평생 경작할 수 있도록 허락한다. 경작한 후로 6년이 지나면 사관이 숙전의 면적을 조사하고 순무와 순안이 측정한다. 이런 내용을 상주로 올리고 황제의 명이 내려져야만 지세를 징수할 수 있다. 반면, 6년 전에는 지세를 징수할 수 없고 요역으로도 파견할 수 없으며……도망쳤던 백성들이 본업을 회복하도록 도와준다면 경작지 개척이 점차 많아질 것이다."[437]

1657년 5월(순치 14년 4월), 관리들이 황무지를 개간하는 것에 대해 제정한 장려책과 처벌 규정은 다음과 같다. 총독, 순무, 순안이 1년을 기간으로

---

435 《청세조실록》 권7
436 《청세조실록》 권11 참조.
437 《청세조실록》 권43

황무지를 6천 경 이상 개간하면 한 급별을 높여준다. 도와 부에서 2천 경 이상 그리고 개간자와 주, 현에서 3백 경 이상 개간한 자에게는 한 급별을 높여준다……보고한 황무지 개간 수량이 실제와 맞지 않거나 개간했다가 다시 방치되어 황폐하게 되었을 경우 현임관리와 옛 관리 모두가 각기 처벌을 받게 된다.[438]

황무지 개간규모를 조사하여 적용한 결과 많은 관리들이 황무지 개간에서 성적을 거두어서 승진했다.

여러 지역의 조건이 달라 황무지 개간상황도 일정한 차이를 보였다. 일부 자료에서 알 수 있다시피 하남 지역의 황무지개간은 성과를 거뒀다. 1658년(순치 15년), 하남은 "청조에서 조사한 결과 개간한 황무지는 총 9만여 경에 달했다. 해마다 늘어나는 세금징수 금액은 약 48만 8천여 냥에 달하였다."[439] 하남 외에도 산서(山西) 선대(宣大) 등의 두 곳은 순치 10년과 11년에 총 3천 8백 수십 경의 황무지를 개간했다.[440] 강북(江北)은 황무지 개간을 1654년(순치 11년)에 시작했다. "강북 지역의 황무지 9천 9백여 경을 개간하고 징수한 세금이 2만 1천 냥은 넘었다."[441] 호광(湖廣)은 "순치 13(1656년), 14년에 개간한 황무지가 총 8천 3백 75경 28무를 넘었다."[442] 강녕(江寧) "여봉(廬鳳) 등의 부에서 개간한 황무지는 3천여 경에 달했다."[443]

---

438   《청세조실록》 권109
439   《청세조실록》 권120
440   《청세조실록》 권84, 87 참조.
441   《청세조실록》 권87
442   《청세조실록》 권113
443   《청세조실록》 권113

호남의 경우 1660년(순치 18년) "소속된 주와 현에서 개간한 황무지가 총 2천 8백 90경 72무에 달했다."[444] 이밖에 순천(順天), 광서 등도 황무지 개간에서 일정한 성적을 거뒀다.

청조 초기, 세금을 감면하고 도망친 자를 불러들이고 황무지를 개간하는 정책을 실시하였다. 이는 전쟁으로 심각하게 파괴된 사회경제가 천천히 회복되는데 유리했으며 백성들이 극도로 어려운 조건에서 농업생산을 회복하는데도 이로웠다. "유이(流移)한 자를 귀순시킨다고 하자 이들이 조금씩 다시 모여들었다. 하지만 백성들은 가난하니 원기를 회복하기조차 어려웠다. 혹은 여러 가구가 함께 소 한 마리를 구입하거나 혹은 인력으로 여러 무의 땅을 경작했으니 소가 경작의 수요를 만족시키지 못해 상황이 극도로 어렵고 고달팠다."[445] 사회생산이 회복되기 시작하고 사람과 경작지 수량이 일정하게 늘어났다. 1651년(순치 8년), 사람 수가 1,063만여 명이었는데 1661년(순치 18년)에는 1,913만여 명으로 늘어나 성장 폭이 80%에 달했다. 경작지 면적을 보면 1651년에 논, 땅, 산을 합쳐 총 299만 경을 없앴는데 1661년에는 526만 경으로 늘어나 성장 폭이 약 80%에 달했다. 사회생산이 일정하게 회복되면서 향후 발전의 기반을 다졌다.

하지만 순치 때에는 전쟁이 끊이질 않았기 때문에 생산을 회복하는데 여러 가지 정책이 큰 영향을 받을 수밖에 없었다. 황무지를 일정하게 개간하긴 했지만 여전히 개간하지 못한 황무지 규모가 많았다. "여러

---

444 《청세조실록》 권2
445 《홍승주장진문책휘집(洪承疇章奏文册彙輯)》 권2

성에서 민전을 점차 개간하기 시작했지만 전부 개간하지는 못했다.”[446] 일부 조세를 줄이거나 면제했지만 또 새로운 명목으로 된 조세를 징수하기 시작했다. 청조 통치자들은 이와 관련해서 “조세를 감면하긴 했지만 실은 유명무실했다”[447]라는 점을 인정했다. 삼향을 취소하긴 했지만 또 “역초향, 연향 등과 같은 명목의 세금을 만들어 과거와 다름없이 세금을 징수했다.”[448] 게다가 청조 통치자들은 또한 권지(圈地)와 투충(投充) 그리고 도망자를 처벌하는 등의 후진적 조치를 실행했기 때문에 일부 지역에서는 계급모순이 첨예해지고 사회경제 회복은 어려웠다. 강희제 때 '삼번의 난'을 평정하고 대규모의 전란이 끝난 후에야 개혁을 조정하고 다양한 조치를 취함으로서 농업생산의 발전을 추진하기 시작했다.

2. 통치계급 내부의 모순투쟁과 황권 강화

청조 입관 초기에 제도와 정책에 중대한 변화가 나타났다. 경제적으로는 북경과 동북에서 건립한 봉건 농노제는 극복할 수 없는 모순에 직면하게 되면서 점차 봉건 조전제(租佃制)로 자리를 양보해주어야 했다. 정치적으로는 원시 군사민주제도의 색채를 띤 '합의제(合議制)'가 점점 붕괴되어감에 따라 부득이하게 한족의 봉건전제주의 집권제를

---

446   유홍유(劉鴻儒), 《청찰재부이중방계소(請察財賦以重邦計疏)》, 《황청진의》 권11
447   《청세조실록》 권42
448   이운장, 《경진보방부국요도(敬陳保邦富國要圖)》, 《황청진의》 권2

수용하여야만 했으므로 점차 황권이 강화되는 양상을 보였다. 정치적으로 나타난 이 같은 변화는 근본적인 차원에서 볼 때 황제와 몇몇 측근 대신들이 권력을 쥐기 위한 음모로 계획해낸 것이 아니라 역사적인 산물이었다. 중국은 땅이 넓고 인구가 많은데다 여러 민족이 집거해 살고 있었다. 통일을 실현한지 약 2천여 년이 되는 가운데 분산된 봉건 소농경제가 절대적인 우세를 차지했을 뿐이지 더 이상 경내에는 막강한 실력을 가지고 오랜 세월 서로 대항할 수 있는 이심세력과 지방 세력이 존재하지는 않았다. 이러한 나라에서 봉건전제주의 집권제는 실행 가능하였을 뿐만 아니라 이 나라를 통치하는데 꼭 필요한 제도라고 볼 수 있었다. 정치는 경제의 집중적인 표현이다. 봉건전제 황권의 장기적인 통치는 중국 역사의 국정방향을 제시해 주었다.

때문에 청 왕조는 '합의제'에서 전제집권체제로의 전환은 필수불가결한 것이다. 하지만 이러한 필요성은 또다시 통치자들의 권력에 대한 욕망, 잔혹하고도 무정한 내부 충돌 그리고 기이하고 다양한 음모사건을 통해서 실현되었다. 필연성이 추측할 수 없는 우연성의 탈을 쓰고 오히려 복잡한 우연의 사건에서 나타나고 있을 뿐만 아니라 역사의 필연적인 추세를 실현했다. 청조 봉건전제 황권을 강화하는 과정에서 황태극, 순치, 강희, 옹정을 거치는 100년간에 황제와 기주, 제왕 그리고 여러 세력그룹이 치열한 투쟁을 벌였는데 결국에는 황권의 완승으로 끝났다. 옹정제 때에 군기처를 설립함에 따라 권력은 오로지 황제에게만 집중됐다. 이는 황권을 핵심으로 하는 청조 봉건전제주의가 절정에 달했음을 보여주었다.

누르하치(努爾哈赤) 통치 시기에는 팔기 기주들이 '한 마음으로 나라를 다스리고', '함께 국정을 논의하는'[449] 정치체제를 제정했다. 황태극 때에는 팔기 기주와 제왕들이 정치적으로 상당한 권력을 장악하고 있었는데 주로 의정왕대신회의 설치, 그리고 제왕의 중앙 6부 관리 등의 분야에서 실현되었다. 군사, 국정과 관련되는 중대한 사안을 결정할 때에는 황태극도 '번종을 모아' 상의해야 하였고 '수많은 의견 가운데서 선택했다.'[450] 이와 동시에 적절한 조치를 취해 황권을 강화하고 기주, 제왕들의 권력을 제한하면서 누르하치가 정한 체제를 점차 바꾸기 시작했다. 1630년(천총 4년), 황태극은 이패륵 아민(阿敏)의 정남기(正藍旗)를 탈취한 후 양황기(鑲黃旗), 정황기(正黃旗), 정남기(正藍旗) 즉 상삼기(上三旗)를 소유하게 되었다. 이로써 각자 한기 씩 소유하고 있던 균형세력은 타파되고 청조 황제가 삼기를 모두 장악하는 새로운 국면이 시작되었다. 이는 황권을 강화할 수 있는 기반으로 되었다. 또한 내삼원(內三院)을 설치해 직접 황제의 명에 따르도록 하였다. 하지만 오기(五旗)는 여전히 제왕들이 장악하고 있었으며 기주마다 속해 있는 군대를 조절해서 파견할 수 있었다. 그리고 그 아래의 대신, 관리들은 기주를 영주로 모셨다. 각 기의 군사행정의 대권을 장악하고 있는 각 기주들은 중앙집권세력과는 다른 마음을 가진 세력이 되었다.

청조가 입관하기 6개월 전, 황태극이 죽었다. 황태극이 생전에 후계자를 지정하지 않은 탓에 그가 죽자 제왕들 사이에 후계자 쟁탈전이 벌어졌다.

---

449   《청태조실록》 권4
450   소련, 《소정잡록》 권2

그 당시 성경(盛京)의 조선대신도 '나라의 근본을 정하지 않았기' 때문에 황태극이 죽으면 황위 쟁탈전이 벌어질 것이라는 점을 예견하였다. "제왕들이 서로 당파를 나눴기에 분쟁이 많을 것이고 황태극이 죽으면 나라는 반드시 어지러워질 것이다."[451] 《청세조실록》에도 똑같은 기록이 있다. "선황제가 귀빈이고 제왕이 형제인데 서로 다투면서 어지러워졌고 정권에 호시탐탐 눈독을 들였다."[452]

그 당시 황위 쟁탈에서 유력한 후보로는 호격(豪格)과 도르곤이었다. 숙친왕(肅親王) 호격은 황태극의 장자이다. 황태극이 직접 장악하고 있던 양황기(兩黃旗)는 호격을 옹립할 것을 주장했다. "양황기(兩黃旗)는 원래부터 숙친왕을 군주로 옹립하기로 했다."[453] "국가가 어려움에 처했을 때 도르격(圖爾格), 소니(索尼), 도뢰(圖賴), 석한(錫翰), 공아대(鞏阿岱), 오배, 담태(譚泰), 탑첨(塔瞻)은 숙왕의 집에 모여 숙왕을 군주로 옹립할 것이라고 말했다."[454] 양남기를 장악한 정친왕 제이합랑(濟爾哈郞)도 호격을 군주로 옹립하는 데로 치우쳤다. "화석정친왕은 얼(호격을 가리킴)을 군주로 옹립하는 방향으로 마음을 정했다. 하지만 왕의 성질이 온화해 사람들이 탄복 할 수 없을 것이라고 판단되어 결국 논의는 그대로 끝났다."[455] 당시 서열에서 최고 자리에 오른 황태극의 형 예친왕 대선도 호격이 "황제의

451   조선 《인조실록(仁祖實錄)》 권37, 16년 8월 임오.
452   《청세조실록》 권10
453   《청세조실록》 권56
454   《청세조실록》 권37
455   《청세조실록》 권4

장자이니 제위를 계승하는 것이 마땅하다"[456]라고 주장했다.

도르곤은 누르하치의 열넷째 아들이자 황태극의 동생으로, 정치와 군사에 뛰어난 재능을 갖고 있었다. 조선 전쟁과 진주(錦州) 공격 등의 여러 전쟁에 참여한 바 있는 찰합이(察哈爾)는 황태극의 중용을 받았다. "기타 자제를 뛰어넘는 재능이 있는 도르곤에게는 후한 대우를 내린다"[457] 의미에서 그에게 '묵이근대청(墨爾根代靑)'(총명의 뜻이 있음)의 칭호를 수여하고 화석예친왕(和碩睿親王)이란 봉작을 내렸다. 도르곤과 동복 형제이자 양백기를 소유하고 있는 아제격(阿濟格), 다탁(多鐸)이 가장 유력한 황위 쟁탈자로 되었다.

호격을 위주로 한 양황기(兩黃旗) 세력과 도르곤을 위주로 한 양백기(兩白旗)가 첨예하게 대립하였다. 양백기는 호격의 황위 계승을 단호히 반대하면서 "숙친왕을 황위에 올린다면 우리들은 살아갈 희망이 없다"[458]라며 본기(本旗) 수령인 도르곤을 옹호했다. "영군왕 아제격, 예군왕 다탁은 예친왕이 황위에 오르도록 권고했다."[459] 하지만 양황기는 꼭 황태극의 아들이 황위를 계승해야 한다고 주장하면서 "선황제(황태극을 가리킴)의 황자가 있기 때문에 반드시 그중 한 명을 황위에 올려야 한다."[460]라며 목소리를 높였다. 일촉즉발의 위기 상황에 양황기(兩黃旗)는 경계를 더욱 엄하게 하였다. "태종이 죽자 예로부터 백기 제왕과 갈등이 있던

456   《심양상계(沈陽狀啓)》 계말년 8월 26일.
457   《청사고(淸史稿)》, 《열전(列傳)》 5, 《도르곤》
458   《청세조실록》 권22
459   《청사고》, 《열전》 36, 《소니》
460   《청사고》, 《열전》 36, 《소니》

도이격(圖爾格)(내대신, 양황기(鑲黃旗)에 속함) 등은 300백 단위로 구성된 우록(牛錄) 세 팀의 호군(護軍)에게 명을 내려 갑옷을 입고 활을 소지하고는 궁문을 지키도록 하였다."[461] 제왕이 숭정전(崇政殿)에서 황위 책봉에 대해 상의하고 있을 때 "양황기(兩黃旗) 대신들은 대청문에서 동맹을 결성한 후 양기(兩旗)의 바야라(巴牙喇) 군사에게 화살을 휴대하고 궁전을 향해 활을 당기라는 명을 내렸다. …… 소니와 파도로(巴圖魯)가 서로 인사를 나누며 황자 옹립에 대해 의견을 나누었다."[462] "황제(황태극을 가리킴)의 부하 장령들은 칼을 차고 앞으로 다가서며 '황제가 우리를 먹여주고 입혀주었기 때문에 길러준 은혜가 하늘과 같아서 만약 황제의 아들을 황위에 올리지 않는다면 황제를 따라 죽으면 그만 아니겠는가'라고 말했다."[463] 청조 통치자들은 이런 분열의 위기상황에서 무사히 벗어나서 대오의 통일을 실현함으로써 절충방안을 내놓을 수 있었다. 황태극의 아홉째 아들, 고작 6살인 복림(福臨)을 황제에 올리고 도르곤, 제이합랑이 그를 보좌하도록 하였다. 양백기의 입장에서는 장남이 아니라 어린 황자를 제위에 올린 것은 앞으로 더 쉽게 정권을 통제하기 위해서였다. 도르곤이 황제가 되지는 못했지만 복림이 어리기 때문에 권력은 자연히 정권보좌 명분을 가진 총명하고 유능한 도르곤에게로 넘어갔다. 양황기(兩黃旗)의 입장에서는 그래도 복림이 황태극의 아들이기 때문에 이들은 여전히 "천자에 속하는 군대"였다.

---

461 《청세조실록》 권38
462 《청사고》, 《열전》 36, 《소니》
463 《심양상계(瀋陽狀啓)》, 계말년 8월 26일.

따라서 권력에서나, 체면상으로 모두 일정한 만족을 얻을 수 있었다. 황위계승 문제를 절충방안으로 해결함으로써 제왕 간의 다툼으로 인한 대란의 국면은 다행히 모면하게 되었다. 이어서 형세에는 급격한 변화가 발생하였다. 청군은 군사를 대거 거느리고 입관해서 이자성의 봉기군을 공격했다. 그 당시에 도르곤은 줄곧 집정자이자 결정자의 역할을 하였다. 황태극의 방침을 이어받은 그는 전국의 통치권을 쟁취하기 위해 최선을 다했다. 그가 청군을 거느리고 입관했을 때 이번 전쟁의 깊은 의미에 대해 명확히 밝혔다. "예전에 명조를 세 차례나 정벌했는데 목적은 모두 포획하고 약탈하기 위해서였다. 오늘의 대거 정벌은 그때와는 다르다. 하늘의 보살핌을 받아 나라를 안정시키고 백성을 안정시켜 대업을 이끌어 나가려는 것이다."[464] 청군이 북경을 점령한 후, 일부는 고향이 그리워 다시 돌아가 생활하려 하면서 "제왕을 연도(燕都)에 남겨 지키게 하고 군사는 계속 심양을 지키거나 혹은 산해로 물러나 보위할 것을" 주장했다. 도르곤은 안목이 좁은 후퇴방침을 단호히 반대하면서 "선황제가 북경을 얻는다면 즉시 도읍을 옮겨 차지해야 한다고 말씀하셨다. 하물며 지금 백성들의 마음이 안정되지 못했는데 어찌 버리고 동쪽으로 물러난다는 말인가"[465]라고 했다. 도르곤의 지휘 하에 청군은 파죽지세로 도착하는 곳마다 승리를 거뒀으며 이들의 군사는 중국의 절반을 휩쓸었다. 승리가 계속되는 가운데 제왕, 각기(各旗) 사이의 내부 모순은 완화됐으며 도르곤의

---

464   《심관록(沈館录)》 권7
465   《이조실록(李朝實錄)》 권35, 권45

권력과 명망은 갈수록 높아졌다. 1644년 11월, 도르곤은 '숙부 섭정왕'으로 책봉되었다가 1684년 12월에는 또다시 '황부 섭정왕'으로 격상되었다. 그는 '하늘을 대신해 섭정했으며', 그가 내린 '상과 벌은 조정과 동일한 위엄을 가졌다.' 또 "신부(信符)가 황궁에 수장되어 있기 때문에 사용할 때마다 상소문을 올려 허가를 받아야 했는데 불편함이 많아 아예 왕부에다가 수장하였다."[466] 뿐만 아니라 황제의 옥쇄마저도 도르곤의 집으로 옮겨 보관하였다. 그때에 "대권을 장악하고 있었기 때문에 관내 외 사람들의 모든 것을 알고 있는 자로는 예왕 한 사람뿐이었다."[467] 도르곤의 동모 형제인 아제격과 다탁은 이미 양백과 정남 삼기를 장악하였다.[468] 막강한 실력을 가진 양황기(兩黃旗)를 분화시키고 자기편으로 끌어 들임으로써 양황기의 많은 대신들이 모두 도르곤에게 의탁하였다. 이에 호격은 크게 분노했다. "고산(固山)의 액진(額眞) 담태(譚泰), 호군 통령 도뢰(圖賴), 계심랑(啓心郞) 소니가 모두 나에게 의탁했다. 오늘 그들이 이기(二旗)를 거느리고 화석 예친왕에게 의탁하러 갔으니……뛰어난 재능을 가진 자들은 그가 거두어 채용하고 무능한 자들은 모두 내가 거두고 있는 것이 아닌가."[469] 1647년 8월, 제이합랑의 보좌 직책을 파면하고 다탁을 '보좌 숙덕 예친왕'에 봉했다. 1648년, 자그마한 죄를 구실로 삼아 호격을 감옥에 가둬두고 죽게 함으로써

466　《청세조실록》 권26
467　《청세조실록》 권88
468　《청세조실록》 권53 그 당시 정남기와 양황기는 황제가 통솔한 '상삼기'였다. 도르곤이 섭정한 후 호위수요를 빌미로 자신에게로 귀속시켰다. 향후 권력을 이양한 후 순치에게 넘겨주겠다고 승낙했다.
469　《청세조실록》 권4

정적(政敵)을 말끔히 처리했다.

권력의 집중은 억제할 수 없는 필연적인 추세이다. 공개된 정적은 반드시 제거되기 마련이다. 집권을 방해하는 각기의 분립, 제왕의 집권 그리고 정치에서의 '합의제'는 용납할 수 없는 제도로 반드시 제한해야 하는 제도이다. 도르곤은 섭정 권력을 이용해서 다양한 조치를 취하여 자신의 지위를 공고히 하였다. 우선 의정왕대신회의의 권력을 약화시켰다. 도르곤은 "예전에는 다수의 의견을 중시해 무릇 국가대사라면 반드시 다수 사람들의 의견이 일치해야 사건을 마무리하곤 했다. 지금 다시 돌이켜보면 많은 사람이 조정에 모여 논쟁하니 서로 의견이 일치하지 않아 오히려 국가정무를 그르치게 된 것 같다."[470]라고 주장했다. 의정왕 대신들이 정사를 논의하면 '의견이 서로 일치하지 않는다'는 이유로 모든 권력을 섭정왕에게로 집중시켰다. 그리고 제왕들을 기존에 관리하고 있던 사무에서 손을 떼도록 하고 각 부의 사무를 상서가 관리하도록 하였으며 상서는 섭정왕의 명을 듣도록 하였다. 6부가 설립된 후부터는 오랜 세월 동안 제왕들이 관리했다. 비록 중지된 적도 있지만 제왕들은 6부에 대해 여전히 일정한 영향력이 있었다. 때문에 도르곤은 1649년(순치 6년) "제왕 그리고 여러 대신들이 각 아문의 정무를 간섭하거나 내외 한족관리를 비난하고 있는데……그 비난의 옳고 그름을 떠나 모두 죄를 물을 것"이라고 했다. 또 제왕이 각 아문의 사무를 이유로 "사사로이 각 아문의 관리를

---

470 《청세조실록》권2

관청까지 불러가지 못한다"[471]라고 규정했다. 이로써 황태극 때부터 실현된 중앙집권은 한 단계 더 발전할 수 있었다.

도르곤이 제왕들의 권력을 제한하고 약화시킨 것은 통치계급 내부모순의 성질을 띠고 있긴 하지만 당시 도르곤은 '하늘을 대신해 섭정'하는 지위에 있었기 때문에 모든 권력을 섭정왕에게 집중시킨 것은 전제주의 중앙집권을 강화하는 것과 맥락이 일치했다.

1651년 1월(순치 7년 12월), 도르곤이 죽고 순치가 정권을 잡으면서 정치국면에는 큰 변화가 찾아왔다. 이때에 지위와 권력이 도르곤에 버금가던 예왕 다탁이 먼저 죽으면서 영왕 아제격이 곧바로 구금되고 자진을 명받았다. 영수를 잃은 양백기는 양황기(兩黃旗)(순치)와 양남기 (제이합랑)의 연합공격으로 열세에 처해졌다. 도르곤은 죽은 후 지위가 강등되고 삭제되었을 뿐만 아니라 재산마저 전부 몰수당했다. 그가 중용했던 왕공대신들 가운데에서 일부는 배신하여 총부리를 그에게 돌렸고 또 일부는 도드곤과 '결탁하고 그에게 아부했다'는 죄명으로 사형 당했거나 지위가 강등되고 해임되었다.

이번 궁정 정변으로 인해 정치에서 보수적인 경향이 있던 제이합랑, 오배의 세력이 다시 발전하면서 일부 정책조치는 후퇴하는 경향을 보였다. 예를 들면, 1651년, 제왕들이 사무를 관리하는 옛 제도를 한동안 회복해서 한족관리와 지식인에 대한 통제를 더욱 엄격히 하였다. 또 중앙 각 부원의 한족관리를 '정'하거나 '평가'했다. 표현에 따르면 일부는 예전대로 직무를

---

471 《청세조실록》 권44

맡기고 일부는 강등해서 직무를 맡겼다. 또 일부는 강제로 '관직에서 사직하도록' 하였으며 일부는 백성으로 파면해 영원히 임용하지 못하도록 하였다. 도르곤이 중용했던 한족 관리 진명하(陳名夏), 진지린(陳之遴), 유정종(劉正宗) 등은 모두 죄를 받고 사형을 당하였다.

제이합랑은 순치제에게 "태종태조의 법을 본받을 것"을 요구했다. 제왕 패륵과 "정사의 득과 실을 논의하고" 선조들이 "늘 후세 자손들이 순박하고 인정이 많은 풍속을 버리고 한족의 풍속을 이어받을까 두려워했다"[472]라는 훈계로 순치제의 주위를 환기시켰다. 이는 만주 귀족의 특권을 수호하고 한족문화를 배척하려는 보수 세력들의 노력을 설명해주는 대목이다.

여기서 짚고 넘어가야 할 부분이라면 비록 보수 세력이 일정한 수준에서 발전하기 시작하여 정책의 치중점에 일부 변화가 나타나긴 했지만, 청 왕조가 전국을 통치하고 남방의 항청 세력을 격파하려면 부득이하게 광범위한 지역의 선진적인 경제, 정치와 문화에 적응해야 하고 한족의 상류계층을 자기편으로 끌어들여야 하는 정책 추세는 이미 보수 세력이 되돌릴 수는 있는 것이 아니었다. 특히 젊은 순치제가 똑똑한데다 적극적으로 일을 추진하려 하였고 또 한족문화에 대해서도 비교적 깊이 알고 있었기 때문이다. 그가 정치적으로는 도르곤과 적대관계였지만 정책 방향에서는 그와 일맥상통했다. 그는 만주 대신의 반대에도 무릅쓰고 여전히 한족 관리를 중용하고 한족문화를 제창하였다. 또 도르곤의 정책방향에 따라 계속해서 내정, 사법, 재정 분야에서의 조정과 개혁을

---

472   《청사고》, 《열전》 1, 《제이합랑》

감행하였다. 예를 들면 명조 숭정제(崇禎帝)의 비석을 세워 이미 멸망한 명왕조를 계속해서 예우하겠다는 뜻을 밝혔다. 또 한족지주 관리를 자기편으로 끌어들이거나 위로하였다. 범문정(範文程), 홍승주(洪承疇), 풍전(馮銓), 김지준(金之俊), 위예개(魏裔介) 등의 널리 알려진 한족관리를 여전히 중용하였다. 또 내삼원을 내각으로 바꾸고 명조의 중추기구 체제를 적용하였다. 이밖에 산실된 책을 널리 찾고 공자묘를 수리하고 어경을 선별하고 유가문화를 존중하였다. 그리고 각 아문에서 만주 관리만이 도장을 관리할 수 있던 낡은 제도를 바꿔 한족관리에게도 이 같은 권리를 부여하였다. 주전(鑄錢)에 만주어만 사용하던 제도를 바꿔 만주어와 한자를 겸용하도록 하였다. 이 같은 조치는 만주 보수 세력의 불만을 불러왔는데 순치제와 일부 팔기 공신귀족의 모순과 투쟁으로 그 사실을 보여주고 있다.

1661년 2월(순치 18년 정월), 순치제가 죽었다. 8살의 황태극 현엽(강희)이 즉위하였고 소니, 소크사합, 알필륭, 오배 등의 네 대신이 그를 보좌했다. 이때 또다시 보수 세력이 발전하기 시작하였다. 그들은 순치제의 유조를 고쳐서 순치제에게 14가지 죄명을 뒤집어 씌웠다. 그중에는 "직접 정사를 돌보기 시작한 후로 기율과 법률 그리고 인재채용과 행정에서 태조태종의 책략, 공훈과 업적을 본받지 않은 채 옛 것만 따르고 한가한 세월을 보내면서 현 상황에 안주하였다. 게다가 점차 한족의 풍속을 따라가면서 순박한 옛 제도가 바뀌었다. 그러니 나라에 대한 관리가 엉망이고 백성들이 고난에 허덕이고 있으니 짐의 한 가지 죄이다. 만주 제신들이 역대를 거쳐 충성을 다하거나 오랜 동안 나라를 위해 이바지하며 공을 세우고 헌신했다. 하지만 짐이 그자들을 신임하지 못해 능력을 제대로 펼치지도 못하였다.

게다가 명계(明季)가 나라를 잃은 것도 문관을 편용　하였기 때문이다. 하지만 짐은 이를 본보기로 삼지 않고 한족 관리를 임용해 부원의 인신(印信)을 한족관리에게 맡겨 관리하도록 했다. 따라서 만주 대신들이 일을 맡아하려 하지 않았고 정신상태가 해이해졌는데 이 또한 짐의 한 가지 죄이다."[473]

473　《청세조실록》 권144

제4장

17세기 후반기의 유물주의 진보사조

제1절
17세기 후반기의 진보사조는 시대적 산물

1. 명·청시기 진보사조의 탄생

17세기는 중국의 역사상 계급과 민족모순이 유난히 첨예하게 대립했던 시기였다. 대규모의 전쟁이 이어지고 사회의 불안정이 지속되는 가운데에서 신속하게 변화되는 정치국면은 사상분야의 발전을 유력하게 추진했다. 이 시기에는 황종희, 고염무, 왕부지, 안원 등을 대표로 하는 걸출한 사상가들이 나타났다. 그들이 주장한 학식과 사상은 넓고 심오하였다. 또한 이들은 예리한 필치와 심각하고도 자유로운 정감으로 새로운 정치와 철학관점을 펼쳐 송 명조 시대 이후 시대에 뒤떨어졌던 반동 이학과 대립했다. 이로써 비판과 실무적인 사상을 갖춘 새로운 사조, 새로운 학풍이 형성되었는데 이는 중국 사상사에 있어서 찬란한 한 쪽으로 남았다.

엥겔스는 이런 말을 했다. "역사적으로 보면 정치, 종교, 철학이나 기타 의식 형태분야에서의 투쟁을 막론하고 실제로는 여러 사회계급의 투쟁이 두드러졌다는 점을 어느 정도 말해준다."[474] 명조 말기, 중국의 봉건사회가

474　《마르크스엥겔스선집》, 제1권, 《루이 보나파르트의 무월 18일

후기에 들어서면서 여러 가지 사회모순은 더욱 첨예해졌으며 봉건 통치는 더 이상 제 역할을 할 수 없게 되었다. 명조 말기의 크고 기세가 높았던 농민봉기는 무장투쟁을 통해 봉건제도의 부패성을 심각하게 폭로하고 안하무인인 명 왕조와 송 명 이학의 정신적 속박을 전부 뒤엎었다. 이는 청조 초기 진보 사조의 흥기에 결정적인 의미를 제공하였다.

만주의 귀족은 입관한 후에 한족 지주 관료와 힘을 합쳐 농민봉기를 진압하였고 청조 통치를 건립하는 과정에서는 야만적인 민족 압박정책을 실행했다. 이 때문에 민족 간의 모순은 매우 첨예해지고 전국의 정치형세도 급격하게 변화하였다. 명조가 순식간에 와해되고 만주 귀족이 중원에 들어오면서 일부 봉건 사대부의 사상은 크게 흔들렸다. 그들은 '천붕지해(天崩地解)'의 형세를 대면하면서 두렵고 당혹스러운 마음으로 새롭게 나타난 사회문제를 주시하고 '나라가 멸망된' 원인을 분석했다.

탄탄하고 견고해 보이던 명조 통치가 몰락한 이유는 무엇일까? 2천년 동안 중국을 통치하던 봉건제도가 내부와 외부의 위기를 견뎌내지 못하고 또 위기를 순조롭게 이겨내지 못한 이유는 무엇일까? 봉건통치에 과연 어떤 문제점이 생긴 것일까? 봉건통치 전체와 여러 부분의 견고성은 어떠할까? 만족이 건립한 신왕조가 명조제도를 답습했으니 과연 얼마나 지속될 수 있을까? 청조 초기의 사상가들은 봉건제도의 본질을 제대로 인식 할 수가 없었다. 따라서 자연적으로 일련의 근본적인 사회, 정치 문제에 대해 정확하게 대답할 수도 없었던 것이다. 하지만 그들은 당대의 계급투쟁과

(路易 波拿巴的霧月十八日)》 독일어판 제3판 머리말, 602쪽.

민족투쟁의 격랑 속에서 봉건사회 말기에 나타난 여러 가지 폐단을 확실하게 깨달았다. 따라서 이들은 봉건 전제제도를 심각하게 비난하고 유심주의 이학을 비판할 수 있게 되었다. 또 경세치용을 제창하고 민족 압박을 반대함으로써 청조 초기에는 기세가 높은 새로운 진보적인 사회 사조를 형성하게 될 수 있었던 것이다. 이밖에 오랜 세월의 유랑생활로 인하여 이들은 사회의 진실한 모습을 보았고 하층 백성들과 많이 접촉할 수 있었는데 이 또한 인식을 넓히고 연구 분야를 풍부히 할 수 있는 기반이 되었다. 진보 사상가들에 대한 치열한 계급투쟁과 민족투쟁의 교육적 역할은 그들이 고대 서적에서 배운 것보다 더욱 직접적이고 현실적이고 중요하였다고 볼 수 있다. 40년간에 걸친 봉건제도를 향한 농민계급의 지속된 투쟁이 없었더라면 청조 초기의 진보사상가들은 비판할만한 근거가 없었을 것이다. 계급투쟁은 사회 역사발전의 원동력이자 사상발전의 근원인 것이다.

"사람들의 사상, 관점과 개념 이를 한 마디로 말하면, 의식은 사람들의 생활조건, 사회관계, 사회존재의 변화에 따라 바뀌는 것이다."[475] 명조 말기에 자본주의의 맹아는 진보사조의 형성에 일정한 의미를 갖는다. 명조 가경(嘉靖), 만력(萬曆) 이후로 장강 유역 일대에는 발달한 상품경제의 기초 위에서 자본주의가 싹트기 시작했다. 새롭게 나타난 경제요소의 역할이 봉건사회 내부에는 매우 미미하였지만 사회전반에 대한 영향은 조금씩 나타나기 시작했다. 청조 초기의 사상가중 다수는 동남지역에서

---

475   《마르크스엥겔스선집》, 제 1권, 《공산당선언》, 270쪽.

거주하거나 활동하였기 때문에 상공업과 어느 정도의 연계가 있었다. 봉건 정통사상으로 뒤덮인 가운데에서도 그들 사이에 민주주의의 일부 사상이 싹트기 시작했다는 것은 상대적으로 경제조건의 발달이 뒷받침된 덕분이다.

17세기 후반기의 사회 진보사조는 "선구자가 그(진보사조)에게 전파하고 그는 또 이를 출발점으로 하는 특정된 사상의 자료를 전제로 했다"[476] 사상가들은 중국 고대 역사의 소박한 유물주의 전통을 이어받았지만 그들은 봉건사회 후기의 복잡하고 첨예한 모순과 투쟁을 겪었기 때문에 관련된 자료는 더욱 풍부하여 그들이 언급한 분야에 보다 넓고 크게 기여할 수 있었던 것이다. 송 원 명조의 시기에는 유심주의의 이학이 범람했다. 오랜 세월동안 중국 고대의 유물주의 전통은 널리 알려지지 못했다. 명조 말기, 반동이학을 반대한 진보적인 사상가는 이지(李贄)이다.

그는 봉건정치와 봉건문화를 비판하는 기치를 들고 사람들이 깊이 생각할만한 수많은 철학과 사회문제를 제기하였다. 하지만 이지가 생활했던 시대가 조금 일렀기 때문에 그의 사상은 계급투쟁과 민족투쟁의 영향을 크게 받지 않아 아직은 유심주의 사상에서 벗어나지 못했다. 그의 세계관은 입세(入世, 속세에 참여한다는 의미)가 아닌 출세(出世, 속세를 벗어난다는 의미)와 비슷했다. 이학에 대한 그의 비판은 심각하기보다는 첨예하다고 말할 수 있다. 명조 말기 농민 대봉기를 겪은 후에 명조가 멸망되고 이학 유심주의의 반동성과 부패성이 더욱 폭로되면서 청조 초기에 사상가들이 나타날 수 있었다.

---

476 《마르크스엥겔스선집》, 제1권, 《엥겔스, 콘라트 슈미트에게 보낸 편지에서》, 270쪽.

이들은 고대의 유물주의 전통을 회복하고 발전시켰는데 이지보다 더욱 확고한 입장에서 이학 유심주의에 대해 심각하고도 맹렬하게 공격하였다. 비록 청조 초기의 사상가들은 이지의 예의윤상을 무시하는 관점과 아무런 구애를 받지 않고 제멋대로인 생활태도를 찬성하지는 않았지만 송 명조의 이학을 맹렬하게 반대하는 부분에서는 그들이 이지의 비판 깃발을 건네받았다고 말할 수 있다. 명조 말기, 생산력의 발전은 자연과학의 발전으로 이어졌다. 이시진(李時珍)의 《본초강목(本草綱目)》, 송응별(宋應星)의 《천공개물(天工開物)》, 서광계(徐光啓)의 《농정전서(農政全書)》는 당시의 과학기술 수준을 반영하였다. 당시에 서방의 천문, 수학, 지리학을 비롯한 자연과학이 차례로 중국으로 전파되었다. 과학사상의 전파는 청조 초기의 사상가들에게 자기만의 우주관과 역사관의 신비한 색채 그리고 이학관점과 미신사상의 속박에서 벗어나서 실무적인 태도와 과학적인 방법으로 정치와 사회문제를 관찰하는데 이로움을 주었다.

17세기 후반기에 형성된 진보적인 사조는 심각한 사회역사적 원인이 종합적으로 뒷받침되어 있었다. 이러한 사조는 여러 가지 모순들이 오랜 세월동안의 투쟁을 거쳐 나타난 산물이며 역사적으로는 진보사상이 새로운 역사조건에서 발전한 결과이기도 하다. 오랜 세월 동안의 중국의 사상역사 발전과정을 되돌아보면 사회전환기에 들어섰을 때마다 그 시대에 어울리는 총화를 내놓는 자들이 있었다. 곧바로 청조 초기의 사상가들은 급격하게 바뀌고 있는 사회 흐름을 타고 총화의 관점에서 과거를 비판했다. 이를 통해서 중국 사상에 있어 가장 휘황하고 찬란한 새로운 역사의 장을 펼쳤다.

2. 명·청시기의 학파와 사상가

사회 사조에는 항상 여러 개의 서로 다른 학파가 있었고 중요한 학파마다 뛰어난 대표자가 있었다. 걸출한 인물들은 학파를 이끌고 시대흐름에 앞장서서 역사발전에 불리한 요소들을 제거하였다. 사조는 일부 계급, 그룹의 특정된 역사, 환경에서의 관점, 염원과 기풍에 대한 총화이다.

동일한 사조에 속하는 여러 학파와 인물들은 공통적인 사상의 경향성이 있었다. 하지만 서로의 경력과 활동지역, 전승분야, 학문연구방법, 기질과 애호가 달랐기 때문에 그들의 이론관점이나 저술풍격은 물론 조예의 깊이 그리고 연구 분야에서는 큰 차이를 보였다. 자유롭고 진보적인 사회 사조는 단조롭고 천편일률적으로 중복되거나 모방한 것이 아니라 비슷한 가운데에서도 풍부한 내용과 변화무쌍한 풍격을 보여주었다. 마치 봄날에 백화가 만발해서 아름답고 화려한 자태를 뽐내는 모습을 방불케 하였다. 여러 학파와 수많은 사상가들을 보면 방법은 서로 달랐지만 결과는 같았다. 그들은 서로 뛰어난 분야와 추진중점이 있었으며 서로 간에 영향을 주면서 시대의 특색과 대중의 기반을 갖춘 사회 사조를 형성하였다.

청조 초기의 걸출한 사상가와 중요한 학파로는,

(1) 황종희와 절동학파. 황종희(黃宗羲)(1610년~1695년), 자는 태충(太沖), 호는 남뢰(南雷) 또는 이주(梨洲)이다. 절강 여요(餘姚)사람이며 관료 지주가정에서 태어났다. 그의 아버지 황존소(黃尊素)는 동림당(東林黨)의 중요한 인물로 명조 말기 부패한 정치 환경에서

환관 도당의 박해로 목숨을 잃었다. 청조의 군대가 남하하자 황종희는 가산을 모두 털어 국난을 구제하려고 나섰으며 10여 년간 항청 투쟁에 참여하였다. 하지만 투쟁에 실패하자 그는 고향으로 돌아가 은둔생활을 하면서 글을 가르치고 저술에 몰두하였다. 청정부는 황종희에게 관직을 주려고 여러 차례 건의하였지만 황종희는 이를 모두 거절하였다. 저술로는 《명이대방록(明夷待訪錄)》, 《남뢰문정(南雷文定)》, 《명유학안(明儒學案)》 등이 있다.

황종희는 주로 정치학과 역사학 분야에서 큰 기여를 하였다. 그가 저술한 《명이대방록》은 봉건정치를 맹렬하게 비난하고 일부 민주주의의 색채를 띤 "이상적인 나라"를 그려냄으로써 중국 근대 사상계에 중요한 영향을 미쳤다. 그의 사학사상은 통경치용(通經治用)에 중점을 두었으며 역사적인 안목으로 학술을 논하고 공론을 반대하였다. 그는 "명조의 문인아사들이 학문을 주장하는 과정에서 항상 옛 사람들이 말하는 그릇된 언론을 모방하면서 사서오경을 읽지 아니하고 성현지학을 배우지 아니하고 사방에 교실을 개설하여 강의한다. 이들은 이를 업으로 간주한다. ……때문에 학자라면 고적을 연구하고 사서를 익숙히 배우는 걸 근본으로 해야 하며 경학에 뛰어나야만 나라를 잘 다스릴 수 있다. 사서를 배우고 읽어 세상물정에 어둡고 고지식한 유생이 되어서는 안 된다."[477]라고 주장했다. 이 같은 인식은 이학이 표방하는 전통을 타파한 것으로, 명조 말기 학풍의

---

477 《청사고(淸史稿)》, 《열전(列傳)》 267, 《유림(儒林)》 1

오래된 폐단에 대한 저항이라 할 수 있었다. 장학성은 "절동학파의 학설은 '목숨'과 관련해서는 꼭 경서를 바탕으로 연구하고 탐구하려고 했는데 이 또한 그들이 남보다 뛰어난 이유가 아닐까"[478]라고 말했다. 전조망도 "현재 수업에서의 고질병도 조금은 바뀔 수 있을 것"[479]이라고 말했다.

명조 약 3백년의 사상발전을 총화 한 황종희의 저술 《명유학안》은 중국 고대에서 일정한 체계와 규모를 갖춘 학술 사상적으로 저작으로 꼽힌다. 훗날 그의 제자 만사대(萬斯大)와 만사동(萬斯同), 그리고 더 늦은 시기의 전조망(全祖望)과 장학성(章學誠) 등은 직접적으로나 간접적으로 황종희의 영향을 받았다. 이들은 황종희가 완성하지 못한 또 다른 거작 《송원학안(宋元學案)》과 명조 역사에 대한 편찬을 완성해 역사편찬과 사론, 사학 등의 부분에 크게 기여하였다. 이로써 이들은 사학연구를 특색으로 하는 절동(浙東)학파를 형성했다. 절동학파는 아래와 같은 뚜렷한 특징이 있다. 공론을 숭상하지 않고 실천을 중요시 하며 경학을 근본으로 하고 사학을 나라를 다스리는 수단으로 간주하였다. 또 민족의 절개를 중요시 하고 학문에 대한 태도가 신중하고 시비를 엄격하게 가려냈으며 역사사실을 고증하는데 힘쓰면서 소문을 근거로 삼지 않았다. 이처럼 황종희는 유물주의의 경향을 보이긴 했지만 왕양명(王陽明)학파의 영향을 상당하게 받아 사상에 유심주의의 찌꺼기가 섞여 있었기 때문에 정치나 역사적으로 본질을 한층 더 밝혀내지는 못하였다. 이런 국한성에서 벗어날

---

478 장학성, 《문사통의(文史通義)》 내편2, 《절동학술(浙東學術)》
479 전조망, 《길기정집외편(鮚埼亭集外編)》 권16, 《용상증인서원기(甬上證人書院記)》

수 없었던 것이 황종희의 한계라 하겠다.

고염무(顧炎武)(1613년~1682년), 자는 영인(寧人), 호는 정림(亭林), 강소(江蘇) 곤산(昆山)사람이며 강남의 명문대가 출신이었다. 청년시기에는 명조 말기의 폐정공격을 취지로 한 '복사(複社)'에 가담해서 각종 지식의 습득을 중시하고 세상을 다스리는 학문에 관심을 가질 것을 제창하였다. 청조 군대의 남하로 곤산이 함락되었을 때 생모와 두 남동생이 모두 살해당하였다. 그의 양모가 식음을 전폐하기로 맹세한 것이 고염무에게 큰 영향을 미친 것으로 보인다. 그가 '복사'에 가담한 귀장(歸莊), 오기항(吳其沆) 등과 함께 항청 무장투쟁을 일으켰다. 무장투쟁이 실패하자 그는 북방의 여러 성을 돌아다니며 유지지사들과 친분을 쌓았다. 하지만 "늘 마음속으로는 잊지 않고 있으면서"[480] 명조 통치를 회복하려고 계획하였다. 저술로는 《천하군국이병서(天下郡國利病書)》, 《일지록(日知錄)》, 《음학오서(音學五書)》, 《정림시문집(亭林詩文集)》 등이다.

고염무는 경학, 음운학, 역사학과 지리학 등의 여러 면에서 모두 뛰어난 업적을 남겼다. 공소한 이론에 치우쳐 배움에 게을리 하는데다 어리석고 뻔뻔한 명조 말기 사대부들을 겨냥해 "널리 글을 배우고 몸가짐에 부끄러움을 알아야 한다"라고 강조하였다. 또한 "명도구세(明道救世)"를 가르침의 취지로 간주하고 학술연구와 사회문제 해결을 한군데로 연결시켰다. "개인의 수양을 닦는 데에만 그치는 것이 아니라 국가대사와 관련된 지식을 습득해야 한다. 문화지식을 배우는 데에만 그칠 것이 아니라

---

480   전조망, 《길기정집(鮚埼亭集)》 권12, 《정림선생신도표(亭林先生神道表)》

사회실천의 경험을 얻어야 한다"481)라며 명조 말기의 극도로 부패한 학풍을 바꾸려고 노력하였다. 이를 위해 그는 "경학이 바로 이학"이란 기치를 내걸고 "세상의 어려움은 전혀 돌보지 않고 종일 위미정일(危微精一)의 공론만 주장하는"482) 이학과는 대립된 견해를 펼쳤다. 이는 그 당시의 사상분야에서 큰 파란을 일으켰다.

경세치용의 학술내용은 고염무의 독특한 치학방법을 결정했다. 그는 조사연구를 중시하였다. 증거를 널리 찾고 산천지리와 여러 가지 제도의 연혁을 조사하였다. 또한 독창성을 제창하면서 맹목적이고 표절하는 행위는 반대하였다. 내용이 풍부한 《천하군국이병서》와 《일지록》이 바로 위 방법론을 실천에 옮긴 대표적인 사례이다. 그는 "연속 몇 년간 여러 곳을 돌아다녔는데 3개월간 한 곳에서 머문 적이 없고", "1년 가운데의 절반은 여관에서 지냈으며"483) 가는 곳마다 "산천풍모와 풍속을 고찰하고 백성들의 고통과 이병(利病)을 요해하였기 때문에 이 부분에 대해서는 잘 알고 있었다."484)

고염무가 "책은 읽지도 않고 한가로움과 게으름으로 근거 없는 이야기만 하는" 나쁜 학풍을 효과적으로 바로잡고 청조의 치학방법과 학술종류의 새로운 경로를 개척함으로써 훗날 나타난 고증학파에 큰 영향을 미쳤으며 청조 학술 사상사에서도 중요한 지위를 차지하였다. 양계초(梁啓超)는

---

481 고염무, 《정림문집(亭林文集)》 권3, 《친구와 학서를 논하다(與友人論學書)》
482 고염무, 《정림문집》 권3, 《친구와 학서를 논하다》
483 고염무, 《정림문집》 권5, 《여반차경서(與潘次耕書)》
484 반뢰(潘耒), 《일지록》 서.

"청조의 여러 학술은 모두 정림을 그 시작으로 하고 후인들이 널리 이어갔다"[485]라고 하였다. 하지만 주희의 영향을 많이 받은 고염무는 정치개혁을 주장하는 태도에는 상대적으로 온화하였고 유물주의의 견해를 충분히 발휘하지는 못하였다. 따라서 그가 주장하는 방법은 형이상학에서 벗어날 수 없었던 것이었다. 청조 통치자들은 통치 수요에 따라 고염무의 경세지학이 '시대에 뒤떨어져 실행하기 어렵다거나', '주장하는 학문이 지나치게 예리하다'고 폄하하다가도 '상세하게 고증된 부분'에 대해서는 크게 찬양하면서 그의 명성을 빌어 고증학파를 위해 변호하려 하였다. 사실상 고증학파가 고염무의 치학사상 전통을 일정 부분 받아들이기는 했지만 고염무의 경세지학은 현실정치를 이탈하고 단지 책에서 배운 지식을 추구하는 번잡한 학술로 변화시켰기 때문에 고염무의 최초 생각과는 거리가 멀었다.

　왕부지(王夫之)(1619년~1692년), 자는 이농(而農)이고, 호는 강재(薑齋)이며 선산선생(船山先生)으로도 칭해졌다. 호남(湖南) 형양(衡陽)사람으로, 몰락한 소지주의 가정에서 태어났다. 청년시기에 벌써 국가정치, 백성들의 사정과 생활형편에 관심을 가지고 역대의 사회경제와 전장제도의 변혁관계를 연구하기 시작하였다. 또 복사에 참여해 개혁을 제창하였다. 1648년, 청군이 형주(衡州)를 점령했을 때 왕부지는 형산(衡山)에서 항청 무장투쟁을 일으켰지만 적은 병력으로 막강한 군사력을 가진 청군을 막아내지 못하고 결국 실패하였다.

485　양계초,《중국근300년학술사(中國近三百年學術史)》

훗날에는 계왕(桂王)정부에 몸을 의탁했지만 남명(南明) 조정의 당파투쟁에서 배척을 당하면서 거의 목숨을 잃을 뻔 하였다.

이 때문에 국가정치의 어지러운 상황을 뼈저리게 느낀 그는 더는 희망이 없다고 생각하고는 홀연히 떠났다. 그 후로 그는 오랜 세월 동안 깊은 산골짜기와 묘요(苗瑤)산굴에서 은거생활을 하면서 저술에 열중했으며 필묵을 빌어 나라를 위기에서 구하려는 의지를 펼쳤다. 그는 "역대 성현을 대신해 곧 실전될 불후의 학설을 전승함으로써 대대손손 오래도록 태평스럽고 위대한 기업을 열어나가려 하였다."[486] 그는 극도로 어려운 환경 속에서 수많은 저술을 완성하였다. 그중 《주역외전(周易外傳)》, 《장자정맹주(張子正蒙注)》, 《상서인의(尙書引義)》, 《사문록내외편(思問錄內外篇)》, 《악몽(噩夢)》, 《황서(黃書)》, 《독통감론(讀通鑒論)》 등이 대표적이다.

명조 말기, 청조 초기, 복잡하고 첨예한 계급모순, 민족모순은 왕부지가 역대의 치란, 득실, 흥망성쇠, 존망의 경험교훈을 총화 하도록 이끌었다. 그는 중국을 통치한지 5백여 년이 넘었고 또 지금도 사회발전을 속박하고 있는 유심주의 이학을 깊이 있고도 체계적으로 비판했으며 투쟁 속에서 소박한 유물주의 우주관과 진보적인 역사관을 형성하였다. 그의 철학사상과 사회사상은 뚜렷한 혁신의 색채를 띠고 있었으며 역사규칙의 연구를 통해 경험과 교훈을 제공하려 하였다. 학술분야에서 뛰어난 성과를 거둔 왕부지는 최고의 명예를 얻었다. 유헌정(劉獻廷)은 "왕부지는 학문에

---

486 왕어(王敔), 《강재공행술(薑齋公行述)》

정통하고 박식해서 육경에서도 모두 성과를 거두었다"[487]라고 말했다. 담사동(譚嗣同)은 "5백년 이래, 천문현상과 인간세상의 일을 통달하는 자는 선산(船山) 한 사람뿐이다"[488]라고 말했다. 왕부지의 사상은 '독창적인 국면'을 개척해서 당시 통치지위를 차지한 조정 철학의 반동으로 불렸다. 따라서 그의 저술이 '금서(禁書)'로 분류되었다가 19세기 중엽에 이르러서야 대량으로 간행되었다.

17세기 지주계급 사상가 왕부지의 철학사상은 유심주의의 흔적을 온전히 극복하지는 못했다. 특히 사회역사관에서는 지주계급의 사상을 뚜렷하게 나타내었다. 그는 농민봉기를 적대시하고 혁명을 일으킨 농민을 모독했다. 또한 '한족과 이민족의 계선'에 얽매여 소수 형제 민족을 차별 대우하였다. 그는 사회를 위기에서 구하기 위해 일련의 탐색을 하긴 했지만 사회의 기본 모순을 근본적인 차원에서 해결할만한 정확한 방법을 내놓지는 못했다.

---

487   유헌정, 《광양잡기(廣陽雜記)》
488   담사동, 《인학(仁學)》

제2절
17세기 후반기의 진보사조 내용

1.봉건전제주의 대한 반대

17세기 후반기의 진보적인 사상가들은 명말 전제정치의 부패와 전제황제의 우매함을 뼈저리게 느꼈다. 또한 항청 무장투쟁을 통해 오랜 세월동안 청조 조정의 전제정치에 대항하였다. 이 때문에 이들 사상가들은 봉건전제주의의 폐해를 깊이 인식하고 날카롭게 공격할 수 있었던 것이다. 그중에 황종희와 당견(唐甄)이 가장 대표적 인물이다.

1663년, '망국'의 원한을 품은 사대부 계급의 황종희는 봉건 전제주의에 대한 비판 특색을 지닌 정치적 저술-《명이대방록》을 집필했다. 저술에서 황종희는 삼강오륜명교 사상의 속박을 과감하게 벗어나서 하늘이 부여한 군주권리의 신비로운 색채를 없애고 '이(利)', '해(害)'의 적나라한 관점으로 군주권리의 기원과 그 실질을 논증하였다. 그는 "군주가 천하의 이익을 자신에게 돌리고, 해로움은 남에게 돌렸다"라고 말했다. 또 "천하 사람들의 간이나 뇌를 마구 주무르고 천하의 자녀를 이산시켰을 뿐만 아니라", "천하의 골수를 벗겨" 한 사람의 음락에 바침으로써 천하 사람들의 '사'와 '이'가 군주 개인의 '대사(大私)'에 묻히는 걸 두려워하지 않았다고 꼬집었다. 때문에 천하 사람들의 마음속에 군주는 '원수'이고 '독부(獨夫)'나 마찬가지라고 주장하였다. 그는 "백성이 주인이고 군주가 객"이던 고대 요순시대의 세상을 높이 평가하고 나서야 "군주가 주인이고 백성이 객"인 오늘의 세상을 반대하였다. 또 "천하가 안녕하지 못한 것은 군주 때문"[489]이라며 공개적으로 비난하였다. 군주의 위세가 하늘을 찌르고 이학자들이 온갖 방법을 다해 그들을 변호하는 전제시대에 이와 같은 결론은 숨 막힐 듯이 암연한 사상계에 엄청난 반향을 일으켰다.

"신하는 군주에게 복종해야 한다"라는 봉건 조례를 겨냥해 황종희는 군주와 백성은 "명목은 다르지만 실질은 같기" 때문에 평등한 '사우(師友)'관계이지만 환관 궁녀와는 차별이 있다고 논술하였다.

신하의 직책은 "군주가 아닌 천하를 위한 것이다. 일성(一姓)이 아닌 만민을 위한 것이다."[490]라고 여겼다. 그는 "신하는 군주를 위해 만들어진 것이고", "신하와 군주 간의 논리관계는 천양지간에서 벗어날 수 없다"라고 주장하는 이학자들을 "안목이 짧은 지식인"이라고 비웃으면서 그들이 최고 도덕기준으로 존경하고 있는 충군사상을 멸시하였다. 황종희는 "백성의 슬픔과 기쁨을" 마음에 두지 않는 군주의 흥망은 "일성의 흥망"일 뿐이기 때문에 신하는 "군주를 따라 망하거나", "목숨으로 군주의 권위를 수호할"[491] 필요가 없다고 주장하였다. 백성의 슬픔과 기쁨을 일성의 흥망보다 중요하다고 주장한 사상은 전통 봉건 오륜삼강에 대한 부정이라 할 수 있다.

---

489 황종희,《명이대방록》,《원신(原臣)》
490 황종희,《명이대방록》,《원신(原臣)》
491 황종희,《명이대방록》,《원신(原臣)》

봉건 전제주의를 반대하는 과정에서 당견(唐甄)은 "군신의 윤리를 결코 인정하지 않는다"[492], "군신의 뜻을 감히 얘기하지 못하고 있다"라는 뚜렷한 입장을 내세워 유가로 하여금 신성화된 군주권리를 향해 공격하였다. 그는 "천자가 존귀하다고는 하지만 똑같이 사람이고"[493], "천자가 존귀하지만 하느님도 신도 아닌 사람이다"[494]라고 주장했다. 이로써 그는 군주에게 씌워진 신성한 광환을 벗겨버리고 군주를 백성과 동일시하였다. 그는 "천하 사람들이 군주를 원수로 여긴다"라는 인식을 바탕으로 역대 군주가 모두 백성을 도살하는 회자수라고 하며 그들의 죄악을 대담하게 폭로하였다. "진나라 때부터 무릇 군주는 도둑놈이다", "대장이 사람을 죽였다지만 실은 대장이 아닌 천자가 죽인 것이고……관리가 사람을 죽였다고 해도 실은 관리가 아닌 천자가 죽인 것이다. 사람을 죽이는 자들이 많지만 그들을 조정하는 자가 실은 천자이다"[495]라며 예리한 사상을 제기하였다. "차호, 도둑놈인 군주가 천하에 미치는 큰 해가 이토록 극악무도 할 줄이야!"[496] 당견은 역대 군주의 죄악을 첨예하게 비난했을 뿐만 아니라 청조 초기의 사회현실에 대해서도 적나라하게 폭로하였다. 이른바 "가깝게는 20~30년……사람을 죽이는 일은……군주가 절반을 차지한다"[497]라고 언급했는데 이는 만주 귀족의 무장진압 투쟁을 가리킨 것이다.

---

492 당견,《잠서(潛書)》,《수천편(守賤篇)》
493 당견,《잠서》,《선유편(善遊篇)》
494 당견,《잠서》,《억존편(抑尊篇)》
495 당견,《잠서》,《실어편(室語篇)》
496 당견,《잠서》,《전학편(全學篇)》
497 당견,《잠서》,《선군편(鮮君篇)》

하지만 황종희나 당견 모두 군주의 죄악을 폭로하는 가운데에서 군주 전제제도를 폐지해야 한다는 결론을 얻어내지는 못하였다. 이들의 첨예한 공격이 오랜 세월을 거쳐 마음속에 쌓인 원한을 풀어낸 것만은 확실하다. 특히 황종희는 "만약 군주가 없다면"이라는 가설까지 제기하였다. 하지만 여전히 재상의 권리를 강화하고 군주의 권리를 제한하는 데에 착안점을 두고 재상 전현제(傳賢制)로 천자 세습제를 보완하려 하였다. 군주로 하여금 "자기 한사람의 이익을 이익으로 삼지 않고, 천하로 하여금 그 이익을 받게 하며 자기 한사람의 해를 해로 생각하지 않고 천하로 하여금 그 해를 면하게 하려 했다."[498] 황종희는 학교와 법치를 바탕으로 한 군주권리의 감독을 희망하였다. 그는 학교가 오로지 "인재를 양성하기 위해" 설립된 것이 아니라 "사물의 시비를 공동으로 가리는" 논의기구가 되어야 한다고 주장하였다. 그는 동한과 송나라 역사를 예로 들어 학교의 역할을 논증하였다. 그는 태학 제주(祭酒)가 "재상과 동등하게 중요한" 권력을 가져야 한다며 군주 앞에서 "정치의 부족함"을 솔직하게 얘기해서 "군주라도 함부로 자신에 대해 옳고 그름을 판단하지 말고 그 판단을 학교의 공론에 맡겨야 한다"[499]라고 주장했다. 또 지방관을 상대로 군현 학관(學官)은 "작은 죄를 지으면 법률 처벌을 내리고 큰 죄를 지으면 효수해서 대중에게 본보기로 보여줄 수 있다"[500]라고 언급하였다. 이런 학교의 기능은 근대의 대의(代議)기구와 유사하다. 이 또한 황종희 정치사상에서는 가장

---

498   황종희, 《명이대방록》, 《원군》
499   황종희, 《명이대방록》, 《학교(學校)》
500   황종희, 《명이대방록》, 《학교》

급진적이고 초보적인 민주주의의 색채를 띤 부분이라 하겠다. 그는 극도로 쇠락해진 현 시점에 현인들이 정치를 펼 수 있기를 바라는 마음을 이 같은 사상에 의탁하였다. 황종희는 또 "치법(治法)이 있은 뒤에야 치인(治人)이 있다"라는 법치사상을 제기하였다. 즉 "조정이라 귀한 것이 아니고, 촌스럽고 뒤떨어져서 세상 형편에 서툴러도 비천한 것은 아니며", "각자가 있을 곳에서 개인의 이익을 얻는 것"을 원칙으로 하는 "천하지법"으로 "세상 사람들의 손발을 묶는" "일가의 법"[501]을 대체함으로써 군주 개인의 '인치(人治)'를 제한하려 하였다. 이런 법치사상에 근대 군주 입헌의 요소가 일정 부분 포함됐으며 법률 차원에서 평등한 권리에 대해 요구하는 상공업 시민들의 염원을 반영하였다. 하지만 그의 실질은 여전히 봉건제도의 법치에 있었다.

《명의대방록》을 특별히 생각해온 고염무는 이를 위해 직접 머리글을 지었다. 《일지록》이 《명의대방록》과 같다는 사람이 "10명 중 6, 7명은 됐다"라고 했다. 그는 '중치(衆治)'로 '독치(獨治)'를 대체할 것을 주장하였다. 즉 군현 수령의 직권을 늘려 군주권력과 지방권력의 균형을 유지해야 한다는 것이다. 그리고 왕부지는 "천하가 한 사람을 위한 것이 아니라며"[502] 천하를 고루 나누는 '균천하(均天下)'사상을 제기했다. 따라서 고염무, 왕부지의 이런 사상이 황종희와 당견의 전제 반대 사상과 일맥상통한 것이라 볼 수 있다.

---

501   고염무, 《일지록》 권6, 《애백성고형벌중(愛百姓故刑罰中)》
502   왕부지, 《독통감론》 권말 《서론(叙論)》

2. 민족사상

청조 때의 항청 무장투쟁은 중국 내부의 민족투쟁으로, 근대국가간의 투쟁과는 엄연한 차이가 있다. 하지만 국내 민족투쟁에도 민족 압박 문제나 정당한 민족이익을 지키는 문제, 그리고 투항할 것인지 끝까지 저항할 것인지 등의 다양한 문제들이 병존하였다. 만주 통치자들이 입관 초기, 잔혹한 도살과 민족 억압정책을 실행하면서 광범위한 한족 백성 그리고 수많은 지주와 지식인의 저항을 불러왔다. 항청 투쟁에 뛰어든 사상가들이 필과 묵을 무기로 만주 통치자들의 민족 압박과 기시를 반대하는 등 강렬한 민족의식을 보여주었는데 이는 적극적인 의미가 있다고 본다.

그 당시 왕부지는 여러 저술에서 민족이익을 지키는 것은 "예나 지금이나 보편적으로 적용되는 도리"이고 민족의 쓰레기는 "만세의 죄인"이라는 사상을 제기하였다. 옛일을 빌어 현대인들의 일을 비유하면서 역사상의 투항파를 냉정하게 비난하고 민족의 정당한 이익을 지키기 위해 투쟁한 민족의 영웅을 높이 칭송하였다. 민족의 절개를 중시하는 고염무는 '나라'와 '천하'를 서로 다른 2개의 개념으로 분류하였다. '나라'는 일성의 왕조이고, '천하'는 필부의 천하 즉 민족의 천하라는 것이다. "성을 바꾸고 호를 개정하는 것"은 망국이지만 망천하는 민족 풍속습관과 문화마저 사라지는 것이다. 때문에 그는 나라를 보호하는 '보국' 책임은 군신백관에 있으며 "천하를 지키는 일은" "비천한 필부에게도 책임이 있다"[503]라고 강조했다.

---

503   고염무, 《일지록》 권13, 《정시(正始)》

민족의 이익을 일성의 왕조를 뛰어넘는 존재로 간주하고 절대적으로
신성한 군주의 신조를 위배한 그의 사상에는 시대의 흔적이 깊이 새겨졌다.
고염무는 "천하를 지키려면" 반드시 "풍속부터 바르게 해야 한다"라고
제기하였다. 그는 풍속을 바르게 하려면 "공정한 논의부터 이뤄져야
한다"라며 지주, 사대부에게 발언권을 줘야 한다고 주장했다. "정치와 교육
그리고 풍속이 완벽한 것이 아니라면 서민들이 논의하는 것을 허락해야
한다"[504]라는 것이다. 이렇게 그는 일정한 부분에서 민족이익 수호사상을
전제주의 반대 사상과 한군데로 연결시켰다.

청조 초기, 강렬한 민족사상을 지닌 사상가들이 많았다. 이런 사상가들은
적극적이고 소극적인 양면성을 띠었다. '이하지방(夷夏之防(중국과 오랑캐
간 방어))'의 민족 편견을 안고 있는 이들은 민족을 압박하는 가운데서
통치자와 피통치자를 분별할 수 없었기 때문에 모든 소수민족을 적으로
간주했을 뿐만 아니라 심지어 '짐승'이라고 비난했다. 따라서 이들의 사상에
짙은 대민족주의 정서가 묻어났다.

3. 균전설과 '공상개본(工商皆本)'

명조 말기 농민봉기를 겪은 사상가들은 끊임없이 이어지고 있는 농민
저항투쟁에서 명조 말기의 관료, 귀족, 대지주들의 광적인 토지합병으로

---

504 위와 같음, 《청의(淸議)》

인하여 "논을 가진 자는 열 명 중에 한 명이고 소작인이 열 명 중에 아홉 명"인 심각한 '불균형'이 나타났고 이러한 현상 또한 농민 대봉기를 불러온 근원이라는 점을 깨달았다. 명조 말기의 폐정을 없애고 계급모순을 완화하고 봉건제도의 기반을 지키기 위해 그들은 관료, 귀족, 대지주를 상대로 합병 제한조치를 사회개혁의 핵심으로 제기하였다. 왕부지는 제왕이 사사로이 천하의 토지를 소유하는 행위를 반대하면서 자신이 가지고 있는 경작지는 스스로 경작하는 것을 지지하였다. 그는 "그럴 만한 능력이 있는 자는 땅을 다스리고", "제왕이 천하의 사람을 신하로 굴복시킬 수는 있지만 천하의 토지를 마음대로 얻을 수는 없다"[505]라고 말했다. 또 "자신이 가지고 있는 경작지는 스스로 경작할 수 있지만 능력이 있어도 3백무를 초과해서는 안 된다"[506]라고 주장했다. 황종희는 《명의대방록》에서 정전제 회복을 이유로 "백성들에게 논밭을 나눠주고", "논밭을 균등하게 나눌 것"을 제기하였다. 그는 명조의 군둔(軍屯)제도에 따라 정전제 회복을 위한 청사진을 구상했다. 고염무는 명조 말기의 관리, 지주들이 농민을 상대로 실시하고 있는 복잡하고 엄격한 착취[507]를 겨냥해서 "균전"과 "농지경작"[508]을 적극적으로 주장하였다. 그가 지은 시구에는 농민들의 참혹한 현실생활에 대해 일정 부분 동정하는 정감이 드러났다. 안원은 "한 사람이 수십, 수백 경의 토지를 소유하거나 수십, 수백 명이 토지 한 경 조차 소유하지 못하고

505 왕부지, 《악몽(噩夢)》
506 왕부지, 《독통감론》 권2
507 고염무, 《일지록(日知彔)》 권10, 《소송이부전부지중조(蘇松二府田賦之重條)》 참조.
508 위와 같음. 《치지조(治地條)》, 《개간황지조(開墾荒地條)》

있는"[509] 심각한 사회 불균형 현상을 적나라하게 폭로하였다. 또 "조정의 권지정책으로 인하여 수도와 인근 지역을 거의 점유했다"라며 청조의 권지정책을 예리하게 규탄하였다. 그는 "천지간의 논밭은 천하 사람들이 함께 누려야 한다"[510]라고 하며 목소리를 높였다. 또한 균전을 "첫 번째 의로운 일"이라고 간주하면서 "논밭을 균등하게 배분하지 못한다면 교양을 비롯한 수많은 정책도 실시할 곳이 없다"[511]라고 주장했다. 그가 제기한 7자 부천하 경제 강령도 실은 균전을 기반으로 한 것이다. 안원과 황종희가 제기한 조치는 거의 비슷하였다. 이들은 모두 이상화된 삼대 정전제도를 빌어 현행 조전관계를 개혁하려 하였다. 또 "한 달 동안 한 사람을 형벌에 처하지 않더라도 한 읍의 논밭은 균일하게 배분할 수 있기를"[512] 상상하기도 하였다. 이어 이공(李塨), 왕곤승(王崑繩) 등도 "논밭을 균일하게 배분하는 것이야말로 첫 번째 어진 정치"[513]라고 주장하였다. 한편, 이들은 논밭을 거둬들이고 바치고 구입하는 등 구체적인 방법을 제기하여 안원의 균전 주장을 한층 보완하였다.

종합적으로, 17세기 사상가들이 주장한 '균전설'은 짙은 복고주의의 색채에 가려져서 지극히 현실적인 목표를 갖고 있었다. 봉건제도를 지키려는 기본적인 사상에서 출발해서 그 당시 사회발전의 주요한 문제점과 동란의 근원을 폭로하여 토지합병이 범람하는 현상을 억제하였으며 아주

---

509   《존치편(存治篇)》
510   《존치편》
511   《시재선생언행록(習齋先生言行录)》 3대제9
512   《시재선생언행록》 3대제9
513   이공, 《의태평책(擬太平策)》 권1, 왕곤승, 《평서정(平書訂)》 권7

위험한 상황에 처한 자작농의 목소리와 중소지주의 요구를 반영하였다. 균전에 대한 주장은 그들이 평등한 참정권을 요구하는 것과 같은 맥락이다. 이를 통해 17세기의 진보적 사상 흐름의 중요한 내용을 구성하였다. 하지만 이들 사상가들의 균전주장은 군둔 제도를 본보기(예를 들면 황종희)로 하는가 하면 일부는 당시의 조전관계(예를 들면 안원, 이공)를 참고로 해서 점진적으로 개혁을 추진할 것을 주장하였다. 하지만 이런 개혁은 실현되기 어려웠고 토지합병에 여전히 많은 여지를 남겨주었다. 여기서 제기한 균전을 명조 말기 농민봉기 때 제기한 "균전"강령과 비교해 보면 계급내용이나 실행수단 그리고 추구목적이 모두 서로 다르다.

이밖에 황종희는 "공상개본(工商皆本)" 사상을 제기해서 "농업을 중시하고 상업을 억제하는" 전통적인 경제사상, 경제정책과는 대립구도를 형성하였다. 그는 "선비들이 나라나 백성들의 사정을 살피지 않고 산업을 통틀어서 공업과 상업이 가장 하찮다고 여기면서 상공업을 멋대로 비난하고 억제하고 있다. 공업은 어진 임금이 갖고 싶어 하는 것으로서, 군왕이 가지려는 물건을 제공할 수 있다. 상업은 또 군왕이 갖고 싶은 물건을 진심으로 사게끔 할 수 있기에 공업과 상업은 모두 근본으로 삼아야 되는 업종이다"[514]라고 주장했다. 왕부지는 호상의 역할을 아주 중요시하였다. 그는 "상인과 지주들이 나라의 명줄을 통제하고 있다"라고 말했다. 또 봉건국가의 부민(富民)억제 정책을 반대하며 "백성의 재물을 탐내어 빼앗는 묵리(墨吏)를 징벌하고 부민들이 풍요롭게 살 수 있게 해준다면 사회를

---

514   황종희,《명의대방록(明夷待訪錄)》,《재계3(財計三)》

안정시키고 경제를 발전시킬 수 있다"[515]라고 주장하였다. 당건도 예로부터 봉건 통치자를 "상공업"에 종사하는 상인으로 간주하면서 농업과 똑같이 중요시할 것을 제기하였다. 그는 농업과 상업을 함께 발전시키는 것이 통치자들이 "나라를 다스리는 도리"에서 가장 중요한 내용이라고 여겼다. 예전에 그는 생산과 시역(市易)을 늘리는 방법을 통해서 "온 천하가 갈수록 궁핍해지고 농업, 공업, 시장, 선비가 없는"[516] 현황을 바꾸려고 상상하였다.

마르크스는 어떤 사상이나 이론, 관점의 탄생은 모두 우연이 아니고 "사회의 물질 생활조건과 사회가 존재하는 가운데서 찾아야 하는데 이 같은 사상, 이론과 관점 등등은 모두 사회 존재에 대한 반영이기 때문"[517]이라고 주장하였다. 청조 초기, 공상개본(혹은 농상개본)사상은 자본주의에서 싹튼 물질관계의 산물로, 시민이익의 의식 형태를 대변한다.

자연히 이 같은 사상은 완벽하고 계통적인 것이 아니라 소소하고 조각으로 되어 있다. 당시 도시에서 상공업자의 힘이나 역할이 커지긴 했지만 아직은 봉건세력에 맞설 수 있는 강력한 사회역량을 키우지는 못하였다. 아직은 현실생활에서 견고하지 않고 충분히 장대해지지 못한 힘과 사물이 사상에 반영될 때에는 그저 모호하고 정확하지 않은 윤곽으로만 나타날 뿐이다. 청조 초기 사상가들은 희미하게나마 상공업자의 중요한 역할을 깨달았다. 그들은 일정한 부분에서 백성의 힘이 커질 수 있기를 기대했지만 아직은

---

515   왕부지, 《황서(黃書)》, 대정제6

516   당견, 《잠서(潛書)》, 《존언편(存言篇)》

517   《스탈린문선(斯大林文選)》상, 《유물주의와 역사 유물주의 변증 논함 (論辯証唯物主義和歷史唯物主義)》, 제189쪽, 인민출판사 1962년 판.

미약한 백성들의 힘을 보다 세밀하게 묘사하고 대담하게 지지할 수는 없었다. 그들이 말하는 상인은 상품생산 분야가 아닌 상품유통 분야에 주로 종사하는 자들이었다. 그들이 말하는 '부민'에는 상공업자 외에 정권을 장악하지 못한 지주들도 포함되어 있었다.

4. 송명이학에 대한 반대

청조 초기의 사상가들은 치열하고도 격렬한 사회변혁 가운데서 송명이학의 폐해를 비교적 심각하게 깨달았다. 따라서 이들은 거의 모두가 이학의 반대편에서 이학을 수정하고 비판하고 공격하였다. 중국 사상계를 500년이나 통치한 유심주의 이학은 당시의 진보적인 사상계에서 대부분의 사람들의 공격대상이 됨에 따라 지고지상하던 권위는 점차 흔들리기 시작하였다.

태도가 상대적으로 온화한 사상가로는 황종희와 이옹(李顒)이다. 그들은 이학과 비교적 깊은 사승(師承)관계가 있었지만 역시 이학의 폐해를 깨닫고는 이학을 수정하고 보완하려 하였다. 황종희는 이학과의 공담을 반대했고 이옹도 "실상이 없이 꾸민 헛된 이야기만 하지 말고 실제 효과를 추구해야 한다"라고 주장했다. 이학을 반대하는 사상가들 가운데에서 비교적 급진적인 인물로는 고염무와 주지유(朱之瑜)이다. 고염무는 이학이 바로 경학이라는 명제를 제기하였다. "이른바 현재의 이학이 바로 선학이다. 오경이 아닌 어록에서 얻는데 여러 괄첩(括帖)에서 나오는 글과 비교해 특히 쉽다."[518] 주지유(周之瑜)는 "한 가지라도 해낸 일이 없고" "다른 사람을 모방하는" 이들은 "현재의 승려와 다를 바 없다"[519]라며 이학자를 비난하였다. 왕부지는 이론 차원에서 유심주의 이학에 대해 깊이 있게 비판하였으며 육왕심학이야말로 나라를 망치고 멸망시키는 학문이라고 비난하였다. 그는 "육자정이 나타나자 송나라가 멸망했다"[520]라고 말했다. 왕수인은 "양지와 착한 생각으로 자신을 포장하고 제멋대로 굴고 전혀 거리낌 없이 행동하는 것을 지름길로 생각하며 청렴한 품행이 없고 군주를 배신하는 것을 수치스러움조차 없이 공평무사하다고 표방한다……이런 여러 가지 악행으로 초래된 우환이 독뱀과 맹수의 수준을 훨씬 초월했다."[521]라고 주장하였다. 왕부지는 "진지 내부로 들어가 치중(輜重)을 습격하고 그들의 방어선을 파괴함으로써 그들의 결함을 만천하에 폭로해야 한다"[522]라는 비판적인 사상으로 이학을 맹렬하게 공격하였다. 하지만 고염무, 주지유, 왕부지는 육왕학파를 겨냥해 비판했을 뿐 주희에 대한 태도에는 비교적 완화되어 있었다.

부산(傅山), 반평격(潘平格) 등의 비난이 보다 예리하였는데 이학의 추태를 적나라하게 까발리고 그들이 표방하고 있는 정통사상을 폭로하였다. 부산은 이학자를 "노예 군자"라고 욕하였다. 이학을 듣고 난 후 그는 "듣기는

518 고염무, 《정림문집(亭林文集)》 권3, 《여시어산서(與施愚山書)》
519 주지유, 《순수문집(舜水文集)》 권9, 《여안동수약(與安東守約)》 권14, 《여안동수약잡문(答安東守約雜問)》
520 왕부지, 《장자정몽주 건륭편(張子正蒙注 乾隆篇)》 상.
521 왕부지, 《노자연 서(老子衍 序)》
522 왕부지, 《독통감론(讀通鑑論)》 권5

했지만 뭐라 말하는지 전혀 알아들을 수가 없다. 주희와 육구연의 학설을 연구한 적이 없기 때문이다. 그러니 양명이론을 들으니 마치 누군가의 터무니없는 소리로만 들린다."[523]라고 말했다. 그는 이학자의 정통설을 반대하며 "현재 행해지고 있는 오경사서의 주석은 한 나라의 군주 제도이지 오랜 세월을 거쳐 이어진 도통이 아니다"[524]라고 주장하였다.　반평격은 주희, 육상산(陸象山)을 승려, 도사와 비교하면서 "육구연(陸九淵)의 유학은 선학에 가깝고 주희의 유학은 도리에 가깝다."[525]라고 여겼다. 심지어 주지유, 이정(二程), 주희, 육구연, 왕명양(王明陽) 등의 이학 도통 사상 전수자들을 모조리 공묘 회랑의 승려와 도사로 취급하였다.

　그 후 안원은 청조에서 정주이학을 다시 제창하는 시대에 생활하였다. 이학이 흐름을 거슬러 올라와서 범람하고 있는 현상에 대해 그는 이학자들의 집중공격과 엄격하고 가혹한 형벌과 법령을 무시한 채 "이학이 사람을 죽인다며" 소리높이 외쳤다. 그는 "왕학을 취급하지 않고 주학이 독단적으로 행해지게 하고 있으니 사람을 죽이는 것이 아닌가? 주학을 취급하지 않고 왕학이 독단적으로 행해지게 하고 있으니 사람을 죽이는 것이 아닌가?"[526]라고 말했다. 그는 "양명학에서 선학에 가까운 부분이 아주 많다……이른바 도둑과 소통한 자이다"[527]라며 왕학을 비난했다. 또 이름을 구체적으로 거론하며 주희가 "기존에는 얘기를 나누고 책을 읽으며 나날을

523　부산, 《상홍감집(霜紅龕集)》 권40, 《잡기(雜記)》 5

524　부산, 《상홍감집(霜紅龕集)》 권36, 《잡기》 1

525　이공, 《서곡후집(恕穀後集)》 권6, 《만계야소전(萬季野小傳)》 반평각 말 인용

526　안원(顔元), 《시재기여(習齋記餘)》 권6

527　안원, 《존인편(存人篇)》 권2, 제4환

보냈고" "이로 자신의 일생을 망친다 해도 절대 후회하지 않았다"라면서 "천하를 책속으로 이끌기 위해 몸과 마음을 다 바침으로써" "천하 사람들을 약자, 환자, 쓸모없는 사람으로 만들"[528] 생각이었다고 비난하였다. 그는 주희가 주장하는 "조용하고 그윽한"학설은 "얘기할수록 혼란스러워지고 미묘할수록 터무니없는 것이다"[529]라며 "나라와 백성들에게 추호도 도움이 되지 않는" "곡학(曲學)", "이단(異端)"[530]이라고 비난하였다. 만약 천하의 사람들이 모두 "책을 읽고 저술하고 정좌하는 것을" 임무로 간주한다면 "사농공상(士農工商)업을 파괴하고 버릴 것이기 때문에 천하의 덕이 바르지 않을 뿐만 아니라 덕도 없어질 것이다. 천하를 이용하는데도 이롭지 않을 뿐만 아니라 쓸모가 없어질 것이다. 천하의 사람들의 덕이 후하지 않을 뿐만 아니라 세상에서 살아갈 수 없을 것이다."[531] 이러한 때문에 이학의 위해성이 "비상, 짐새(鴆鳥)의 깃털과 다를 바 없다"[532]라고 주장하였다. 갈수록 엄격해지는 청조 궁정의 사상통치 아래에서 이학에 대한 그의 첨예한 비난은 마치 경천동지와 같아 이학자들은 어찌할 바를 몰랐다.

---

528 안원, 《주자어류평(朱子語類平)》
529 안원, 《존인편》 권1
530 안원, 《시재기여》 권9
531 안원, 《시재기여》 권9
532 《주자어류평》

5. 유물주의 철학사상

청조 초기의 사상가들은 유심주의 이학과의 투쟁에서, 철학이란 근본적인 문제로부터 착수해서 유물주의 사상으로 이(理)와 기(氣)의 관계, 도(道)와 기(器)의 관계, 지(知)와 행(行)의 관계를 설명함으로써 이학의 유심주의 기초에 심각한 타격을 가하였다. 왕부지는 "이(理)가 기본이고 기(氣)가 말이 되며", "이(理)가 기(氣)에 앞서서 존재한다"는 유심주의 유론(謬論)을 부인함과 동시에 "이(理)는 기(氣)에 포함되어 있고", "이(理)가 바로 기(氣)의 도리"[533]라는 유물주의 일원론(一元論)을 인정하였다. 그는 또 정주(程朱)가 뒤바꿔놓은 물질과 정신의 관계를 다시 바로잡고 자연관과 인식론을 비롯해 옛 사람을 뛰어넘는 비교적 완벽한 유물주의 체계를 이루었다.

방이지(方以智)는 자연사 연구를 통해 "하늘과 땅 사이에 충만한 것이 바로 사물이다"[534]와 "온갖 사물이 모두 기로 이루어졌다"[535]는 유물주의 결론을 얻어냈다. 또한 끝없이 움직이고 있는 천지만물에는 모두 규칙이 있다는 점을 명확히 밝혔다. 이른바 "사물은 자체의 도리가 있는데" 이 규칙이 바로 "물리(사물의 이치)", "물칙(사물의 규칙)"[536]이라고 주장하였다. 고염무는 "하늘과 땅 사이를 충만한 것이 바로 기"[537]라는 유물주의 명제를 제기하였다. 이공도 "온갖 사물에는 조리와 일리가 있는데 바로 사물 중에

---

533 왕부지, 《사문록 내편(思問錄 內篇)》
534 방이지, 《물리소식(物理小識)》 권6, 《자서(自序)》
535 방이지, 《물리소식》 권6, 《천류기론(天類氣論)》
536 방이지, 《물리소식》 권6, 《총론(總論)》
537 고염무, 《일지록(日知錄)》 권1, 《유혼위변조(遊魂爲變條)》

있다……사물을 떠나서 어찌 이를 논할 수 있겠는가?"[538]라고 주장했다.

"도"와 "기", 즉 객관사물의 규칙과 구체사물의 관계에서 왕부지는 "도가 없으면 기도 없다", "도가 기에 앞서 존재한다", "도가 기본이고 기가 말이다"는 사상을 비난함과 동시에 도를 세계의 근원으로 하는 유심주의 세계관을 주장하며 "천하에는 기뿐이다. 도는 기의 도일 뿐, 기가 도의 기라고는 할 수 없다"[539]라고 강조했다. 다시 말해, 객관적으로 존재하는 구체적인 사물을 떠나서는 구체적인 사물의 규칙을 논할 수 없다는 것이다. 마치 "차와 말이 없이는" "어도(禦道)"가 생겨나지 않고 "활과 화살이 없이는" "사도(射道)"가 생겨나지 않는 법과 같은 이치이다. 이밖에 고염무는 "기(器)가 없이는 도도 의탁할 곳이 없다"[540]라고 주장했다. 방이지는 "사물의 이치가 일체에 있다"[541]는 점을 논증했다. 이런 관점들은 모두 물질과 사상 관계에 대한 유물주의 사상이다.

인식론 부분에서 청조 초기 사상가들은 큰 도리만 따지고 실천하지 않으며 타고난 마음씨만 논하는 이학자들의 나쁜 풍속을 겨냥하여 인식은 "외물(外物)"에서 왔고 "지(知)"가 "행(行)"에 의존한다고 강조하였다. 왕부지는 "형(形), 신(神), 물(物) 세 가지는 서로 만남으로 하여 깨달을 수 있다"[542]라는 유물주의 인식론을 제기하였다. 방이지는 "인식은 물질에 숨어있다"라고 주장하면서 정확한 인식은 마땅히 사물의 본래

---

538 이공, 《논어전주문(論語傳注問)》
539 왕부지, 《주역외전 계사(周易外傳 系辭)》
540 고염무, 《일지록》 권1, 《형이하자위지기조(形而下者謂之氣條)》
541 방이지, 《물리소식》, 《총론》
542 왕부지, 《사문록》, 《내편》

모습과 어울려야 한다고 생각하였다. 이른바 "인식은 사물 본래의 모습에 부합되어야 한다는 것이다."[543] 진확(陳確)은 "몸소 행하는 실천"을 중요시하며 학습과 실천이 인식에 대한 중요한 역할을 강조했다. 그는 "기가 있어 물질이 형성되고 배움으로 하여 인간이 될 수 있다"[544]라며 태어나기 전부터 인성을 논하는 것을 반대하고 유심주의 선험론(先驗論)의 망설을 비판함과 동시에 실제로부터 출발해서 다스리는 방법을 찾는 것을 격려하였다. 특히, 안원은 "습행(習行)"주장을 내세우고 직접적인 경험과 감성인식의 중요한 역할을 강조함으로써 조용히 앉아서 낭독하는 이학자들의 "심법(心法)"에 큰 타격을 가하였다. 그는 "가르침의 효과는 제한되어 있지만 이를 습득해 실제로 응용하려면 끝이 없다"[545], "아무 일이나 배우지 않으면 해낼 수 있는 일이 없고 복습하고 습득하지 않으면 익숙할 수 없다"[546]라고 말했다. 마치 의사라면 의학이론만 읽을 수는 없고 악기를 배움에 있어 금보만 읽을 수 없듯이 "직접 다뤄보고", "습득하고 실천하는데 힘써야 한다"라고 주장하였다. "천 권을 읽고 해석해도 한, 두 가지를 습득하고 실천에 옮기는 것만 못하다"[547]라는 것이 그의 격언이다.

그는 예리한 언어로 이학자들의 이른바 "스스로 신중하고 공경한 태도를 유지하며 사물의 도리를 탐구하거나", "조용히 앉아서 글을 읽으면서" 얻은 인식은 단지 "공상으로 마음의 위안을 얻고", "비현실적이고 허황한

---

543 방이지, 《물리소식》, 《총론》
544 진각, 《고언(瞽言)》, 《성해하(性解下)》
545 안원, 《존학편(存學篇)》 권1, 《총론제유강학(總論諸儒講學)》
546 이공, 왕원(王源), 《안습재선생년보(顔習齋先生年譜)》
547 안원, 《시재기여》 권6

일"을 추구하는 것일 뿐 허황하고 쓸모가 없는 거짓말이라고 비난하였다. 또 그들이 "매조(梅棗)가 보이지도 않는데 스스로 새콤하고 달콤한데 빠져있음으로 하여"[548] "5백년 학설이 큰 거짓말로 되었다"[549]라고 폭로하였다. 정주를 비난하면 형벌 제재를 논하는 준엄한 시대에 안원은 공공연히 청조 통치자들과 상반된 주장을 내세우면서 5백년간 지속된 공식화된 철학을 거짓말이라고 질책하는 등 진리를 견지하는 고귀한 사상을 드러냈다. 청조 초기의 사상가들은 풍부한 유물주의 사상을 지니고 있었지만 변증법적인 관점은 상대적으로 부족하였다. 하지만 왕부지는 그중에서도 아주 뛰어나고 출중한 존재였다. 그는 비교적 엄밀하고도 소박한 유물주의 사상체계를 건립했을 뿐만 아니라 일정한 정도에서 발전변화와 모순대립의 관점을 발휘하였다.

그는 "천지 만물은 가만히 머물러 있는 것이 아니라 영원히 변화하고 움직이는 존재이다"[550], "변화와 움직임은 마치 도로에서의 중추와 같고 집에서의 창문과 같은 존재"[551]라고 생각하였다. 또 "서로 반대이고 서로 원수가 되거나", "광풍과 신뢰가 서로 싸우는" 모순적인 투쟁관점으로 사물운동의 근원을 논증함으로써 이학자들의 "주정(主靜)" 철학을 강력하게 비판하였다. 아울러서 중국 고대의 소박한 변증법적 사상을 새로운 수준으로 끌어올렸다.

---

548 안원, 《시재기여》 권6
549 안원, 《시재기여》 권6
550 왕부지, 《독사서대전(讀四書大全)》
551 왕부지, 《주역외전(周易外傳)》 권6

왕부지는 또 무릇 사물은 변화한다는 관점으로 자연계와 사회의 발전과정을 해석하였다. 그는 인류 사회가 "역사의 발전변화에 따라 물질생활이 점차 풍요로워지고 발전하는" 역사 발전의 궤도를 바탕으로 "끊임없이 번성해지고 꾸준히 변화하고" 한 세대가 한 세대를 초월해야 한다고 주장하였다. 그는 오랜 세월 소수민족들 가운데에서 생활했던 직접적인 체험을 바탕으로 이학자들이 칭송하는 이른바 "천리유행(天理流行)"의 3대 성세는 "현재의 천광(川廣) 토사(土司)와 다를 바 없다"는 점을 논증하였다. 또한 "오, 초, 민, 월, 한 이전에는 오랑캐(夷)였지만 현재는 문화와 교육에 능한 자들이 많이 집중되어 있다"[552]라고 말했다. 이를 역사진화를 입증하는 실증으로 간주하였는데 그 당시로서는 아주 뛰어난 관점이었다.

6. 인성론(人性論)과 이욕설(理欲說)

인성론과 이욕설은 청조 초기 사상가들이 송명 이학 투쟁에서 개척해낸 또 다른 중요한 전장이었다. 이학자들은 인성을 "천명지성(天命之性)"과 "기질지성(氣質之性)"으로 분류해 "천명지성"은 천리로써, 착하고 아름답지만 사람이 품은 기질에는 맑고 혼탁함의 구별이 있다고 주장하였다. 따라서 기질지성에는 착한 부분도 있고 악한 부분도 있다는

---

552   왕부지, 《독통감론》 권30

것이다. 나쁜 사람과 어리석은 사람은 "혼탁한 기질을 품고 있을 뿐만 아니라 물질적 향락을 추구하는 욕망에 눈이 가려졌기" 때문이라고 하였다. 이와 같은 반동적인 설교는 한 면으로 봉건 강상윤리를 "천명지성"으로 끌어올려 백성들에게 무조건 복종하고 지키도록 요구하였다. 또 다른 면으로는 사람들의 생활요구에서부터 반봉건적인 사상 감정에 이르기까지 "기질, 물질적 욕구"에 대한 나쁜 영향이라고 비난하였다. 이학자들은 "천리보존과 인욕제거"를 강조했는데 온갖 반봉건사상과 행동을 말살하는 데에 그 목적을 두었다.

청조 초기의 사상가들은 유물주의 입장에서 이학자들의 인성에 대한 유심주의 선험론을 비판하였다. 그들은 선천적으로 형성된 "천명지성"을 인정하지 않으면서 인성은 태어나면서부터 지닌 것이 아니라 후천적인 환경에서 꾸준히 변화, 발전해서 형성된 것이라고 주장했다. 예를 들면 왕부지는 "습관이 오래되면 마침내 그 사람의 천성이 된다", "본성이 바로 생리(生理)이다. 매일 같이 성장하고 형성된다……사람의 습관이 시간과 환경에 따라 변화하고 아직 양성되지 않았으면 앞으로 형성될 수 있으며 이미 형성된 것도 개변할 수 있다. 그러니 어찌 사람의 본성이 형성되면 바뀌지 않고 본 모습 그대로를 유지할 수 있다고 할 수 있겠는가?"[553]라고 말했다. 진각도 "기가 있어 물질이 형성되고 배움으로 하여 인간이 될 수 있다"[554]라고 말했다. 안원은 "인성은 아주 순수하고 깨끗한 것만은 아니고

---

553   왕부지, 《상서인의(尙書引義)》 권3, 《태갑2(太甲二)》

554   황종희, 《진건초선생묘지명(陳乾初先生墓志銘)》, 《남뢰문정(南雷文定)》 후집, 권3 참고.

기질도 조잡하고 천박한 것만은 아니다. 기질은 인성에 부담이 되는 존재가 아닐 뿐더러 사실상 기질이 없으면 인성은 의지할 만한 곳이 없다. 그러니 어찌 수양을 하지 않을 수 있겠는가?"[555]라고 말했다. 이공도 "인간을 떠나 어찌 천성을 논하겠느냐? 또한 사물을 떠나 어찌 천성을 논하겠는가? 인간과 사물을 제외하고 천성이 존재할 수 있게 한다면 천성이 쓸모가 없어지는 이치가 아니겠는가?(除了人, 何處是天？除了事, 何處是性？使人事之外有天性, 則天性爲无用之理矣)"[556]라고 말했다. 비록 이들 사상가들이 말한 인성이 여전히 초계급적인 것이었지만 "천명지성"의 허황한 거짓말을 폭로한 것만은 확실하다. 또 인성은 형체(기질)에 덧붙여져 있다고 여기면서 인성을 환경의 산물로 간주하고 후천적인 습성과 훈도를 강조하였다. 그들의 이 같은 인식은 정확한 방향으로 크게 한걸음 발전했다고 볼 수 있다.

청조 초기 사상가들은 "천리를 보존하고 인욕을 제거하는" 이학자들의 잘못된 이론을 반대하였다. 그들은 "이(理)"와 "욕(欲)"을 하나로 통일시켜 정욕과 사리사욕의 합리성을 충분히 긍정하였다. 따라서 이들은 "인욕이 생긴 후에 천리가 생겨났다"[557], "사욕은 응당한 것이고 천리에 순응하는 것이다."[558], "인간의 욕망이 각자 실현될 수 있는 것은 천리의 공동한 체현이다."[559], "천리가 바로 인간의 욕망에서 체현된다. 만약 인간의 욕망이 적절하게 표현되고 지나치지 않는다면 그것이 바로 천리이다. 그러니 만약

555   안원, 《존성편(存性篇)》 권2
556   이공, 《대학변업(大學辨業)》 권3
557   왕부지, 《주역외전》 권6
558   왕부지, 《독사서대전설(讀四書大全說)》 권26
559   왕부지, 《독사서대전설》 권4

인간의 욕망이 없다면 천리도 존재하지 않는다."[560]라고 주장했다. 그들은 자연인으로서의 본능요구에 순응하고 만족시킬 것을 당당하게 주장함과 동시에 봉건 이학자들의 냉혹하고도 허위적인 금욕주의를 반대했다.

이처럼 전통사상을 위배한 이욕설은 자본주의 맹아시기의 특색과 요구를 반영하였다. 전기와 중기의 봉건사회에서 비록 지주계급의 정욕을 방임하고 개인의 이익을 도모했지만 군부의 권위와 윤리강상의 유막(帷幕)에 가려져서 사람들의 정당한 정욕과 이익은 오히려 도덕적으로 인정을 받지 못했다. 봉건사회 후기에 이르러서야 갈수록 발전하고 있는 상품교환관계와 신경제요소의 맹아가 봉건유막의 일부분을 찢어버렸다.

인간관계에서의 봉건속박은 점차 완화되고 덧붙여져 있던 장식들이 하나씩 떨어져 나가기 시작하였다. 그 이후에야 선진사상을 지닌 사상가들은 인간의 본능요구에 대해 기존과는 다른 안목으로 개인의 정욕과 사리를 분석하고 심지어는 이를 당당하게 변호할 수 있었던 것이다. 오랜 세월동안 상업에 종사한 당견은 "이 세상에 태어난 것은 욕망이 있기 때문이고 성장하고 발전하는 것도 욕망이 작용한 까닭이다…그러니 욕망을 버리고 이른바 천리를 추구한다면 이는 불가능할 것이 분명하다."[561]라고 말했다. 사상이 급진적인 안원은 "만물의 영장으로서의 인간에게 어찌 유독 감정과 욕망이 없겠는가? 그러니 남녀 간의 성욕은 인간의 가장 큰 욕망으로 인간의 가장 아름답고 진지한 본성이 아니겠는가."[562], "마음속의

---

560 황종희, 《진건초선생묘지명》, 《남뢰문정》 후집, 권3 참고.
561 당견, 《잠서(潛書)》, 《성공편(性功篇)》
562 안원, 《존인존(存人篇)》 권1

욕구를 외면한다면……마치 깊은 산속의 요괴와 같다"[563]라고 말했다. 황종희, 고염무도 사리를 인정한 기초 위에 정치 청사진을 그렸다. 황종희는 전제주의 군권을 반대하면서 군주가 개인의 사욕으로 천하 백성들의 사욕에 해를 끼쳤다고 여겼으며 "각자 자기의 이익을 챙길 것"을 주장하였다.

고염무는 "천하 사람들이 각자의 가정을 마음에 품고 각자의 자식을 챙기는" "당연한 이치"에 순응하기 위해 "봉건제의 일부 의미를 군현제에 포함시키는" 지방자치를 실현할 것을 제창하였다. 이처럼 정욕과 사리를 내세운 사상은 이미 중국 봉건사회 후기의 강한 사회조류가 되었다. 무산계급은 계급성을 떠나 인성을 논하는 관점을 반과학적인 것이자 착취계급 본성의 표현이라고 여겼다. 그때에 정당한 이익마저 보장받지 못하고 있는 중하층 피압박자들의 목소리를 대변하였고 봉건 계급의 특권과 도덕을 겨냥했기 때문에 자본주의 맹아의 발전에 유리하여 일정한 진보적인 의의를 갖는다.

---

563 안원, 《존인존》 권1

제5장

청조의 중앙집권 통치 강화 및 정권기구

제1절
청조의 중앙집권 통치강화

1. 강희제의 친정, 오배그룹에 대한 제거

1661년 순치제가 죽자 셋째 아들 현엽(玄燁)이 즉위하고 이듬해를 강희 원년으로 정했다. 강희 즉위 때 고작 8살이어서 국가 사무는 소니(정황기), 알필륭(遏必隆)(양황기), 소극사합(蘇克薩哈)(정백기), 오배(양황기) 등 네 명의 보좌대신이 관리하였다. 이들 모두는 황제가 장악하고 있는 상삼기의 제왕친족 공신이긴 했지만 애신각라(愛新覺羅)의 종실은 아니었다. 입관한 후 18년간, 봉건 황권을 대표하는 상삼기 세력은 하오기(下五旗)를 진압하였다. 기주인 종실 황족들은 비록 왕공 패륵이란 고귀한 칭호를 수여받고 호화로우면서도 풍요로운 생활을 누렸지만 이제 그들의 힘으로는 황권과 대항할 수 없었다. 관외에 살던 시절, 팔기 분립과 4대 패륵이 국정을 함께 논의하는 풍속은 이미 지난 일이 되어 버렸다. 입관 초기, 도르곤이 황숙의 신분으로 정사를 대행하던 옛 제도도 다시 나타날 수 없었다. 만족의 봉건화 색채가 갈수록 짙어지면서 봉건전제주의 황권이 크게 강화되었다.

하지만 만족 통치자들은 권력집중을 쟁취하고 봉건화를 강화하려는 투쟁이 여기서 끝나지 않았다. 강희 초기, 이 같은 추세를 저해하는 잔여세력이 여전히 존재했다. 그러나 이번 투쟁이 팔기 간에, 그리고 황제와 종실 간에서 진행된 것이 아니라 상삼기 내부로 범위가 좁아졌고 황제와 보좌대신 간의 투쟁으로 나타났다.

소니, 알필륭, 오배는 서로 다른 황기에 속했으며 황태극의 옛 신하이자 심복이었다. 오랜 세월동안, 전쟁터에서 용감하게 싸워 혁혁한 공로를 세웠다. 그들은 사상적으로나 감정적으로 만족의 오래된 전통과 서로 연결되어 있어 상당한 수준으로 발전되어 있는 한족의 경제, 문화제도에는 어울리지 못했다. 이들은 그저 전쟁에서 공을 세운 만주 귀족 장령의 이익을 대표하였을 뿐이다. 소극사합은 도르곤의 정백기 출신이다. 도르곤이 죽자 그가 가장 먼저 황기 세력에 빌붙어 도르곤을 고발하고 비방하여 중용을 받았다.

네 명 대신이 보좌하는 동안에는 전반적으로 봉건화의 진척을 완화하고 만족의 옛 제도와 전통을 그대로 보존하기 위해 노력하였다. 예를 들면, 역대 한족정권이 환관을 중용하던 정책을 바꿨다. 그리고 내무부를 설치해 환관이 정권을 간섭하는 폐해를 줄였다. 만족과 몽골족이 역사적으로 긴밀하게 지냈던 관계를 계속해서 유지하기 위해 몽골을 끌어들이고 이번원(전 몽골 사무 아문)의 직권을 높여 6부가 동시에 존재하도록 하였다. 또 어사의 지위를 낮추었다. 명조 때부터 줄곧 사용해온 내각제도와 한림원을 없애고 관외 시대의 내삼원(비서원, 국사원, 홍문원)을 회복했다. 관리의 치적을 고찰하는 부분에서는 전통적인 '실적고찰' 제도를 중지하고 지방관리에게 '대계(大計)'정책을 실행해서 조세징수임무의 완성여부를 관리의 승진과 강등, 해임의 기준으로 적용하였다. 과거시험 부분에서는 한동안 팔고문을 폐지하고 책론(策論)만을 사용하였다. 그리고 진사 정원을 대폭 줄였는데 순치 말년, 해마다 전시에 합격한 진사(進士)는 약 400명 정도였다. 1667년(강희 6년), 오배가 집정할 때는 고작 155명만 합격했다. 1661년 '통해안(通海案)'이 발생했다. 정성공이 남경을 공격했을 때, 강남의 선비와 서민들이 일어나 호응하였다. 사건이 발생한 후, 청조 조정은 철저하게 다스릴 것을 촉구하였는데 연루된 자가 매우 많았다. 같은 해, '주소안(奏銷案)'이 발생했다. 조세체납의 이유로 강남의 지주관리들이 대량으로 면직되었다. 1663년, '명사안(明史案)'이 발생했다. 장정롱(莊廷鑨)이 명사를 사사로이 고치고 감옥을 홍기시켰기 때문이다. 네 대신의 보정기간 동안 추진됐던 일련의 관제개혁과 정치사건은 모두 봉건화를 반대하고 한족 지주관리와 지식인에게 타격을 가하려는 경향을 띠었다. 여기서 마땅히 짚고 넘어가야 할 부분이라면 네 대신의 보정기간 동안에 추진했던 정책조치에는 일정한 복잡성이 있었다는 점이다.

중국 봉건사회는 이미 후기에 들어섰기 때문에 정치제도와 정치생활이 몰락하고 부패한 부분이 상당하였다. 이들은 봉건화를 반대함과 동시에 삼아문, 팔고문, 시골 유지의 특권 등이 몰락되고 부패한 사물에도 반대하였다. 하지만 이들은 진보적인 입장이 아니라 보다 뒤진 만족의 낡은 제도와 문화 그리고 풍속을 지키기 위한 목적을 가졌기 때문에 한족문화라면 가리지 않고 모조리 반대하였다. 당시의 '한화(漢化)'는 본질적으로 한층 진보한 만족의 봉건화를 뜻하였다. 청왕조는 전국정권 상태로 계속해서 존재하려면 광범위한 한족지역의 경제, 정치, 문화에 적응해야 하고 또 이를 적용해야만 했다. 이는 필연적인 추세였다.

네 보정대신 가운데서 특히 오배는 후퇴를 견지했는데 그는 "선조 때부터의 제도를 따르고 옛 규칙을 회복해야 한다"[564]라고 주장하였다. 또 매사에 "태조태종의 관례에 따라야 한다"[565]라며 "선조"의 법률을 결코 바꿀 수 없는 신조로 간주하면서 만족의 봉건화를 반대하였다. 결국에는 심한 타격을 입을 것이 분명했다.

네 보정대신 가운데서 소니는 연세가 많고 알필륭은 나약하고 소극사합은 세력이 약한데다 오배와 모순까지 있었다. 그러니 유독 오배의 기세가 가장 당당했다. 그는 도당을 결성하고 반대파를 제거했는데 "마음이 맞고 관계가 친밀한 자는 추천하거나 선발하고 마음이 맞지 않는 반대파는 음해했다." 따라서 "문무백관이 모두 그의 문하 출신"[566]인 현상이 나타나 중앙에서 지방에 이르기까지 오배의 심복들이 아주 많았다. 오배는 권세를 믿고 권력을 독점해 횡포를 부렸다. 또 늘 강희제 면전에서 "위세를 부려 엄포를 놓았을 뿐만 아니라" 강희제 모르게 여러 번 "황제의 어명을 빙자한 조서"를 내리는 등 사사건건 다른 보정대신을 능멸하였다. "동일한 등급의 대신이 올리는 주소 가운데에서 오배의 주소가 최우선이었다." 그는 "일을 처리하는 과정에 도리를 따지지 않았으며 조금이라도 자기 뜻과 어긋나는 부분이 있으면 바로 중앙 각부의 관리에게 호통을 쳤는데" 경하면 꾸짖는 것으로 끝나고 심각하면 죄까지 물었다. 그는 심지어 관리가 강희제에게 올리는 주소를 사사로이 가져가 심복, 측근들과 상의하였다. "매사를 집에서 결정한

564   《청사고》, 《열전》 36, 《소니》
565   《청성조실록》 권23
566   장침(章梫), 《강희정요(康熙政要)》 권14, 《두간아(杜奸邪)》

후 시행할 것"[567]이라고 주장하였다. 오만방자하고 권력을 독점하고 있는 오배는 엄연히 청조의 태상황이 된 셈이었다.

1666년, 오배는 권지 때 편을 든 도르곤 소속의 정백기를 북경의 동북인 영평부 일대로 배치할 것을 제기하였다. 그리고 오배에 속한 양황기(鑲黃旗)는 보정(保定), 하간(河間), 탁주(涿州)로 옮겨가도록 하였다. 이는 '팔기에는 자연히 순서가 있다'는 선조가 정한 원칙에 어긋나는 조치이다. 정백기와 땅을 바꿀 것을 요구했으며 만약 토지가 부족해도 "백성의 땅을 점거해 보충하지 못한다"[568]라고 규정하였다. 이는 정백기 세력에 대한 타격이자 상삼기 내부에서의 분쟁을 일으키는 소행일 뿐만 아니라 땅 교환 명의를 빌어 대규모 권지(圈地) 열풍을 다시 일으키려는 속셈이었다. 따라서 이런 주장은 각 계층의 반대를 받은 가운데 정백기도 이를 극구 방해하였다. 보정대신 소극사합과 호부상서 소납해(蘇納海)(위 두 명은 모두 정백기 소속)는 모두 오배의 주장을 반대하였다. 소납해는 상소문을 통해 "기인(旗人)들이 이곳에서 가정을 이루고 일하며 산지 오래되었다. 예전에 황제가 어지를 내려 다시는 백성의 땅을 점거하지 못하도록 했다"[569]라고 주장하였다. 하지만 오배는 반대에도 무릅쓰고 1667년 3월 심복인 패자 온제(溫齊) 등을 경기(京畿) 일대로 파견하여 기인의 땅을 '답사'한 후 기인의 땅이 "모래에 깔리고 물에 잠겨 경작하기

---

567 《만주명신전(滿洲名臣傳)》 권5, 《오배전》
568 《청사고》, 《열전》 36, 《오배》
569 《만주명신전》 권8, 《소납해전》

어렵다거나", "양황기 소속의 땅이 특히나 경작할 수 없다"[570]라는 이유로 땅 교환을 고집했다. 또한 소납해에게는 직예총독 주창조(朱昌祚), 순무 왕등련(王登聯)과 함께 양황기와 정백기 소속지로 가서 기인의 토지점거와 교환사무를 처리할 것을 강제적으로 명령하였다. 이런 명령에 현지의 만족과 한족 백성들은 "두려움에 하소연하거나", "실업자들은 날마다 울면서 하소연했다."[571]

양황기와 정백기 백성들조차도 땅 교환을 원하지 않았다. "양황기 장경(章京)은 땅을 받으려 하지 않았고 정백기 포이좌령(包衣佐領)의 하인은 지계를 가르쳐 주려 하지 않았다."[572] "양기의 관정들은 토지의 비척 (肥瘠)을 비교하면서 서로 대치할 뿐 결정을 내리지 못했다. 뿐만 아니라 예전에 가옥과 토지를 배분 받은 지 20년이 되었다. 현재 새로운 땅을 바꿔준다고는 하지만 옛 것보다 꼭 낫다고는 할 수 없다. 비록 얘기하지는 않았지만 원래 살던 곳에 익숙해져 쉽게 떠나려 하지 않는 마음이 없지는 않았다."[573] 주창조, 왕등련이 실제 상황을 목격하고 백성들의 정서를 요해한 후 상소문을 올려 "기인의 땅을 바꾸고 백성의 땅을 점거하는 권지가 실행되기를 기다리고 있는 상황이라 모두 경작지를 내버려뒀기 때문에 황량하기 그지없다"면서 "기민들이 곤경에 처하게 되었기에"[574] 토지 교환과 점거를 멈출 것을 청구한다고 하였다. 대노한 오배가 소납해, 주창조,

570 《청성조실록》 권18
571 《비전집(碑傳集)》 권63, 《강희조독무(康熙朝督撫)》 상.
572 《만주명신전》 권8, 《소납해전》
573 《동화록(東華錄)》 강희조권6
574 《동화록》 강희조권6

왕등련을 처형하려 하자 소니, 알필륭이 이를 지지했고 유독 소극사합만 반대하였다. 비록 젊은 강희제가 토지교환과 점거를 동의하지는 않았지만 오배의 고집을 꺾지는 못했다. 결론적으로 소납해, 주창조, 왕등련 등 세 사람은 교수형에 처하고 가산을 전부 몰수당하였다. 이번 토지교환 사건으로 양황기, 정백기의 장정 6만 여 명을 이주시키고 토지 31만 여 향(晌)을 교환하거나 점거해 생산을 심각하게 파괴함으로써 수많은 백성들이 땅을 잃어 살아갈 길조차 없게 되고 통치계급 내부의 모순은 격화되었다. 이에 따라 오배 그룹의 야심과 잔혹한 수법은 적나라하게 폭로되었다.

투쟁은 계속되었다. 1667년(강희 6년), 강희가 친히 정사를 돌보았다. 여전히 권력을 장악하고 있는 오배그룹은 강희제에게 권력을 이양하려 하지 않고 오히려 젊은 강희제를 자신들의 마음대로 움직일 수 있는 괴뢰로 만들려 하였다. 세력이 전보다 크게 약화된 소극사합은 강희제가 정사를 돌보고 있는 점을 고려해 보정대신의 직무를 그만두고 권력을 황제에게 이양하려고 하였다. 소극사합의 이 같은 움직임이 오배 군에게는 타격이 되었을 뿐만 아니라 더욱이 오배의 급소를 찌른 것이나 마찬가지였다.

소극사합이 사직하고 나면 오배, 알필륭(이때 소니는 이미 병사)도 그를 따라 사직하고 수중의 권력을 이양해야 했기 때문이다. 오배는 줄곧 권력을 독점해 천정(擅政, 멋대로 권력을 휘두름)을 해왔기에 자연히 정치무대에서 퇴출하는 걸 달가워하지 않았다. 그는 극히 독단적인 형식으로 정권을 내놓지 않으려는 마음을 드러냈다. 그는 소극사합이 사직한 것은 "선황제를 저버리고", "젊은 군주를 멸시하고", "딴 마음을 품고 있는 것"이라는 등의

24개의 죄명을 꾸며내어 소극사합을 참수에 처하고 가산을 몰수하려 하였다. 이에 강희제는 "아직 조사해서 결정을 내리지 않았기 때문에 청구를 불허한다"라며 동의하지 않았다. 하지만 거만하고 잔혹하기 그지없는 오배는 강희제 면전에서 주먹으로 가슴을 내리치며 격분에 찬 말투로 오히려 강희제를 협박하였다. 결국에는 강희제도 오배의 결정을 바꾸지는 못하였다. 결론적으로 소극사합은 교수형에 처해졌다.

오배는 정적을 제거하면서 권세는 갈수록 강대해졌고 독단적인 행위는 나날이 노골적으로 심해져갔다. 그의 심복, 도당인 반포이선(班布爾善), 마이새(瑪爾賽), 아사합(阿斯哈), 제세(濟世) 등은 내삼원과 정부 각 부에서 요직을 차지하였다. 정서(靖西)장군에 봉해진 오배의 동생 목리마(穆裏瑪)는 팔기의 유명한 장령이다. 그의 아들은 순치제의 딸과 혼인해 부마에 봉해지면서 더없는 부귀영화를 누렸다. 1669년, 뭇 신하들이 강희제에게 새해 조하를 올릴 때 황포를 입은 오배는 마치 황제와 같았으며 모자 매듭만 강희제와 서로 달랐다[575]라고 전해지고 있다. 또 오배가 병을 핑계로 조정에 나오지 않자 강희제는 친히 병문안을 갔는데 침대에 누워있는 오배는 그 자리에 칼을 두고 있었다[576]는 등 이미 정사를 돌보고 있는 젊은 황제는 안중에도 없었다고 전해지기도 하였다. 오배의 독단적이고 오만방자한 행위는 강희제의 지위를 위협했을 뿐만 아니라 여러 반대세력을 빠르게

---

575   백하우스, 에드먼드, 블랜드, 《청궁비록(淸宮秘錄)》, 242쪽, 보스턴1914년 판 참조(Backhouse,Edmund and Bland,Annals Memoirs of the Court of Peking, Boston,1914)

576   소련, 《소정잡록(嘯亭雜錄)》권1, 《제오배(除鰲拜)》

강희제 쪽으로 모이도록 하게 하였다. 봉건전제 제도가 배경인 그 당시의 사회에서 황제의 의지와 재능은 정치투쟁에서의 가장 핵심적인 요소였다. 강희제는 어리긴 하지만 뛰어난 재능과 자기만의 이상을 가지고 있었기에 괴뢰 황제가 되는 걸 결코 달가워하지 않았다. 그의 양육인이자 보호자는 조모 효장(孝莊)황태후이다. 황태극의 아내이자 순치제의 어머니인 효장은 총명하고 유능한 실력의 소유자이다. 입관 초기, 그녀는 어린 순치제를 보좌해 도르곤, 제이합랑 등의 세력그룹과 접촉하는 과정에서 여러 차례의 격렬한 정치풍파를 견뎌내고, 결국에는 정권이 아들에게 돌아가도록 하였다. 만주 귀족들 가운데서 명망이 아주 높은 효장은 사랑하는 어린 손자에 대한 오배그룹의 행동을 허락할리 없었다.

동시에 만주 통치자들 중 이미 성인이 된 이들은 관외시기의 생활과 전통에 더는 미련이 없었으며 옛 시대의 낡은 생활을 회복하려는 오배의 퇴보정책과 조치에 반감을 드러냈다. 색액도(索額圖), 명주(明珠)를 대표로 하는 새로운 세대가 젊은 황제의 심복으로 의탁할 수 있는 힘이 되었다.

색액도는 소니의 아들이자 강희 황후의 숙부로, 줄곧 강희제를 호위했으며 이부좌시랑으로 승진되었다. 명주는 호위병 출신이다. 내무부 총 관직을 맡아 강희와 접근할 수 있게 되면서 형부상서, 홍문원(弘文院) 학사로 승진되었다. 새로운 세력그룹이 점차 강희 주변에 형성되고 있었다. 권력을 되찾기 위해 강희제가 심복을 파견해 경사(京師)의 경비권을 장악하고 또 소년 호위병을 선발해서 궁중에서 포고(布庫)[577] 놀이를 연습하도록

---

577 "포고"는 만주어로, 씨름을 뜻함.

하였다. 오배가 조회할 때에도 그들은 회피하지 않았다. 오배는 "황제가 연약해 장악하기 쉽다거나", "마음이 편안해 보인다"로 착각하고는 경계하지 않았다. 한족 관리를 배척하는 오배의 정책에 그들은 극도의 불만을 드러냈다. 1667년, 홍문원 시독(侍讀)인 웅사리(熊賜履)가 상서를 올려 오배그룹의 정치적 부패현상을 비난했다. 구체적으로는 "정사가 어지러워지고 바뀌고 있는데도 법제가 정해지지 않았다", "직업이 파괴되고 조악해지고 있으며 사기(士氣)가 갈수록 떨어지고 있다", "백관이 입을 다물고 아첨만 하면서 아무 일도 논의하려 하지 않고 있다", "학교가 문란해지고 문화와 교육이 갈수록 쇠락해지고 있다", "풍속이 사치해지고 예법이 갈수록 어지러워지고 있다"라고 비난하면서 귀족 근신들부터 정돈하여 조정을 개혁하고 온갖 정치는 유학을 기반으로 할 것을 건의 하였다. 이는 오배그룹을 겨냥한 것이 분명했다.

이듬해, 웅사리가 또 상소문을 올려 "조정의 고질적인 습관을 없애지 못해 국가정책의 숨겨진 폐해를 우려할 수밖에 없다"면서 정주이학의 정치적 역할을 선양했는데 마침 강희제의 생각과 일맥상통하였다. 오배는 웅사리를 엄히 벌하려 했지만 강희제가 이를 허락할리 없었다. 이에 오배는 "황제의 조서를 통해 경솔하게 제멋대로 상소문을 올렸다는 정도로 밖에 그를 질책하지 못했다."

황위에 올라 존귀한 강희와 오배그룹의 모순이 갈수록 첨예해진 가운데 각종 세력이 빠르게 강희제 편으로 집중되면서 형세는 오배에게 점차 불리해졌다. 1669년 6월(강희 8월 5일), 오배는 미처 대책을 마련하지도 못한 상황에서 강희에게 체포되었다. 전언에 따르면, 강희와 색액도 등은

궁에 미리 포고(布庫) 소년을 매복시켰다가 오배가 홀로 입궁하는 틈을 타 그를 체포하려는 계략을 세웠다고 한다. 또 그의 형제, 자식과 조카 그리고 심복, 도당들을 모조리 체포하고 오배에게 30가지 죄명을 발표한 후 그를 평생 구금하고 도당은 교수형에 처하기로 하였다. 강희는 정권을 되찾은 후 곧바로 권지를 영원히 중지한다고 선포하고 소극사합의 억울한 누명을 벗겨주었다. 그리고 관리를 선별하고 백관이 상서를 올려 의견을 제출하는 것을 장려하는 등의 일련의 조치를 실행함으로써 청조 정치사에 새로운 장을 열었다.

강희제는 오배그룹을 제거하고 퇴보한 정책의 추세를 바로잡았으며 역사 발전의 앞길을 막는 걸림돌을 없앴다. 이로써 청 왕조의 봉건화가 한층 더 실현될 수 있었으며 생산을 회복, 발전시키고 할거세력을 제거하고 국가통일을 실현하고 외래침략을 물리치는데 기반을 마련할 수 있게 된 것이다.

2. 대만 통일

삼번(三藩)의 난을 평정한 후로 대만통일은 청조 정부가 반드시 해결해야 하는 문제로 대두되었다.

대만은 정성공이 죽은 후로 그의 아들인 정경(鄭經)이 계속해서 통치하였다. 이 시기의 국내정세는 청조 초기에 비하여 큰 변화가 나타났다. 국내 만족과 한족 간의 민족모순이 상대적으로 완화되고 통일과 분열의 모순해결이 발등에 떨어진 불이 되었다. 하지만 정경은 여전히 남명왕조를 정통으로 간주하며 대만을 할거해 점령하고 있었다. 기존의 항청 투쟁 의의와 역할을 제대로 하지 못했기 때문에 국가통일의 걸림돌이 되었다.

정성공이 죽자 정씨 세력의 내부모순은 보다 깊어졌다. 정경과 그의 숙부 정습(鄭襲)은 서로 전쟁을 치렀고 각 파벌 간의 권력다툼이 이어져서 정치적으로는 갈수록 내리막길을 걸었다. 수많은 장령과 병사들은 출로가 없다고 생각하고는 바다를 건너 청조에 귀순하였다. '삼번'의 난 때, 정경이 군사를 파견해서 하문(廈門)을 점령하고 천주(泉州)를 공격하였다. 그는 경정충(耿精忠)과 결탁하다가도 사이가 틀어져 서로 공격하곤 하였다. 이처럼 군사행동이 일치한 정치방향을 잃어버렸기 때문에 더는 호소력 있는 정치주장을 펼칠 수 없게 되었다.

1681년(강희 20년), 즉 '삼번'의 난을 평정한 그 해에 정경이 죽고 그의 장남 정극장(鄭克臧)이 국사를 처리하였다. 여러 동생들이 자리를 다툰 탓에 내홍이 일어나기도 하였다. 정경의 수하 장령인 펑석범(馮錫範)이 극장을 죽이고 어린 정극상(鄭克塽)을 괴뢰로 앉혔다. 그때 대만 정씨 그룹의 정치는 부패하고 내부가 뿔뿔이 흩어진 탓에 "민심이 흉흉해져 안정을 찾지 못했다."[578] 정극상 등은 간신히 목숨이라도 유지하기 위해 할거된 근거지를 보존하고 청정부에 "사절을 파견해 신하로 조공할 마음은 있지만 삭발하고 상륙하지는 않을 것이라는 서한을 보냈다."[579] 반 귀순, 반 독립의 나라가

---

578   시랑, 《정해기사(靖海紀事)》 권상.
579   《청사고》, 《열전》 47, 《요계성》

되겠다는 속셈이었다. 형세가 변화됨에 따라 기존의 "항청 복명"의식은 정씨 그룹에서도 점차 잦아들기 시작했음을 설명해주는 대목이다. 청 정부는 국가 통일이라는 정확한 입장을 견지하며 정극상의 터무니없는 주장을 거절했다.

대만 통일문제에 대해 청 정부 내부에서는 줄곧 서로 대립하는 의견이 존재하였다. 일찍이 강희제는 직접 정사를 돌보기 전, 오배를 위수로 한 보수 세력이 대만을 얻어야 한다는 정확한 주장에 "해양은 험난하고 먼데다 바람과 파도를 헤아릴 수 없어 파죽지세의 승리를 거두기 위한 계략을 펼치기는 어렵다"[580]라는 이유로 대만 통일을 뒤로 미뤘다. 훗날, '삼번'의 난을 평정하는 전쟁이 연이어 승리를 거두자 강희제는 다시 대만 통일문제를 거론하였다. 그는 "이 기회를 타서 팽호와 대만을 취해" "영해지역의 내란을 평정시킬 것"을 주장하였다. 복건 연해에서 군대를 이동해 선박을 건조하면서 대만을 취하기 위한 준비를 착실히 해나갔다. 또 대만 통일을 주장하는 요계성(姚啓聖)을 복건 총독에, 시랑(施琅)을 복건 수군 제독(提督)에 임명해 대만 출전을 계획했다. 대만 통일은 정확한 주장과 배치임에도 불구하고 여전히 일부 대신들의 반대에 부딪혔다.

일부 대신들은 "천하가 태평하니 대사를 시작하는 것이 적합하지 않다"면서 "대만 정벌시기를 늦추는 것이 바람직하다"[581]라고 주장하였다. 또한 시랑을 임용하는데 대해서도 극구 반대하며 "조정의 모든 대신이

---

580 《청세조실록》 권112
581 《만한명신전(滿漢名臣傳)》 권22

파견하면 안 된다고 생각하오니 간다면 반드시 반란을 일으킬 것"[582]이라고 주장하였다. 강희제는 일부 대신들의 반대를 무릅쓰고 대만 통일을 견지하면서 "대만을 공격하기 어렵다면 공격하지 않아도 된다"[583]라고 주장하고 있는 전 수군 제독 만정색(萬正色)을 육군 제독으로 전근시켰다. 또 대만 수복을 반대하며 대만을 "절대 취해서는 안 된다"[584]는 복건 장군 라합달(喇哈達)을 북경으로 소환했다. 그리고 1618년(강희 20년), 복건 총독 요계성에게 "복건의 군사력을 통괄해서 제독 시랑과 함께 팽호와 대만을 정벌하라"는 명을 내렸다. 그 당시 대만의 군사력을 살펴보면서, 시랑은 대만을 수복하려면 우선 팽호를 공격하여 점령해야 한다고 주장했다. 그는 "먼저 팽호를 점령해 요로를 억제한다면 대만 정세를 알 수 있기 때문에 소식이 서로 통할 수 없어"[585] 군사력으로 공격하지 않아도 스스로 와해될 것이 분명하다고 여겼다. 청군은 한동안의 해상작전 훈련을 마친 후 1683년(강희 23년), 시랑이 전함 3백 척, 수군 2만 명을 거느리고 복주(福州)에서 바다를 건너 팽호를 공격하였다. 정씨 그룹은 군사력을 팽호로 집중시킨 가운데 전쟁에 능한 유국헌(劉國軒)을 파견해 "해안 변두리에 짧은 벽을 쌓아 총 구멍을 내고 20여 리를 둘러 요새를 만들었다."[586] 하지만 만반의 준비를 마친 시랑 등의 뛰어난 지휘와 군대의 전투의지 또한 아주 강했다. 청군이 용감하게 전진했고 7일 간의 치열한

---

582 《청성조정훈격언(清聖祖庭訓格言)》
583 《해상견문록(海上見聞錄)》 권2
584 《성조어제문집(聖祖禦前制文集)》 3집, 권5
585 시랑, 《정해기사》 권상.
586 《청사고》, 《열전》 47, 《시랑》

전쟁 끝에 정군(鄭軍)의 참패로 끝났다. 팽호를 지키고 있던 장군 유국헌이 작은 배를 타고 대만으로 도주하였다.

팽호는 대만의 문호이다. 청군이 팽호를 공격해 점령하자 정씨 그룹은 극도의 불안에 휩싸였으며 "민심이 흉흉해져" 대만은 "모든 것이 와해되는"[587] 국면에 처했다. 정극상이 백성을 거느리고 투항함에 따라 청군은 성공적으로 대만에 입주하게 되었다. 청 정부는 대만을 통일하면서 대만 인민들의 지지와 호응을 얻었다. 시랑이 군대를 거느리고 대만에 도착했을 때 "백성들은 단지에 국을 담아 들고 나왔으며 해군은 청조 깃발을 미리 만들어 제왕의 군대를 환영했을 뿐만 아니라"[588] 현지 고산족 백성들마저 모두 청군을 환영하러 왔다.

청 정부는 대만을 공격해 점령한 후 대만 문제를 처리하는 과정에서 또 다시 의견차이가 생겼다. 일부는 터무니없이 "그곳의 백성을 이주시키고 땅은 버려야 한다"[589]라고 제기하면서 대만 포기를 주장했다. 시랑은 대만을 지킬 것을 극구 주장하면서 대만이 오랜 세월의 개발을 거쳐 이미 "토지가 비옥하고 물산이 풍부한" 부유한 곳으로 발전했다고 생각했다. 또한 "동남 여러 성의 장벽 역할도 할 수 있어" 국방에서는 아주 중요하기 때문에 만약 대만을 포기한다면 "언제나 호시탐탐 노리고 있는" 서방 식민주의자들이 다시 침점할 것이라고 주장하였다. 그는 식민주의자들이 "이곳 수 천리의 비옥한 땅을 얻게 된다면 도당들과 연합해서 주변성을 손에 넣으려 점차

---

587   《해상견문록》 권상.
588   《정해지(靖海志)》 권4
589   《청사고》, 《열전》 47, 《시랑》

압박해 올 것이니 이러면 여러 가지 화가 따라올 것이고 연해의 여러 성도 뜻밖의 병화로 안정을 유지하기 어려울 것"[590]이라고 생각했다. 강희는 시랑의 의견을 지지하면서 "대만의 취사는 아주 중요한 일이다", "버리고 지키지 않는다는 것은 더더욱 안 되는 일이다"[591]라고 강조하였다. 1648년 4년(강희 23년), 청 정부는 대만에 대만부와 대만, 봉산(鳳山), 제라(諸羅) 등 한 개 부와 세 개 현을 설치하고 이를 복건성 소속으로 규정하였다. 그리고 대만에 총병(總兵) 한 명, 부장(副將) 두 명을 설치하고 군사 8천 명을 주둔시켰으며 수군과 육군 8대대로 나누었다. 팽호에 부장 한 명을 설치하고 군사 2천 명을 주둔시켰으며 2대대로 나누었다. 예로부터 우리나라와 갈라놓을 수 없었던 영토인 대만은 이때 또다시 청조 중앙정부의 관할에 속하게 됐다.

---

590 《정해기사》 권하, 시랑, 《대만기류지이해절(台灣棄留之利害折)》
591 《청세조실록》 권114

제2절
청조 봉건황권의 강화 및 그 정권기구

1. 청조 봉건전제주의 황권의 강화

청조는 중국의 마지막 봉건전제주의 왕조이다. 만주 귀족을 주체로 한 만족과 한족 지구계급의 공동 독재형태를 보이고 있는 청조 정권은 전제주의 중앙집권제도가 높은 수준으로 발전한 상태로, 이 정치제도의 핵심은 황권이다. 전국의 봉건통치기구를 보면 복잡하고 등급이 삼엄하고 상하좌우가 긴밀하게 연결되어 하나의 방대한 통치망을 형성했는데 황제는 이 통치체계의 확장과 축소를 장악하고 있었다. 황제는 하늘의 뜻을 체현하는 자로 그의 말이 곧 법률이고 그의 지위는 신성해서 그 누구도 침범할 수 없다. 전제 황제는 모든 사람과 우주만물이 모두 자신에게 복종할 것을 요구했으며 대립하거나 이심의 경향이 있는 그 어떠한 것도 용납하지 않았다. 오랜 세월을 거처 전제 황권이 이루어낸 발전과 성쇠는 중국 역사에서 대사로 꼽힌다. 이는 사회질서의 안정과 국가실력의 강약 그리고 통치효율의 높고 낮음, 각 계급과 파벌의 역량 균형에 영향을 미쳤다. 청조 전제주의가 높은 수준으로 발전하고 황권이 유난히 강화된 것 또한 송, 명 이후의 역사발전에 있어 필연적인 추세이기도 하였다. 한 편으로는 땅이 넓고 인구 및 소수민족이 많은 국가를 통치하려면 반드시 권력을 중앙으로 집중해야 한다. 하지만 중앙집권은 봉건경제와 정치조건을 배경으로 하여 반드시 전제 황권의 강화로 표현된다. 다른 한 편으로는 중국 봉건사회가 후기에 들어서면서 농민과 기타 세력의 반봉건 투쟁은 갈수록 첨예해져서 경제기반을 수호하려는 봉건 상층부도 진압과 통제를 강화해야 하였다. 사물은 하나가 나뉘어 둘이 되는 법이다. 봉건사회의 중앙전제집권도 이런 안목으로 보아야 한다.

전제주의의 공포통치와 잔혹한 진압이 이뤄진 암흑 속에서도 역사는 앞으로 발전하는 소리를 들을 수 있었다. 인류가 이뤄낸 찬란하고 위대한 공적에는 거의 모두가 야만의 흔적이 묻어있다.

청조의 전제황권은 여러 대립세력 그리고 여러 가지 이심 세력과 투쟁하는 가운데에서 강화되고 발전되었다. 입관하기 전과 입관 초기, 황권을 존재시키고 발전시키기 위해 제왕, 기주들과 치열하게 투쟁하였다. 그때에 애신각라 황실 내부에서는 서로 잔혹하게 살해하는 비극이 연이어 나타났던 것이다. 그 당시, 내부 제왕과 기주의 대립 그리고 이심 세력과 맞서지 않았다면 농민군과 남명왕조를 철저하게 물리칠 수가 없었고 '삼번'의 난을 평정할 수 없었으며 전 중국을 통치한다는 건 더욱 불가능했을 것이다. 강희 때에 이르러, 제왕, 기주들의 세력은 크게 약화되었다. 강희는 만주 측근 세력그룹의 의지를 반영하고 군사와 국정을 좌우하던 의정왕대신회의가 유명무실해진 가운데에서 제왕과 기주의 세력을 약화시키고 황권을 강화하기 위해 계속해서 노력하였다. 강희 18년에는 팔기 왕공관저 관리 정원을 규정하고 기마다 도통(都統), 부도통(副都統)을 설치해 "임금의 명을 받들어 교육하고 양성하며 군사를 정돈하는 것으로 기인들을 다스렸다"[592] 각 기의 도통은 직접 황제의 명을 받들었고 각 기의 왕공은 기 내부의 사무를 간섭할 권리가 없었다. 강희제는 말년에 여러 아들을 파견해 각 기의 사무를 관리하도록 해서 그에 대한 통제를 강화하였다. 왕공 기주들이 '황위 다툼 사건'에 연루되었었기 때문에 옹정은 황위에 오른 후 기주의 세력을 약화하는데 전력을 기울여 기주와 소속 기인의 직속관계를 파괴하였다. 옹정은 "오기(五旗)의 사람들 가운데 기주가 둘이나 되니 어찌 안심하고 살아갈 수 있겠는가"[593]라고 말했다. 기주는 소수의 하인을 거느릴 수 있는 외에 기 내부의 인원을 배정해 보충하려면 반드시 "명부를 열거해 상소문으로 올려야 한다"라고 규정했다. 기주들은 기하인(旗下人)에 대해 "마음대로 죄를 물을 수 없으며 교부에 아뢰어 보고해야 했다."[594] 이밖에도 종실왕공이 '외리(外吏)와 결탁하는 것'을 금지하고 하오기의 호위군을 철수시켰다. 이로써 황권을 방해하던 걸림돌을 없애버렸으며 전제주의 중앙집권의 발전을 보장하게 된 것이다.

청 왕조는 역대 전제통치의 경험을 받아들여 처음부터 황제의 권력을 동요시키거나 침범하거나 약탈할 수 있는 폐단을 차단하였다. 역사적으로 재상이 권력을 독차지하고 황태후가 권력을 독점하고 외척이 권력을 찬탈하고 환관이 횡포를 부리고 대신들이 당파를 형성하고 백성들이 단체를 결성하는 등의 이러한 현상은 늘 그림자처럼 전제황권의 발전에 따라다녔기

---

592 《건륭회전(乾隆會典)》 권95
593 《옹정상유팔기(雍正上諭八旗)》 옹정원년 7월 16일, 10쪽.
594 《옹정상유팔기》 옹정원년 7월 16일, 10쪽.

때문에 황권은 늘 위협을 받고 동요의 위기에 처했던 것이다. 그러나 청조의 전제황권을 보면 청조 말기 자희(慈禧)태후가 권력을 독차지한 수십 년을 제외하고는 한, 당, 송, 명조 때의 황태후, 외척, 환관, 붕당들로 인한 정치 동란은 일어나지 않았다. 이는 청조 통치자들이 여러 가지 대비 조치를 적절하게 취한 덕분이었다. 순치 때, 환관의 내정간섭, 관리결탁, 능지처참 그리고 제멋대로 외사를 상소문으로 올리는데 대해 명확한 규정을 내렸으며 특별히 철패를 만들어 자자손손 지키도록 하였다.

내무부 아문의 엄격한 관리를 받고 있는 환관은 자체의 권력 시스템을 형성할 수 없었으며 각급 관리는 외출하는 환관을 감독할 수 있었다. 건륭 때, 지위가 아주 낮은 열하(熱河) 순검(巡檢)인 장약영(張若瀛)이 불법을 행한 환관을 형장으로 문책해서 장려를 받았는데 특별히 7급으로 승진되었다. 청조 초기에 붕당 문제를 엄격히 금지하고 각지의 부학(府學), 현학(縣學)에 와패(臥牌)를 설치했다. 순치 17년, 조서를 내려 "선비들의 기풍이 바르지 않고 단체를 결성해 동맹을 맺고 아문을 장악하고 관청의 일을 청탁하고 서로 부치기는 현상이 유행되고 있는데 너무 혐오스러우니 엄격히 금지하도록 분명히 밝히는 바이다"라고 발표하였다. 동시에 조수안, 과장안(科場案), 통해안, 명사안의 명분을 빌어서 강남의 지주계급 지식인을 대거 진압함으로써 명조 때부터 단체를 결성하고 당파를 나누던 기풍은 점차 수그러들었다.

강희는 "대신들이 서로 유파를 세우고 제멋대로 도당을 양성함으로 인하여 나라에 독이 되고 정치에 해가 되기 시작하였는데 결국에는 반드시 화가 그 일가에 미치게 될 것이다"[595]라고 말하였다.

붕당을 뼛속까지 증오하고 있는 옹정은 《붕당론(朋黨論)》까지 지어 전제황권을 황제에게 집중시키는 것을 지키라고 백관들에게 충고하였다.

청조 전기와 후기의 몇몇 황제는 재치 있고 노련하였으며 정무를 게을리 하지 않았다. 강희는 "현재 천하의 모든 일을 짐이 직접 처리하고 있는데 미뤄서도 전가해서도 안 되는 책임이다. 만약 중요한 사무를 아무에게나 맡긴다면 그건 절대 안 되는 일이다. 따라서 사무의 중요성을 떠나 모두 짐이 판단하고 결정할 것이다"[596]라고 말했다. 특히 옹정은 모든 사무를 직접 처리했는데 늘 정력이 넘치는 그의 모습에 일부는 그가 너무 사소하고 자질구레한 부분까지 관리한다고 평가하기도 했다. 이에 옹정은 "무식한 소인배들아, 사소한 일도 짐이 처리한다고 늘 수군대고 있다니, 누군가 말하기를, 군자가 정무를 직접 처리하지 못하는 것은……모두 붕당의 오래된 낡은 풍속이 가시지 않았기 때문이고 군주의 영명함이 두려운 자들이 군주의 눈과 귀를 막음으로써 자신들이 좋아하고 싫어하는 것을 가려내 개인 이익을 챙기기 위한 것"[597]이라며 욕설을 퍼부었다. 대신들의 은폐현상을 방지하기 위해 그는 특무기구를 설치해서 직접 관리했다. "제기(緹騎)를 설치해 주위의 곳곳을 정찰했으며 백성들에게 벌어진 사소한 일일지라도 모두 군주에게 전달하였다."[598] 건륭은 "본조의 가법은 황조황고

---

595 《동화록》 강희조 권20
596 《동화록》 강희조 권91
597 옹정, 《붕당론》
598 소련, 《소정잡록》 권1, 《찰하정(察下情)》

때부터 모든 신하들이 받들어 들었으며 단 한 번도 남의 수중에 넘어간 적이 없다. 가령 평소 보필하는 심복일자라도 누군가에게 명예와 치욕을 주고 죽은 사람을 살릴 수 있는 자는 없다."[599]라고 말했다. 또 "짐이 친히 주장을 읽고 공평한 방식으로 결정을 내리고 어지를 내리는 것 또한 대신들이 참여할 수 있는 일이 아니다"[600]라고 하였다. 위의 황제 셋이 중국을 통치한 기간을 합치면 약 150년 정도가 된다. 이들은 능력이나 성격상으로 대권이 남의 수중에 들어가지 못하도록 독차지할 수 있었기 때문에 전제주의 중앙집권을 절정으로 끌어올릴 수 있었던 것이다.

2. 청조의 정권기구

1)중추기구의 변화발전-의정왕대신회의, 내각, 남서방(南書房), 군기처

봉건전제주의의 정치권력을 행사하려면 반드시 강한 군대와 완벽하고도 방대한 관료기구가 뒷받침되어야 한다. 이는 전제황권의 중요한 2가지 기반요소이다.

청조 초기의 최고 중추기구는 의정왕대신회의(議政王大臣會議)였다. "국가 설립 초기에 제도를 만들어서 의정왕 대신의 정원을 정했으며 모두

---

599   《동화록》 건륭조 권28
600   《동화록》 건륭조 권80

만주 대신들로 임용하였다. 무릇 군국의 중요한 사무는 내각이 아니라
모두 의정대신이 처리하도록 맡기고 회의를 소집할 때마다 중좌문 밖에서
회의를 소집했는데 마치 황제가 조회를 여는 것과 비슷하였다."[601] 이러한
정치체제로 인하여 권력이 일부 왕공귀족의 수중에 분산되어 있었기 때문에
전제통치의 수요에는 어울리지 않았다. 훗날 왕공기주의 세력이 약화됨에
따라 의정제도는 점차 쇠락하였다.

청조 때, 내각은 "기구 사무를 대행하고 백관의 본보기가 되었다."
이들의 명분은 중추 수뇌기구이다. 1658년(순치 15년), 청왕조는 명조의
제도를 본받아 내삼원을 내각으로 바꾸고 대학사는 전각함(殿閣銜)을
겸하도록 하였다. 또 중화전(中和殿), 보화전(保和殿), 문화전(文華殿),
무영전(武英殿)과 문연각(文淵閣), 동각(東閣) 총 4개의 전(殿)과 2개의
각(閣)으로 분류하였다. 건륭 때에는 중화전을 없애고 체인각(體仁閣)을
추가함으로서 점차 3개 전, 3개 각의 체제로 형성되었다. 청조 초기,
대학사의 관직등급은 고작 오품이었다. 오배 등이 보정하는 기간 동안에는
"선조 때부터의 제도를 따르고 옛 제도를 전부 회복하는"[602] 원칙에 따라
내각을 폐지하고 내삼원을 회복하였다. 강희제가 오배그룹을 제거한 후에는
내삼원을 다시 내각으로 바꾸었다. 내각제도가 한때 설치되고 한때에는
폐지된 현상은 당시의 통치그룹 내부에서 선조 때부터 내려온 만주 제도를
지키려는 세력과 한족의 역대 정치통치 형식을 인용하는데 치우친 일부

---

601   소련, 《소정잡록》 권2, 《의정대신》
602   《대청회전(大淸會典)》 건륭, 권2

세력 간의 투쟁을 보여주고 있다.

전제정치의 산물인 내각제도는 재상제도를 폐지한 후에 황제의 정무처리를 보좌하기 위해 설립된 것이다. 하지만 어디까지나 정부의 공식기구로, 육부의 첫 자리를 차지하여 지위가 대단히 높았다. 따라서 명조의 내각에서는 장거정(張居正)과 같은 부류처럼 상당한 권력을 장악한 큰 인물이 나타날 수 있었던 것이다. 청조는 황권을 강화하고 내각의 권력을 제한하기 위해 대권을 남서방, 군기처 등의 비공식적인 기구에는 넘기면서도 내각에는 권한을 부여하려 하지 않았다.

성지를 기초할 책임이 있는 대학사는 옹정 때에 정일품으로 승격되면서 "공로가 크고 위치는 아주 높았지만" 실제적인 권력은 전혀 없었다. 청조의 황제는 친히 내외 대신의 상소에 답변하며 "내각은 물을 권한이 없고 천자가 조서를 내려야 만남이 가능하며 물러났다가 초안을 작성한 후에 다시 들어올 수 있다. 천자의 허락이 떨어져야 내각은 다시 물러날 수 있다."[603] 특히 옹정 이후로는 "성지를 받고 편지를 부치는 일은 군기처가 맡고 내각은 보좌역할을 하였기에 명분만이 남았을 뿐이다."[604] 내각 대학사의 지위가 존귀하다고는 하지만 권리가 막중하지 않았기 때문에 겉으로는 일부 고위관리를 승진시키는 척 하였지만 실제로는 강직시키는 조치로 활용되어 통치그룹 내부 권력관계의 균형을 조정했다. 1677년(강희 16년), 집권의 수요를 만족시키기 위해 한림(翰林) 등의 관리를 건청궁 남서방으로

---

603   엽봉모(葉鳳毛), 《내각소지서(內閣小志序)》
604   《청사고》 권174, 《대학사년표1(大學士年表一)》

전근시켜 당직을 서게 하였다. 이들을 "남서방행주(南書房行走)"라 불렀으며 인원수는 고정되지 않았다. 남서방은 황제가 시를 짓고 글을 쓰는 걸 시중드는 외에도 황제의 뜻을 받들어 어지를 작성하고 정령을 발표하였다. 사실상 황제의 정무를 처리하는 기밀 비서집단인 셈이다. 때문에 "지위가 높은 중요한 관리가 아니라 심복이 아니라면 들어갈 수가 없었다."[605] 강희는 의식적으로 한족 지주 지식인을 선발하였다. 예를 들면 장영(張英), 고사기(高士奇) 등을 남서방으로 들어가게 하였는데 이는 한족 인들을 구슬리기 위한 수단이었다. 하지만 군기처가 설립된 후에 남서방은 더 이상 기밀사무에 참여하지 못하고 사문(司文), 사서(詞書), 그림 등에만 전문적으로 몰두하였다.

군기처는 옹정 연간에 설립되었다. 준격이(准噶爾) 부와 전쟁을 치르는 과정이어서 서북 군대의 사무를 급히 처리해야 했기 때문에 "처음에는 군수방을 융종문(隆宗門) 내에 설치하였다."[606] 또 내각에서 세심하고 믿을만한 중서(中書)를 선발해 기밀사무를 처리하도록 하였으며 훗날에 군기방(軍機房)으로 고쳤다가 나중에는 군기처로 개칭하였다. 1729년(옹정 7년), 이친왕(怡親王) 왕윤상(王允祥)과 대학사 장연석(蔣廷錫), 장정옥(張廷玉)을 임용하여 군기처의 사무를 처리하도록 하였다. 이듬해, 군기처 장경(章京)을 추가로 설치하고 1732년에는 군기처의 인신(印信)을 발급하였다. 군기처가 설립된 정확한 날짜는 공문에 기록되지 않았다.

---

605 초석(肖奭), 《영헌록(永憲錄)》 권1, 65쪽.
606 양장거, 《추원기략(樞垣紀略)》 권27

건륭 48년의 진술에 따르면, 군기처는 1730년(옹정 8년)에 설립되었고 군기처의 장정을 맡았던 양장거도 이 같이 주장하였다.[607] 현존하는 군기처 문서기록도 옹정 8년부터 시작되었다.

군기처의 직능은 중요하면서도 관리하는 분야가 매우 넓었다. 이곳은 황제의 개인 업무부서로 직접 황제의 명령에 복종해야 했다. "평일에는 금정(禁廷)을 지키고 소견을 기다렸으며" 황제를 도와 의견을 건의하고 문서를 작성하고 중요한 정무를 처리하였다. 예를 들면, 문무관리의 승진과 면직, 중대한 사건의 심사, 대전예절 제정, 군대와 전량조사 등의 임무를 맡았다. "군국의 대사는 모두 군기처에서 맡아 처리하였다. 옹정, 건륭 이후의 백팔십년 동안 황제의 조서는 내각이 아닌 군기처에서 기초하였다."[608]

군기처는 고도로 발달된 봉건전제주의 중앙집권의 산물이다. 빠르고도 비밀스럽게 정무를 처리하는 것이 군기처의 가장 큰 특징이었다. 하지만 군기처 자체는 독립성이 없었다. 이른바 "매일 궁정 내부에서 입직해 승지하고 있는데 일처리가 비밀스럽고 속도도 빨랐다."[609] 군기처에서 기초한 어지는 "먼저 내각에 전달됐다가 그다음 부원(部院)으로 하달되었는데" 이처럼 차례대로 하달되는 것을 "명발(明發)"이라고 불렀다. 일부는 내각을 거치지 않고 군기처가 빈틈없이 봉인해 역마로 직접 총독과

607 《광서회전사례(光緒會典事例)》 권105 참조, 건륭 48년 조서, 양정거, 《추원기략》,
      머리글 인용.
608 《청사고》 권174, 《대학사년표1》
609 《광서조동화록(光緒朝東華錄)》, 광서 32년 9월 혁동(奕劻) 등이 올린 조서.

순무에게 전달하였는데 이런 방식을 "정기(廷寄)"라 불렀다. "정기"는 중요한 기밀사건을 완급 상황에 따라 하루 3백, 4백, 5백, 6백 혹은 8백리를 전달하도록 규정되었다. 지방 총독과 순무의 상소문도 군기처를 통해 직접 황제에게 올렸다. "정기"제도가 건립됨에 따라 중앙과 지방의 연계는 한층 강화되었는데 이로써 황제의 의지가 순조롭게 지방에까지 전달될 수 있었다. 군기처의 기밀누설방지 조치에는 전혀 빈틈이 없었다.

1800년(가경5년), 조서에는 이렇게 강조했다. "군기처는 중요한 정무를 처리하는 곳이자 비밀조서를 작성하는 곳인 만큼 기밀누설방지가 가장 중요하다. 군기처 대신들이 전달하는 황제의 조서는 장정이 옮겨 쓰되 절대 밖으로 새어나가서는 안 된다."[610] 군기처 대신을 소견할 때에는 밖에 환관이 머물지 못하도록 하였다. 또 군기처 당직방의 경계는 아주 삼엄하였다. 가령 지위가 높은 왕공대신일지라도 황제의 특지(特旨)가 없이는 절대 출입할 수가 없었다. 비록 군기처의 지위가 아주 높다고는 하지만 절대적으로 황제에게 복종해야 하고 황제의 명을 받들어야 하기 때문에 독립적으로 행동하고 결책할 수 있는 여지는 전혀 없었다. "전술하고 옮겨 쓰는 것만 할 수 있을 뿐 찬송이나 교화의 뜻을 그 가운데 추가할 수는 없었다."[611] 군기처의 기구형식은 아주 특수하였다. 관서나, 전문 관리 그리고 소속된 관리가 없었을 뿐만 아니라 더욱이 독립적이고 공식적인 아문도 아니었다.

군기대신이 직무를 겸하고 있었는데 이들 모두는 황제가 친왕,

---

610 양장거, 《추원기략》 권14
611 조익(趙翼), 《첨폭잡기(簷曝雜記)》 권14

대학사, 상서, 시랑 가운데서 파격 임용한 자들이다. 명조 때에 내각 대학사를 임용할 때에 적용하던 "정추(廷推)"제도와는 달리 황제가 단순히 마음대로 지정하였다. 수석 군기대신을 "영반(領班)"이라 불렀으며 연령과 자격, 지위에 따라 군기대신, 군기대신행주, 군기대신상 학습행주(軍機大臣上學習行走) 등으로 분류하였다. 군기대신은 인원수를 정하지 않았으며 최고로 많을 때는 6, 7명 정도가 있었다. 군기처에 군기장정을 설치하고 한족과 만족 2개 반에 각각 8명을 지정해서 성지를 옮겨 쓰고 문서를 기록하고 주장(奏章)을 심사하는 등의 구체적인 임무를 윤번으로 맡도록 하였다. 기밀이 누설되는 것을 막기 위해 문서관리를 사용하지 않았을 뿐만 아니라 그곳에서 청소하는 자일지라도 "내무부 동자를 선택하고", "20세가 되면 바로 내보냈다."[612]

2) 중앙 각 부원 아문

청조의 중앙행정관리기구는 명조의 제도를 계속해서 사용하였다. 이부(吏部), 호부(戶部), 예부(禮部), 병부(兵部), 형부(刑部), 공부(工部) 등의 6부를 설치하고 각 부마다 만족과 한족 상서 각각 한 명과 시랑 각각 두 명 씩을 설치하였다. 그 아래에는 낭중(郎中), 원외랑(員外郎), 주사(主事) 등의 관리를 두었다. 6부 장관은 지방관에게 직접 명령을 하달할 권한이

---

612   소련, 《소정잡록》 권2

없고 황제에게 성지를 내릴 것을 청구할 수밖에 없다. 상서와 시랑 사이에 의견차이가 생길 경우 단독으로 상서를 올릴 수 있으며 황제의 결재를 기다릴 수 있었다. 6부 장관에 만족과 한족 관리를 모두 임용하였지만 오랜 세월동안 실권은 여전히 만족 관리들이 장악하고 있었다. 강희는 이렇게 말했다. "한족 대신들은……자신들이 관계되는 일이 아니라면 입을 다물고 의견을 발표하지 않았다"[613], "관직이 높고 낮음을 떠나 한족 관리들은 매사를 만주 관리에게 떠밀고 있으며 일이 잘 처리되면 공을 자신들에게로 돌리고 일이 틀어지면 책임을 남에게 전가하였다."[614] 누군가 강희 때의 정경을 이렇게 평가하였다. "대학사들은 자리만 차지하고 정사에 대해 묻지 않는다. 각자 조정사무를 맡았지만 만족의 상서들이 권력을 빼앗아갔다. 가끔 건의를 제기해도 국가 정무와는 관계가 없었다. 펑부(馮溥), 이위(李霨), 송덕의(宋德宜) 그리고 왕희(王熙)는 문학고문 역할만 하였으며 여유가 있을 때에는 유명한 선비들과 시문경쟁을 하기도 하였다."[615]

6부에서 이부가 첫 번째의 자리를 차지한다. 하지만 고관대작을 임명할 때에는 황제의 뜻을 따라야 했으며 지방 총독과 순무가 파견하는 중하급 관리는 실권이 없었고 그저 문관의 임용과 파면 수속을 밟는 역할만 하였다. 호부는 사무가 비교적 많았다. 전국의 논밭, 호적, 재정수지 문제를 처리해야 하지만 소속기구는 번거롭고 분공이 혼잡하였으며 직권이 통일되지 못했다. 그 아래에는 지역에 따라 14개 청리사(清吏司)를 설치하였다. 업무성격이나

---

613   《동화록》 건륭조 권83
614   《흠정리불칙례(欽定吏不則例)》 권11
615   양청표(梁清標), 《초림시집(蕉林詩集)》 4

지역에 따른 분공이 확실하지 못한 탓에 다수의 청리사는 본성의 전량(錢糧) 사무를 관리하는 외에도 타성이나 다른 일을 겸해서 관리하였기 때문에 각 사가 모두 유명무실해졌다. 예부는 나라의 의식, 학교, 과거(科擧)를 책임졌지만 태상사(太常寺), 광록사(光祿寺)의 기구와 중복되었기 때문에 직책이 명확하지 않았다. 명분으로는 병부가 전국의 최고 군사기구였지만 사실상, 군기처가 황제의 뜻을 받들어 군대사무를 처리하였다. "병부의 직책은 편액과 명록을 조사하고 무관을 고찰할 뿐이었다."[616]

형부가 형법사건을 관리하는 과정을 보면 소속기구의 업무분장은 명확하지 않고 아주 혼잡하였다. 17개 성의 청리사 가운데에서 한 곳에서 2개 성을 관리하는가 하면 하나의 사건이 2개 사에 소속되기도 하였다. 그리고 도찰원(都察院), 대리원(大理院)도 형법사건을 관할하고 있어 직책이 명확하지 않아 효율이 아주 낮았다. 공부도 상황은 비슷하였다. 우형사(虞衡司)가 산림채집과 어획분야를 맡아야 했지만 실제로는 군복과 군사무기를 관리하였다. 둔전사(屯田司)도 둔전이 아닌 황제의 능묘건설과 보수를 맡았다. 청조 말기, 관직제도를 개혁할 때 청조 통치자들조차 국가공식권력기구인 6부의 "직위와 직책이 명확하지 않고", "권한이 집중되어 있으며", "이름과 실제가 맞지 않다"고 인정하였다. 또 "명분은 이부지만 추천만 할 뿐 관리를 선발할 권한은 없고 호부라지만 출납과 관련된 일만 취급하고 통제할 수 있는 권한이 없었다. 예부도 의식과 관련된 일만 취급하고 예법과 도덕을 가르칠 수 있는 권한은 없었다.

---

616 《역대직관표(歷代職官表)》권12

병부도 마찬가지였다. 농역병적, 무관의 승진, 전근과 관련된 분야만 취급할 수 있을 뿐 군사를 통솔할 권한은 없었다."[617] 도찰원은 중앙의 감찰기구로, 좌도어사(左都禦史)와 좌부도어사(左副都禦使)가 관련 사무를 맡아 책임지고 우도어사(右都禦使)와 우부도어사(右副都禦使)가 지방 총독과 순무의 직책을 겸하였다. 황권을 집중시키기 위해 옹정 때에 6과급사중(六科給事中)과 15도감찰어사(十五道監察禦史)(청조 말기 22도까지 증가됨)를 통틀어 "과도(科道)"라 불렀으며 각각 경내 외 관리의 감찰과 탄핵을 책임졌다. 당나라 때부터 이어져온 봉건국가의 감찰기구 "대(台)"와 "간(諫)"의 병렬국면이 이때에 타파되어 하나로 합쳐졌다. 이는 청조 감찰기구의 특징이자 전제황권 강화요구에 적응한 표현이기도 하였다.

과도관리들은 황제의 눈과 귀로서의 역할을 충분히 발휘할 수 있도록 하기 위해 1690년(강희 29년), 좌도어사를 의정대신에 임명해 정무토론에 참여시켰다. 황제도 어사들이 의견을 발표하고 법을 어긴 고위관리를 탄핵하는 걸 지지하였다. 강희는 이렇게 말했다. "황자, 제왕 그리고 내외 대신관리에 이르기까지 탐욕스럽고 횡포를 부리고 법을 어긴다거나 서로 비교한다거나 서로 배척하거나 또 서로 도당을 결성하는데 대해서는 마땅히 감찰하여 검거해야 한다, 그러니 절대 안면을 봐주지 말고 실제상황을 참고로 해야 한다."[618] 하지만 극단적인 전제제도 배경에서는 진정으로 독립된 감찰권이 있을 수 없다. 황권이 강화될수록 감찰권은

---

617   《광서조동화록》, 광서 32년 9월 혁동 등이 올린 조서.
618   《동화록》 강희조 권59

유명무실해지고 어사들은 황제와 고위관리의 비위를 거스를까 두려워 감히 의견을 제기하지도 못하였다. 강희 36년 조서에는 이렇게 적었다.

"최근 한동안 언관(言官)의 주소가 극히 드물다. 비록 간간히 주소를 올려오고 있지만 당시의 정치상황을 깊이 파고들어 실제에 맞게 간언하는 자는 극히 드물었다."[619] 건륭 5년의 조서에서는 이렇게 적었다. "과도란 조정의 눈과 귀 역할을 하는 관리이다……비록 수년간 올린 조서가 많긴 하지만 비열하고 천박한 견해가 아니면 케케묵은 오랜 견해를 표절한 것이니 실행한다고 해도 실제적으로 얼마나 효과를 볼 수 있을까? 요즘 들어서도 역시 과도관리가 올리는 주소가 극히 드물어졌다. 조목조목 열거해 올리기는 하지만 골라서 쓸만 한 것이 거의 없다."[620]

청 왕조는 다민족 국가의 통일을 강화하고 공고히 하기 위해 많은 노력을 기울였으며 역대 왕조와 비교할 때 그 성과는 매우 뚜렷하였다. 중앙정부기구에 이번원(理藩院)을 설치해 소수민족의 사무를 관리하였으며 상서 한 명, 좌우 시랑 각각 한 명씩을 임용하였는데 모두 만족이나 몽골족이 맡도록 하였다. 그 아래에 기적(旗籍), 왕회(王會), 전속(典屬), 유원(柔遠), 내원(徠遠), 이형(理刑) 등의 6개 청리사가 있었으며 "내몽골과 외번몽골, 회부와 여러 번부(番部)를 관리하여 작위와 봉록을 정하고 조정회의를 소집하고 형벌을 실행하였다."[621] 무릇 몽골, 회부에 속한 각 기(旗)의 찰사극(紮薩克)은 모두 이번원의 관할을 받았으며 한족지역을 통치한

619   《광서회전사례》, 999쪽.
620   《광서회전사례》, 999쪽.
621   《청사고》 권115, 《직관지(職官志)》 2

행정체계와는 서로 갈라놓았다. 이번원은 또 예부와 함께 외국과의 교섭도 일부분 책임졌으며 총리각국사무아문이 설립되기 이전에는 이번원에서 러시아와의 교섭을 책임졌다. 산하에 러시아 사절과 상인을 초대하는 러시아 관도 설치하였다.

청조 때 황족을 관리하는 기구는 종인부(宗人府)이다. 종인부는 황족의 속적을 관리하고 '옥첩(玉牒)'을 작성 및 수정하고 황족관리를 장려하거나 처벌하는 외에 황족의 소송사건도 심사하였다. 황족의 중요성을 알리기 위해 종인부를 정부기구의 첫 자리에 배치하여 내각, 육부보다 높은 지위를 부여하였다.

무릇 누르하치 부친인 탑실(塔失)(선조로 추존)의 후예는 "종실(宗室)"이라 불러 노란색 띠를 매게 하고 방계를 "각라(覺羅)"라고 불러 붉은색 띠를 매게 하였다. 주로 중요한 직무를 맡은 종실과 각라는 예로부터 봉양 은냥을 받았을 뿐만 아니라 혼례나 장례 등이 있을 때는 별도로 은냥을 하사받았다. 또 죄를 지어도 경하게 처벌하였는데 가령 사람을 죽여도 사형을 면할 수 있었다. 이밖에 궁정 사무를 관리하고 황제 생활을 보살피는 내무부가 있었고 총관대신도 있었다. 직권 범위가 넓은 내무부는 기구가 방대하고 소속관리가 많았다. 또 산하에 7개 사(광저(廣貯), 도우(都虞), 장의(掌儀), 회계(會計), 영조(營造), 경풍(慶豐), 신형(愼刑)), 3개 원(상사(上駟), 무비(武備), 봉신(奉宸))이 설치되었고 궁정 내 여러 가지 수공업을 관리하는 "조판처(造辦處)"와 환관을 관리하는 "경사방(敬事房)"이 마련되었다. 내무부는 "삼기 포의(包衣)의 정령과 궁궐 관리를 책임졌는데 무릇 이부,

호부, 예부, 병부, 형부, 공부에 속하는 사무라면 모두 맡아서 관리하였다."[622]
상당한 규모의 장역(匠役), 군정, 환관을 제외하고도 내무부 직관이 3천여
명에 달하였다. 하지만 육부는 인원이 고작 1천 7백여 명에 달해 내무부
직관수가 육부보다 약 한 배 정도가 많았다. 이는 황권을 핵심으로 하는
전제주의 정치특징이 조직이나 인사 부분에서 뚜렷하게 나타난 표현이다.

3)지방 정권기구

청조 지방 정권기구에는 성(省), 도(道), 부(府), 현(縣)의 4개 등급이
있었는데 층층이 통속되어 하부기층에까지 이르렀다. 성은 지방의
최고 행정기구이다. 일반적으로 총독이 여러 성을 관할하고 순무가
한 개의 성을 관할했다. 명조 때 총독과 순무는 임시로 파견되었지만
청조 때에는 고정된 국경대사로서 황제를 대표해서 한 개 성 혹은 여러
성의 군정대권을 거머쥐었다. 총독은 종일품관(從一品官)이고 순무는
정이품관(正二品官)이다. 총독과 순무는 병부상서, 병부시랑의 직함을
겸하여서 본(本) 성의 군대를 총괄하였다. 총독과 순무는 한 곳을 전체적
으로 관리하였기 때문에 권력이 매우 막강하였다. 따라서 청조 전기와 중기,
만족과 한군(漢軍) 기인이 주로 그 직무를 맡았다. 강희 때, 한인이 총독과
순무에 임용되는 경우는 "10명 중 2, 3명 정도"였다.

---

622   《대청회전》 광서, 권89

건륭 때에는 한족과 만족이 순무에서 차지하는 비율이 같았고 총독의 다수가 만족이었다. 태평천국 혁명 이후가 되어서야 한족이 총독과 순무에 임용되는 경우가 많아졌다. 총독과 순무가 서로 감독하고 견제하는 역할을 할 수 있도록 하기 위해서 일부 지역은 총독과 순무를 모두 설치하거나 총독과 순무가 한 개 도시에 같이 머물도록 규정하기도 하였다. 따라서 직권이 고르지 않고 혼잡한 상황이 나타났다. 하지만 이런 혼잡한 상황에서 전제황권은 오히려 더 확실하게 지방을 통제할 수 있었다. 총독과 순무의 보좌관리는 포정사(布政使)(번사(藩司))와 안찰사(按察使)(얼사(臬司))였다. 포정사는 종이품관이고 안찰사는 정삼품관으로, 각각 한 개 성의 민정과 재정, 사법과 형벌을 관리하였는데 이들을 "양사(兩司)"라 불렀다.

명조 때, 지방에 상설된 수뇌는 삼사(三司)이다. 그중 도지휘사(都指揮使)는 위소제(衛所制)가 폐지됨에 따라 철폐되었다. 따라서 포정사와 안찰사는 총독과 순무의 예속물이 되었다. 성 이하는 "도"이다. 명조의 제도에 따르면 "도"는 행정구역이 아닌 감출 구역이었다. "도원(道員)"은 사건 때문에 파견한 것으로, 품급(品級)은 없었다. 청조 건륭 때부터 처음으로 "수도(守道)"와 "순도(巡道)"를 전문적으로 설치하였다. 도원은 정사품관이다. "수도"는 고정된 관할구역이 있으며 화폐와 곡식정무를 주로 관리하였다. "순도"는 모 구역을 나눠 순찰하면서 형벌사건을 주로 관리하였다. "도원"을 실제 직무가 있는 관리로 바꾼 후로 병비(兵備)직함을 늘리고 경내 도사(都司) 이하의 무직 관리의 정원을 제한하였다. 이밖에 전문사무 때문에 특별히 설치한 도원도 있었다. 예를 들면 도량도(督糧道), 염법도(鹽法道), 하도(河道), 해관도(海關道) 등이 바로 그러했다.

도 이하는 부이다. 지부(知府)는 장관으로, 처음에는 정사품이었다가 훗날 종사품으로 바꾸었다. 지부는 위와 아래를 연결하는 기구이다. "소속된 현을 총괄해 법규와 수칙을 선포하고 백성에게 해가 되는 부분은 없애고 유익한 일을 하며 사건을 심판하고 간사함을 조사해서 추궁하였다. 3년 마다 하급관리의 유능함과 현명함을 조사해서 직무를 폐지하고 위로 고발하였으며 지방의 중요한 일은 총독과 순무의 허락을 받아야 실행될 수 있었다."[623] 지부 이하의 여러 관리들이 경내에 분산되어 머물러 있음으로 인하여 점차 고정된 행정단위인 청(廳)이 형성되었다. 소수민족 집거지역에는 주와 현보다는 청을 설치하는 것이 더 적합하였다. 이밖에 주도 부속(府屬) 행정단위였다. 청과 주가 직예청(直隸廳)과 주, 산청(散廳)과 주로 나뉘어졌으며 직예청과 직예주는 부1급에 해당되었다. 산청, 산주는 현1급에 해당되고 청에는 동지(同知), 주에는 지주(知州)를 설치하였다. 청과 주가 고정된 행정기구라고는 하지만 2급 정권기구는 아니었다.

부 이하를 현이라 한다. 현에 지현(知縣) 한 명을 설치하였으며 지현은 정칠품관이다. 그 아래에는 현승(縣丞), 주부(主簿), 전사(典史), 순검(巡檢) 등의 관리를 임용하여 현의 정무, 조세와 부역, 호적, 수색검거, 소송, 문화교육을 관리하도록 하였다. 지현이 백성을 직접적으로 관리했기 때문에 "친민 관리"라 불렀다. 청조 말기, 전국의 현이 총 1천 358개에 달하였다.

현 아래에는 이사제(裏社制)와 보갑제(保甲制)가 있었다. 이런 제도들이

---

623 《청사고》 권116, 《직관지》 3

백성을 통치하는 하부기층기구이긴 하지만 공식적인 행정체계는 아니었다. 따라서 이정(裏正), 보정(保正)은 조정의 정식 관리가 아닌 지방의 부호나 지주가 임용되었다. 청조 때에는 이사와 보갑을 병행하였는데 전기에는 이사를 중요시하다가 후기에는 보갑을 중요시하는 쪽으로 바뀌었다.

이사제를 적용함에 따라 전국 범위에서 이(裏)(농촌)와 방상(坊廂)(도시)을 보편화시켰다. 총 110호를 일리(一裏)라 정하고 인정(人丁)이 많은 가구 중에서 10명을 뽑아 이장(裏長)으로 정하였다. 그 밖의 100가구는 10갑(甲)으로 나누고 5년에 한번 씩 편집, 심사하였다. 이정장과 방상장은 자주 교체되었으며 전량과 장정수를 조사하고 부역책자를 제작해 세금징수의 근거로 하였다. 이사의 주요한 역할은 세금징수이다. 옹정 황제 이후로는 기존의 인구수에 따라 받던 인두세를 폐지하고 보유한 토지 규모에 따라 세금을 징수하기로 결정하고 조세제도를 개혁하였다. 이에 따라 인정(人丁) 편집심사가 자체의 의미를 잃었기 때문에 이사제는 점차 문란해졌다. 하지만 이사가 여전히 관부를 보좌해서 "조세징수통지서(易知由單)"[624] 발급, 토지와 인정에 따른 세금징수, 요역공급을 취급하는 기구의 역할을 하였다.

청조 초기에 이미 보갑제도가 존재했었다. 그때 10가구를 일패(一牌), 열패를 일갑(一甲), 10갑을 일보(一保)라 하였다. 패에 패두(牌頭), 갑에 갑장(甲長), 보에 보정을 설치하였다. 보갑의 주요한 역할은 치안질서를

---

624   조세 징수 통지서, 관리가 전량을 징수하기 전에 전량 납부 액수를 적어
전량납부자들에게 발급하는 통지서임.

유지하여 백성들의 저항을 방지하는 것이었다. 가구마다 "도장카드 한 장씩을 발급해 이름, 성인 남정 수를 그 위에 적게 하였다. 그리고 외지로 갈 때는 가는 곳을 밝히고 들어오면 오는 곳을 상세히 밝혀야 하였다. 낯설고 의심스러운 자에 대해서는 자세히 물어서 명확하게 알아내고 절대 머물게 해서는 안 된다……달 말에 보정은 일이 없었다는 인증서를 제출해야 하고 관아에 보고해 비치해야 한다."[625] 이사제 아래의 호적통계는 가구를 기준으로 한다. 목적은 가구당 부담해야 하는 전량과 인두세를 명확히 하여 편집책자를 만들기 위함이었다. 보갑제 아래의 호적통계는 사람을 주로 했는데 인구의 유동상황을 명확히 하는데 그 목적을 두었다.

옹정제 이후로 백성들의 저항정서는 곳곳에서 갈수록 짙어졌다. 백성들의 저항을 억제하기 위해 청 정부는 수차례의 명을 내려 지방에서 보갑제를 실시하도록 했으며 "도둑을 진압하는 법 가운데서 보갑만 한 좋은 계책은 없다"[626]라고 말했다. 전국의 광범위한 농촌을 비롯해 소주(蘇州), 경덕진(景德鎭) 등의 번영한 수공업 도시, 불량배들이 모여 사는 외진 산간지역 그리고 소수민족 지역에서 모두 보갑제를 실행하였다. 지주, 수공업자가 책임지고 처리하였으며 가마주인은 소작인과 고농을 엄격하게 관리하였다. "나쁜 사람을 마음대로 두었다가 일을 저지를 경우 전주와 고용주도 함께 벌을 받아야 한다."[627] 소수민족지역에서 "보갑제도에 대해서는……마을의 나머지 숙묘(熟苗, 한화(漢化)되고 교화된

---

625 《청조문헌통고(淸朝文獻通考)》 권22, 《직역(職役)》 2
626 《동화록》 옹정조 권9
627 아이도(雅爾圖) 《심정록(心政錄)》, 《보갑긴요규조(保甲緊要規條)》

묘족) 숙동(熟僮)을 배열한다. 지방관이 적극적으로 봉행하지 않을 경우 전문적으로 관리하거나 겸해서 관리하거나 통괄하는 여러 관리들이 각각 심의하여 처벌한다."[628] "산시, 섬서, 몽골지역에 농사짓는 자가 아주 많은데 이들 중에서 간사하고 어진 자를 가리기 어려워 패두, 총갑을 설치하여 조사하고 감찰하도록 한다……만약 농사짓는 자 가운데서 토지세를 체불하는 자가 있거나……신원을 알 수 없는 사람이 있을 경우 명확히 보고해 죄를 다스려야 한다."[629]

이사와 보갑은 청조 봉건정권의 하부기층기구이다. 전국 각지에 널리 보급되면서 방대한 통치망을 이루었으며 백성들의 피와 땀으로 모은 재물을 착취하고 백성의 사상과 행동을 감시하였다. 이는 봉건 후기의 국가가 백성들에 대한 통제를 갈수록 엄밀하게 하고 있다는 점을 말해준다.

3. 청조의 관리임용과 면직제도 및 과거제도

청조 때, 관료기구가 많아지면서 방대한 규모의 관리군(官吏群)을 이루었다. 청조의 관서기록에 따르면 약 3만여 명(송, 명 2개 조대를 초월)이 되는 것으로 전해지고 있다. 봉건 관료기구와 봉건군대 모두가 전제주의 중앙집권제도의 버팀목이자 백성을 압박, 착취하는 도구였다. 과거에

---

628   《동화록》 옹정조 권9
629   《황조정전류찬(皇朝政典類纂)》 권35, 《호역(戶役)》 6, 《직역(職役)》

마르크스는 이렇게 말했다. "정부의 존재는 관리, 군대, 행정기구, 법관을 통해 표현된다. 만약 이 같은 육체를 떠나 정부를 논한다면 그림자, 상상, 허명에 불과할 뿐이다."[630]

무릇 황제가 직접 임명하는 청조의 관리는 "특간(特簡)"이라 부르며 그 어떤 법률조례의 제한도 받지 않았다. 대신들의 추천으로 임용될 경우 "회추(會推)"라 부르고 공을 세운 관리나 순직한 관리의 자제는 "음습(蔭襲)"에 따라 관직을 얻을 수 있었다. 동시에 추천 제도를 실행하였다. 강희 23년 때, "조정의 관리들에게 청렴한 관리를 추천하도록 명하였다." 옹정 4년 때에는 "여러 행성에서 현명하고 재능이 있는 관리를 선발하고", 건륭 때에는 조정 관리들에게 현명한 인재를 비밀리에 추천할 것을 명하였다. 가끔 추천도 회피해야 할 때가 있었다. 예를 들면 강희 41년의 어지에서는 "구경(九卿)은 동향이나 현재 직무를 맡고 있는 본 성의 관리를 추천할 수 없다"라고 강조하였다. 반면, 가끔은 회피하지 않아도 되는 경우도 있었다. 예를 들면 옹정 2년의 어지에서는 "중앙 관청에서 업무를 맡은 관리 이상, 외관, 지현 이상은 품덕과 재능을 겸비한 자를 선발하여 임용할 수 있다. 즉 친척과 자제도 회피할 필요는 없다." 하지만 추천이 실제에 맞지 않거나 추천받은 자가 범죄를 저질렀을 경우 추천한 자도 함께 연좌책임을 져야 한다. 이른바 "사람을 얻는 자는 현명하고 능력 있는 사람을 천거하여 쓸 수 있어야 상이 내려지고 터무니없는 자에 대해서는 연좌의 벌을 엄격히 집행한다는 것이다."

---

630 《마르크스·엥겔스전집(馬克思恩格斯全集)》제6권, 《라살레(拉薩爾)》, 320쪽.

청조는 명조 제도를 답습하여 계속해서 과거제도를 실행했으며 관리를 육성하고 선발하는 "정도(正途)"로 적용하였다. 무릇 응시자를 동생(童生)이라 불렀으며 동생은 초급시험(현고, 부고, 원고)을 통과하여 수재 자격을 얻어야 향시(鄕試), 회시(會試), 전시(殿試)시험에 참가할 수 있는 자격이 주어진다. 향시, 회시, 전시는 3년에 한 번씩 치러졌다. 향시는 성성(省城)에서 열리는데 시험에 합격되면 거인(擧人)에 오른다. 회시는 경성에서 열리는데 이 시험에 합격하면 공사(貢士)에 오른다. 그리고 맨 나중에는 황제가 직접 주재하는 전시에 참가하였다. 전시는 3갑으로 나뉘는데 일갑(一甲)에 3명을 합격시킨다. 장원(狀元), 방안(榜眼), 탐화(探花)에게 진사(進士) 급제를 하사하고 한림원의 관직을 직접 준다.

이갑(二甲)은 진사 출신이고 삼갑(三甲)은 동진사(同進士) 출신이다. 이갑과 삼갑은 한림원 서길사(庶吉士) 시험을 봐야 하는데 이를 "관선(館選)"이라 불렀다. 시험에 합격한 후 한림원에서 공부하며 앞으로 고위관리 자격시험을 치러야 한다. 만약 시험에서 낙방하면 다른 관직을 맡게 된다. 비록 만족과 한족 관리 모두가 과거시험을 통과해야 한다고 규정되어 있지만 실제로 만주 관리들은 과거가 아닌 특권을 등에 업고 관리로 되는 경우가 허다하였다. 과거시험은 단지 한족관리들이 정권에 참여할 수 있도록 마련한 경로일 따름이었다. 청조의 과거시험 내용은 여전히 팔고 정식(程式)을 적용하고 사서오경에서 출제하였다. 문장의 사상 그리고 단락, 격식에 모두 엄격한 규정이 있었는데 이를 지식인들의 사상을 속박하는 한 가지 수단으로 간주하였다. 강희 황제 때, 인재를 널리 구하고 한족 사대부들의 적대정서를 완화하고 통치기반을 확대하기 위해 정과(正科) 외에 특과(特科)를 추가로 설치하였다. 예를 들면 "박학홍사과(博學鴻詞科)", "경학특과(經學特科)", "효염방정과(孝廉方正科)"는 바로 강희, 옹정 황제가 남순(南巡) 때 직접 본 면접시험이다. 건륭 원년에는 또 "박학홍유과(博學鴻儒科)"를, 26년에는 "태후만세은과(太後萬歲恩科)"를 거행하였다.

강희 17년에는 "박학홍사과"를 개설하여 먼저 내외 대신이 추천하였는데 이미 벼슬에 오른 이사(已仕)라든지, 아니면 벼슬에 오르지 못한 미사(未仕)이든지를 가리지 않고 궁정에서 모두가 면접시험을 치러야 했다. 명망이 있는 자는 모두 합격시켰다. 합격시킨 "명사(名士)" 50명에는 주이존(朱彝尊), 탕빈(湯斌), 반뢰(潘耒), 모기령(毛奇齡), 우동(尤侗) 등이 포함되었다. 이들에게는 모두 한림원의 관직이 수여되었다. 이번 특과를 통해 "훌륭한 인재를 가장 많이 얻었다"고들 말하였다. 청조는 과거제도를 광범위하게 추진하였다. 봉건 통치에 적합한 인재를 선발하였을 뿐만 아니라 청조 정권의 통치기반도 확실하게 다졌다.

이밖에도 청조는 연관(捐官)제도(연납(捐納)이라고도 함)를 실행하였다. 순치 초기, 사자(士子)들은 "곡식을 바쳐 국자감 학생으로 들어갈 수는 있었지만" 관직에 오를 수는 없었다. 훗날 면직당한 관리들은 "돈과 곡식을 바쳐야 다시 기존의 관직을 회복할 수 있도록 허락하였다."[631] 강희 13년, '삼번'의 난을 평정한 이후로 이른바 "길이 서로 다른 인재를 모으고 과목의

631   엽몽주(叶夢珠) 《열세편(閱世篇)》, 《상해장고총서(上海掌故叢書)》,
       제1집, 64쪽 참고.

부족한 부분을 보충한다"라는 명분 아래에서 연납제도를 실행하여 부족한 군사비를 보충하려 하였다. 결국 3년 내에 은 2백여만 냥을 받아들였으며 연납하는 지현도 5백여 명에 달하였다.[632] 강희 황제는 벼슬을 연관해주는 등의 직권을 남용하는 걸 막기 위해 연납관(捐納官)은 임기가 3년이 되면 적임자는 승진시키고 제 역할을 제대로 발휘하지 못하는 자는 탄핵해야 한다는 규정을 내린바 있다.[633] 하지만 실제적으로 실행될 가능성은 거의 없었다. "삼번"의 난을 평정한 후로는 연납을 중지하였다. 훗날 서안(西安) 백성들이 굶주림에 허덕이고 영정(永定)의 치수공사를 수리하고 청해(靑海)에서 군사를 동원한 이후로 다시 연례(捐例)를 시작하였다.

옹정 때, 도부(道府)의 연납은 허락되지 않는 외에 그 아래의 각관은 모두 연납할 수 있었으며 그 범위가 무관직에까지 확대되었다. 건륭 황제 때, 문관은 연납으로 도부, 낭중에, 무관은 연납으로 유격(遊擊)에까지 오를 수 있었다. 이밖에 공생(貢生)과 감생(監生)도 돈으로 연납이 가능하였다. 연납제도를 실행함에 따라 청조 정부는 일정한 임시 재정수입을 보충할 수 있었고 지주와 상인들에게 벼슬길에 오르는 지름길도 열어주게 되었다. 하지만 봉건 관료기구의 악성 팽창을 초래하였을 뿐만 아니라 관리들이 더욱 탐욕스러워지고 부패해졌다. 청조가 쇠약해짐에 따라 연납제도는 갈수록 범람해져서 청조 정치의 부패를 초래한 큰 폐정이 되었다. 누군가 이렇게 말하였다. "연납으로 주현(州縣)관이 되려면 많이 연납하지 않아도

632　《청사고》 권87, 《선거지》 7 참조.
633　《청사고》 권87, 《선거지》 7 참조.

된다. 힘 있는 자들은 자제가 대대로 관직을 물려받아 독점한다.

힘이 없는 자는 빚을 내서라도 연납하였는데 쉽게 보상받을 수 있어서였다. 관리들은 낮은 지위의 관직에 안주하지 않고 선비들은 글을 읽는데 안주하지 않았다. 목표가 다르고 서로 이익만 쫓아가는 이들이 자기 밖에 모르니 어찌 되겠는가?"[634] "연납자가 많아짐에 따라 관리의 품행과 치적은 갈수록 나빠지고 이러하면 세상은 각박하게 변하고 이 상태가 지속되면 지출이 곤궁해진다. 이러다 보면 또 다시 연납하는 경로가 많아져서 결국에는 혼잡함으로 어지러움을 불러오는 꼴이 된다."[635]

청조 관리의 임용방식은 아래와 같다.

서직(署職), 초임관리는 2년(훗날 3년으로 고침)을

시험적으로 임용한다. 직무를 제대로 수행하면 다시 임용된다.

겸직(兼職), 대학사가 상서를 예겸하고 총독이 병부상서,

우도어사(右都禦使)를 겸임한다.

호리(護理), 지위가 낮은 관리가 겸한 고급 관리를 호리라 한다.

가함(加銜), 본관 외에 급별이 조금 높은 관함을 준다.

예를 들면 도원(道員)에 포정사함(布政使銜)을 주는 것 등이다.

별도 임용, 황제의 특별대우로 임용되는 경우다. 예를 들면 강희 50년,

---

634   《청조속문헌통고(淸朝續文獻通考)》권93, 산동 순무 염경명(閻敬銘) 상소.
635   풍계분(馮桂芬), 《교빈려항의(校邠廬抗議)》

서원몽(徐元夢)의 번역 성적이 특히 우수하여 별도로 내각 시독(侍讀) 학사 직을 수여하였다.

면직과 유임, 비록 면직됐지만 여전히 유임하면서 사무를 주재한다.

청조에서는 현임관리에 대해 심사 제도를 실행하였다. 구체적으로는 3년마다 한번 씩 심사했는데 지방관의 심사를 "대계(大計)"라 하고 경관(京官)심사를 "경찰(京察)"이라 하였다. "직무 적임여부를 심사한 후 거류를 결정해 장려와 징벌여부를 알려주었다."[636] 심사방법은 지방총독과 순무 그리고 경관 3품 이상은 정사의 득과 실을 스스로 진술하는 것이었다. 또 그 아래는 이부의 도찰원에서 심사한 후 1등급으로 매겨지면 1계급을 승진시켰으며 "대계로 처벌을 받은 관리는 다시 복직할 수 없었다." 만약 불합격자를 마음대로 임용하는 등의 불법행위가 있을 경우에는 추천 연좌법에 따라 상응한 처벌을 받게 된다. 하지만 현실에서는 경찰이나 대계 모두 형식에만 그쳤다. 청조 때, 관리의 자격을 제한하기 시작한 초기단계에는 비교적 엄격하였다. 이른바 "관리는 출신이 청렴결백해야 한다. 팔기 하인, 한인의 가노, 장수(長隨)는 마음대로 사적(仕籍)에 오를 수 없다는 것이다."[637] 일부 관직, 예를 들면 첨사부(詹事府), 한림원, 이부, 예부의 낭관(郎官)은 과거시험 출신이어야 임용(기원은 제외됨)될 수 있으며 추천 혹은 연납 등의 다른 방도로 관직을 얻는 자는 임용될 수 없었다.

청조 정권기구 조직과 관리의 임면제도는 황권 강화를 중심으로, 한족

636　《청조문헌통고(淸朝文獻通考)》 권59
637　《청사고》 권110, 《선거지》 5

관리를 임용함과 동시에 만족 관리의 우선적인 특권을 보장하였다. 관리임용제도에서 청조는 "관결제(官缺制)"를 만들어서 만관결(滿官缺), 몽골관결(蒙古官缺), 한군관결(漢軍官缺), 한관결(漢官缺) 등의 4가지 상황으로 나누고 고정된 관결에 따라 여러 민족의 관리를 임용하였다. 중앙기관의 종인부, 이번원 그리고 전량과 화약창고, 각성 주둔 장군, 도통, 참찬(參贊)대신 등의 중요한 관직은 만관결로, 전부 만주관리를 임용하였다.

지방 총독과 순무는 거의 모두 한족과 한군 기인을 임용했으며 지부 이하의 관리는 한인이 다수였다. 무릇 만관결에 속할 경우, 한인의 보충 임명은 허락되지 않았다. 하지만 경내외의 한관결은 만족인의 임용이 허락됐는데 이는 청조의 민족 차별화 정책이 관리임용제도에서 표현된 것이라 할 수 있다. 청 정부는 한족관리를 이용해 통치하려 했지만 또 한족관리들이 세력집단을 결성하여 만주 측근들에게 대항할까 두려워서 그들을 임용하면서도 경계하기 위해 "회피(回避)제도"와 "연좌제도"를 만들었다.

한족관리들은 본 성에서(고향 출신) 임용될 수 없으며 경계선이 맞닿은 5백리 이내에서는 모두 회피하여야 했다. 외관을 선발하여 보충 임용할 때에도 상사와 종족, 친척관계가 있으면 마땅히 회피하도록 함으로써 한족관리들이 향토, 친척관계를 이용하여 방대한 세력집단을 형성하는 걸 막았다. 이밖에도 고위관리가 저급관리를 추천한다고 가정할 때에 만약 추천받은 자가 죄를 지었으면 추천한 자도 같이 처벌을 받아야 하는데 이를 "추천 연좌"라고 한다. 상, 하급 관리는 추천관계가 없어도 연대책임을 져야 했다.

제3절
청조의 군대와 법률

1. 군대

군대는 국가의 주요한 구성요소로, 피통치 계급을 상대로 독재정치를 펼치는 폭력도구이자 봉건전제주의 중앙집권제도의 가장 중요한 버팀목이기도 하다. 청조 정권은 대규모 군사진압이 이루어진 후에 건립된 것이기 때문에 군사통치가 청조 정권의 특색이라 할 수 있다. 청조는 군사제도를 실행하고 군대를 건설하는 과정에서 명조의 군대제도와 법규를 참조하긴 하였지만 실제적으로는 기존의 만주 팔기병제(兵制)를 기반으로 발전시켰다.

청조 입관 후 팔기 상비병제를 중심으로 민족에 따라 편제를 달리하던 원칙을 엄격히 실행하였다. 만주팔기, 몽골팔기와 한군팔기가 있었고 군대 정원은 약22만 명에 달하였는데 그중에서 만주팔기를 골간으로 하였다. 팔기병은 세습병제를 적용하여 60세 이상인 팔기 자제 가운데서 기병을 보충, 선발하였고 팔기와 관련된 내부의 사무는 경사 팔기 도통(都統)아문에서 통일적으로 관리하도록 하였다. 이들의 직책은 "만주, 몽골, 한족팔기의 정령을 맡아 호적을 조사하고 그들을 교육하고 차례대로 관직과 작위를 주는 외에도 군비를 줄이고 팔기 내의 사무를 대행하는 것이었다."[638] 청조 초기, 팔기병은 양황, 정황, 정백, 정홍, 양백, 양홍, 정남, 양남 등의 8색 깃발에 따라 편제를 한 무장 부락이다. 입관 후에는 기통병(旗統兵)을 기준으로 한 전통적인 편제를 계속해서 사용하긴 하였지만 통일된 청조 정권이 건립됨에 따라 팔기병은 '금려(禁旅)팔기'와 '주방(駐防)팔기' 두 종류로 분류되었으며, 기주는 개인 소유가 아닌 국가의 직속기구가 되었다. 금려팔기에서 궁정 호위를 맡은 친군영을 '낭위(郎衛)'라고 부르고 정황, 양황, 정백 삼기의 관병으로 충당하였으며 영시위내대신이 통합적으로 관리하도록 하였다.

강희 때에는 또 상삼기 자제와 일부 기예가 뛰어난 한족의 무사와 진사를 선발해서 시위로 임용하였다. 옹정 때에는 하오기를 자기편으로 끌어들이기 위해 시위의 임무를 하오기까지 확대하였다. 이밖에도 일부는 경사를 호위하고 각 행관(行官), 경사의 각문을 지켰는데 이들을 '병위(兵衛)'라 불렀다. 병위는 또 호군영(護軍營), 보군영(步軍營), 효기영(驍騎營), 전봉영(前鋒營)으로 분류하였으며 대대마다 통령 혹은 도통을 설치하여 인솔하도록 하였다. 경사 보군영은 보군 통령이 통솔하는 한편, 제독을 겸임해 경성 구문(九門)의 사무를 관리하였다. 또 보군 통령 아문을 설치하여 방어, 조사, 출입구 경비, 수색검거, 안건심사 판결, 보갑제작 조사 등의 사무를 관리하도록 하였다. 이른바 "경영(京營)이 통괄하고

638 《광서회전(康熙會典)》 권4

총사(總司)가 수색 검거를 맡았다."[639] 이밖에 백성을 다스리기 위한 다양한 금지령도 내놓았다. 예를 들면 관리와 백성들은 가옥, 복장과 사용물품, 승차 등의 방면에서 정해진 제도를 위배하고 신분을 넘어서는 안 되며 고사(瞽詞), 소설 등을 발간할 수 없을 뿐만 아니라 야간에도 마음대로 다닐 수가 없었다. 이 모든 것을 보병 통령 아문에서 집행하였다. 보병 통령 아문이 경사를 경호하고 백성을 감시하는 중요한 역할을 했기 때문에 반드시 부원(部院)의 측근 대신들 가운데서 적임자를 임용하여야 했다. 이밖에 또 신기영(神機營), 건예영(健銳營), 화기영(火器營), 호창영(虎槍營) 등을 비롯한 특종병(特種兵)을 연이어 설치하였다.

"주둔 팔기군"은 전국 각지에 분산해서 주둔하였다. 군사력이 증가되거나 줄어들 때도 있긴 했지만 중점 주둔과 집중 기동작전을 서로 결부시키는 것을 원칙으로 하였다. 기보(畿輔)와 열하(熱河) 그리고 능침(陵寢) 사냥터에 1만 7천 명, 수원(綏遠), 장가구(張家口)에는 2만여 명, 동북에는 4만 명을 주둔시켰다. 이런 곳들은 팔기군이 주둔해서 지키는 중점지역이었다. 이밖에 서북에 1만 8천 명, 동남 연해에 1만 8천 명, 내지의 각 성에는 1만 6천 명을 주둔시키기도 하였다. "금려팔기"와 기보, 동북, 내몽골에 주둔한 팔기는 방대하면서도 기동성이 강한 무장역량이어서 큰 전쟁이 발발하면 재빨리 최전선으로 파견할 수 있는 특징이 있었다.

팔기의 병력이 고작 22만 명인데다 또 경사와 전국 각지에 분산되어 주둔해 있었기 때문에 백성을 통치하는 청조를 호위함에 있어서는 배분이

---

639   《광서회전사례(光緒會典事例)》 권546

턱없이 부족하였다. 때문에 입관한 후에는 한인과 재편성한 한족지주 무장을 받아들여 녹영병(綠營兵)을 구성하였다. 녹영병은 녹기(綠旗)를 표징으로 하고 영(營)을 건제단위로 해서 이름을 얻게 되었다. 녹영병은 마병(馬兵), 전병(戰兵), 수병(守兵)과 수사(水師) 등의 4가지 부류로 나뉜다. 경사에 주둔해 있는 소수 규모의 녹영병을 "순보영(巡捕營)" 혹은 경영이라고 불렀으며 보병 통령이 통솔하였다. 녹영병의 인원수는 정해지지 않았지만(가경 때) 최대 규모로 66만 여 명에 달한 적도 있다. 녹병의 편제는 표(標), 협(協), 영(營), 신(訊)이고 각 성은 제독, 총병이 통솔하였다. 전국에 제독 23명, 총병이 83명에 달하였다. 그 아래에는 부장(副將), 참장(參將), 유격(遊擊), 도사(都司), 수비(守備), 천총(千總), 백총(百總), 외위(外委) 등의 관직을 설치하였다. 녹영과 팔기군은 모두 청 왕조가 백성을 진압하고 지주계급의 통치를 수호하는 가장 주요한 폭력수단이었다. 녹영은 주둔 팔기군과 함께 전국 각지에 둔술(屯戌)해 있으면서 백성을 진압하는 역할을 하였다. 청조 민족통치와 차별화 정책은 군대 건설에서도 똑같이 뚜렷하게 나타났다. 예를 들면, 여러 면으로 만주팔기의 특수한 지위와 역할을 강화하였다. 팔기군은 무장이나 정치 대우 그리고 군사물자와 급여 등의 부분에서 녹영병보다 모두 우월한 대우를 받았다. 녹영에서의 중요한 관직도 만관결(滿官劫)로 규정하였다. 각지에 주둔한 녹영병은 주둔 팔기군의 감시와 통제를 받았다. 녹영의 무장과 훈련은 팔기군에 훨씬 뒤졌을 뿐만 아니라 군량과 급료가 팔기군의 3분의 1 수준에도 미치지 못하였다. 녹영군 내부에는 탐오하고 부정행위를 저지르며 군인급여와 보급품을 떼어먹는 등의 부패현상이 매우 심각하였다. 하지만 여전히 청조 군대의 중요한 구성부분으로써 전국 각지에 주둔해 있었을 뿐만 아니라 임시 징발 군사력으로 충당되었다. 녹영과 팔기가 공동으로 구성한 방대한 무장은 청조 봉건전제 국가의 통치를 실현하는 가장 중요한 버팀목이자 전국을 상대로 군사진압을 실시하는 도구이기도 하였다.

청조 중기 이후, 팔기와 녹영의 부패현상이 심각하여 백성의 봉기를 진압하는 역할을 할 수 없게 됨에 따라 이시기에 단련(團練)과 용영(勇營)이 나타났다. 향병(鄕兵)이라고도 부르는 단련은 한족지주의 지방 자체의 무장조직으로 정해진 병영제가 없었고 인원수도 정해지지 않았다. 게다가 전쟁이 끝나면 곧바로 해산되기 때문에 공식적인 군대는 아니었다. 천초(川楚) 백련교(白蓮敎)의 반란을 진압하는 과정에 단련은 중요한 역할을 발휘하였다. 태평천국 혁명 기간, 증국번(曾國藩)도 호남(湖南) 단련으로 시작하였다. 그는 비공식적인 향병을 연용(練勇)으로 바꾸고 영초(營哨)제도를 정했다. 또 급료를 많이 줬으며 이들을 용영이라 불렀다. 청조는 증국번의 상군(湘軍), 좌종당(左宗棠)의 옛 상군, 이홍장(李鴻章)의 회군(淮軍)이 차례로 나타남에 따라 이런 용영 세력에 의지하여 태평천국의 혁명을 진압할 수 있었던 것이다. 이때부터 "용(勇)"이 "병(兵)"을 대체하였다. "각 성에서 가장 험준하고 중요한 곳은 용영을 주둔시켜 지키도록 하였다. 기존의 녹영은 형식에만 그쳤고 녹영의 월간 급여는 주둔 용영의 4분의 1에도 미치지 못했을 뿐만 아니라 발탁, 승진이 정체되어 있으니 모두 녹영에서 사직하고 용영에 참가하였다."[640] 청조는 중일

---

640   《청사고》 권123, 《병지(兵志)》 3

갑오전쟁 이후에야 외국의 군사제도를 본받아 신군을 편성 및 훈련시킬 것을 원세개(袁世凱)에게 명하였다. 이로써 정규적인 국가의 육군이 생겨나게 되었다.

2. 법률

레닌은 이렇게 말했다. "법률은 승리를 거두고 국가의 정권을 장악한 계급의 의지를 대변한다."[641] 법률은 국가와 똑같이 계급간의 모순이 조화될 수 없는 산물로서, 통치계급이 피통치 계급에 대해 독재통치를 실시하는 도구이다. 만족 입관 전, 후금 정권을 건립했을 때부터 계급간의 모순의 발전과 통치의 수요에 따라 일련의 군사와 정치법령을 반포한 바 있다. 전반적으로 볼 때, 입관하기 전까지는 여전히 관습법에서 성문법으로 변화하는 단계에 처한 시기여서 법률제도는 상대적으로 간단했고 "모두 때에 맞춰 제도를 내놓았기 때문에 오래 전해지지는 못했다."[642]

청조는 입관한 후, 첨예하고 복잡한 계급모순과 민족모순에 부딪쳤다. 따라서 관외시기에 실행했던 간단한 옛 법률은 더 이상 전국의 새로운 형세에 적용할 수 없게 되었다. 통치의 수요를 만족시키기 위해 한 편으로는 《명률(明律)》을 잠정적으로 적용하였다. 그 시기에 도르곤은

---

641   《레닌전집(列寧全集)》 제13권, 제304쪽, 1959년 판.
642   《청사고》 권123, 《형법지(刑法志)》 3

"앞으로 형벌을 내리려거든 명률을 근거로 해야 한다"는 명을 내렸다. 다른 한 편으로는 입법에 속도를 냈다. 1647년(순치 4년), 《대청률(大淸律)》을 제정해 전국에 반포하였다. 이는 청조의 첫 성문법전이다. 순치황제 때의 《어제서문(禦制序文)》에는 이런 구절이 있다. 이 법률은 "명조 법률을 상세하게 해석하였기 때문에 국가의 제도를 제정하는데 참고로 할 수 있다."

사실상 《명률》을 본 따서 그대로 제정했기 때문에 《명률》의 복제판이나 다름없었다. 때문에 일부 규정은 청조 초기의 현실상황과 동떨어져 있기도 하였다. 당시의 역사학자인 담천(談遷)은 "청조 법률은 명조 법률을 개칭한 것뿐이다. 비록 강령으로 제정되어 황제로부터 통과되었지만 실은 서리의 손에서 나왔다. 예를 들면 법률 내용에 대고(大誥)를 근거로 감등할 수 있다는 등의 내용이 포함되어 있다. 명조 초기 《대고(大誥)》를 반포하고 각 보정사에서 이를 발행하였다. 죄를 지은 자가 《대고》를 바치며 죄를 인정하면 죄의 한 등급을 낮춰주었다. 그 후로는 다시 받아들이지 않았지만 여전히 《대고》를 무절제하게 인용하였다. 지금의 조정은 《대고》를 작성한 적이 없으면서 이를 인용하고 있거늘 대체 어찌 된 일인가?"[643]라고 말했다. 이 때문에 《대청률》이 반포된 후에도 실질적으로 실행되지 못했던 것이다. 1651년(순치 8년), 형과급사중 조진미(趙進美)가 상소에서 "현재 법률이 반포된 지 오래 되었지만 실행되지는 못했다"[644]라고 말하였다.

---

643   담천, 《북유록(北遊錄)》, 《기문(紀聞)》 하, 《대청률》
644   《청세조실록》 권94

특히 만주 관리들에게는 단속력이 더욱 없었다. 이부상서 종실인 한대(韓岱) 등은 상소에 이런 글을 올렸다. "만주 관리를 처벌함에 있어 조정의 중앙관리들에게 일정한 법률이 없기 때문에 사건의 경중을 고려해 함께 의논하고 처벌해야 한다."[645] 이치를 바로잡기 위해 1655년(순치 12년), "전조의 회전을 참고로 해서 간단명료한 관례로 편찬하기로" 결정하였다. 1689년(강희 28년)에는 현행 정례를 대청률에 포함시키고 정문마다에 주석을 달아 법률의 의미를 설명하였다.

1707년(강희 46년)에 청률의 수정을 마무리하였지만 공식적으로 반포하지는 않았다. 옹정이 즉위한 후 적극적으로 내정을 바로잡고 법률을 계속해서 수정하였다. 1725년(옹정 3년)에 《대청률집해(大淸律集解)》와 《대청률례증수통찬집성(大淸律例增修統纂集成)》을 마무리하고 옹정 5년에 공식적으로 발표하였다. 1740년(건륭 5년), 율례를 다시 수정해서 비교적 완성된 《대청율례(大淸律例)》를 편찬했다. 청조 초기, 법률을 수정한 과정이 100년이나 걸렸기 때문에 청조 통치자들은 보다 많은 통치 경험을 쌓을 수 있었다. 따라서 율례가 아주 상세하고 엄밀할 수 있었던 것이다. 《명률(明律)》을 원본으로 한 《대청률》은 중국 역사상 최후의 봉건법전이다. 법전의 임무는 "간악한 도둑을 처벌하고 폭력을 없애고 탐관을 엄하게 징벌하고 사악한 자를 처벌하여 풍속을 바로잡고 관리들의 기풍을 단정히 하는 것이다."[646]

---

645   《문헌총편(文獻叢編)》제2집, 《이부처분과지만주관리사건문물 (吏部處分過之滿洲官員事件文物)》
646   《청사고》권142, 《형법지》1

사실상으로는 백성들의 저항을 진압하여 지주계급이 농민을 통치하는 봉건질서를 유지하려는 것이었다. 입법의 지도사상이 전혀 흐트러짐이 없이 한결같아서 청률은 계급의 본질을 똑똑하게 보여주었다. 청조 통치의 역사적 특징으로 말미암아, 《대청률》에 민족 압박과 관련된 조항을 대량으로 추가하였다. 따라서 《대청률》은 중국 여러 민족을 진압하는 봉건법전이라 할 수 있다.

구조형식상으로 《명률》과 비슷한 《대청률》은 총 명례율(名例律), 이율(吏律), 호율(戶律), 예율(禮律), 병률(兵律), 형률(刑律), 공률(工律) 등의 7편, 47권, 30문으로 나누어진다. 그중 율문이 436조이고 부례(附例)가 1,409조에 달하였다. 이밖에 또 위글족(維吾爾族), 장족(藏族), 몽골족 백성을 압박하는 《회율(回律)》,《번률(番律)》,《몽골률(蒙古律)》,《서녕 번자치죄조례(西寧番自治罪條例)》 등도 제정하였다.

국가 행정활동의 경험을 총화하고 관리들의 통치효율을 높이기 위해 강희 때부터 《대명회전(大明會典)》을 본 따 《대청회전(大淸會典)》을 제정하기 시작하였다. 그 후로 여러 차례의 수정을 거쳐 옹정회전, 건륭회전, 가경회전사례도 제정되었다. 광서 때에 이르러서는 회전 정문이 100여 권, 사례가 1,220권에 달하였다. 《대청회전》은 청조뿐만 아니라 중국 봉건시대에서 가장 완벽한 행정법전으로 인정받고 있다.

《대청률》은 수당 이후 한족 봉건 법전의 전통규정을 그대로 따랐으며 "10악"을 가장 심각한 범죄로 열거하였다. 특히 백성들의 저항에 대해 집중적으로 타격하였다. 《대청률집해》는 봉건통치에 저항하는 백성들의 행위를 "법으로 절대 관용할 수 없고", "극도로 사악해 그 죄가 아주 큰"

범죄라 정하고는 일률적으로 엄중하게 처벌을 내렸다. 백성들이 종교 혹은 결맹 등의 형식으로 저항하거나 봉기를 조직하는 것을 막기 위해 이른바 "사교조직을 세우고 제자에게 전수하고 백성을 현혹시키고 말썽을 일으키는 행위"를 반역죄에 포함시켰다. 주범은 참수형이나 교수형에 처하고 방조범은 서남 변방으로 유배를 보내 군졸로 충당하였다. 무릇 반역, 모역사건을 저지른 주범의 부모, 조손, 형제, 아내와 첩, 자녀 가족 등을 모두 연좌시켰다. 예를 들면 백성을 집합시켜 곡물징발에 저항하거나 시험거부, 상인들의 파업동맹 규모가 4, 50명에 달할 경우 우두머리는 바로 참수형에 처하고 방조한 자는 교감후(絞監候)에 처한다. 또 우르르 몰려와 관청을 가로막거나 관리를 때릴 경우 우두머리는 참수하여 백성들에게 보이고 동모자는 참수형, 방조범은 교감후에 처한다. 이밖에 황실을 침범하거나 배신하고 외국으로 도망치거나 화약을 사사로이 숨기거나 무기를 휴대하고 체포를 거부할 경우에는 모두 중죄로 다스린다. 전반적으로 청조의 엄격하고 잔혹한 전제통치하에 백성들은 사상, 언론, 행동에 조금만 신중하지 않아도 중죄가 내려져 잔혹한 처벌을 받아야 했다.

지주계급의 재산권과 착취권을 보호하기 위해 청률은 또 다양한 규정을 내놓았다. 소작인이 토지세를 체불하면 법률에 따라 처벌을 내리고 체불한 토지세는 지주에게 바치도록 강박하였다. 지주, 관료의 재산권을 침범하는 강도죄, 절도죄는 법률에 따라 처벌할 뿐만 아니라 범죄자 얼굴에는 "강도", "도둑", "약탈", "강탈" 등의 글을 새겨 감독하는데 편리하도록 하였다. 청조 중기 이후, 계급모순은 갈수록 첨예해지고 사법진압은 갈수록 엄격해졌다. 가경 때부터는 "강도"에 대해서는 이른바 참수하여 백성들에게 보여주는 처벌을 내렸다. 도광 원년에는 파성(爬城) 강탈 죄를 추가하였으며 경성, 대홍(大興), 완평(宛平) 2개 현의 강도를 포함시켰다. 함풍 때에는 "그 자리에서 사형을 집행하는" 조치를 실시하였다. 따라서 지방 관리들은 조정에 보고하지 않고도 마음대로 사람을 죽일 수 있었다.

청조 봉건사회는 신분과 등급차별을 법률형식으로 명확히 규정하였다. 이런 신분, 등급은 실제로 계급이 특정역사 발전단계를 통해서 나타난 형식이다. 청률은 엄격한 신분, 등급의 질서를 지켰다. 신분과 등급의 차이에 따라 양형기준과 복죄기준을 달리 적용하였다. 따라서 법률 앞에서 사람마다 평등한 것만은 아니었다. 청조 등급 가운데에서 종실과 품관의 지위가 가장 높았고 그 뒤로는 "서인"(양인), 그 다음으로는 고공인이었으며 노비와 창녀 배우 하급관리 하인(천적(賤籍)) 등의 지위가 가장 낮았다.

특권등급에 대해서는 청률도 역대법률과 똑같이 "팔의(八議)"규정(의친, 의고, 의현, 의능, 의공, 의귀, 의근, 의빈)을 내놓았다. 무릇 고귀한 등급에 속한 자가 범죄를 저질렀을 경우 "팔의" 율문을 적용해 상주를 올린 후 처벌을 면제하거나 가볍게 처벌하였다. "팔의" 범위가 본인에만 국한된 것이 아니라 팔의 특권자의 가족에게도 그 혜택이 돌아갔다. 무릇 팔의자의 조부모, 부모, 처자, 손자가 범죄를 저질러도 똑같이 상주를 올려 황제의 허락을 받아야 했고 함부로 심문할 수 없을뿐더러 더욱이 직접 판결해서도 안 된다. 현임 관리들이 혼인, 금전채무, 토지 부동산 등의 법률 분규에 연루되었을 경우 가족이 대신 출정할 수 있으며 "함부로 공문서를 발송하여 조회해서는 안 되는데 만약 이를 어길 경우 곤장 40대의 형벌이 내려진다."

《홍루몽(紅樓夢)》의 우이저(尤二姐) 사건을 보면, 가용(賈蓉)이

가족을 도찰원(都察院)으로 파견하여 대질(對質)하라고 하였는데 바로 위법적특권을 행사한 것이다. 관리에 대한 심문과 판결은 모두 상주를 올려 황제의 허락을 받는 절차를 거쳤다. 그들에 대해 죄를 묻고 처벌을 내릴 수 있는 권한은 모두 황제에게 달려 있을 뿐 일반 법률의 제한을 받지 않았다.

서로 다른 등급 사이에 형사 분규가 발생했을 경우에는 법률 조항이 비천한 자보다는 늘 지위가 높은 자들의 손을 들어주었다. 노비가 주인을 욕하면 교수형에 처했지만 설령 주인이 노비를 살해한다고 해도 사형죄를 적용하지는 않았다. 법률은 "양(良)", "천(賤)"에 대한 차별이 아주 엄격했는데 "천적(賤籍)"으로 분류된 자는 법률의 보호를 전혀 받지 못하였다. 게다가 관리에 오를 수 없고 시험에 응시할 수도 없었으며 죄를 지으면 기존보다 더 무거운 처벌을 받아야 했다.

비록 고공인들은 자유인격을 가져서 천적으로 분류되지는 않았다. 따라서 고용주와 분규가 발생할 경우 천한 백성보다는 경한 처벌이 내려졌다. 하지만 그래도 보통 "양인"보다는 중한 처벌을 받아야 했다.

바로 《대청률》은 이처럼 엄격하고 잔혹한 법률로 "존비상하, 질서가 엄격한" 봉건등급의 압박관계를 유지하였다.

청률은 또 역대 법전의 전통을 그대로 계승해서 법률의 강제력으로 봉건족권의 권력과 부권을 수호하였다. 율문은 "자손이 교령을 어기면" 조부모, 부모에게 손아랫사람들을 처벌할 수 있는 권리를 부여하였으며 죽이는 방법으로 처벌할 수도 있다고 명확히 규정하였다. 부모도 "불효"란 죄명으로 자녀를 관청에 고소해서 처벌할 수 있으며 부모의 의견에 따라 처리할 수 있었다. 이른바 "부모가 자식을 통제하고 그들의 고소에 따라 처벌할 수 있으며 심문할 필요가 없었다."[647] 자녀는 가정에서 독립적인 재산권이 없었다. 따라서 "손아랫사람이 사사로이 재산을 사용했을 경우" 태형이나 곤장형을 받게 된다. 또한 혼인 자주권도 자녀들에게는 주어지지 않았는데 "혼인은 모두 조부모, 부모가 결정권을 가지고 있었다."[648] 이로부터 가정에서 부권의 권위를 확인할 수 있다. 족권은 부권의 확대이자 더 넓은 범위에서 행사하는 것이다. 족장은 종족의 법률을 봉행하는 법관이나 다름없었으며 그의 의지가 바로 시비곡직을 판단하는 근거였다. 예를 들면 인재를 선발하고 세습제를 실시하는데 대해서는 "족장부터 시작해서 법례에 따라 선발한다"라고 명확히 규정하였다. 족장은 족인에 대한 생살여탈권마저 장악하고 있었다. 청률은 과실로 부모를 살해한 자에 대한 형벌을 전대보다 무거운 교립결(絞立決)로 내렸으며 모살자는 능지처참에 처하였다. 특히 손아랫사람은 손윗사람에게 자위권을 행사하지 못하도록 하였다.

전반적으로 볼 때 청률에서 봉건 가족주의 통치수호규정은 봉건 윤리도덕을 지도사상으로 삼았다. 청률이 요구한 부모에 대한 효도와 군주에 대한 충성은 서로 충돌되지 않고 상호 보충하는 존재였다. 때문에 이 부분의 입법은 법률체계에서 전반적으로 아주 중요한 지위를 차지하였다. 또한 《대청률》이 상복도(喪服圖)를 법전에 포함시킨 것은 의복제도에 의해 확정된 친소존비관계가 죄와 형벌을 판정하는데 중요한 의미를 갖기

---

647 《대청률》, 《형률》, 《싸움(鬥毆)》 하, 《조부모, 부모를 때리다(毆祖父母, 父母)》, 건륭 42년례.
648 《대청률》, 《호율》, 《혼인》, 《조례》

때문이다. 가정은 국가의 가장 기본적인 구성 부분이다. 가정의 안정은 사회질서의 안정에 유리하기 때문에 법률차원에서 가장에게 특권을 부여함과 동시에 그들이 나라를 위해 더 많은 법률적 책임을 질 것도 요구하였다. 예를 들면 "등급을 초월한 의복을 사용하거나", "거상중에 가옥을 수리하고 도장을 설치하여 액막이를 하거나 남녀가 한데 어우러져 술을 마시고 고기를 먹는 자"에 대해서는 가장들에게만 죄를 물었다.

청조 심리소송 판형기구를 보면, 지방은 현에서 성에 이르기까지 총 4개 심사 등급으로 나뉜다. 본성의 총독과 순무는 유형(流刑) 이하의 사건판결을 결정할 수 있을 뿐 유형 이상의 사건에 대한 판결은 반드시 중앙의 형부로 이송하여 심사해야 했다. 형부가 전국의 형벌 정령을 장악하였다. 사형사건은 도찰원, 대리사로 구성된 삼법사와 회동하거나 구경(구경, 육부상서, 도찰원 좌도어사, 통정사, 대리사경)과 공동심사를 하였는데 중앙의 최고심사 급별로 분류되었다. 일부 중대한 사건에서는 황제가 왕공, 대학사에게 공동심사에 참여할 것을 명하거나 혹은 직접 심문하였다.

공동심사는 "추심(秋審)", "조심(朝審)", "열심(熱審)"으로 분류된다, 매년 8월에 진행되는 추심에서는 삼법사가 지방에서 올려 보낸 참감후(斬監侯) 혹은 교감후(絞監侯) 사건을 심사한다. (청조 때는 중죄를 저지른 자에 대해 즉시 사형을 집행했는데 이를 참립결(斬立決) 혹은 교립결(絞立決)이라고 불렀다. 죄행이 경하거나 사건에 의심스러운 부분이 있어 바로 사형을 집행하지 않는 사건은 참감후 혹은 교감후로 판결한다.) 형부에서 판결한 사건과 경성 인근의 참감후와 교감후 사건을 다시 심사했는데 이를 "조심"이라 불렀다. 조심은 매년 상강(霜降) 이후 진행되었으며 동지(冬至)

전에 재심사를 마쳤다. "열심"은 매년 소만(小滿) 후의 열닷새 되는 날부터 입추(立秋) 하루 전에 대리사 좌, 우 양사의 관리가 각도의 어사와 형부가 주최한 관련 사("소삼법사"라고도 부름)와 회동하여 경사 곤장형 사건을 심사하였다. 추심, 조심을 거친 사건은 또 "정실(情實)"(경위가 사실이고 죄명이 합당한 것), "완결(緩決)"(사건이 사실이지만 위해성이 작아 다음번 추심과 조심 때 처리하려고 남겨둠), "가긍(可矜)"(사건이 사실이지만 경위가 심각하지 않으면 사형을 면할 수 있음), "유양승사(留養承祀)"(경위가 심각한 편이지만 부모, 조부모가 연로해 봉양할 자 없으면 사형을 면할 수 있음)등의 4개 유형으로 분류되었다. 하지만 모두 황제에게 상주를 올려 마지막 결정을 기다려야 했다. 황제의 명에 따라 집행하는 사건을 제외한 나머지 3가지 유형은 모두 사형을 면할 수 있다. 때문에 추심, 조심에서는 보편적으로 경위가 심각한 편이 아닌 사건을 주로 재심사했다. 이 같은 재심사 제도를 시행함에 따라 범죄를 방종하지 않을 수 있었고 통치계급 내부의 일부 범죄에 대한 처벌을 감면할 수 있었을 뿐만 아니라 심지어는 일부 기만의 성질을 띤 영향을 퍼뜨릴 수도 있었다. 예를 들면, 강희 22년 추심과 관련해 이런 어지를 내렸다. "사람의 목숨이 달려있는 아주 중요한 일인 만큼······ 사정이 있으면 살 길을 줄 수 있다."[649] 옹정 11년에도 형부에 이런 어지를 내렸다. "일망의 생존기회라도 있다면 너희들은 바로 상주해야 한다."[650] 건륭제와 가경제도 이와 유사한 어지를 내린 바 있었다.

---

649   《청사고》 권144, 《형법지》 3
650   《청사고》 권144, 《형법지》 3

청조는 백성들의 소송권을 제한했다. 예를 들면 수감 중인 범죄자는 다른 일을 고발할 수 없었다. 손아랫사람과 여성은 존장, 남편을 고소할 수 없으며 이를 어길 경우 "간범 명분"으로 처단한다. 이밖에 단계를 뛰어넘어 상고하는 것도 제한하였다. "군인과 백성 등이 억울한 일을 당했다면 먼저 주, 현 아문에 고소해야 한다. 만약 심사와 판결이 공평하지 않다면 다시 아문의 상급기구를 찾아 신고할 수 있다. 그럼에도 억울하다면 그때에는 경성으로 상소하는 것을 허락한다."[651] 그러나 직접 상사에 신고한다면 경위가 사실이라고 해도 곧장 50대의 처벌이 내려졌다.

청조의 사법기구는 매년 4월 1일부터 7월 30일 사이, 중대한 범죄를 제외하고는 호적, 혼인, 논밭 등의 사소한 사건을 일률적으로 접수하지 않았다. 청조 때 또 심판회피 제도를 발전시켰다. 만약 주심관이 소송 당사자와 같은 기 혹은 호적에 속하거나 진속관계가 있다면 두둔하는 것을 막기 위해 반드시 문서를 전달하여 회피해야 했다.

청조의 형벌수단은 진압강화를 원칙으로 했으며 당률이 정한 태형, 장형, 도형, 유형, 사형을 그대로 사용하는 외에 이사(범죄자를 강제로 천리 밖으로 이사해 안치함), 충군(연장, 극변, 변원, 근변, 부근 5가지로 분류함, 4천리에서 2천리로 서로 차이가 있음), 유배(국경지대로 유배를 보내 주둔 관병의 노예로 충당함), 능지처참(적용범위가 명조를 초월함. 명률례에서 능지처참 죄가 12조였지만 청률은 명률을 본받은 기초 위에서 9조 13죄를 추가했음. 가령 범죄자가 형을 집행하기 전에 스스로 사망할지라도 여전히

---

651 《가경6년속장조례(嘉慶六年續章條例)》

목을 베는 육시를 실시함), 효수(목을 벤 후 효시해 백성들을 경고함)등의 형벌을 새로 추가하였다.

청조의 감옥은 극히 가혹했다. 방포(方苞)가 쓴《옥중잡기(獄中雜記)》에 감옥 안의 모습을 그대로 묘사한 대목이 있다. "강희 51년 3월, 내가 형부 감옥에 갇혀 있을 때 나는 감방의 구멍을 통하여 죽어 나가는 시체를 매일 3,4구씩이나 보았다. 그때 홍동현(洪洞縣)의 현령(縣令)을 지낸 두씨(杜氏)라는 자가 같은 감옥에 있다가 갑자기 말했다. '전염병이 생겼군. 요새는 날씨가 좋아 죽는 자가 드문데, 어쩐 일일까? 작년에는 매일 수십 명이나 죽어 나갔소.'……그래서 나는 물었다. '서울에는 경조(京兆)란 감옥이 있고 오성어사(五城御史)의 사방(司坊)도 있는데 어째서 형부 감옥에만 이와 같이 만원입니까?' 하니, 두씨가 대답했다. ……형부…… 십사사(十四司)의 정랑(正郎) 부랑(副郎)중에는 일을 벌이기를 좋아하는 사람이 있고, 서리(書吏) 옥관(獄官) 간수 등도 모두 체포되는 자가 많을수록 이익이 많다고 하여 다방면으로 손을 써서 잡아들입니다. 그리고 일단 옥에 오면 죄의 유무를 막론하고 수갑과 차꼬를 채워 노감(老監)에다 집어넣고는 괴로워 참지 못하게 합니다. 그런 후에 살살 꾀어 보증인을 세우고 밖으로 내보내어 그 집의 재산 정도에 따라 할당액을 징수하여 상관과 아전들이 나누어 먹습니다." 위에서 서술한《대청률》은 주요한 내용에 대한 분석으로부터 사법진압이 청조의 기본활동이므로, 지주계급의 독재정치를 수호하는데 아주 중요한 역할을 발휘했음을 볼 수 있다.

청조는 만주귀족을 주체로 한 중국 봉건사회의 마지막 전제 왕조인 만큼 이 같은 역사적 특징이《대청률》에서도 다소 반영되었다.

첫째, 만주인들은 소송에서 법률특권을 누렸다. 예를 들면 만주인이 죄를 지으면 일반 사법기구의 관할을 받지 않고 보군 통령아문과 신형사(愼刑司)에서 심사했다. 종실귀족은 종인부의 심사를 받았다. 만주인이 죄를 지으면 전례에 따라 "감등(減等)", "환형(換刑)" 등의 특권을 누렸다. 태형은 채찍질로, 도형 1년은 가호(枷號) 20일로, 유형 3천리는 가호 60일, 극변 충군은 가호 90일로 바꿀 수 있었다. 사형 죄는 형을 바꿀 수 없지만 감등할 수 있으며 참립결은 참감후로 형을 줄일 수 있었다. 만주인이 절도죄를 범하면 자자(刺字)를 면할 수 있었다. 만약 중한 범죄를 저질러 반드시 자자를 해야 한다면 팔뚝(보통 얼굴에 자자함)에 죄명을 문신한다. 팔기군의 편제와 전투력을 보장하기 위해 관병이 도류죄(徒流罪)를 지으면 유배를 면하고 채찍을 받는 것으로 처벌을 대체한다. 귀족 종실은 "팔의" 특권을 누릴 수 있는 외에도 금전으로 죄를 씻거나 혹은 잠시 지세를 없애는 것으로 대체할 수 있었다.

감금 부분에서도 만주인들이 범죄를 저지르면 일반 감옥으로 들어가지 않았다. 귀족 종실은 "종인부 공방"으로, 일반 만주인은 "내무부 감소"로 들어가는데 대우가 보통 감옥보다는 좋았다. 만약 만주인들 사이에서 분규가 발생한다면 경사에 있을 경우 만주인은 소속 좌령(佐領)에 기소하고 한인은 주관아문에 기소하였다. 그리고 소속 관리 기구에서 원고의 진술, 증거를 호부에 올려 철저하게 조사하고 판결을 내리도록 하였다. 지방에서는 주, 현의 관리가 심사할 수는 있지만 만주인에게 판결을 내릴 권리는 없었다. 다만 증거와 재판의견을 만주인 재판기구로 전달하여 처리할 수밖에 없었다.

둘째, 황제의 지고지상한 사법 권력을 확인하였다. 온갖 추심, 조심사건의 최후 판결권이 모두 황제에게 달렸다. 모든 경사와 지방의 크고 작은 관리가 공죄와 사죄를 저지를 경우 황제에게 상주를 올려 어지를 기다려야지 상급 혹은 관련 기구는 심문할 자격이 없었다. 황제가 수시로 발급하는 어지는 최고의 법률 효력을 갖고 있었다. 황제는 최고의 사법을 통제함으로 인하여 보통 사법기구의 권한분산과 중첩현상이 뒤따랐다. 예를 들면, 삼법사와 구경의 공동심사가 형식적으로 중앙의 최고 심사등급일 뿐 실제로는 결정권이 없었다. 법률로 규정한 사법기관 외에 보군 통령 아문, 이번원, 종인부, 내무부 신형사가 일정한 사법 재판권을 갖고 있었으며 서로 억제하면서 황제가 최고 사법권을 통제할 수 있도록 보장하였다.

셋째, "비부(比附)"에 따른 사건판결을 널리 보급하였으며 "예(例)"의 법률 역할을 충분히 발휘하였다. 판결 죄행의 경중과 복형 등급의 근본적인 규정을 "율(律)"이라 했다. 사실상 소송사건의 구체적인 경위가 아주 복잡해 율문이 여러 가지 구체적인 상황을 모두 포함할 수는 없었다. 때문에 봉건 법정이 늘 실제 사건과 관련 율문을 서로 비교하는 과정에서 관련 율문을 참조로 하여 범죄자에 대한 등급을 높이거나 낮추는 등의 판결을 내렸다. 《대청률》은 아래와 같이 명확한 규정을 내렸다. "무릇 율령에 규정되지 않아 판결을 내리는데 마땅한 조례가 없으면 현행 법률을 비교한 후 등급을 낮추거나 높이고 죄명을 작성해서 상의하여 상주를 올려야 한다." 예를 들면, 성문 열쇠를 잃어버리면 인신을 잃어버리는 것과 비교하고 관직시험에 참가한 공생과 감생의 사칭은 관직 사취와, 제수 희롱은 강간미수와 비교하여 대조했다. 비교 인용을 구체적인 사건의 처형(處刑)에 적용했을 뿐만 아니라 범죄 개념이나 죄명의 추리에도 똑같이 적용되었다. 예를 들면, 미혼 부부가 혼인 전에 관계가 발생하였을 경우 자손 교령위반죄와 비교 대조하였으며 포역(捕役)이 절도범에게 경위를 허위조작하게 하거나 혹은 주관에게 뇌물을 주는 경우는 뇌물수수 고종(故縱)죄와 비교 대조하였다.

이처럼 대조 비교에 따른 재판이 널리 보급되었는데 일부 대표성을 띤 사건은 "성안(成案)"이라 불렀으며 훗날 유사한 사건을 판결하는데 선례로 활용하였다. 성안의 선례가 꾸준히 늘어나자 형부는 일부 성안을 조문으로 간소화했다. 황제의 비준을 거친 후 율문의 뒷부분에 부록해 "예"라고 불렀다. 유사한 사건을 판결하는 공식 근거로서의 "예"는 율문의 부족한 부분을 보충하였다. 율문은 마음대로 고칠 수는 없지만 예는 자주 수정하고 내용을 꾸준히 추가할 수 있었다. 건륭 때, 수정을 거친 《대청률》은 율문이 436조, 부례가 1,409조에 달했다. 건륭 이후로 "조례는 5년에 한 번씩 작게 수정하고 10년에 한 번씩 크게 수정하기로" 결정하였다.

동치 9년에 이르러 "예"는 1,892조로 늘어났다. "예"의 수량이 많아졌을 뿐만 아니라 법률과 동등한 효력을 갖고 있었으며 심지어 법률을 대체할 수도 있었다. 이른바 "예가 있음으로 하여 법률을 정하는" 상황이 나타난 것이다. 이는 청조 통치자들이 역사와 현실의 통치경험 가운데에서 보다 영활한 법률형식인 "예"가 계급투쟁 형세의 변화에 어울린다는 점을 깨달았으며 이로써 봉건국가와 지주계급의 이익을 보장하려 했음을 말해준다. 하지만 대조 비교 재판을 제도화한데다 예문이 번잡하고 복잡해진 탓에 봉건 사법의 관리는 더 독단적으로 전횡되고 수요에 따라 제멋대로 여러 가지 "예"를 인용해 백성을 압박하고 지주계급의 통치를 수호하는 목적을 이루는데 더욱 유리하였다.

제6장

농업경제의 발전과 봉건 조세제도

제1절
청 왕조의 농업정책과 수리건설

1. 강희(康熙) 연간의 농업정책

청조 초기 순치(順治)제의 초반 재위 기간에는 노동인민의 항청(抗淸, 청 정부 반대) 투쟁을 군사적으로 진압하느라 시국이 긴장되어 있었다. 그 18년 동안에 비록 "삼향(三餉, 즉 요향[遼餉] 초향[剿餉] 연향[練餉]을 통틀어 이름) 징수 증가(三餉加派)"를 취소하고, "조세감면(蠲免賦稅)", "황무지 개간 장려(獎勵墾荒)" 등의 적극적인 조치를 취하였지만 객관적 조건의 제한으로 그 효과는 미미하였다. 강희제 초기에 이르러서도 일부 지역에는 여전히 "사람들이 살 길을 찾아 떠나버려 밭이 황폐해지는" 심각한 상황이 존재하였다. 예를 들면 사천성(四川省)은 이자성(李自成), 장헌충(張獻忠), 그 뒤를 이어 이정국(李定國), 이래형(李來亨)이 항청 투쟁을 20년간이나 이어온 주요한 전장이었다. 청조 군대가 노동인민을 무참하게 학살했던 탓에 강희 10년에 이르러서도 "경작할 밭은 있으나 농사지을 농민이 없는"[652] 상황이었다. 동남 연해일대에서는 민중들의 항청

---

652   《동화록(東華錄)》 강희조(康熙朝) 권11, 강희 10년 6월.

투쟁이 가장 치열하였다. 청조 통치자들은 잔혹한 학살을 감행하였다. 번화하던 강남 일대는 강희 초년에 이르러서는 "생기가 없고…… 인적이 드물며, 땅도 황폐해졌다."[653] 이밖에 양호(호남[湖南]성과 호북[湖北]성을 통틀어 이름), 양광(광동[廣東]성과 광서[廣西] 장족자치구를 통틀어 이름), 운귀(운남[云南]성과 귀주[貴州]성을 통틀어 이름), 절민(절강[浙江]성과 복건[福建]성을 통틀어 이름), 강서(江西) 등의 성의 상황도 역시 다를 바가 없었다. 강희제는 농업생산 발전을 회복해 국고 소득을 늘리고 통치 권력을 다지는 것을 크게 중시하였다. 특히 1683년(강희 22년)에 대만(臺灣)을 수복하고 삼번(三藩)의 난을 평정한 후 봉건통치 질서가 상대적으로 안정을 회복하게 되자 강희제는 순치 연간의 농업정책을 계승 발전시켰다. 그는 사회경제의 회복과 발전에 유리한 객관적인 일련의 조치를 취하여 청조 전기 사회경제의 발전을 위한 튼튼한 기반을 마련하였다.

우선 "조세 감면" 방면에서 강희 초년부터 홍수와 가뭄재해가 발생한 해에는 관례에 따라 "전면 면제"하는 외에도 거의 "매년 여러 개의 성(省)에 대해서는, 성마다 여러 해 동안 연속 면제키로 했다."[654] 1701년(강희 40년)부터는 또 "번갈아 면제하는 제도"를 실행하였다. 즉 전국의 각 성을 세 개의 팀으로 나누고 3년에 한 번씩 번갈아 면제하는 것이다. 바로 그해에 직예(直隷), 봉천(奉天), 절강, 복건, 광동, 광서, 사천, 운남, 귀주 등의 9개의 성에 대해서는 "조항(漕項, 세곡 본세를 제외한 모든 부가세의 총칭)"을

653 《강희 진강 부지(康熙鎭江府志)》 권6, 《부역(賦役)》
654 《청 성조실록(清聖祖實錄)》 권244

제외하고 '전답세(地畝銀)', '인두세(人丁銀)', '예년의 묵은 빚(歷年舊欠)'[655] 등의 세 가지를 면제해주었는데, 면제된 금액이 은화로 총 956만 2천 500냥 남짓이 되었다. 호부(戶部)의 통계결과 1662년(강희 원년)부터 1710년(강희 49년)까지 50년이 채 안 되는 동안의 총 조세의 면제금액은 "억을 넘었다."[656]

강희 연간의 "조세감면" 정책은 첫째로 봉건 지주계급에 이로움을 주었고 소량의 토지를 소유한 자작농, 그리고 토지를 소유하지 않은 소작농의 부담도 일정하게 경감시켜 주었다. 1690년(강희 29년), 산동(山東)을 시작으로 인두세를 제외하고 "지방유지와 부자들을 설득하여 조세를 감면받는 해에는 소작료를 형편에 따라 1푼에서 5푼 사이에서 적당히 감면해 주도록 했다."[657] 그렇게 해서 땅이 없는 소작농들이 소작료를 조금이나마 적게 내도록 하였다. 1710년(강희 49년)에 병과급사중(兵科給事中) 고하창(高遐昌)이 상소를 올려 산동, 강남의 방법을 전국에 보급할 것을 청하였다. "금후 무릇 지조(地租)를 감면할 경우 점수를 합산하여 업주는 7푼을 감면해주고 소작농은 3푼을 감면해주도록 하며 불변의 규정으로 확정짓도록 한다."[658]

둘째로, 노동력을 유치하는 방면에서 "황무지를 개간하는 것을 장려하여" 강희제가 즉위한 뒤 운남도어사(云南道御史) 서욱령(徐旭齡)은 순치제 때부터 황무지를 개간하는 정책을 펴왔는데 "20여 년이나 실행하여

---

655 《청 성조실록(淸聖祖實錄)》 권244
656 《청 성조실록(淸聖祖實錄)》 권244
657 《청 성조실록(淸聖祖實錄)》 권147
658 《청 성조실록(淸聖祖實錄)》 권244

왔으나 효과를 보지 못했다"라고 지적하였다. 그 원인은 세 가지이다. "한 가지는 과차(科差)가 너무 과중하여 부유한 농민들은 밭을 소유하는 것이 부담스럽고, 다른 한 가지는 가난한 빈민들은 끌어들일 자금이 없어 밭을 받는 것이 고통스러우며, 다른 한 가지는 벼슬아치에 대한 평정 기준이 너무 느슨하여 벼슬아치들이 밭을 개간하는 것을 직책으로 삼으려 하지 않았다."[659] 강희제는 이러한 상황에 비추어 필요한 조치를 강구하였다.

1671년(강희 10년)에 다음과 같은 규정을 내어 놓았다. 지주계급 중에서 "공생(貢生), 감생(監生), 생원(生員), 백성을 막론하고 땅을 20경(頃) 이상 개간한 자는 글귀를 아는 자이기만 하면 현승(縣丞)으로 등용하고, 글을 읽지 못하는 자라면 백총(百總)으로 등용한다. 땅을 백 경 이상 개간한 자 중에서 글귀를 아는 자는 지현(知縣)으로 등용하고 글을 읽지 못하는 자는 수비(守備)로 등용한다."[660] 지방관리에 대해서는 "농토 개간에 공로가 있는 자는 승진시키고 공로가 없는 자는 관직을 박탈한다." 그렇게 백방으로 황무지를 개간하여 경작지 면적을 넓히도록 격려하였다. 1673년(강희 12년)부터 순치 연간에는 또 "황무지 개간 정례"를 수정하였다. 원래는 조세를 최고 6년 뒤부터 징수하던 것에서 "금후 각 성에서 황무지를 개간할 경우 세수연한을 늘려 전부 10년 후부터 조세를 징수하도록 했다."[661] 일부 성에 대해서는 "이주민에게는 관장(官莊)을 내어주고 인력이 모자란 자에게는 관우(官牛)를 빌려주며 저수지와 관개수로를 건설하는 비용은

---

659 《청 성조실록(淸聖祖實錄)》 권25
660 《청조 문헌통고(淸朝文獻通考)》 권2. 《전부고(田賦考)》, 제4865쪽.
661 《청 성조실록(淸聖祖實錄)》 권44

국고에서 지원한다. 백성들은 재산이 늘어나게 되면 황무지를 개간하려는 자가 많아지기 마련이다.″⁶⁶²⁾라는 규정을 내어 놓았다.

수십 년간의 노력을 거쳐 황무지 개간은 큰 효과가 나타났다. 사천, 광서, 운남, 귀주 등의 서남지역 4개의 성의 경우 '삼번'의 난으로 "삶의 터전은 파괴되고 농지는 버려져 황폐해진 모습이 처참하기 그지없었다." 그러나 '삼번'이 평정되고 강희 51년에 이르러 30여 년의 경영을 거쳐 이 일대는 "인구가 점차 늘어났으며 황무지를 모두 개간했다……산골짜기의 험난한 지역마저도 헛되이 버려진 땅이 없이 모두 경작지로 바뀌었다."⁶⁶³⁾ 전국 경작지 면적을 보면 1651년(순치 8년)에 전국 경작지 면적이 290만 8천 584경이었는데 1722년(강희 61년)에 이르러서는 851만 992경으로 늘었다. 71년 동안에 약 6백만 경이나 늘어난 것이다.

셋째로 '갱명전(更名田)'을 실행하였다. 강희 8년부터 청 정부는 명(明) 왕조 번왕(藩王)의 토지를 "원래 농사를 짓던 주인에게 돌려주고 민호(民戶. 정착민)로 바꿔주었으며 '갱명지(更名地)'로 이름을 짓고 영원히 세업(世業)으로 삼게 했다."⁶⁶⁴⁾

이 부분 명조 번왕의 재산은 직예(直隷), 산서, 산동, 하남, 호북, 호남, 섬서(陝西), 감숙(甘肅) 등 8개의 성에 분포되어 있었으며 총 약 17~18만 경에 이르렀다. 이 땅의 일부는 오래 전 명말 농민봉기 기간에 이미 농민의 소유로 넘어갔었다. 원래 청 정부는 이미 농민의 소유로 넘어간 명조 번왕의

---

662 《청 성조실록(淸聖祖實錄)》 권25
663 《청 성조실록(淸聖祖實錄)》 권252
664 《청조통전(淸朝通典)》 권 1, 《식화(食貨)》, 2024쪽

재산을 되찾아 농민들에게 돈을 받고 팔 생각이었다. "황폐한 땅과 성숙한 경작지를 가려 시가를 정하고", "소작인이 바로 농지 구매인이 될 수 있도록 했다.[665]" 그런데 그때 당시 노동인민들은 "나라에 바쳐야 할 본세만으로도 뼛골이 다 빠져도 공급하지 못할 것이라고 걱정하고 있었다……그러니 어찌 여유의 자금이 있어 농지를 구매할 수 있으며 어찌 번왕 소유의 땅을 구매할 돈을 내놓을 수 있겠는가"[666] 따라서 번왕의 전답을 시가로 처분하는 조치는 백성들의 강력한 반대에 부딪혔다. 강희제는 오배(鰲拜)집단을 제거한 뒤 사회질서를 안정시키기 위해 농업생산을 발전시키고 번왕의 전답을 시가로 처분하는 조치를 취소할 것을 명하였다. "시가로 처분하지 않은 전답을 농민의 소유로 바꾸고" 농민의 토지 소유권을 인정하였다. 이러한 조치가 바로 이른바 "갱명전(更名田)"이다. 한편 "갱명지(更名地) 중에서 과거 번왕의 전답을 스스로 구매하여 소유하고 있으면서 농민에게 소작을 준 자가 있다. 이들은 식량을 헌납해야 하는 외에 또 조세까지 바쳐야 하니 부담이 너무 컸다." 이들에 대해서는 "백성이 소유한 전답과 마찬가지로 식량을 헌납하되 조세는 감면해주도록 했다.[667]" 그리하여 일부 농민들은 "번왕의 전답"을 소유하는 것을 합법화하여 그들이 자작농이 되어 "시가에 따른 처분"과 "과중한 조세"의 착취를 면할 수 있도록 하였다.

665 《건륭 무청 현지(乾隆武淸縣志)》 권 10, 《장주(章奏)》 ; 조지부(趙之符), 《번산변가소(藩産變價疏)》

666 곽수(郭琇), 《곽화야 선생 소고(郭華野先生疏稿)》 권 3, 강희 39년 2월 29일, 《삼청균부(三請均賦)》

667 《동화록(東華錄)》 강희조 권10

2. 치수

송(宋), 원(元), 명(明)대에서 청대에 이르기까지 황하 하류의 강줄기는
하남(河南)에서 강소(江蘇) 북부를 지나 바다로 흘러드는데 회음(淮陰)에서
회하, 운하와 합류한다. 황하가 대량의 흙모래를 실어 나르기 때문에
오래도록 물길을 보수하지 않으면 강바닥에 대량의 토사가 가라앉아
수위가 올라가는데다가 둑이 견고하지 않아서 자주 터져 범람하곤
하였다. 게다가 회하, 운하에까지 영향을 주어 하남과 소북(蘇北)은
해마다 물난리를 겪었다. 순치 연간의 비공식 통계에 따르면 둑이 크게
무너진 차수는 15차에 이르러 노동인민의 생명과 재산에 막대한 위해를
가져다주었다. 청 왕조는 "수 만 명에 이르는 장정을 동원하여 보수에
나섰지만 보수하기 바쁘게 다시 무너지곤 해"[668] 아무런 효과도 보지
못했다. 강희 초년에 물난리가 더 심각해졌다. 1662년부터 1677년까지(강희
원년에서 16년까지) 황하의 둑이 크게 무너진 차수가 67차례나 되었으며
하남과 소북이 큰 피해를 입었다. 예를 들어 강희 원년에 하남에 큰물이
져서 "대량(大梁)성 사면이 완전히 물에 둘러싸이고 그 영향으로
정주(鄭州)성이 무너져 내렸으며 중모(中牟)현의 70%의 면적이 물에
쓸려가고 봉지(蓬池)향은…(支派偏滿蓬池鄉), 장양(張楊) 거리에는
살림집이 남아 있지 않았으며, 36곳의 산비탈이 온통 물바다가 되었다."[669]

---

668   《청사고(淸史稿)》 권126, 《하거지(河渠志)》 1
669   한정유(韓程愈), 《백송루집략(白松樓集略)》 권4, 《황하수(黃河水)》

1667년(강희 6년)에 황하가 도원(桃源)을 쓸어갔다. "황하 양안의 주(州)와 현(縣)이 모두 물난리의 피해를 입었다……거센 물살이 홍택호(洪澤湖)로 마구 밀려들었으며 고우(高郵)는 물의 높이가 거의 2장(丈)에 달해서 성문이 막혀 익사한 백성수가 수 만 명에 이른다."[670] 1670년(강희 9년)에 황하와 회하가 동시에 범람하였는데 고언(高堰) 구간의 둑이 무너졌다. "수 천리를 사나운 기세로 흐르는 강물이 한 갈래의 외롭게 서있는 둑을 후려친 데다 서풍이 파도를 일으켜 홍수는 망망대해를 이루었다. 강도(江都), 고우(高郵), 보응(寶應), 태주(泰州)의 동쪽에는 농지가 몽땅 홍수에 쓸려갔고 홍화(興化) 이북에는 성곽과 민가가 홍수에 쓸려 사라졌다."[671]

강희제는 치수를 매우 중요시하였다. 그는 삼번(三藩)의 난 평정, 하무(河務, 수로를 소통하고 강둑을 보강하는 등 치수 관련 사무), 조운(漕運)을 우선적으로 해결해야 할 3대 대사로 삼아 "황궁의 기둥 위에 글로 적어 드리우게 하였다." 특히, 황하와 회하·운하가 소북에서 서로 교차하는데 황하와 회하가 범람하여 운하로 흘러들어 운하의 수상통로가 막히게 되면 남북의 교통운송이 끊기게 된다. 청조의 정치중심은 북경이지만 북경의 경제는 남방의 지원에 의지해야 하였다. 청 정부는 매년 남방의 여러 성으로부터 4백만 석의 세곡을 북경으로 운송해 대량의 관리와 병사들에게 식량을 공급해야 했다. 만약 운하가 막혀 세곡이 제때에 북경으로 운송되지 못하면 바로 혼란과 공황 상태에 빠지게 될 것이다.

---

670   《청사고(清史稿)》 권126, 《하거지(河渠志)》 1
671   《청사고(清史稿)》 권126, 《하거지(河渠志)》 1

청조의 통치자들이 황하에 대한 치수를 크게 중시하는 주요 목적은 "운하의 운송통로를 소통시켜 세곡의 운송을 확보하기 위한 것"으로써 질서의 안정과 정권의 공고화를 확보하기 위한 데에 있었다.

"삼번(三藩)"을 평정하기 전에 청 왕조는 황하의 치수를 돌볼 겨를이 없었다. 1677(강희 16년)에 이르러 청조는 "삼번"을 평정하는 전쟁에서 우위를 차지하게 된 뒤에야 비로소 대규모의 치수를 결심하고 근보(靳輔)를 하독(河督)으로 임명하였다. 근보는 한군(漢軍) 양황기(鑲黃旗)의 사람으로서 원래 안휘 순무(巡撫)직을 맡았었다. 그는 안휘에 있을 때부터 농지의 수리사무를 매우 중시해서 현지답사를 통해 노동인민의 경험을 섭취하곤 하였다. 그는 황하 치수과정에서 "관리와 선비, 병사와 백성, 그리고 장인과 부역을 하는 이를 막론하고 그들의 말에 한 마디라도 가능성이 있으면" "모두 솔직하게 받아들여 적절하게 실행에 옮기곤 했다."[672] 한편 이름도 없고 관직도 없는 지식인 진황(陳潢)을 알아보고 선발 중용해서 황하를 다스리는 일을 돕도록 하였다. 진황은 훌륭한 수리기술 전문가로서 황하의 특성과 치수방법에 대한 연구가 깊었다.

그는 "물을 다스리려면 그 성정에 대해 깊이 있고 세심하게 살펴 물을 소통시킬지 저장할지, 저수할지 배수할지, 분류시킬지 합류시킬지 등과 관련하여 모두 자연의 이치에 따라야 한다."[673]라고 주장하였다. 진황은 선인의 논술과 자신의 경험에 따라 황하의 수토 유실이 물난리를 조성하는

672　근보(靳輔), 《치하방략(治河方略)》 권6
673　진황(陳潢) 구술, 장애생(張靄生) 기록, 《하방술언(河防述言)》, 《하성(河性)》 1

원인이라고 비교적 과학적으로 해석하였다. 그는 "중국의 강물은 발원지가 유난히 멀다"면서 먼 거리를 흘러 지나게 되기 때문에 헤아릴 수 없이 많은 요소들을 받아들이게 된다. 게다가 서북의 흙과 모래가 헤실헤실한 지역을 흘러 지나기 때문에 물 흐름이 급할수록 물이 혼탁해진다. "물이 혼탁하면 흙모래가 쉽게 쌓이게 되고 흙모래가 쌓이면 강둑이 쉽게 무너지게 된다."[674] 그는 하류 지역을 다스리는 것을 중시하는 한편 황하의 상류지역에 대한 치수도 중시해야 한다고 제기하였다. 그는 황하를 다스리려는 웅대한 포부를 품고 "뛰어난 재능과 탁월한 식견, 뛰어난 담력과 지략을 갖고 백성을 구제하고 사회를 안정시키는 것을 사명감으로 삼았다."[675] 근보를 보필하여 황하를 다스리기 위해 그는 노고를 아끼지 않았고 전력투구를 하였다. "비바람이 휘몰아칠 때도 진황(陳潢)은 홀로 작은 거룻배를 저어 위험을 무릅쓰고 다니며 물의 깊이, 언제 물이 불어 넘치고 언제 마르는지 등에 대해 손바닥 보듯 훤히 꿰뚫었다."[676] "추위와 더위도 아랑곳하지 않고 밤낮을 가리지 않고 항상 노동자들과 함께 지냈으며 십년을 하루 같이 보냈다."[677] 진황과 같이 학식이 풍부하고 근면하게 소임을 다하는 지식인은 그때 당시에는 확실히 얻기 어려운 귀한 인재였다.

근보와 진황의 치수는 대체로 두 단계로 나뉜다. 첫 단계는 1677년부터 1683년까지(강희 16년~22년)인데 주로 무너진 강둑을 막아 황하를

674   진황(陳潢) 《천일유서(天一遺書)》
675   《하방술언(河防述言)》 서언.
676   《강희 전당현지(康熙錢塘縣志)》 권24
677   《근문양공주소(靳文襄公奏疏)》 권8, 《의우갈충소(義友竭忠疏)》

원래의 수로로 흐르게 유도한 것이다. 무너진 강둑을 막는 공사는 너무 험하고 어려웠다. 황하는 물살이 세어 거대한 소(埽, 황하 정비 공사에서 수수깡·나뭇가지·돌 등을 끈으로 묶어 호안용(護岸用)으로 쓴 원통형 완충물)와 사람을 함께 휘감아 쓸어가 버리곤 해서 사람들은 "벌벌 떨기만 할 뿐 속수무책이었다." 진황은 방수로를 빼고 물 흐름을 줄이기 위한 댐을 건설하는 방법으로 무너진 강둑 구간의 물살을 늦춘 뒤 무너진 둑을 보수해서 연결했다. 수년간 고가언(高家堰)을 비롯한 황하의 기타 무너진 둑을 모두 쌓아올려 황하와 회사가 각각 원래 물곬을 따라 흐를 수 있게 하였다. 그리고 물살이 센 청수담(清水潭) 구간에는 긴 둑을 건설하였다. 그 구간은 세곡을 실어 나르는 조운선이 반드시 경유해야 하는 곳인데 급한 물살의 충격으로 배들이 뒤집혀 가라앉기가 일쑤였다. 어떤 이들은 그 곳에 둑을 건설하는데 은 57만 냥이 필요하다고 추산하면서 "그럼에도 예기했던 목적을 이룰 수 없을까 우려했다." 진황은 낡은 시공방법을 바꾸기로 하였다. 담에다 직접 둑을 건설하지 않고 "담을 둘러싸고 둑을 건설하기로 하고 물길을 조금 에돌아 얕은 곳에서 공사를 펴기로 했다." 결국 길이가 수 십리에 이르는 반월형 둑을 건설하는데 비용이 고작 9만 냥밖에 들지 않았다. "배가 그 구간을 운항하는데 더 이상은 뒤집혀 가라앉을 우려가 없어졌다. 바로 오늘날 그 구간을 영안하(永安河)"[678]라고 불렀다.

치수의 두 번째 단계는 1683년부터 1688년까지(강희 22년~27년)이다. 이 단계에는 공사를 상류로 조금 옮겼다. 하남의 고성(考城), 의봉(儀封)

---

678 《하방술언(河防述言)》,《잡지(雜志)》 11

일대에는 길이가 7천 989장에 이르는 둑을 건설하고 봉구(封丘)에는 대월둑 330장을, 형양(滎陽)에는 소공(埽工, 황하에서 홍수에 대비해 나뭇가지, 돌 등을 끈으로 묶어 만든 원통형 완충물체로 쌓은 구조물) 310장을 건설해 둑이 물에 휩쓸려 무너지지 않도록 보강했다. 특히 중하(中河)공사를 파서 배들이 운하에서 안전하게 통행하도록 보장하는데 큰 역할을 하였다. 과거에 조운선이 운하를 항행할 때 청구(淸口)를 지나 180리는 황하에서 항행해야 하는데 많은 품팔이꾼을 더 고용해야 하고 항행속도가 느린데다 바람이 세고 물살이 사나워 조운선이 뒤집히기가 일쑤였다. 근보와 진황은 황하 북안에 중하를 한 갈래 파서 청구를 나온 조운선은 황하에서 20리만 항행하면 중하로 들어서도록 하였다. 그래서 황하에서 백 수십 리를 운항해야 하는 위험을 피할 수 있어 운송 효율을 높였으며 그로써 생명과 재산의 손실을 대폭 줄일 수 있게 되었다.

근보와 진황은 10여 년간 황하를 다스려 큰 효과를 거두었다. "강물이 물곬을 따라 흐르고 조운도 막힘없이 잘 통하게 되었다." 소북 일대의 장기간 물에 잠겼던 큰 면적의 땅이 경작이 가능한 기름진 토지로 바뀌었다. "과거에 끝이 보이지 않는 물바다였던 곳이 지금은 물이 점차 빠지고 말라 땅이 드러났다." 술양(沭陽), 해주(海州), 숙천(宿遷), 도원(桃源), 청하(淸河) 5개의 현(縣)에만 3백만 무(畝)에 이르는 토지가 생겨났다. 후세 사람들은 근보의 공적을 이렇게 평가하고 있다. "명조 말기부터 줄곧 둑이 터지고 무너져 내리던 황하가 8년간 보수공사를 거치는 동안 국고의 자금은 겨우 수 백

만밖에 사용하지 않았지만"[679] "치수 공사를 거친 뒤 50년간 안정을 유지할 수 있게 되었다."[680]

강희제가 1707년 여섯 번째로 남방을 순행할 때 치수공사를 시찰하면서 역시 근보를 치하하였다. "사무를 담당해서부터 시의를 고려하고 형세를 세심히 관찰하여 댐과 둑을 건설하고 물길을 소통했으며 자신의 견해를 굽히지 않고 다수의 의견을 단호히 물리쳤고 모든 정력을 쏟아 부어 성과를 이루었다. 그럼으로 인하여 황하와 회하의 물길을 회복하고 조운의 대통을 점차 회복했다. 치수와 관련해서는 모든 방법을 다 갖추었으며 비록 금후에 치수 담당 관리들이 이에 대해 일부 개혁할 수도 있겠지만 그 규모의 배치에는 변함이 없을 것이다. 중하를 파서 황하의 180리 파도를 헤쳐 나가야 하는 위험을 피할 수 있게 함으로써 조운의 안전한 운송을 보장하고 상인과 백성의 이익에 도움이 되도록 해서 수로 운송 통로의 민생을 위해 공을 세웠으며 공적이 매우 크다. 짐이 강가에 이를 때마다 거듭 물어봤는데 회하 일대 군민들 속에서 근보의 치수 공적을 감격에 겨워 칭송하는 목소리가 끊이지 않았다."[681] 이 말은 근보에 대한 정확한 평가이며 진황의 치수 성과도 포함되어 있다.

물론 근보와 진황의 치수는 국부적으로 다스리는 수밖에 없었다. 봉건주의 사회조건과 기술조건으로는 황하에 대한 전면적이고 근본적인 다스림이 불가능했기 때문이다. 그들은 10년간의 치수 과정에서 여러

679 《위원집(魏源集)》 상권, 《주하편(籌河篇)》 상, 365쪽.
680 포세신(包世臣), 《안오사종(安吳四種)》 권1
681 《청 성조실록(淸聖祖實錄)》 권229

방면으로부터 오는 간섭과 반대를 끊임없이 받았다. 워낙 방대한 치수공사인데다 황하의 상황이 복잡해서 수시로 막히거나 무너져 내리곤 했기에 단시일 내에는 성과를 거두기가 어려웠다. 그래서 일부 빈정대는 사람들이 있는가 하면 치수방법을 바꿀 것을 요구하는 사람도 있었다. 예를 들면 위상추(魏象樞)는 비용을 너무 많이 쓰고 효과를 보지 못한다면서 "이른바 한 번 고생으로 영원히 편안해지는 법이 어디 있냐?"라고 근보를 비난하였다. 최유아(崔維雅)는 《황하 치수 관련 소견(河防芻言)》이라는 상소에서 근보의 치수공사를 폐기할 것을 주장하였다. 우성룡(于成龍), 모천안(慕天顏) 등의 이들은 중하를 파는 것에 반대하면서 "아무런 도움도 안 될 것이며 오히려 백성만 힘들게 한다"라고 주장하였다. 근보는 굽히지 않았고 바른 주장을 고집했으며 강희의 믿음을 얻어 치수 공사를 계속해나갈 수 있었다. 특히 1685년(강희 24년)에 근보와 우성룡 사이에서 리하하(里下河) 와지의 고인 물을 배설하고 바다 입구의 수로를 준설하는 문제에서 대논쟁이 있었다. 우성룡은 "바다 입구의 강바닥을 파서 위의 강물을 끌어들여 강물의 흐름을 소통시킬 것"[682]을 주장하였다.

얼핏 보기에는 이러한 주장이 일정한 이치가 있는 것 같지만, 그는 바다 입구의 강바닥을 파서 낮추게 되면 바닷물이 역류할 수 있다는 점을 경시했다. 근보는 "리하하 지역의 지세는 해수면보다 5척이나 낮기 때문에 바다 입구를 소통시키면 조수가 육지로 밀려들어 위해가 더 커지게

682 《청 성조실록(淸聖祖實錄)》권123

된다"[683]면서 "큰 물길을 열고 둑을 길게 쌓으며 둑의 높이가 1장 5척에 이르게 하고 강폭을 1장정도 좁혀 조수가 밀려드는 것을 막아야 한다"[684]라고 주장하였다. 그는 또 "둑 내에서 물이 빠져 강바닥이 드러난 곳은 경작지로 개간하여 면적을 측정해 백성들에게 되돌려주고 나머지는 백성들을 불러들여 거주하면서 농사를 짓도록 하고 농지 가격으로 품값을 계산해 줄 것"[685]을 주장하였다. 이처럼 강폭을 좁혀 흙모래를 바다로 밀어내는 '속수추해(束水趨海)' 방법은 멀리 내다본 것으로서 바닷물이 역류하는 것을 막았을 뿐 아니라 백성들을 모아 거주하면서 농사를 짓도록 해 농업생산의 발전에도 유리하게 하였다.

바다 입구의 강바닥을 준설하느냐 아니면 둑을 쌓아 모래를 다스리느냐는 두 가지 치수 기술을 둘러싼 논쟁은 통치계급 여러 파벌의 이해관계와 서로 엉켜 대규모의 정치풍파를 불러왔다. 고였던 물이 빠진 뒤에 대량의 토지가 드러나면서 지주와 관료들은 그 땅을 자신들의 소유로 만들려고 눈독을 들이는 한편 마땅히 납부해야 하는 조세를 노동인민들에게 전가할 계산을 하고 있었다. 근보는 둔전과 논의 가격 징수를 실행하는 방법으로 토지를 거두어 정부소유로 함으로서 지주와 토호의 약탈과 은밀한 점용을 근절하였기 때문에 그들의 가장 민감한 신경을 건드렸다. 대량의 관료들이 들고 일어나 근보가 "백성들의 여분의 농지를 빼앗았다"라고 공격했으며 진황을 '소인배'라고 하면서 "나라에는 좀벌레요, 백성에게는 도둑과 같은

---

683 《청사고(清史稿)》, 《열전(列傳)》 66, 《근보(靳輔)》
684 《청사고(清史稿)》, 《열전(列傳)》 66, 《근보(靳輔)》
685 《청 성조실록(清聖祖實錄)》 권123

존재"[686]라고 비난하였다. 심지어 근보를 죽일 것을 요구하기까지 하였다.

강희제는 비록 일정 정도에서 근보의 치수성과를 인정하여 근보가
조정에서 답변하는 것을 허용하면서도 근보가 감히 많은 지주의 이익을
거스른 것에 대해서는 역시 불만을 표했으며 지주와 토호들이 토지를
은밀하게 점용하는 행위에 대해 공개적으로 두둔하였다. 그는 "근보가
총하(總河, 치수 담당 관리)로서 강물을 소통케 하고 강둑을 쌓아 조운의
운송이 차질을 빚지 않도록 했으므로 공이 없다고 할 수 없다. 그러나 둔전과
하하(下河)의 두 사건과 관련해서는 그 죄를 면할 수 없다"[687]라고 말했다.
또 "각 성의 사유농지를 소유한 백성들이 조공을 넘치게 바칠 수 있는
것이 아닌데 남은 농지를 둔전으로 삼는 것은 백성에게 피해를 주는 것이
아니겠는가"[688]라고 말했다. 이때 명주 집단이 탄핵을 받게 되면서 명주와
연락이 비교적 많았던 근보 역시 그 당쟁에 말려들어 1688년(강희 27년)에
파면 당하고 말았다. 진황은 구속되어 북경으로 향하는데 투옥되기 전에
울분으로 병들어 죽었다. 맡은 바 직무에 충실했던 관리와 훌륭한 기술
전문가가 봉건사회의 파벌 싸움의 희생양이 되어버렸다.

근보가 파직당한 뒤 오랜 관료 왕신명(王新命)이 하독(河督, 치수 담당
총독) 직을 맡지만 치수에서 성과를 거두지는 못했다. 강희제는 남방을
순방할 때 "강남, 회안의 여러 곳에서 일반 백성과 사공 모두가 원 치수

686 곽수(郭琇), 《곽화야선생소고(郭華野先生疏稿)》 권1
687 《청사고(淸史稿)》, 《열전(列傳)》 66, 《근보(靳輔)》
688 《만주명신전(滿洲名臣傳)》 권26

총독이었던 근보를 칭찬하면서 잊지 않고 그리워하고 있다"[689]는 사실을 알게 되었다. 그리고 1692년에 근보를 다시 등용했지만 근보는 임명된 지 겨우 반년여 만에 병으로 죽었다.

근보와 진황이 죽은 뒤 그들의 치수 효과는 세월의 시련을 거치면서 점점 더 뚜렷이 나타났으며 심지어 그들을 반대했던 이들마저도 탄복하지 않을 수 없는 지경에 이르렀다. 그 뒤 30년간 우성룡, 장붕핵(張鵬翮) 등이 잇달아 하독 직위를 맡았지만 모두들 기본적으로는 근보의 치수방침에 따랐다. 우성룡은 원래는 근보에게 거세게 반대했었지만 후에 강희제가 그에게 "'그대가 근보를 짧게 겪어보고 물량을 통제하는 댐을 건설하는 것이 적합하지 않다고 말했는데 오늘날에 이르러 보면 그 효과가 어떠한가?'라고 물었을 때 성룡은 '신이 그때 당시 망언을 했사옵니다. 오늘날에 이르러 신 역시 근보의 방법에 따라 행하고 있사옵니다'라고 답했다."[690]

---

689 《청 성조실록(清聖祖實錄)》 권140
690 《청사고(清史稿)》, 《열전(列傳)》 66, 《우성룡(于成龍)》

제2절
농업생산의 회복과 발전

1. 경작지 면적의 증가와 인구의 성장

모택동(毛澤東) 주석은 '혁명은 곧 생산력을 해방시키는 것이며 혁명은 곧 생산력의 발전을 추진하는 것'이라고 말하였다. 명 말의 대규모 농민봉기는 "그때 당시의 봉건 통치를 호되게 공격했으며 그로 인해 사회 생산력의 발전을 어느 정도 추진하였다."[691] 청조의 강희·옹정·건륭 시기 농업생산력의 발전은 명조 말기의 대규모 농민봉기의 결과였다. 청조의 통치자들은 봉건 통치정권을 공고히 하기 위해 청조의 경제실력을 강화하기 위한 대대적인 수리건설과 토지세 감면, 황무지 개간 장려, 갱명전, 권지(圈地)영구 금지, 도인법(逃人法) 수정 및 부역제도 개혁 등의 여러 가지 조치를 취해 농업생산의 객관적인 발전에 도움이 되도록 하였다.

여러 민족 노동인민들이 몇 십년간 부지런히 일하고 대자연과의 더없이 고생스러운 투쟁을 거쳐 강희 중기부터는 경작지 면적과 인구수가 빠른 속도로 꾸준히 늘어났다. 마르크스는 토지가 "인류 노동의

---

691   《모택동선집(毛澤東選集)》 2권, 625쪽.

일반 대상"[692]으로써 노동대상이 없으면 인류의 생산 활동은 말할 수 없다고 말했다. 스탈린은 "인류는 사회물질생활조건 속에서 필요한 성분으로 일정한 최저한도의 인구가 없다면 어떠한 사회물질생활도 있을 수 없다"[693]라고 말했다. 그렇기 때문에 청대 강희·옹정·건륭 시기의 경작지 면적과 인구가 늘어난 것은 그때 당시의 사회생산력 발전의 주요 상징이었다. 청조의 경작지 면적과 인구수는 그 이전의 어떠한 왕조시대보다 추월한 것은 틀림이 없다. 비교적 구체적인 통계숫자를 남겼지만 그 숫자에는 의문점이 아주 많다. 경작지 면적을 놓고 보면 명초(1393년, 홍무(洪武) 26년)의 숫자는 8억 5천만 무(畝)였고, 명말(1580년, 만력(萬曆) 8년)에는 7억 무였다. 청조의 전국 경작지 숫자는 《대청회전(大淸會典)》《호부칙례(戶部則例)》 《청조문헌통고(淸朝文獻通考)》의 기록에 따르면 1661년(순치 말년)의 5억 5천만 무에서 1685년(강희 중기)에는 6억 무로 늘었고 1724년(옹정 초년)에는 또 7억 2천만 무로 늘어났고, 1766년(건륭 중엽)에 이르러서는 7억 8천만 무까지 늘었다.[694] 이 숫자는 명초와 명말 사이의 수준인데 명말 때보다는 8천만 무가 많고 명초보다는 7천만 무가 적은 수준이다. 청대의 판도는 명대를 크게 추월하였는데 왜 경제발전의 전승기였던 18세기 중엽(건륭 중엽)에는 경작지 면적이 14세기 말 수준에도 미치지 못한

---

692   마르크스, 《자본론》, 1권, 193쪽, 인민출판사 1956

693   스탈린, 《레닌주의문제》, 860쪽.

694   이문치(李文治), 《중국 근대 농업사 자료(中國近代農業史資料)》 1집, 60쪽 참고.

것일까? 명조에 전국 인구는 겨우 6천 몇 백만 명밖에 안 되었다.[695] 그러나 건륭 중엽에 이르러서는 인구는 이미 2억 명 이상에 달하였다. 늘어난 1억 몇 천만 인구는 무엇으로 먹여 살렸을까? 일부 사람들은 이러한 통계 숫자에 근거해서 14세기부터 18세기까지 4백년간 중국의 농업생산이 발전하지 않았다고 여긴다.

그러나 《청실록(淸實錄)》에 기록된 전국 경작지 면적은 상기 숫자와 다르다. 그 서적에는 순치 말엽(1661년)에 5억 2천만 무였고 강희 중엽(1685년)에는 5억 9천만 무였으며, 옹정 초엽(1724년)에는 8억 9천만 무에 이른 것으로 기록되어 있다.(건륭 이후 《청실록(淸實錄)》에는 전국의 경작지 통계 숫자 관련 기록이 없다.) 이 숫자는 왕경운(王慶云)이 말한 전국 경작지 면적 9억 여 무[696]와 대체로 맞물리므로 비교적 신빙성이 있다. 두 통계숫자를 서로 비교해보면 《청실록》에 기록된 경작지 총수가 훨씬 많으며 경작지 성장률도 훨씬 빠르다. 강희 후기에 전국 경작지 면적이 급격히 늘어났는데 1708년(강희 47년)에 6억 무가 넘었고 1716년(강희 55년)에 7억 무가 넘었으며 1722년(강희 61년)에는 더욱이 8억 무를 돌파하였다.

청대의 인구 성장 숫자에 대해서는 더 많은 의문점이 있다. 역대 역사학자, 경제학자들은 많은 엇갈리는 주장을 내놓았으며 여러 가지 추측과 해석을 하였다. 명대 전국 인구의 최고 숫자는 6천 330여 만 명(왕세정(王世貞)의

---

695 《명회요(明會要)》권50, 《민정(民政)》1
696 왕경운(王慶云), 《희조기정(熙朝紀政)》권 3,
     《역대 전액 농업세 총목(歷朝田額糧賦總目)》

견해에 따름)에 달했었는데 명 말의 장기적인 전란 속에서 인구는 급격히 줄었다. 《청실록》의 기록에 따르면 1652년(청 순치 8년)에는 겨우 1천 400만 명이었고, 1661년(순치 18년)에 1천 900만 명으로 늘었으며 그 후의 인구성장 속도는 줄곧 매우 느렸다. 1685년(강희 24년)에 전국 인구가 2천 34만 명에 이르렀으며 1712년(강희 51년)에 "인정(人丁. 인구)을 늘리고 영원히 조세를 늘리지 않는다"는 정책을 발표할 때 당시의 전국 인구는 겨우 2천 460만 명이었다. 순치 8년부터 강희 51년까지 60년간에 인구가 총 1천여만 명이 늘었으며 매년 평균 성장률은 17만 명이었다. 만약 순치 8년의 1천 400만 명을 기준숫자로 삼을 경우 매년 인구 성장률은 겨우 1.3‰밖에 되지 않는다.

1712년 후부터 인구 통계방법을 바꾸어 전국 인구를 2천 460만 명으로 고정시키고 거기에 매년 "새로 늘어난 인정"을 합쳐 인구를 통계하였다. 1713년부터 1734년(옹정 12년)까지 22년간 "새로 늘어난 인정"이 총 1천 200만 명으로서 그 수효는 많지 않았다. 그 뒤에 인구통계가 중단되어 옹정 13년부터 건륭 5년까지 《청 실록》에는 인구통계 숫자 관련 기록이 없다. 1741년(건륭 6년)에 이르러 "천하의 백성 수를 통계했는데" "어른과 아이 남정과 여자를 통틀어" 놀랍게도 1억 4천만 명에나 달했다. 1712년부터 1741년까지(강희 52년~건륭 6년) 29년간 인구는 7배나 성장했으며 매년 순 성장 인구는 420만 명에 달하고 인구 성장률은 173‰에나 달하였다.

이러한 성장률은 이치에 어긋나므로 아주 신빙성이 없다.

그때부터 전국 인구가 해마다 대폭 증가해 1840년(도광(道光) 20년) 아편전쟁이 발발하던 해에 이르러서는 전국 인구가 4억 1천 281만 명에 달하였다. 1741년부터 1840년까지 백년간 인구는 매년 평균 270만 명씩 늘었으며 성장률이 18.8%에 달하였다.

통계에 따르면 강희·옹정 두 조대 이전에는 전국의 인구가 매우 적었고 성장도 느렸는데 왜 건륭 초기에 갑자기 그렇게 많은 인구가 생겨난 것일까? 많은 연구인원들이 그 원인에 대해 다음과 같이 분석하고 있다.

과거에 인두세를 징수했던 탓에 대량의 인구수를 은닉하고 보고하지 않았다. 그러다가 강희 51년에 "인구를 늘리고 영원히 조세를 늘리지 않는다"는 정책과 옹정 원년에 "인두세의 일부분을 토지세에 포함시키는 탄정입지(攤丁入地)" 정책을 실행한 뒤에 인두세가 취소되었으므로 인구를 은닉할 필요가 없어져 모두 호적에 올리게 되면서 과거에 은닉했던 인구가 밀물이 밀려들 듯, 지하에서 솟아나오듯 늘어났기 때문이다. 이러한 설명이 일정한 일리가 있긴 하지만 인구성장의 많은 원인에 대해 설명하기는 어렵다. 강희조 말기에서 건륭조 초기에 이르는 30년간의 인구는 7배가 늘어 자연 출산율의 가능성을 초월했으므로 '은닉' 인구가 쏟아져 나왔다는 이유만으로 설명할 수는 없다. 인구통계는 국가 세금 징수의 근거가 되는 만큼 정부가 크게 중시하고 있었을 텐데 어찌 은닉 인구가 수천 만, 수억 명에 달할 수 있도록 허용할 수 있었으며 어찌 전혀 거리낌 없이 국가세수를 멋대로 파괴하는 불법행위를 좌시할 수 있었을까? 강희 중엽 이후 전국적으로 통치 질서가 점차 안정되어 정부는 호구조사를 펼칠 수 있는 충분한 힘을 갖추었다.

만약 은닉한 인구가 그렇게 많았다면 청 정부는 왜 조세제도 개혁에 주력하면서 호구조사를 첫 번째로 중요한 임무로 삼지 않았을까? 왜 조세제도 개혁과 관련된 쓸데없이 장황한 의논들 중에는 정확한 호구조사를 급선무로 삼아야 한다는 내용이 없었을까?

우리는 강희제 시기에서 건륭제 초기에 이르기까지 인구가 놀라운 속도로 늘어난 것은 자연 출산율의 증가와 은닉 인구의 용출 외에 더 주요한 것은 앞뒤의 두 가지 통계방법과 범위가 근본적으로 다른 것이 원인이라고 주장한다. 강희제 시기에 인구는 납세 단위로서 정부가 관심을 갖는 것은 인정(人丁, 성년 남정)으로서 전체 인구가 아니었으며 통계숫자는 실제상 인정(즉 16세에서 60세까지의 남자) 숫자로서 전체 인구수는 아니었다.

현재 찾아볼 수 있는 일부 강희제 시기의 호구부에는 매 가구마다 인구수가 아닌 인정 수가 기록되어 있음을 알 수 있다. 그래서 강희 51년에 이른바 "전국 인정 호구"가 2천 460만 명이라는 것은 전국 성년남자의 숫자를 가리키며 전국의 실제인구(노인과 아이, 여자, 그리고 은닉 인구를 포함)는 그 숫자의 2~3배 이상이어야 할 것이다. 인두세가 취소된 뒤 인정에 대한 통계가 의미가 없으므로 정부는 그에 관심이 없었다. 그래서 옹정 말년에 인정에 대한 통계를 중단해 《청실록》에는 몇 년간의 숫자가 빠져 있다. 이는 세수와 인정 수효 사이에 관계가 없음을 알 수 있으며 그래서 정부도 인정에 대한 통계를 진행하지 않았음을 알 수 있다.

건륭 6년에 이르러서는 "태평성세"의 인구성장을 과시하기 위해 다시 전국의 인구통계를 시작했으며 그것이 진정한 인구통계였다. 강희제 통치 기간 통계 명칭은 "인정호구" 약간이었고 건륭제 통치 기간 통계 명칭은 "회계천하민수(會計天下民數)……대소남부(大小男婦)" 약간이었다. 이 두 가지 통계는 명칭이 다르고 목적이 다르며 방법과 범위가 다르므로 두 가지의 서로 다른 통계를 한데 섞어놓으면 서로 맞추어 질수가 없다. 일부 지방지에도 이러한 서로 다른 통계가 존재한다. 예를 들어 광서(光緒)《획록현지(獲鹿縣志)》에 강희·옹정·건륭 시기 전 현의 인정은 5만 명, 인두세 5,300냥을 징수했다고 명확히 기록되어 있지만 전체 현의 인구수는 기록되어 있지 않다. 그러나 가경(嘉慶)제 이후에 인두세가 이미 취소되었으므로 현지(縣地)에는 전체 현에 총 3만 가구, 17만 명의 인구가 있다는 명확한 기록이 나타나기 시작했다.

상기 서술을 통해 다음과 같은 관점을 얻어낼 수 있다. 청조는 관내(산해관 안쪽)로 들어온 뒤 순치·강희 두 조대의 70~80년간의 회복 발전을 거쳐 강희 말기에 이르러서는 전국의 경작지 면적이 이미 8억 무에 이르고 전국의 실제 인구수가 8~9천 만 이상에 이르렀을 것으로 추산된다.[697] 이 두 가지 숫자 모두는 명조 시기의 최고치를 초과하였다.

2. 농산물의 상품화

농업생산력의 발전과 단위면적당 생산량의 증가는 사회에 대량의 식량상품을 제공하였을 뿐만 아니라 더 나아가서는 수공업 분야에 보다

---

697 만약 강희 51년 성년 남자 인구 2천 460만 명을 기준수로 삼고 60세 이상과 16세 미만의 노인과 어린이를 합치면 남성 인구가 3천 500만 명 이상에 달할 것이며 거기에 여성까지 합치면 7천 만 명이 넘었을 것으로 보인다. 그 이외에 은닉한 인구, 유랑 농민, 호적에 오르지 못한 노비까지 합치면 강희 말년 전국 인구 총수가 8~9천 만 명은 넘었을 것으로 추산된다.

많은 원료를 제공하였다.

마르크스는 "자본주의의 생산수단은 공업에서 시작되었으며 이후에 농업을 자신에게 종속시켰다."[698]라고 말하였다. 명조 중엽부터 중국 봉건사회 내부에서 이미 자본주의의 싹이 잉태되기 시작했다. 비록 명·청 시기에 봉건 통치계급의 파괴와 방해를 받은 적이 있지만, 청조 초기 한동안의 회복과 발전을 거쳐 일부 지역의 일부 수공업분야에서 자본주의 생산관계의 맹아는 한층 더 나은 발전과 성장을 이루었다. 이에 따라 농업분야로부터 대량의 원료를 제공 받아야 하는 필연적인 수요가 생겨났다. 따라서 청대의 전기와 중기에 중국의 광범위한 농촌에서는 비록 봉건적인 자급자족의 자연경제가 여전히 통치적 지위를 차지하고 있었지만 경제가 비교적 발달한 지역에서는 일부 농업생산 분야에서 상품판매와 이윤을 얻기 위한 생산현상이 대대적으로 나타났다.

강희·옹정·건륭 시기에 농산물의 상품화는 우선 수공업분야의 원료에 대한 수요로부터 시작되었다. 상업화한 농업의 여러 분야의 발전은 각각 빠르거나 느린 정도가 달랐다. 즉 같은 분야라 할지라도 발전은 지역별로 불균형적이었다. 먼저 농업분야의 상품성 생산은 광범위한 노동인민들이 가장 필요로 하는 목화솜 재배업에서부터 시작되었다.

중국 고대 봉건사회에서 광범위한 노동 대중들은 일반적으로 마직물을 옷감으로 삼아 추위를 막곤 하였다. 목화솜과 면직물은 마직물에 비해 가격이 싸고 질기고 견고하며 보온효과도 더 강하다. 그래서 송(宋)·원(元)

---

698 《마르크스 엥겔스 전집》, 26권, 3책, 443쪽.

시기부터 목화재배가 해남도(海南島)에서부터 남방 여러 성으로 전파되어 점차 삼 재배를 대체하였다. 명조 중엽 이후 면방직업의 발전과 함께 목화 수요량이 대대적으로 늘어 목화재배가 더 널리 보급되어 거의 중국 전역에 고루 분포되었다.

강희·옹정·건륭시기에 이르러서 목화재배는 더욱 성행하였다. 원래는 가정 내에서 자체로 심고 실을 뽑아 직물을 짜서 사용하면서 농업과 밀접히 결합된 가정 부업이었던 데에서 이 시기에 이르러서는 상품경제의 발전과 사회분업의 확대에 따라 일부 지역에서는 가정 수공업에서 분리되어 전문 업종이 되었다. 그때 당시의 유명한 목화산지는 장강(長江) 삼각주 및 동남 연해지역이었다. 1775년(건륭 40년)에 고진(高晉)이 이르기를 송강(松江) 부(府) 산하 태창(太倉), 해문(海門), 남통(南通) 등의 주현(州縣)은 "바다에 인접해 있고", "모래가 침적된 곳으로서 목화재배에 적합하다." 이들 지역에는 "목화를 재배하는 이가 많고 벼를 재배하는 이가 적다." 마을마다 "본업에 종사해야 된다고 여겨 벼를 재배하는 자는 10분의 2~3에 불과하고 이익을 좇아 목화를 재배하는 자가 10분의 7~8을 차지한다."[699] 상해(上海)현도 바다와 가까운 위치에 있기에 가경 연간에는 "목면을 재배하는 자가 메벼를 심는 자보다 많았다."[700] 화정(華亭)현 신장(莘庄)은 "목화가 많이 나고 벼가 적게 났다"[701], 남회(南匯)현은 황포강(黃浦江)

---

699   《황조경세문편(皇朝經世文編)》 권37, 고진(高晉), 《연해지역에서
       벼 재배와 목화 재배를 겸할 것을 청하는 내용의 상소(請海疆禾棉兼種疏)》
700   《가경 상해 현지(嘉慶上海縣志)》 권1, 《풍속(風俗)》
701   《광서 화정 현지(光緒華亭縣志)》 권1, 《강역(疆域)》, 《광부지(郭府志)》 인용.

동쪽에 위치했으며 "목화재배에 적합하고 벼 재배에 적합하지 않았다."[702]
건륭 연간에 이 현에서는 단위면적당의 생산량을 높이기 위해 "올해는 벼를,
내년에는 목화를"[703] 윤작하는 재배법을 채용하였다. 가정(嘉定)현에서는
남자들은 "목화재배를 생업으로 삼고", 여자들은 "목천을 짜는 것을 업으로
삼았다."[704] 건륭 말년 저옥형(儲玉衡)의 《자죽요(煮粥謠)》에는 "가정현은
바다와 가까이 있어 쌀이 나지 않았으며 목화를 많이 심었다."[705]라고
쓰여 있다. 강음(江陰)현은 장강 남쪽 기슭에 위치해서 땅이 기름졌으며
서향(西鄕)과 사주(沙洲) 일대도 목화를 대대적으로 재배하였다.[706]

절강(浙江)성 항주(杭州)부의 여러 현은 전당강(錢塘江)과 인접해 있어
"수십 년간 온통 목화를 재배하여 풍작을 거두었다. 현재는 먼 곳까지
거래되는데 항주의 특산물이라 할 수 있다."[707] 여요(余姚)현은 비록 "한전이
많고 수전이 적지만" "백성들이 목화재배를 생업으로 삼았다."[708]

하남(河南)성도 중요한 목화 산지였다. 건륭 초년에 하남 순무(巡撫)
윤회일(尹會一)의 말에 따르면 "목화는 예성(豫省, 하남 성을 가리킴)에서
나고 상인이 강남에 가져다가 팔았다."[709] 이는 하남에서 목화가 많이
나지만 면직물이 적어 목화를 강남으로 운반해 가기 때문이다. 하남의

702 《광서 남회 현지(光緒南匯縣志)》 권20, 《풍속지(風俗志)》, 《흠지(欽志)》 인용.
703 《건륭 남회 현지(乾隆南匯縣志)》 권15, 《풍속(風俗)》
704 《건륭 가정 현지(乾隆嘉定縣志)》 권12, 《풍속(風俗)》
705 《광서 가정 현지(光緒嘉定縣志)》 권5, 《풍속(風俗)》
706 《도광 강음 현지(道光江陰縣志)》 권10, 《물산(物産)》
707 《건륭 항주 부지(乾隆杭州府志)》 권53, 《물산(物産)》
708 부설애(傅雪埋), 《과보문견록(果報聞見錄)》, 《뇌격오공(雷擊蜈蚣)》
709 《황조경세문편(皇朝經世文編)》 권36, 윤회일(尹會一),
     《경진농상사무소(敬陳農桑四務疏)》

맹(孟)현은 면직물 산지의 중심이기도 하고 목화를 대량 재배하기도 한다. 특히 "현 서쪽에 위치한 고판(高坂)에서 목화가 많이 난다."[710] 하남성 북쪽의 내황(內黃)현은 "동쪽과 남쪽 두 곳의 토질이 사토여서 목화를 많이 심는데 풍작을 거두곤 했다." 매년 추수가 끝나면 "산서(山西)의 상인들이 많이 몰려와 수매하곤 했다."[711]

하북(河北)성의 보정(保定) 일대는 "목화재배 면적이 10분의 2~3을 차지했다."[712] 영진(寧津)현은 "목화재배 비중이 현 전역의 거의 절반을 차지했다."[713] 건륭 초년 직예(直隷) 순무 방관승(方觀承)은 "기(冀), 조(趙), 진정(眞定)의 여러 주(州)에서 목화를 재배하는 자가 10분의 8~9를 차지했다."[714]라고 말하였다.

노동인민의 다년간의 정성 어린 배육을 거쳐 각지에서 재배되는 목화 중에서 많은 우량 품종이 나타났다. 그 산지의 명을 따서 명명한 것들로는 "강화(江花)"(산지는 호북(湖北)), "북화(北花)"(산동(山東), 직예(直隷)에서 남), "절화(浙花)"(절강 성 여요(余姚) 등지에서 재배됨), "오중화(吳中花)"(장강 이남에서 재배됨) 등이 있고 꽃의 색깔에 따라 명명한 것들로는 "황체(黃蒂)", "양체(穰蒂)", "자화(紫花)" 등의 품종이 있다. 그 외에도 목화씨의 색깔에 따라 "청핵(靑核)", "흑핵(黑核)"[715]등으로 부른다.

710　《건륭 맹 현지(乾隆孟縣志)》 권4 상, 《물산(物産)》
711　《하북 채풍록(河北采風錄)》 권2, 《내황현 수도도설(內黃縣水道圖說)》
712　《어제면화도(御制棉花圖)》, 《수판(收販)》
713　《광서기보통지(光緖畿輔通志)》 권74, 《물산(物産)》, 《하간부지(河間府志)》 인용.
714　《어제면화도(御制棉花圖)》, 《방관승발(方觀承跋)》
715　저화(褚華), 《목면보(木棉譜)》

이처럼 명칭도 서로 다르고 품종도 서로 다른 목화는 재배지역의 기후와 토질 등의 조건이 다름에 따라 목화생산량도 다르며 각자의 다른 장단점이 있다. 각 지역에서 목화를 보편적으로 재배하고 있는 것이 자급자족의 자연경제범주에 속하는 것(목화를 가장 많이 재배하는 강절(江浙, 강소 절강 두 성이 포함됨)지역이 포함됨)도 적지는 않지만, 많은 지역에서 목화 재배면적이 기타 식량작물과 비교해볼 때 목화밭이 절반 이상을 차지하며 더 많을 경우는 80~90%를 차지하는 지역도 있었다. 이는 상품으로 생산하는 것임이 분명하다. 청조 초기의 사람인 저화(褚華)는 "북방지역은 길패(吉貝, 즉 목화)가 싸고 천이 비싸지만 남방은 반대이다. 길패는 배에 실려 남방의 여러 지역에 운반되어 팔렸고 그 대신 천을 배로 북방 여러 지역으로 운송해다 팔았다."[716]라고 말했다. 이는 그때 당시 남방의 천을 북으로 운송하고 북방의 목화를 남방에 팔며 서로 교류가 이루어졌으며 상품경제가 발전하고 번영했던 상황을 설명한다. 일부 지역은 직물 수공업이 아주 발달했지만 현지에서 목화가 많이 나는 것은 아니었다. 예를 들면 무석(無錫)현은 "목화는 심지 않지만 목천 생산으로 큰 이익을 얻곤 했다."[717] 소주(蘇州)지역은 "실을 뽑고 천을 짜는 것이 모든 가정의 고정산업이 되었지만" "목화솜을 재배하는 것은 극소수이다"[718] 가흥(嘉興)부도 "현지에서 나는 목화는 극히 적지만 실을 뽑고 천을 짜는 것이 모든 가정의

---

716 저화(褚華), 《목면보(木棉譜)》
717 황앙(黃卬), 《석금식소록(錫金識小錄)》 권1,
     《비참상(備參上)》, 《역작지력(力作之力)》
718 《민국 오 현지(民國吳縣志)》 권51, 《강희장주현지(康熙長洲縣志)》 인용.

고정산업이 되었다. 시골뿐 만 아니라 도시도 마찬가지였다." 이들 지역의
방직업에 필요한 목화는 주변 목화산지에서 공급하며 "상인들이 이웃
군(郡)에서 목화를 수매해서 본 지역에 점포를 개설해 팔았다."[719]

목화 거래에 전문 종사하는 상인들은 대량의 자금을 휴대하고 목화산지에
가서 "상주하면서" 수매하여 다른 지역으로 운반하여 팔아서 큰 이익을
얻곤 한다. 예를 들면 봉현(奉賢)현의 금회교(金匯橋)라는 곳은 자그마한
시진(市鎭, 도시)에 불과하다. 평소에는 인적이 드문데 "목화 수확철만 되면
이 도시는 가장 번화한 모습을 띤다."[720] 청조 사람 장춘화(張春華)는 상해의
목화시장에 대해 아주 형상적이고 섬세하게 묘사했다. 그는 이렇게 썼다.

"날이 밝으면 시끌벅적한 목화장이 선다. 목화주인은 무게를 달고 비용을
계산하기에 바쁘다. 자고로 운송판매 거래방식을 통해 물품을 유통해오고
있으며 간정(看頂, 가격이 가장 비싸고 좋은 목화)은 가격이 오른다." 그는
다음과 같이 설명하였다. 매일 동녘하늘이 밝아오면 시골에서 새벽장
보러 나오는 목화 농사꾼들이 "목화를 어깨에 짊어지고 장에 들어선다.
가격책정을 담당하는 관리와 팔려는 자, 사려는 자가 모두 모여들어 무게를
달고 품질의 우열을 가려 가격을 정한다. 그중에서 백분의 일의 이익을
챙기는 이를 목화주인(花主人家)이라고 칭한다. 가격이 가장 비싼 것은
간정(看頂, 꼭대기를 본다는 의미)이라고 한다."[721] 하북 보정 일대에서는
매년 목화 "수확 철이 되면 목화 풍년이 들어 수확한 목화가 산더미처럼

---

719   《건륭 가흥 부지(乾隆嘉興府志)》 권32, 《물산(物産)》
720   《건륭 봉현 현지(乾隆奉賢縣志)》 권2, 《시진(市鎭)》
721   장춘화(張春華), 《호성세사구가(滬城歲師衢歌)》

쌓이곤 한다. 집집마다 갈대로 엮은 발에다가 나눠 담아 사가곤 했는데 목화솜이 터져 나와 구름이 떠가는 것 같았고 뭉쳐 놓은 목화더미가 마치 눈이 내린 듯 했다."[722] "햇솜이 시장에 나올 철이면 상인들은 먼 곳에서 모여들어 발 디딜 틈이 없을 정도로 붐볐다. 투기꾼들이 줄을 지어서 목화를 거둬들이고 상인들은 수레를 끌고 와 실어갔다. 장 보러 오는 마을 사람들은 너도나도 모두 처자식들을 데리고 다투어 나왔다."[723] 상해와 같은 목화생산 중심지역에서는 정상적으로 '화행(花行, 목화 점포)', '화국(花局, 목화 가게)', '화시(花市, 목화 시장)'가 설치되어 있을 뿐 아니라, 복건(福建), 광동(廣東) 등의 성의 상인들이 세운 '외국점포'가 설립되어 있어 낮은 가격에 수매해서 외국으로 내다 팔곤 했다.[724]

청대 전기 일부 지역에서는 뽕나무 재배 상품생산도 아주 보편적이었다. 중국에는 뽕나무를 가꾸고 누에를 길러 실을 뽑아 비단을 짠 역사가 아주 유구하다. 견직물은 아주 오래 전부터 중국인들의 주요 옷감으로 사용했을 뿐만 아니라, 역사적으로도 세계에 이름난 중국의 수출상품 중의 하나였다. 봉건사회의 발전에 따라 상품경제가 번영하였다. 특히 청대에 이르러서는 견직업에서 자본주의가 싹 트고 발전하면서 견직물에 대한 수요는 갈수록 늘어났다. 강남 일대에서 뽕나무를 가꾸고 뽕잎을 파는 것이 농업상품 생산의 중요한 구성부분이 되었다.

---

722 《어제면화도(御制棉花圖)》, 《간쇄(揀晒)》
723 《어제면화도(御制棉花圖)》, 《수판(收販)》
724 양광보(楊光輔), 《송남락부(松南樂府)》, "목화 중에서 희고 질이 좋은 것은 씨를 타작해 화의(花衣)라고 불렀다. 외국 점포에서 복건(福建), 광동(廣東) 등의 여러 상인들을 대신해 저렴한 가격에 수매했다."

청대에 일부 농촌에서는 대량으로 뽕나무를 가꾸고 양잠업을 시작하였다. 그 목적은 상품을 팔아 돈을 벌기 위한 데에 있었다. 예를 들어 절강성에서는 "양잠과 뽕나무를 가꿔 얻는 이익이 최고로 많았는데 삼오(三吳, 장강 하류 강남의 한 지역 명칭)에서 서책을 매는데 필요한 끈은 모두 자시(資市)에서 사갔다."[725] 호주(湖州)부의 뽕나무 재배는 전체의 성에서도 최고였는데 명대 중기에 이미 "부유한 자들은 소유한 논이 끝이 보이지 않을 정도로 이어지고 뽕나무와 삼밭이 만 경(頃)에 달했다." 청조 시기에는 "손바닥만 한 땅만 있어도 반드시 뽕나무를 심어" 점차 그냥 버려둔 땅이 없을 지경에 이르렀다. 오정(吳程)현은 더욱이 "뽕나무를 경작해서 그 부유한 정도가 절강성 서부에서 으뜸이었으며 땅이 기름지고 물산이 풍부했다."[726] 가흥(嘉興)부의 석문(石門)현은 강희제 시기에는 고작 6개의 향(鄕)에 뽕나무를 총6만 9천 400여 그루나 심었다. 옹정·건륭 시기에는 "모든 백성이 농사에 주력하면서 양잠업을 중점으로 삼았는데" "뽕나무가 그루를 단위로 헤아릴 수 없을 정도였다."[727] 동향(桐鄕)현은 "땅이 기름지고 인구가 많았는데 남자들은 뽕나무 농사에 주력하고 여자들은 양잠을 해서 실을 뽑아 천을 짜 쉽게 부유해질 수 있었다."[728] 해염(海鹽)현은 "땅이 적고 인구가 많아 농사를 지어서는 입에 풀칠하기조차 어려웠으므로 집집마다 양잠업이 급선무였다." 그래서 "담과 담 사이, 논 옆, 할 것 없이 땅만 있으면

725 《청 고종실록(淸高宗實錄)》 권51, 건륭 20년 9월.
726 《동치 호주 부지(同治湖州府志)》 권29, 《풍속(風俗)》
727 《광서 가흥 부지(光緖嘉興府志)》 권32, 《석문 현지(石門縣志)》 인용.
728 《광서 동향 현지(光緖桐鄕縣志)》 권2, 《풍속(風俗)》, 《장양원집(張楊園集)》 인용.

모두 뽕나무를 심었다."[729] 항주 근처의 염시(廉市)는 "논두렁길 사이까지 절반 이상의 면적에 뽕나무를 심었다." 탕서(蕩西)진(鎭)도 "뽕나무가 갈수록 많아졌으며 대체로 누에를 많이 키우므로 온통 뽕나무를 많이 심었다."[730] 당서(唐西)진은 "도처에 뽕나무 가꾸기에 적합하다." 매년 봄이 오면 "온통 녹색 구름에 뒤덮여 빈틈이 거의 없을 정도이다." 논밭이나 넓은 들에 나가면 들리는 것은 "가위질하는 소리"뿐이고 보이는 것은 "사다리 그림자"뿐이다. 이러한 정경은 "어느 마을이나 마찬가지였다."[731]

절강의 항(주)·가(흥)·호(주) 세 개의 부에서는 대규모 면적에 뽕나무를 심는 외에 강소(江蘇)의 소주(蘇州)·송강(松江)·영(寧), 남경(南京) 등의 지역도 뽕나무 재배로 국내에 이름이 자자하다. 감희(甘熙)는 다음과 같이 기록하고 있다. "양잠업과 뽕나무 가꾸기가 강소와 절강에서 흥하였으며 금릉(金陵. 남경을 가리킴.)에서도 간혹 본받곤 하였다."[732] 특히 강녕(江寧)의 남향(南鄕)에서 뽕나무 가꾸기가 성행하였다. 단양(丹陽)현의 "읍남(邑南) 황사(黃絲) 기슭 등의 곳"은 아편전쟁 전에 "양잠과 뽕나무 가꾸기로 이름이 자자했다."[733] 소주(蘇州)부(府)의 진택(震澤) 현은 태호(太湖)의 남쪽에 위치해서 호주(湖州)부와 인접해 있다. 건륭 연간에 "어디라 할 것 없이 뽕나무를 심었다." 오정(烏程)현과 맞닿은 서남 경계지역은 "뽕나무를 특히 많이 가꾸었는데 시골에는 비어 있는 땅이 없을

729   《가경 가흥 부지(嘉慶嘉興府志)》 권32, 《농상(農桑)》
730   장인미(장인미), 《서호기(西湖記)》
731   《광서당서지(光緒唐栖志)》 권18, 《사기(事紀)》
732   감희(甘熙), 《백하쇄언(白下瑣言)》 권8.
733   《광서 단양 현지(光緒丹陽縣志)》 권29, 《풍토(風土)》

지경이었다." 매년 봄철에서 여름철로 접어드는 계절이면 "푸른빛으로 가득 차곤 했다." 뽕나무의 품종도 "20~30종이나 된다."[734]

광동(廣東)성 광주(廣州) 인근 교외 농민들 가운데에서는 뽕나무 가꾸기와 양잠업이 현지 농촌경제활동의 중요한 구성부분이 되어버렸다. 남해(南海)현 농민들은 늪에는 물고기를 기르고 기슭에는 뽕나무를 심어 "뽕나무 가꾸기와 물고기 기르기를 생업으로 삼았다."[735] 순덕(順德)현의 상원위(桑園圍, 주강 삼각주의 유명한 대형 둑)지역은 "주변 둘레가 백여 리에 이르고 주민이 10만 가구에 달하며 경작지가 천 수백 여경에 달하는데 뽕나무를 심고 누에를 길렀다."[736]

이처럼 대규모 면적에다가 뽕나무를 심어 가꿨다는 것은 두 가지 가능성이 있다. 한 가지 가능성은 뽕나무를 가꾸고 누에를 쳐 실을 뽑아 팔았을 수 있고, 다른 한 가지 가능성은 뽕잎을 직접 팔았을 수 있다. 그때 당시의 일부 지역은 뽕나무 재배가 이미 보편적으로 상품화되었다. 견직업의 발전이 뽕잎에 대한 수요를 추진했기 때문에 뽕나무를 가꾸는 것이 식량을 재배하는 것보다 더 큰 이익을 얻을 수 있었다. 예를 들어 건륭 연간 호주부 장흥(長興)현은 뽕나무 1무 당 "뽕잎 80개(1개가 약 20근(10킬로그램))를 수확했다." 한 해에 1무에 들어가는 "땅을 갈고 파종하고, 비료를 주어 땅을 기름지게 하는" 등의 비용은 고작 2냥밖에 안 되지만 뽕잎을 팔아 얻을 수

---

734 《건륭 진택 현지(乾隆震澤縣志)》 권4, 《물산(物産)》
734 《건륭 진택 현지(乾隆震澤縣志)》 권4, 《물산(物産)》
735 《건륭 광주 부지(乾隆廣州府志)》 권10, 《풍속(風俗)》
736 장감(張鑒), 《뇌당암주제자기(雷塘庵主弟子記)》 권5

있는 "이익은 배로 늘릴 수 있다."[737] 청조 초년 가흥부 동향현의 뽕나무 재배와 벼 재배를 비교해 보면 1무 당 뽕나무에서 얻은 수입이 벼 재배면적 4~5무에서 얻은 수입과 맞먹었으며 더 많을 경우에는 10여 무의 벼 재배에서 얻은 수입과 맞먹었다.[738]

뽕잎 가격의 높고 낮음은 그때 당시 공급과 수요의 제약을 받았다. 예를 들어 뽕잎 풍년이 든 해에 누에를 키우는 사람이 적으면 뽕잎 가격이 떨어져 양잠 농에게는 이득이었고, 반면에 뽕잎이 적고 양잠하는 사람이 많으면 뽕잎 가격이 비싸 양잠 농에게는 불리했다. 그래서 매년 봄 "뽕잎이 시장에 나올" 무렵이면 "누에는 많이 키우는데 먹일 뽕잎이 적은" 양잠 농들은 나무배를 타고 뽕잎을 구하러 나선다. 따라서 뽕나무를 가꾸지 않는 양잠 농들은 "뽕잎 가격이 낮은 해에는 요행 이득을 얻을 수 있지만 뽕잎이 비싼 해에는"[739] 고리대금업자에게서 빚을 내 뽕잎을 사는 수밖에 없었다. 남심(南潯)진(鎭)에서는 일부 양잠 농들이 "부자들에게서 돈을 빌렸다가 양잠이 끝나면 천전에 이자를 백전씩 갚곤 했는데"[740] 이자가 10%나 된다. 일부 양잠 농들은 뽕잎 가격이 너무 비싼 탓에 빚이 산더미처럼 늘어나 심지어 "가산을 탕진해도 빚을 갚을 수 없는"[741] 처지에 이르곤 했다. 강희 연간 동향(桐鄕)현 동문 밖 관장(官庄)지역에 조승(曹升)이라는 사람이

737 《건륭 장흥 현지(乾隆長興縣志)》 권10, 《물산(物産)》
738 장리상(張履祥), 《양원선생전집(楊園先生全集)》 권51, 《보농서(補農書)》 하
739 《동치 쌍림 진지(同治双林鎭志)》 권14, 《잠사(蠶事)》
740 《동치 호주 부지(同治湖州府志)》 권30, 《잠상(蠶桑)》 상
741 《광서 동향 현지(光緒桐鄕縣志)》 권7, 《농상(農桑)》,
        필괴(畢槐), 《상엽탄(桑葉嘆)》 인용.

있었는데 대규모의 뽕나무를 가꾸는 한편 누에를 30광주리나 키웠다. 한 해는 뽕잎이 비싸 누에를 키우는 것이 뽕잎을 파는 것에 비해 불리할까봐 걱정되어 누에를 모두 강물에 내다 버리고 대량의 뽕잎을 팔아 큰돈을 벌었다.[742] 어떤 이는 집안이 망하고 어떤 이는 돈을 벌어 부자가 되었다. 이 두개의 서로 다른 사례로부터 우리는 상품화폐경제와 고리대금자본이 강남의 일부 농촌에 깊이 파고들었을 뿐만 아니라 어느 정도에 이르렀는지를 확인해낼 수 있다.

청대에는 잎담배 상품생산도 아주 번창한 영역이었다.

잎담배를 음역하면 '담파고(淡巴枯)'라고도 불렸다. 원래 외국에서 생산되었는데 명조 중엽부터 중국에 전해져 들어왔다. 청대 전기에는 담배를 피우는 자가 갈수록 많아져 그 재배면적도 꾸준히 확대되어 중국 남북의 여러 성에 다 퍼졌다. 청초 사람인 왕세진(王世禛)은 "요즘 세상에는 공경대부에서 하인과 아녀자에 이르기까지 잎담배를 피우지 않는 자가 없다."[743]라고 기록했다. 가경(嘉慶) 연간 포세신(包世臣)도 "수십 년 전에는 열 사람 중 2~3명이 잎담배를 피웠는데 지금은 아무리 멀고 외진 곳이라도 남녀노소를 막론하고 담배를 피우지 않는 이가 없다."[744] 안휘(安徽)성 회녕(懷寧)현에서는 담배를 피우는 것이 사람들의 일종의 취미가 되었다. "사람들은 담배를 즐기는 것을 일상생활 속에서 빼놓을 수 없는 일과로

742 《광서 동향 현지(光緒桐鄕縣志)》권20, 《보유(補遺)》
743 왕세진(王世禛), 《향조필기(香祖筆記)》권3
744 포세신(包世臣), 《안오사종(安吳四種)》권26, 《제민사술(齊民四術)》2, 《경신잡저(庚辰雜著)》

간주했다."[745]

복건(福建)성 정주(汀州)부 산하 "8개 읍의 기름진 땅에 잎담배를 심는
사람이 열 명 중 3~4명꼴이었다." "그로 인해 얻는 이익은 농사 소득의
배에 달했다."[746] 섬서(陝西)성 한중(漢中)·안강(安康)·남정(南鄭)
성고(城固) 등의 현은 "기름진 땅에 모조리 담배모를 내어 한여름 맑게 갠
날이면 온 들판의 푸른빛이 눈에 가득 안겨오는데 온통 담배로 가득하다.
수확시기가 되면 잎담배가 구름에 닿을 것 같고 집안에 쌓으면 지붕에
닿을 정도이다."[747] 절강성 가흥부는 가경(嘉慶) 시기에 이르러 "군(郡) 내
대다수 지역에서 잎담배를 재배하였으며 시골과 시내 주변은 잎담배가
숲을 이루었다. 본 지역의 수요를 만족시킬 수 있게 되었을 뿐만 아니라
그 생산량이 복건·광동성에 견줄 수 있게 되었다."[748] 건륭 시기에
광서(廣西)에는 "잎담배를 재배하는 가구가 절반을 차지하였다. 규모가
큰 가구는 1~2만 그루씩 심고 작은 가구도 2~3천 그루에 달했다."[749]
호남(湖南)성 악주(岳州)부는 "잎담배를 대다수 산비탈 빈 땅에 심어
장사(長沙)·형양(衡陽) 등지에 팔았다."[750] 그 외에 "강남 산동 직예 등의
성에서는 기름진 땅에 담배를 심지 않는 곳이 없었다. 그리고 다른 성의

---

745 《도광 회녕 현지(道光懷寧縣志)》 권7, 《물산(物産)》
746 《황조경세문편(皇朝經世文編)》 권36, 곽기원(郭起元), 《복건 성 본업에 종사하며
     절약할 것에 대해 논한 상소(論閩省務本節用疏)》
747 《황조경세문편(皇朝經世文編)》 권36, 악진천(岳振川),
     《안강 부지 식화론(安康府志食貨論)》
748 《가경 가흥 부지(嘉慶嘉興府志)》 권33, 《농상류(農桑類)》
749 《청대 문자옥당(淸代文字獄檔)》 권5, 오영(吳英), 《난여헌책안(欄輿獻策案)》 ,
     부(附)《책서(策書)》
750 《건륭 악주 부지(乾隆岳州府志)》 권12, 《물산(物産)》

상황도 역시 마찬가지라고 전해 들었다."[751]

농민들이 잎담배를 재배하는 현상이 왜 이처럼 보편적이었을까? 물론 담배를 피우는 사람이 갈수록 많아져 수요량이 크게 늘어난 것도 중요한 원인 중의 하나이지만 더 중요한 것은 이윤이 높기 때문이다. 그래서 방포(方苞)는 "담배 재배에서 얻는 이익이 특별히 컸다. 모든 채소에 비해 배로 많았고 오곡의 3배와 맞먹었다."[752] 1727년(옹정 5년) 복건성과 광동성의 총독과 순무는 "광동 이곳의 사람들은 그저 재물과 이익밖에 챙길 줄 몰라"[753] 잎담배와 같은 경제작물을 많이 심어 재부를 쌓아 부유해졌다고 질책하였다. 절강성 동향현은 농지에 잎담배를 대대적으로 심었다. 1785년(건륭 50년)에 그 지역에 큰 가뭄이 들어 볏모가 말라죽었지만 담뱃모는 가뭄에 견딜 수 있어 "잎담배를 재배하는 농민들의 소득은 식량 농사를 짓는 농사꾼들의 수배에 달했으므로 잎담배를 심는 사람이 점점 더 많아졌다."[754] 도광(道光)제 때 안휘성 회녕현은 "잎담배 한 무 당 소득이 식량 한 무의 소득보다 많았다."[755]

잎담배를 그처럼 대규모 면적에 재배하는 것은 물론 자신이 피우기 위해서만은 아니다. 외지로 운반해다 팔아서 이득을 챙기기 위한

751   방포(方苞), 《망계선생문집(望溪先生文集)》, 《주찰(奏札)》, 건륭 원년,
      《청정경제찰자(請定經制札子)》
752   방포(方苞), 《망계선생문집(望溪先生文集)》, 《주찰(奏札)》, 건륭 원년,
      《청정경제찰자(請定經制札子)》
753   《건륭 광주 부지(乾隆廣州府志)》 권두, 《전모(典謨)》, 옹정 5년, 《복건·광동의
      백성들이 각자의 본업에 종사할 것을 명한 황제의 조서(諭閩廣百姓各務本業)》
754   《광서 동향 현지(光緒桐鄕縣志)》 권7, 《물산(物産)》, 《복록(濮錄)》
755   《도광 회녕 현지(道光懷寧縣志)》 권7, 《물산(物産)》

목적에서다. 예를 들어 섬서 성 안강부에서 나는 잎담배는 거상들이
주둔하며 수매한 뒤 "사천(四川) 성을 지나 양(襄)·번(樊)·악저(鄂渚)
등지로 운반하는데 배가 꼬리에 꼬리를 물고 늘어설 정도이며 해마다
수천 만 냥의 자금을 들이곤 했다."[756] 안휘성 회녕현에서는 매년 6월부터
7월 사이에 "양주(揚州)의 담배 상인들이 대거 모여들어 홍가(洪家) 점포
강녕(江寧) 중개업소 등을 가득 메웠으며 화물과 재물이 집결하였다.
그로부터 얻는 이득이 거의 쌀과 소금과 맞먹었다."[757]

잎담배 재배 면적이 끊임없이 확대됨에 따라 잎담배 가공과 판매업이
대거 나타나기 시작했다. 섬서(陝西)성 한중(漢中) 성내에는 "상인들이
대거 집결했는데 담배 점포가 30~40%를 차지했다."[758] 광서(廣西)성에서는
"큰 도시에 담배점포가 20~30개 있고, 중, 소도시에도 10여 개에 달하였다.
규모가 큰 점포에서는 일꾼을 20~30명을 두고 중, 소규모의 점포에서도
10여 명 혹은 7~8명 정도를 두고 있었다."[759] 가경·도광 연간에 잎담배
산출이 주종을 이루는 산동(山東)성 제녕(濟寧)성(城)안에는 총 6개의 담배
점포가 있었는데 "연간 매출소득이 백금 2백만 냥에 이르며 일꾼이 4천여
명에 달한다."[760] 강서(江西)성 옥산(玉山)현은 "담파고(淡巴枯, 잎담배의

---

756 《황조경세문편(皇朝經世文編)》권36, 악진천(岳震川), 《안강 부지
     식화론(安康府志食貨論)》
757 《도광 회녕 현지(道光懷寧縣志)》권7, 《물산(物産)》
758 《황조경세문편(皇朝經世文編)》권36, 악진천(岳震川), 《안강 부지
     식화론(安康府志食貨論)》
759 《청대 문자옥당(清代文字獄檔)》권5, 《오영란어헌책안(吳英攔輿獻策案)》,
     부(附)《책서(策書)》
760 포세신(包世臣), 《안오사종(安吳四種)》권6, 《갑하일기(閘河日記)》

별칭)가 영풍(永豊)현에서 이름이 났지만 만들어진 정교한 정도며 빛깔이며 냄새가 옥산현의 것과는 비교가 안 된다." 그래서 옥산현에는 "매일 수천 명이 모여들어 그 일에 종사하고 있다. 따라서 중국 전역에 이름이 자자해 노새와 말 수레의 대열이 매일 끊일 줄 몰랐다."[761] 크고 작은 담배점포에서 고용한 일꾼들이 "담배를 가공하고 묶고 포장하는"[762] 등의 여러 가지 가공단계를 거친다. 담뱃잎을 따는 계절이 다르고 질이 다름에 따라 담뱃잎은 복연(伏煙) · 추연(秋煙) · 정연(頂煙) · 각연(脚煙) 등의 다양한 종류와 등급으로 나뉜다. [763] 전국적으로 이름난 호남(湖南)성의 '형연(衡煙, 형양[衡陽]부에서 나는 담뱃잎)은 일꾼들이 한 봉지 한 봉지씩 "경포(京包) 광포(廣包)"로 포장한 뒤 "여러 성으로 팔려 나간다."[764]

상기 서술한 것 외에도 찻잎 · 청람 · 모시 · 포규(종려나무) · 사탕수수 등의 경제작물도 일부 지역에서 상품으로 생산되고 있었다는 사실이 존재한다. 이들 경제작물은 그때 당시 경제생활 영역에서 모두 일정한 지위를 차지하였다.

농업분야에서 경제작물 생산의 발전으로 인하여 필연적으로 경제작물과 식량의 토지 다툼 현상을 초래하였다. 경제작물 생산면적이 확대될수록 식량생산 토지면적은 갈수록 줄어들기 마련이다. 경제작물 재배가 발전한 지역일수록 식량부족이 더 심각해지게 된다. 예를 들어 강소와 절강 두 성이

---

761 《도광옥산현지(道光玉山縣志)》 권11, 《풍속(風俗)》
762 포세신(包世臣), 《안오사종(安吳四種)》 권26
763 《광서 동향 현지(光緒桐鄉縣志)》 권7, 《물산(物産)》, 《복록(濮錄)》 인용.
764 《건륭 청천 현지(乾隆清泉縣志)》 권6, 《식화지 물산(食貨志 物産)》

바로 그러하였다.

　강소성과 절강성 지역은 이미 오래 전부터 중국의 곡창으로 불려왔다.
이들 지역은 땅이 기름지고 기후가 좋고 수리자원이 풍부해서 농작물
생장에 아주 적합한 환경이 마련되어 있어 일반적으로 단위면적의 생산량이
아주 높다. 가장 늦은 역사 시기로 양송(兩宋) 시기까지도 "소주(蘇州),
태호(太湖)의 동쪽 · 호주(湖州, 태호의 남쪽) 일대의 곡식이 익으면 온
천하가 식량이 충족된다"라는 속담이 있었다. 그러다가 청조의 강희 · 옹정
건륭 시기에 이르러 경제작물, 특히 목화와 뽕잎의 대대적인 재배로 인해
식량생산에 심각한 영향을 주었다. 게다가 이 지역은 인구가 갈수록 늘어나
밀집되면서 외지로부터 식량을 들여다 보충하는 수밖에 없었다. 소주
일대를 예를 들면 강희 연간에 이모작을 대규모로 보급해 식량 생산량이
배로 증가했지만 본 지역의 인구가 식용하기에는 여전히 부족했다. 또
예를 들어 송강(松江)부 일대는 건륭 연간에 벼 재배면적이 비교적 적어
식량부족현상이 심각했는데 해마다 외지에서 식량을 대량으로 운반해
들이는 것으로 유지해왔다. 또 예를 들면 숭명(崇明)현은 1755년(건륭 20년)
전까지는 한 해에 외지에서 운반하여 들여오는 식량이 "10여 만 석이 넘지
않았지만", 그 뒤 "매년 증가하여" 1775년(건륭 40년)에 이르러서는 "30여만
석을 사들이기에 이르렀다."[765] 20년 사이에 3분의 1 정도가 늘어난 셈이다.
1685년(강희 24년) 당시, "관동(關東)지역의 콩과 밀이 매년 상해(上海)로

765　《황조경세문편(皇朝經世文編)》 권37,
　　　고진(高晉), 《청해강화면겸종소(淸海疆禾棉兼種疏)》

천여 만석씩 운반되었다."[766] 가경제 시기에 이르러 "소주 일대는 풍년이 들든 흉년이 들든지를 막론하고 강(강소)·광(광동)·안휘(安徽)의 쌀을 들여와 판매하는 양이 매년 수백 만석에 달했다."[767] 옹정·건륭 시기에 복건성에서는 대규모 면적의 토지에 경제작물을 심었으며 노동인민들에게 필요한 쌀과 밀은 "강소·절강·대만에 의지했다."[768] 1727년(옹정 5년)에 광동 사람들도 잎담배를 대대적으로 재배하여 이익을 챙겼으며 대량의 필요한 식량은 광서에서 공급받았다.

호남·사천·강서·호북 등의 지역은 청조 초기에 장기간의 전란을 겪었으므로 땅은 넓고 인구가 적었으며 물산이 풍부하지 않았다. 한동안의 회복과 발전을 거쳐서 옹정 건륭 시기에 농업생산이 큰 발전을 가져왔으며 이들 지역은 강소 절강 지역을 대체해서 중요한 식량 공급기지로 되었다.

1726년(옹정 4년)에 이위(李衛)가 남방 여러 성의 상황에 대해 절강과 같은 경우 "인구가 많아 본 지역에서 나는 식량만으로는 식용의 수요를 만족시킬 수 없었다"[769]라고 말했다. 기타 성도 역시 마찬가지였다. 예를 들어 "복건성에서 필요한 쌀은 대만과 절강에서 공급 받고 광동성의 쌀은 광서·강서·호광(湖廣)에서 공급 받았으며" 강절(江浙, 강소성과 절강성의 합칭)지역의 쌀은 강서와 호광에서 공급 받았다.[770] 과거에 "강소와

---

766   포세신(包世臣), 《안오사종(安吳四種)》 권1. 《해운남조의(海運南漕議)》

767   포세신(包世臣), 《안오사종(安吳四種)》 권26. 《제민사술(齊民四術)》,
       《경신잡저2(庚辰雜著二)》

768   《황조경세문편(皇朝經世文編)》 권36, 곽기원(郭起元),
       《복건 성 본업에 종사하고 절약할 것을 논한 상소(論閩省務本節用疏)》

769   《옹정주비유지(雍正朱批諭旨)》 13함(函), 1책, 이위(李衛) 주(奏), 옹정 4년 6월 1일.

770   《옹정주비유지(雍正朱批諭旨)》 3함(函), 3책, 하천배(何天培), 옹정 4년 7월 20일.

호광 일대의 곡식이 익으면 온 천하가 식량이 충족하다"라고 하던 말이 현재는 "호광(湖廣)일대의 곡식이 익으면 온 천하가 식량이 충족하다"[771]로 바뀌었다. 이러한 식량생산지에는 많은 상품식량 시장이 형성되었는데 예를 들어 중경(重慶)은 사천(四川)성의 쌀 집산지이다. 다른 성에서 사천으로 쌀을 수매하러 오는 상인들은 모두 중경으로 잇달아 모여든다. 그리고 다시 "장강 하류지역으로 운반하여 나가는데 배가 끊길 줄을 몰랐다." 그래서 중경은 옹정 시기에 이미 서남지역에서 "군인과 민간인이 모여 인구가 밀집한"[772] 중요한 도시로 되었다. 호남성의 쌀 집산지는 상담(湘潭)과 형양(衡陽)이다. 강희 말기에 이 두 곳은 이미 "유명한 마두(馬頭)대점이 있었는데 주변의 주   현, 그리고 본 지역에서 나는 쌀은 모두 이곳에 집중되었다가 팔려나갔으며 상인들은 모두 이곳에 모여 거래하곤 했다."[773] 옹정제 시기에 이르러 상담(湘潭)현에는 쌀을 운반하는 배가 "수천 척이 모여들고 사면팔방에서 상인들이 집결하는데 몇 리에 달하는 시진(市鎭, 도시)에 화물이 가득 쌓이곤 했다."[774]

사천·강서·호북과 호남 등의 성의 식량을 장강 하류지역으로 운반할 때 모두 한구(漢口)를 거쳐 가야 한다. 그래서 한구는 서남 여러 성의 교통 요로와 중추가 되었다. 예를 들면 1726년(옹정 4년)에 이위가 "한구는 줄곧

---

771 《옹정주비유지(雍正朱批諭旨)》 9함(函), 7책, 악이태(鄂爾泰) 주(奏),
     옹정 8년 4월 20일.
772 《옹정주비유지(雍正朱批諭旨)》 8함(函), 1책, 임국영(任國榮) 주(奏),
     옹정 5년 12월 13일.
773 조신교(趙申喬), 《자치관서(自治官書)》 6, 강희 48년 9월,
     《호남 쌀 운반 매매인 성명 수목고(湖南 運米買谷人姓名數目稿)》.
774 《옹정주비유지(雍正朱批諭旨)》 6함(函), 4책, 왕국동(王國棟)의 상소, 옹정 7년 8월 일.

식량이 가장 많이 집결되는 곳인데 모든 식량이 사천에서"[775] 운반되어 온다고 말했다. 왕경호(王景灝)도 "강소성과 절강성 일대의 곡물은 역대로 호광지역에 의지해왔다. 호광은 또 사천에 의지해왔다"[776]라고 말했다. 강소성과 절강성의 쌀 상인들은 직접 호남성에 와서 쌀을 사는 경우가 극히 적다. 호남의 쌀 상인이 한구까지 쌀을 운반해 오면 강소와 절강 지역의 상인들은 "대다수 한구에서 구매한다." 그러므로 "호북으로 운송되는 강소와 절강의 쌀인 즉 호남에서 한구로 운반된 쌀이다."[777] 1731년(옹정 9년) 11월에서 이듬해 2월까지의 3개월 사이에 "한구 지방에서……외지로 떠나는 곡물을 실은 배가 4백 여척에 달했다."[778] 이에 따라 계산하면 한 해 사이에 한구에서 장강 하류 지역으로 곡물을 실어 나르는 배가 1천 6백여 척에 달한다. 1726년(옹정 4년) 5월 "호광(湖廣)의 쌀은 하루에 소주로 운송되는 수효를 헤아릴 수도 없을 정도이다."[779] 1734년(옹정 12년) 호광(湖廣) 총독 매주(邁柱)가 "강절(江浙)의 상인들이 이미 쌀 5백여 만석을 운반했다."[780]라고 밝혔다.

호광(湖廣) 일대 쌀 산지의 농민들은 대다수가 여분의 식량을 상인과 중개업자들에게 팔곤 한다. 상인과 중개업자들은 낮은 가격에 식량을

775 《옹정주비유지(雍正朱批諭旨)》 13함(函), 1책, 이위(李衛)의 상소, 옹정 4년 6월 1일.
776 《옹정주비유지(雍正朱批諭旨)》 4함(函), 2책, 왕경호(王景灝)의 상소,
     옹정 2년 8월 20일.
777 조신교(趙申喬), 《자치관서(自治官書)》 권6, 《주소(奏疏)》
778 《옹정주비유지(雍正朱批諭旨)》 17함(函), 2책, 매주(邁柱)의 상소, 옹정 10년 2월 24일.
779 《옹정주비유지(雍正朱批諭旨)》 2함(函), 5책, 모문전(毛文銓)의 상소,
     옹정 4년 5월 14일.
780 《옹정주비유지(雍正朱批諭旨)》 17함(函), 2책, 매주(邁柱)의 상소, 옹정 11년 7월 8일.

수매한 뒤 높은 가격에 팔아 어부지리를 챙긴다. 호남성 장사(長沙)에서는
매년 추수가 끝난 뒤 "각지의 거상들이 자금을 지니고 상회에 가입한
상인을 찾아온다. 상회에 가입한 상인들은 중개 수수료를 받고 손님을
데리고 농촌을 돌며 쌀을 수매한다."[781] 각 상회의 상인들은 돈을 많이
벌기 위해 쌀을 실은 배를 막고 강압적으로 쌀을 수매하곤 했으므로 늘
다툼이 있어 구매하는 과정에서 싸움이 벌어지곤 하였다. 예를 들어 건륭
초기에 "형상하(衡湘河) 하류지역"에서 간상배 중개업자들이 "배에 뛰어
올라 곡물을 수매하는" 풍기가 성행하였다. "배가 막 기슭에 닿으려 할
때면 혹자는 세력에 의지하여 강제로 배에 뛰어 올라 수매하는가 하면
혹자는 뻔뻔스러운 악당들을 불러 대신 배에 뛰어 올라 강제로 수매하곤
하는데 심지어 배가 기슭에서 수 척이나 떨어져 있는데도 미리 강가에
서서 기다리다가 강제로 대나무 삿대를 짚고 배에 뛰어 올라 얻고자 하는
곡물을 수매하곤 하였다. 또 혹자는 작은 배를 몰고 나가 강에서 곡물을
실은 배를 막고서 곡물을 수매하기도 하였다. 결국 약자들은 텅 빈 기슭에서
헛되이 기다리기만 하고 강자들은 곡물을 마음껏 사재기하곤 했다."[782]
이러한 상황에 대해 비록 거듭 금지령을 내렸지만 아무런 소용이 없었다.
호남의 쌀 거래상들도 쌀을 한구까지 운반한 뒤 역시 "중개업자에게

---

781 《호남성 예성안(湖南省例成案)》, 《형률 · 적도(刑律 · 賊盜)》 권 1, 건륭 10년,
　　《흉도들이 곡물을 강제로 수매하고 부유한 자들이 시세를 올리는 행위를 금지하며
　　금지사항을 어기고 이익을 챙기기 위해 가축을 멋대로 풀어놓는 것을 금지한다고
　　규정한 각 조항에 대한 공시(示禁凶徒强借谷名以及富戶高抬時价并違禁取利縱放
　　牲畜各條)》.
782 《호남성 예성안(湖南省例成案)》, 《호률 · 파지행시(戶律 · 把持行市)》 권 34, 건륭 4년,
　　《중개업자가 쌀 가격을 올리는 것을 엄히 금한다(嚴禁牙行高擡米價)》

넘어가기 일쑤였다. 일부 중개업자들은 그 지방의 불량배들과 결탁해 상인을 유인하고 속여 화물을 빼앗고 손님의 밑천을 가로채 먼 길을 오가는 상인들을 괴롭히곤 하는데 실로 큰 재앙을 입히곤 하였다."[783] 뿐 만 아니라 중개 상인들은 매점매석을 하며 돈과 재물에만 눈이 멀어 멋대로 쌀 가격을 올렸다. 일부 중개상인들은 요언을 날조하곤 했는데 "구름이 끼고 바람이 불면 가뭄의 징조요, 구름이 끼고 비가 오면 장마의 조짐이요"라고 하였다. "하루 사이에도 가격을 빈번히 올렸으며 한 가게가 가격을 올리면 다른 가게들도 모두 따라서 올렸다."[784] 쌀을 운반하는 배들이 관문을 지날 때마다 협박과 약탈을 당하고 층층이 가격이 올라붙어 강소와 절강까지 운반해 가면서 쌀 가격이 몇 배나 올라 있곤 했다. 착취를 가장 많이 받는 것은 역시 강소와 절강 일대의 노동인민들이었다. 그러나 만약 "호광의 쌀을 들여오지 않으면" 강소와 절강의 곡물은 바로 "가격이 치솟곤 한다."[785]

호광   사천의 곡물은 강소 절강 일대로 운반된 뒤 또 다시 다른 성으로 흘러든다. 1727년(옹정 5년)에 소주(蘇州)가 호광에서 쌀을 운반해 왔는데 그해 또 복건으로 2만여 석을 운송 판매하였기 때문에 "소주의 쌀값이 너무 비싸 일반 백성들은 사 먹기가 어려웠다."[786] 절강의 쌀은 호광에서 공급 받았는데 휘주(徽州) 5개의 현은 "산지가 많고 농지가 적은데다 인구가 많아" 한 해 수확한 식량으로는 반 년 먹기도 부족했으므로 "절강(浙江)

783 《옹정주비유지(雍正朱批諭旨)》 6함(函), 1책, 법민(法敏)의 상소, 옹정 3년 9월 6일.
784 《옹정주비유지(雍正朱批諭旨)》 17함(函), 6책, 악이달(鄂爾達)의 상소,
       옹정 11년 5월 10일.
785 《청성조실록(淸聖祖實錄)》 193, 강희 38년 6월.
786 《옹정주비유지(雍正朱批諭旨)》 2함(函), 3책, 진시하(陳時夏), 옹정 5년 4월 11일.

강서(江西) 등의 지방 상인들에게서 쌀을 사들여야 했다."[787] 산서(山西)
섬서(陝西) 두 개의 성은 "땅이 척박하고 인구가 많아 풍년이 든 해에도
식량은 여전히 부족했다. 본 성에서 필요한 식량은 전부 동남 여러 성에
의지해야 했다."[788] 이로부터 알 수 있다시피 농산물의 상품화가 각 지역
간의 경제적 연계를 증가했을 뿐만 아니라 각 농업 분야 간의 연쇄반응과
서로간의 의존성도 불러일으켰다.

---

787   《옹정주비유지(雍正朱批諭旨)》 6함(函), 2책, 이랍제(伊拉齊), 옹정 4년 5월 6일.
788   주식(朱軾), 《초차잡록(軺車雜錄)》 권 하, 《강희 60년 서(康熙六十年序)》

제3절
봉건적인 토지점유와 소작료 착취

1. 봉건적인 토지점유 형태

봉건사회에서 지주계급의 토지 소유제는 생산관계의 토대이다. 다양한 유형의 지주들은 대다수의 토지를 점유하고 농민들에게 농사를 짓게 하면서 농민들을 잔혹하게 착취하였다. 토지분배는 지극히 균등하지 않았는데 특히 명조 말기에는 황실의 제후(諸藩)와 대관료, 대지주들은 넓은 면적의 농토를 소유하였으며 농지를 불법으로 점유하는 풍토가 지극히 성행하였다.

명 말의 농민 대봉기는 명조 종실과 대관료, 대지주에게 심각한 타격을 주었으며 봉건적인 토지관계를 파괴하고 일부 토지를 농민의 소유로 돌려놓았다. 이 때문에 청조 전기에는 토지분배가 분산되는 추세를 보였다. 상당히 긴 시간 동안 지주계급은 농민 수중의 토지를 전부 되찾아갈 수 없었으므로 소규모 토지 소유제와 자작농이 비교적 우세를 차지하였다. 그때 당시 환남(皖南)지역의 많은 가족들 간에 주고 받은 편지와 어린책(魚鱗册)에는 지주계급이 소유한 토지면적의 대다수가 백 무 정도이며 수백 무 이상에 이르는 경우는 적었다는 기록이 있다.

방포(方苞)는 강희 연간에 "통계결과 한 개의 주, 한 개의 현에 부자,

지방유지, 거상 등과 같은 재력이 넉넉한 집안은 고작 십여 가구 혹은 수십 가구뿐이었다. 그 다음은 농지가 2~3백무 이상에 달하는 중등 수준의 집안인 중가(中家)로서 그런대로 살림이 넉넉한 편이었다. 나머지는 농지를 몇 무 혹은 수십 무를 소유한 하호(下戶)인데 며칠씩 먹을 수 있는 식량이 없어서 땔나무를 해서 져다 팔아서 보태야 겨우 입에 풀칠이나 할 수 있었다."[789] 이로부터 알 수 있다시피 한 개의 현 내에는 대지주의 가구 수는 매우 적고 중 소지주는 조금 더 많았으며 절대다수는 적은 토지를 소유했거나 토지가 없는 '하호(下戶)', 즉 농민으로서 그들은 오랜 세월 동안 기아와 빈곤 속에서 살아왔다. 산동(山東)성의 기록에도 이와 비슷한 상황이 있다. 예를 들어 산동성 포대(蒲臺)현에서는 "포대현 사람들은 오로지 농사를 짓고 베를 짜서 생계를 유지해 왔다. 부유한 집안일지라도 농지면적은 별로 크지 않아 대다수가 10여 경(頃)에도 미치지 못했으며 그보다 적을 경우에는 한 경 남짓이거나 혹은 수십 무에서 몇 무가 고작이었다 …… 농가들에서는 한 해 동안 꼬박 부지런히 일해도 풀뿌리와 쌀기울(米糠)로 겨우 끼니를 때울 수 있었다. 본 지방에서 나는 목화로 집집마다 베를 짰으므로 이불과 의복이 화려하지는 않았지만 넉넉하면서도 소박했다."[790]

　　현존하는 18세기 전기의 직예 획록(獲鹿)현 91개 갑(甲)의 토지점유통계는 중국 봉건사회 말기에 진행된 대면적 토지통계 관련 진귀한 자료이다. 통계에는 2만 여 가구의 31만여 무 토지가 포함되었으며 획록현 전역의

789　방포(方苞), 《방망계전집(方望溪全集)》, 《집외문(集外文)》 권1,
　　《은냥을 징수하는 기한을 제정하는 것에 대해 묻는 상소(請定征銀兩之期札子)》
790　《건륭 포대 현지(乾隆蒲臺縣志)》 권2, 풍속.

호구와 토지의 대다수를 차지하였다. 옹정 시기의 상황이 주요한 부분을 차지하고 소수 지역이 강희 말기와 건륭 초기 상황이다.(아래 표를 참조)

■ 직예 획록현 91개 갑의 토지 점유 분류 통계표

각류 호별	호수(호(戶))	%	토지 수(무)	%
땅이 없는 호구	5,331	25.3		
1무 미만	888	4.2	439	3.4
1~5무	3,507	16.7	10,207	
5~10무	3,172	15.1	22,948	7.3
10~15무	2,137	10.1	26,157	8.3
15~30무	3,332	15.8	70,006	22.2
30~40무	967	4.6	33,205	10.5
40~50무	498	2.4	22,313	7.1
50~60무	334	1.6	18,195	5.8
60~100무	540	2.6	40,534	12.8
100무 이상	340	1.6	71,225	22.6
합계	21,046	100.0	315,229	100.0
전 갑 호구 평균			15.0	

위의 표에서 알 수 있다시피 전체 호구 수는 2만 2천 46가구이고 토지의 총면적은 31만 5천 229무이다. 소유한 토지의 많고 적음에 따라 세 부류로 나누었는데 첫 번째 부류는 땅이 없거나 소유한 토지가 1무도 안 되는 극빈 농가로서 총 6천 219가구이며 전체 호구 수의 29.5%를 차지한다.

토지소유면적이 1무에서 10무 사이인 빈곤 농가는 총 6천 679가구로서 전체 호구 수의 31.8%를 차지한다. 앞의 두 부분을 합친 호구 수는 1만 2천 898가구인데 전체 호구 수의 61.3%를 차지한다. 그들이 소유한 토지는 겨우 3만 3천 594무로써 전체 토지의 10.7%에 해당한다. 두 번째 부류는 토지를 10무에서 60무까지 소유한 중등 수준의 농가인데 이들 호구 수는 7천 268가구로써 전체 호구 수의 34.5%를 차지하며 이들이 소유한 토지 면적은 전체 토지의 53.9%를 차지하는 16만 9천 876무이다. 세 번째 부류는 60무이상의 토지를 소유한 지주 880가구인데 전체 호구 수의 4.2%를 차지하는 이들이 전체 토지의 35.4%를 차지하는 11만 1천 759무의 토지를 소유하였다.

상기 통계 자료를 통해 다음과 같은 사실을 알 수 있다. 첫째, 토지분배의 불균형 현상이 여전히 매우 심각하다. 전체 호구 수의 61.3%를 차지하는 빈곤 농가가 고작 10.7%의 경작지를 소유하고 전체 호구 수의 4.2%밖에 안 되는 지주가 전체 토지의 35.4%를 소유한 것이다. 이는 봉건사회에서의 토지분배가 불균형적인 상태를 보여주는 것이다. 대부분의 농민들은 땅이 없거나 적어서 지주의 땅을 소작하거나 용경하면서 착취를 받았다. 지주계급은 다양한 수단으로 계속 토지를 점유하여 토지의 집중현상이 일정 한계를 벗어났다.

이에 따라 살아나갈 방법이 없었던 대부분의 농민들이 봉기하여 저항하는 것은 필연적인 것이다. 이는 봉기와 혁명이 일어난 경제적 원인이며 중국 봉건사회의 정치역사를 이해하는 관건이기도 하다. 둘째, 중등 수준의 농가들이 절반 이상의 토지를 소유하였는데 그들은 중국 농촌의 중요한 힘이다. 이러한 소규모 토지 소유제 혹은 자작 농가는 경제적으로 매우 불안정하였으며 지주 소유제의 보충이었고, 그들이 소유한 토지는 지주들의 점유와 약탈의 대상이었다.

일단 천재나 인재가 닥치면 토지를 약탈당하고 땅이 없거나 적게 소유한 빈곤 농가로 전락하기 일쑤였다. 소규모 토지 소유자와 자작 농가의 가난과 파산은 정치풍파가 곧 일어날 것이라는 신호였다. 셋째, 지주가 전체 호구 수의 4.2%밖에 안 되었지만 전체 토지의 35.4%를 점유하였다. 그들은 경제적인 수단과 경제적 범주를 벗어난 수단으로 대부분의 농민들을 극악무도하게 착취하여 자신의 재부와 토지를 꾸준히 늘렸다. 종합적으로 보면 지주 중에서 중, 소지주가 대다수였는데 각 가구는 토지를 백 무 혹은 2~3백 무씩 점유하고 있었으며 5백 무 이상의 토지를 소유한 대지주는 획록현에 겨우 몇 가구뿐이었다.

물론 청조 초기에도 아주 많은 토지를 소유한 대지주가 적지는 않았다. 청조 황제 본인이 바로 전국 최대의 지주였다. 비공식 통계에 따르면 그 한 사람이 점유한 내무부 장전(莊田)이 천여 개의 장(莊)에 달하며 소유한 토지는 393만 무에 달했다.[791] 종실 왕공도 대량의 전장(田莊)을 소유하고 있었는데 직예와 동북에 종실 장전이 133만 무가 있었다.[792] 남방의 대지주, 예를 들어 오삼계(吳三桂)는 소주(蘇州)에서 그의 사위인 왕영강(王永康)에게 전답 3천 무를 장만해주었고, 고사기(高士奇)는

791   《대청회전(大淸會典)》 가경(嘉慶), 권76
792   《대청회전사례(大淸會典事例)》 가경(嘉慶), 권135

절강성 "평호(平湖)현에다 전답 천 경을 장만했으며"[793], 서건학(徐乾學)은 "무석(無錫)에 있는 모천안(慕天顔)의 전답 1만 경을 사들였고"[794], 연성공(衍聖公) 공부(孔府)는 직예의 무청(武淸)·향하(香河)·동안(東安) 보저(寶坻)에서만 3만 8천 무에 이르는 토지를 소유하고 있었다.[795] 이러한 토지는 모두 대귀족, 대관료들이 정치적 권세를 빌어 강점하고 약탈한 것이다. 그러나 청조 초기에는 일반 지주계급의 정치적 특권이 이미 약화되었기 있었기 때문에 전국적으로 이러한 대지주의 수량은 명조 말기에 비해 줄어들었다.

게다가 청조 초기의 농업생산력은 아직 회복되지 않았으며 인구가 적고 황무지가 비교적 많았으며 토지 생산량도 비교적 낮은데다 세수가 무질서하고 조세와 부역 부담의 가중 등의 원인으로 인해 토지가 토지 소유자들에게 가져다주는 경제적 수익은 별로 뚜렷하지 않았다. 그래서 점유와 약탈이 그다지 치열하지 않았다. 맹교방(孟喬芳)은 순치 10년에 이렇게 말했다. 섬서(陝西)성의 "진안(鎭安) 등의 주현은 논밭이 거의 다 황폐해졌다. 관아에서 소와 곡물 종자를 내어주며 경작하도록 유도하여도 맡아서 경작하려는 사람이 없었으며 또한 땅을 사서 세금을 납부하려는 자가 있을 리 없었다."[796] 강희제 시기에 위예개(魏裔介)도 다음과 같이

793 《동화록(東華錄)》 강희조, 권44
794 《동화록(東華錄)》 강희조, 권44
795 《청대기록(淸代檔案)》, 게첩(揭帖)류, 상술(敷陳), 전부(田賦), 연성공(衍聖公)
      공윤식(孔胤植)게첩, 순치(順治) 2년 2월.
796 《청대기록(淸代檔案)》, 게첩(揭帖)류, 전부(田賦)9호, 맹교방(孟喬芳),
      《爲仰遵除荒之例驗地酌稅以蘇殘邑事》, 순치 10년.

말했다. "여러 해 동안 천하가 안정되기 시작해 밭을 새로 일구었는데 땅이 많고 인구가 적어서 횡포꾼들이 토지를 약탈하는 경우 또한 적다."[797] 일부 소지주와 자작 농가들은 조세와 부역이 너무 중한 탓에 땅을 소유하고 있는 것이 오히려 부담이었다. 예를 들어 강희 초년 강남 일대에서는 "리(里. 행정 구역 단위) 내에 3무나 5무 정도의 소규모 토지를 소유한 자들은 토지를 애써 경영해도 소득이 극히 적다보니 중등 수준의 가구는 가산이 거덜났다. …… (백성들은) 농지를 소유하는 것을 험악하고 무서운 일로 간주하면서 서로 농지를 소유하는 것을 경계하여 흔히 공백 차용증서를 받고 관리들에게 토지를 공짜로 내주고 토지를 소유하는 것을 한사코 사양하면서 큰 부자가 합병해 버리기를 부탁했다. 그리고 어쩔 수 없는 상황에서는 토지를 방치하거나 포기하고 타향으로 도주하곤 하였다."[798] 호남성의 중·소지주와 자작농들도 "조세가 많고 경영이 어려워 힘에 부치는 자들은 땅문서를 부잣집에 보내곤 했는데 그들이 받아주지 않을까 걱정하였다."[799] 누군가 다음과 같은 시를 지었다. "도망치려 해도 호적이 관아에 있고, (토지를) 포기하려 해도 어디에 팔아야 할지 알 길이 없네. 밭을 물려받은 것이 재앙을 물려받은 꼴이니 조상들은 지혜가 부족했네(欲逃籍在官, 將棄何方鬻, 遺田 如遺冤, 祖父智不足)."[800]

그러나 그런 상황은 얼마 뒤에 바뀌었다. 사회 경제의 회복과 발전에 따라

---

797 위예개(魏裔介), 《위문의공주소(魏文毅公奏疏)》 권2,
    《청립한전수황토이중농공소(請立限田授荒土以重農功疏)》
798 엽몽주(葉夢珠), 《열세편(閱世編)》 권1
799 《광서 상담 현지(光緒湘潭縣志)》 권11, 이는 강희 초년의 일을 회상해 서술한 것임.
800 손종이(孫宗彝), 《애일당시집(愛日堂詩集)》 1, 《공전(貢田)》

농업 생산력이 제고되고 조세와 부역제도에 대한 일련의 개혁이 진행되면서 토지의 수익이 점차 늘어나고 사회의 재부도 늘어났다. 이는 원래 대부분의 농민들이 손발이 닳도록 부지런히 일한 노동의 성과이지만 먼저 손을 뻗어 노동의 열매를 딴 이는 권세가 있는 지주와 관료들이었다. 그들은 정치와 경제적 우세를 이용하여 농민 대중들을 공격해서 다투어 농지를 구매하고 재산을 장만하였다. 그들은 토지를 점유하고 불어난 사회재부를 약탈해서 자신들의 소유로 만들었다. 농민들이 발붙이고 의지해서 살아가는 자그마한 토지는 점차 지주와 관료의 수중에 집중되었다. 이러한 토지집중과정은 강희 중엽에 이미 시작이 되었다. 예를 들면 청하(淸河)현은 그때 당시 이미 "밭이 있는 자들이 경작하지 않고 해술(海沭)일대의 유랑민들에게 대신 경작하게 하였다."[801] 절강성의 탕계(湯溪)현에서는 농민들 중에 "부잣집의 밭을 소작하는 이가 많았으며", "자신의 토지를 소유하고 경작하는 이는 겨우 10분의 1 정도였다."[802] 강소와 절강지역은 "백성 중에 밭이 있는 자가 적고 소작농이 많았다."[803] 산동의 상황은 "산동성은 기타 성과 달리 농군들이 모두 부자들에게 의지해 경작하였다."[804] 토지가 집중되었으므로 토지 가격도 점차 오르기 시작했다. 강희 52년의 기록에 따르면 "예전에는 인구가 적고 밭이 많아 밭 1무의 가격이 겨우 몇 전밖에 안 되었지만 지금은 인구가 많고 가격이 비싸져서 1무 밭의 가치가 몇 냥에 달하였다."[805]

---

801 《강희 청하 현지(康熙淸河縣志)》 권2
802 《강희 탕계 현지(康熙湯溪縣志)》 권1
803 《동화록(東華錄)》 강희조(康熙朝), 권80
804 《동화록(東華錄)》 강희조(康熙朝), 권72
805 《동화록(東華錄)》 강희조(康熙朝), 권92

강남과 연해지역의 성(省)은 대부분 명말 농민 대봉기의 직접적인 충격을 받지 않아 봉건 생산관계가 심각하게 파괴되지 않았으므로 토지집중과정이 비교적 일찍 시작되었고 비교적 치열하게 진행되었다. 옹정 이후에 토지의 집중과정은 한 층 더 빨라지고 계급 모순은 더욱 첨예해졌다. 중국 전역에 경제 점유의 붐이 일기 시작하였으며 이에 따라 정치적으로는 갈수록 뒤숭숭해졌다. 이 방면의 상황에 대해서는 본 도서 제2권에서 서술하기로 한다.

2. 소작관계를 위주로 하는 봉건착취 형태

청대에 농촌에는 다양한 착취형태가 존재하였다. 북방 기지(旗地)의 농노제·남방 일부 지역의 전복제(佃僕制), 여러 가지 유형의 조전제 (租佃制, 소작 주는 제도), 그리고 고용제 등이었다. 이처럼 다양한 착취형태가 중국 내에 동시에 존재하면서 여러 지역에서는 지극히 불균형적인 경제발전상황을 나타내었다. 이런 착취형태에 따라 강렬하거나 느슨한 초경제적 강박이 존재하였으며 지주계급과 농민 사이에는 정도가 다른 인신 종속관계가 발생되었다. 그러나 종합적인 발전추세는 낙후한 농노제·전복제가 몰락하고 조전제가 중국 전역에 널리 보급되기 시작하였으며 농업고용도 갈수록 많아졌다. 봉건적인 인신종속관계는 긴 우여곡절을 통해서 점차 느슨해지기 시작하였으며 농민과 지주 사이의 단순 소작관계는 한층 발전하였다.

북방의 만족 왕공귀족의 기지(旗地)에서는 봉건 농노제를 실행하였는데 장정과 투충호(投充戶)가 실질적으로 봉건 농노였다. 그들에게는 인신자유가 없었으며 늘 꾸짖음을 듣고 매를 맞았으며 능욕을 당하고 심지어 학대를 받아 사망하기까지 하였다. 장정이 전답세와 차은(差銀, 소작농이 추가 납부해야 하는 인두세)을 미처 갚지 못하면 관아에 잡혀 가서 옥살이를 해야 했으며 부당한 형벌과 고문을 받아야 했다. "엄동설한에 찬 물을 머리에 끼얹기도 하고 밤에 철쇄를 머리에 얹어놓거나 침대에 묶어놓아 대소변도 보지 못하고 몸을 뒤척이기도 힘들게 하였다." "왕부(王府)들에서는 비록 사람을 죽일 권한은 없지만 항아리에 묻는 혹형을 몰래 행하곤 하였는데 2백여 년간 항아리에 묻혀 죽은 자가 수도 없이 많았다."[806] 기지에서 장정들은 비인간적인 노예생활을 하였다. 그 외에도 모든 지주 관료들은 많은 노비들을 두고 있었는데 그들도 역시 인신의 자유가 없었다.

그러나 이들 노비들은 일반적으로 생산노동에 종사하지 않고 전문적으로 집안 일만 하였다. "총독과 순무는 노복을 많이 사들였는데 노복을 천 명이 넘게 둔 경우도 있었다."[807] 《홍루몽》에서 영(榮)·녕(寧)의 두 저택이 바로 노비들을 대거 감금한 어두운 감옥이었다.

낙후한 농노제는 그때 당시의 생산력 발전수준에는 어울리지 않았다.

---

806   《청조 전장 관리인 소작농 사항 관련 기록(關於淸朝莊頭差丁事項檔案)》,
        이국보(李國普), 《청대 동북의 봉금과 개방(淸代東北的封禁與開放)》 인용,
        《길림대학 사회과학 학보》, 1962년.
807   복격(福格), 《청우총담(聽雨叢談)》, 권5,
        《만·한 관원 하인 고용 허용 수목(滿漢官員準用家人數目)》

기지(旗地)제가 막 수립되자 농노들에게는 도주하거나 저항하는 현상이 나타났으며 땅이 버려지고 생산은 급감되었다. 청 정부에서는 최초에 엄격한 도인법(逃人法)를 제정하였음에도 불구하고 기지 농노제의 몰락을 막을 수는 없었다. 강희 27년 한 해 사이에 "팔기(八旗)에서 도주한 남, 여, 자녀가 총 8천 814명에 이른다."[808] 옹정제 시기에 이르러서는 "현재 기(旗) 내에서 한 해에 도주하는 하인이 4~5천 명에 이르렀다."[809] 이와 같이 대대적이고 연속적인 도주 붐이 농노제의 토대를 심각하게 약화시켜 기지 내의 노동인구가 심각하게 부족해졌으므로 생산을 유지해나갈 수 없게 되었다. 팔기의 많은 병사들이 자신들이 소유했던 작은 기지의 땅을 팔아야 하는 지경에까지 이르렀으며 대대적으로 땅을 기지 밖으로 팔아버리거나 기지를 저당 잡히는 현상이 발생하였다. 청 정부는 여러 차례 국고에서 거금을 꺼내 기지를 사들였지만 기지의 농노제를 지켜낼 수는 없었다. 또 다른 일부 기인 기주들은 경영수단을 바꾸는 수밖에 없었다. 그들은 경작할 사람이 없는 기지의 땅을 농민들에게 임대해 주고 매년 일정한 토지세를 받곤 하였다. 이른바 "농민들은 자기 땅을 경작하고 기인은 앉은 자리에서 임대료를 받는 것"[810]이었다. 이로써 기지의 농노제가 봉건적인 조전제로 변화하기 시작하였다.

　남방 일부 지역에서도 다양한 농노제의 잔재가 남아있었다. 예를 들어

808　《명청기록(明淸檔案)》, 제본(題本), 병부 독포시랑(督捕侍郞) 석주(石柱) 제(題), 강희 28년 4월 16일.
809　《팔기통지(八旗通志)》 권두 10, 칙유(勅諭)4, 옹정 6년 6월 13일 상유(上諭)
810　《청조경세문편(淸朝經世文編)》 권35, 손가감(孫嘉淦), 《팔기공산소(八旗恭産疏)》

호북(湖北)성 마성(麻城)에서는 "부자들이 대부분 하인을 사서 농사를 짓고
자손을 늘리게 하였는데 이들 하인을 세복(世僕, 대대로 노복으로 살아오는
사람을 가리킴)이라고 불렀다."[811] 강서(江西)성 "길감(吉竷) 지역의 풍속은
소작농을 노복으로 삼았으며 그 자손들은 동자시(童子試, 과거시험에
참가하는 자격시험)에 참가할 수 없었다."[812] 강남지역에서는 "소작농을 밭과
함께 팔아 노역하도록 강요하며 다른 집에 가는 것을 허용하지 않았다."[813]
이 모두가 농노제의 잔재 형태이다. 농노와 전복(佃僕)의 저항투쟁은
반복적으로 일어났다. 특히 청조 초기 남방의 여러 성에서는 "노복들이
벌떼처럼 들고 일어났는데 수많은 소작농과 노예를 포함하여 기를 펴지
못하고 살던 자들도 동시에 들고 일어났다."[814] 그로 인해 농노제의 잔재
형태를 크게 약화시켰으므로 "강희 연간에 부유한 집안들에서는 감히
노예를 둘 엄두를 내지 못하였다."[815] 1727년(옹정 5년)에 청 정부는 영을
내려 환남(皖南)지역의 지주에게 종속되었던 세복에게 "자유를 주어
양민으로 돌아가게 하였다." 이는 법률적으로 몸종이나 세복의 지위의
변화를 인정한 것으로서 봉건 농노제의 잔재 형태를 한층 약화시켰다.

또 청대 사회에서는 천민(賤民)계층이 존재하였는데 그들은 여러 가지
권리를 박탈당하고 사회 최하층에 속하며 지위는 농노와 비슷하였다.
옹정제 시기에는 다양한 이유로 천민으로 전락되었던 일부 사람들이

811 《麻城縣志》권의(卷宜), 방여지(方輿志), 풍속 구지(舊志)에서 인용.
812 《비전집(碑傳集)》권 81, 소장형(邵長蘅),《소연령묘비(邵延齡墓碑)》
813 《강희강남통지(康熙江南通志)》권65,《세도가 강탈 탄핵 의견서(特參勢豪勒索疏)》
814 《동치영신현지(同治永新縣志)》권15,《무비지(武備志)》
815 황보씨(皇甫氏),《승국기문(勝國紀聞)》

양민의 신분을 얻어 천민 신분에서 벗어났다. 1723년(옹정 원년) 4월, 청정부는 영을 내려 "산서(山西)와 섬서(陝西)성의 교방(敎坊)·악호(樂戶)의 적(籍)을 폐지시켰고", 9월에는 "소흥(紹興)부의 타민(惰民) 개적(丐籍)을 폐지시켰다." 1729년(옹정 7년)에는 광동(廣東)성의 일부 단호(蜑戶)가 "물가에 위치한 마을에서 거주하도록 허용했으며 평민들과 나란히 갑호(甲戶)에 편입시켰다." 1730년(옹정 8년)에 상숙(常熟)·소문(昭文)의 개호(丐戶)에 대해 "낙적(樂籍)과 타민(惰民)의 사례에 비추어 개적(丐籍)을 없애고 편맹(編氓)에 편입시켰다." 이는 청정부가 백성들의 저항에 어쩔 수 없이 취한 역사적 흐름에 따른 조치였다. 다른 한 측면으로 이러한 조치는 역사의 발전과 봉건 농노제 잔재의 몰락을 나타냈다.

전국적인 범위에서 보면 조전제는 이미 봉건착취의 주요 형태가 되었다. 지주는 봉건 토지소유권에 의지해서 땅이 없거나 적은 농민들에게 토지를 임대해 주고 지조를 받았다. 조전 관계 하의 소작농들은 여전히 지주계급의 잔혹한 착취를 받았으며 정도는 달랐지만 지주와는 여전히 인신종속관계가 존재하였다. 그러나 비교해보면 조전제 하에서 농민과 지주의 단순 소작 관계는 깊은 인신종속관계를 점차 대체해가고 있었다. 일반적으로 조전제는 비교적 진보된 제도로서 농민들은 보다 많은 인신의 자유와 농지경영의 독립적 권리를 쟁취한 것이었다.

봉건적인 조전제는 농민과 지주의 인신종속관계의 강약 정도와 지주가 농지사무에 간여하는 정도, 그리고 지조 납부방식에 따라 두 가지 방식으로 나뉘었다. 한 가지는 배당 지조제인데 지주와 농민이 일정 비례에 따라 땅에서 나는 작물을 나눠 가지는 방식으로서 농산물 수확의 많고 적음이 지조 소득과 직결되었다. 지주는 흔히 농민에게 농기구와 소, 종자, 그리고 가옥과 일부 생활용품을 공급했다. 배당 지조제는 경제가 비교적 낙후된 북방지역에서 성행하였다. 다른 한 가지 방식은 정액 지조제인데 지주가 농민에게서 고정된 수량의 지조를 징수하며 농사가 잘되었던 잘못되었던지 간에, 수확이 많건 적음을 막론하고 지주는 농업생산과의 관계를 철저히 단절한 것이었다.

정액 지조제는 남방지역에서 비교적 많이 실행하였다. 역사 서적의 기록에 따르면 "직예(直隷)성의 지주와 소작인 제도는 강남과 다르다. 강남의 지주는 정해진 지조 액수가 있고 농기구와 종자는 모두 소작인이 자체로 마련하며 지주는 가만히 앉아서 지조를 받아들인다. 직예성에서는 소와 종자를 대부분 지주가 공급하고 추수가 끝난 뒤 수확 상황에 따라 균등하게 분배한다."[816] "북방의 소작인은 지주의 장옥(莊屋)에 거주하면서 밭갈이 소와 쟁기, 곡물 종자는 간혹 지주로부터 공급 받곤 한다…… 남방의 소작인은 자택에 살면서 자체로 소와 종자를 마련하며 다만 지주의 땅을 빌려 경작할 뿐 지조를 바치는 외에 서로 간섭하지는 않는다." "북방의 소작인은 수확한 곡물에 따라 균등하게 분배하고 남방에서는 밭의 면적에 따라 지조를 바친다."[817]

배당 지조제에서 정액 지조제로의 변화는 농업의 발전과 역사의 발전을

---

816 손가감(孫嘉淦), 《손문정공주소(孫文定公奏疏)》 권8,
     《지조 감면에 대한 상소(蠲免事宜疏)》
817 《명청기록(明淸檔案)》, 주비(朱批) 상소, 건륭조, 재정류, 양강(兩江)
     총독 나소도(那蘇圖)의 상소, 건륭 4년 8월 초엿새.

반영했다. 배당 지조제 하에서의 지주는 비교적 많은 농사 관여 권한을 가지고 있고 농민은 농기구와 밭갈이 소, 그리고 생활용품 등의 면에서 보다 많이 지주에게 종속되어 독립적으로 농지를 경영할 수 있는 자금과 수단, 자유가 부족하며 신분지위는 비교적 낮았다. 예를 들어 직예성의 창주(滄州)에서 "세도가의 토지는 모두 소작인이 분익 소작하였는데 그 수확물은 절반씩 나눴으며 소작인은 지주를 만나면 하인이 주인을 대하는 예를 갖추었다."[818] "북방에서는 소작인이 지주의 땅을 소작할 경우 주인과 하인의 명분관계가 존재하지만 남방은 그렇지 않다."[819] "북방에서 지주는 소작인을 마구 유린했으며 백배로 노역을 시켰다."[820] 경제가 발전하고 농민의 지위가 올라감에 따라 인류가 재해를 이겨내고 자연과 싸우는 능력이 제고되어 농업생산량이 점차 안정되고서야 비로소 정액 지조제로 과도할 수 있는 가능성이 생겼다.

정액 지조제 하에서 농민은 더 큰 생산 적극성을 발휘할 수 있어 농업의 발전이 이로워졌다. 한편 지주의 지조 소득도 고정되어 확실한 보장이 있게 되었다. "가뭄이 들거나 장마가 지거나를 막론하고 지조는 줄지 않았으며"[821] "풍년이 든 해라고 하여 지조를 늘리지 않았고 흉년이 든 해라고 하여 줄이지 않았다."[822] 일정한 의미에서 말하면 소작농의 노동 강도는 높아지고

---

818 《기보통지(畿輔通志)》권 71

819 《가경 태평 현지(嘉慶太平縣志)》권18, 《풍속(風俗)》

820 황중견(黃中堅), 《축재집(蓄齋集)》권4, 《정조의(征租議)》

821 《진강 사종우가 추부의 수전을 소작한다는 계약서(鎭江謝宗友承佃鄒府水田契約)》, 도광 4년 3월.

822 진방생(陳芳生), 《선우집(先憂集)》16책, 《감사조(減私租)》, 40

소작농에 대한 지주의 착취는 더 가중되었다.

마땅히 지적해야 할 것은 어떠한 조전제이든지 농민에 대한 지주의 착취는 매우 각박하였으며 농민은 수확물의 50%, 60%, 70%, 심지어 80%이상을 지조로 지주에게 바쳐야 했다. 지주계급은 농민의 모든 잉여노동, 심지어 일부 필요노동까지 차지하였다. 예를 들어 직예성 일대에서는 "소작인은 분익소작을 해서 수확물의 절반을 가졌다."[823] 안휘(安徽)성에서는 "지주의 땅을 소작하는 자가…… 수확물을 균등하게 나누어 가졌다."[824] 섬서(陝西)성 건(乾)현 모 지방의 조전계약에는 "가을에 수확한 뒤 공동으로 절반씩 나눠가진다"라는 규정이 있다. 귀주(貴州)성 검서(黔西) 주(州) 모 지방의 조전 계약에는 "주인과 소작인이 각각 곡물 한 석씩 나눠가진다"[825]는 규정이 있다. 남경(南京) 일대에서는 소작농 일가가 지주의 논 10무를 경작하였다. 풍년이 든 해에도 수확은 30여 석이 넘지 않았으며 "주인이 절반을 차지했다."[826] 이러한 조전 사례로 보면 착취율이 모두 50%에 달하였다. 절강성 여요(餘姚) 지방에서는 "매년 주인이 60%, 소작인이 40%씩 분익 소작하는 방법을 취했다."[827] 복건성 상항(上杭) 지방의 소작농은 "업주와 4대 6 비례로 분익 소작했다."[828] 강소성 회안(淮安) 지방의 지주와

823 《광서 기보 통지(光緒畿輔通志)》 권71
824 《황조경세문편(皇朝經世文編)》 권 36, 이조락, 《봉대현지논식화(鳳臺縣志論食貨)》
825 경제연구소 소장 형부(刑部)기록 사본, 이문치(李文治),
     《중국 근대 농업사 자료(中國近代農業史資料)》 제 1집(輯), 72쪽 인용.
826 방포(方苞), 《망계선생문집(望溪先生文集)》 권17, 《가훈(家訓)》
827 농야(農也), 《청대 아편전쟁 전의 지조, 상업, 고리대금과 농민 생활》,
     《경제연구(經濟研究)》 1956년 제 1기에 게재.
828 《동화록(東華錄)》 건륭 권24, 건륭 11년 9월.

소작농은 "삼분법을 적용했는데"[829] 지주가 3분의 2를 가졌다. 산서(山西)성우(盂)현에도 "객이 한 몫, 주인이 두 몫을 가진다"[830]는 규정이 있는데 착취율이 66.6%인 셈이다. 하남성 급(汲)현은 여름과 가을의 이모작으로 분익 소작한다. 여름 소작에서 수확한 밀은 "2 대 8로 나눈다." 가을 소작에서 수확한 곡물은 "3 대 7로 나눈다." 그 외에도 "땔감은 모두 주인의 소유였으며"[831] 착취율이 80%이상에나 달하였다.

청대 농업에서 농노제, 조전제 이외에도 적지 않은 농업 고용인이 나타났다. 경제연구소에 소장된 형부 기록사본에 따르면 옹정·건륭·가경의 세 시대에 여러 성의 농업고용 관련사건이 총 708건에 달하였다. 옹정제 시기에는 12건, 건륭제 때 259건, 가경제 때에는 437건[832]이었는데 옹정제 시기에는 매년 평균 한 건도 안 되고, 건륭제 때에는 매년 평균 약 5건, 가경제 때에는 매년 평균 17건 이상이었다. 고용 관련 사건이 늘어난 것은 고용인 저항투쟁이 강화되고 농업고용노동이 보편화된 결과일 것이다. 건륭제 말기에 영국의 매카트니 사절단이 중국에 왔다. 그들이 본 바에 따르면 조전제 외에 "일반 상황은 지주가 농민을 고용해서 농사를 짓게 하고 농민에게 일부 수확물을 나눠주었다. 고용농민은 본인 소득의 전부를 본인이 사용하고 지주는 본인 소득의 일부를 꺼내 농업세를 바쳤다."[833]

829 이정유(李程儒), 《강소 산양 임대 전집(江蘇山陽收租全集)》,
      도광 7년 윤 5월 망일(望日), 《신안제강서(新安齊康序)》
830 《건륭 우 현지(乾隆盂縣志)》 권3, 《풍속(風俗)》
831 《건륭 급 현지(乾隆汲縣志)》 권6, 《풍토(風土)》
832 이문치(李文治), 《중국 근대 농업사 자료》 1집, 111쪽.
833 《영국 사절 건륭제 알현 실기(英使謁見乾隆紀實)》, 486쪽.

농업 고용인은 장기 소작인과 품팔이꾼으로 나뉜다. "고용되어 농사를 짓는 자를 장기 소작인이라 하고 날품팔이 하는 자를 품팔이꾼이라고 부른다."[834] "무산자 중에서 고용을 당해 품삯을 받으며 억압 받으며 일하는 자를 장기 소작인이라 하고 여름과 가을과 같은 농번기에만 단기적으로 날품팔이를 하는 자를 품팔이꾼(忙工)이라고 부른다."[835] 장기 소작인은 모두 농촌에서 땅이 없는 극빈자들로서 그들은 아무 것도 가지고 있지 않고 생산도구에서 생활용품에 이르기까지 모두 고용주가 제공하며 고용주와의 봉건적 종속관계가 비교적 강하다. 품팔이꾼은 농번기에 고용 당하고 농한기에는 고용이 해지되며 장기적으로 고정된 고용주가 없다. 품팔이꾼은 흔히 적은 땅을 소유한 소작농이거나 반 자작농으로서 토지를 철저히 벗어나지 못했으며 때로는 자신의 간단한 농기구로 고용주의 땅을 경작하기도 한다.

농업 고용인의 임금은 종사하는 노동의 종류·지역·계절·노동 강도에 따라 다르며 각지의 임금 차이는 매우 크고 노동력 가격도 매우 불안정하다. 형부 기록 사본과 형과제본(刑科題本) 중의 토지 채무류 자료를 보면 농업 고용인의 월급은 대부분 2백 문(文)에서 5백 문 사이이다. 이는 입에 풀칠조차 하기 어려운 보잘 것 없는 액수로서 수공업 고용인의 임금보다도 더 낮은 수준이다. 그러나 일부 기술성이 비교적 높고 노동 강도가 비교적 큰 고용인의 임금은 비교적 높다. 예를 들어 사천(四川)성 팽(彭)현에서 약재를

---

834 기준조(祁寯藻), 《마수농언(馬首農言)》, 20쪽.
835 《건륭호주부지(乾隆湖州府志)》 권39, 《풍속(風俗)》

채집하는 고용인의 월급은 6백문에 달하고, 절강 성 탕계(湯溪)의 청람을 재배하는 고용인의 월급은 7백문이며, 봉천(奉天) 해성(海城)에서 양잠업에 종사하는 고용인의 월급은 1천 7백문이나 된다.

경제가 발달하지 않은 원인으로 인하여 농업 고용인은 매우 불안정했다. 노동력을 팔아 생계를 유지하는 빈곤한 백성들은 늘 일자리를 잃고 기아와 추위에 허덕였다. 특히 장마나 가뭄 등의 자연재해를 당한 해에는 일자리를 얻지 못하고 의지할 곳 없이 떠돌이 생활을 해야 했는데 심각한 사회적 불안을 조성하였다.

고용인은 고용주와 봉건적 인신종속관계가 존재되며 완전한 자유가 있는 것이 아니었다. 명·청의 법률은 고용관계를 봉건적인 종법 윤리 관계 속에 포함시켜 고용주가 '가장'이 되어 고용 노동자를 "돌보며 먹여 살린다"라고 했다. 통치계급은 이처럼 "누가 누굴 먹여 살리는지" 하는 문제를 전도하고 "계약문서를 쓰고 고용기한이 정해진" '고용노동자'를 고용주의 자손으로 삼아 그들의 자유와 권리를 박탈하였다. '고용노동자'라는 명사는 법률적으로 자유고용노동의 의미를 띠지 않는다. 법률의 규정에 따르면 고용주가 '고용노동자'를 때려죽였을 경우 죄목을 낮춰 처벌하지만 반대로 '고용노동자'가 고용주나 고용주의 친속을 때려죽였을 경우에는 하극상으로 여겨 가중 처벌한다. '고용노동자'가 고용주를 고발할 경우 만약 무고했다면 교수형에 처하며 진실을 고발하였다 하더라도 치죄하였다.[836] '고용노동자'와 고용주는 법률 앞에서 평등하지 않았다.

---

836 《대청율례(大淸律例)》 도광 5년, 권27~30 참고.

농업 고용노동제가 보편화됨에 따라 고용인의 저항투쟁은 갈수록 치열해졌고 고용인의 지위가 점차 높아졌다. 실제 생활은 법률조문을 타파시켰으며 그로 인해 율문을 거듭 수정하는 수밖에 없었다. 명조 말기의 율문 중에서는 이미 "날품팔이를 하며 월급이 높지 않은" 품팔이꾼을 '고용노동자'에서 배제하였으며 사건을 심리할 때 '범인(凡人, 일반인)'이라고 불렀다. 다시 말하면 품팔이꾼은 우선 법률적으로 고용주와 평등한 지위를 얻은 것이다. 청조 정부는 바뀌고 있는 현실생활 속에서 '고용노동자'의 법률조문을 누차 수정해 "고용노동자 율문의 적용범위를 꾸준히 좁힘으로써 대량의 농업 고용인들이 '고용노동자' 율문의 속박에서 벗어날 수 있도록" 하였다. 특히 1790년(건륭 55년)에 다음과 같이 수정했다.

"마부 주방 일꾼　수부·화부·가마꾼 그리고 모든 잔심부름꾼과 같은 고용 일꾼들…… 원래부터 주인과 노복의 신분인 자는 계약문서와 고용기한이 있거나 없거나를 막론하고 모두 '고용노동자'로 간주한다. 농민 소작인이 고용되어 농사를 짓는 자와 점포 노복과 같은 자는 평소에 동등한 자격으로 대해야 하고 서로 평등하며 노복으로 부리지 못한다. 원래부터 주인과 노복의 신분이 아닌 자도 역시 계약문서와 고용기한이 있거나 없거나 모두 일반인으로 판결한다."[837]

그 율문 수정으로 계약문서와 고용기한의 지정 여부에 따라 피고용자가 '고용노동자'에 속하느냐 여부를 결정하던 관례를 깨고 노동의 성질과 실제 관계를 강조하였다. 무릇 집안일에 종사하는 고용인은 모두 여전히

837　《대청율례(大淸律例)》 건륭 55년, 권 28

'고용노동자'에 속하며, 농업 노동과 상업에 종사하는 고용인은 실제 생활 속에서 고용주와 "동등한 자격을 갖고 서로 평등하며 노복으로 부리지 못하고 주인과 노복의 신분이 존재하지 않으며" 형률(刑律) 상에서 '범인(일반인)'으로 규정짓고 더 이상 '고용노동자' 범위에 포함시키지 않는다. 따라서 비록 계약문서와 고용기한이 지정되어 있는 장기 소작인이라 할지라도 법률적으로 고용주와 평등한 지위를 갖는다.

생활이 법률을 결정한다. 법률은 생활이 바뀜에 따라 바뀌어야 한다. 긴 시간을 거쳐 농업 고용인이 고용주에 대한 인신종속관계에서 점차 벗어났다. 품팔이꾼의 해방에서 일부 장기 소작농의 해방에 이르기까지 길고도 곡절이 많았으며 어려운 과정이었다. 그러나 역사는 발전하고 있다. 이에 따라 농업 고용인은 단순하게 자신의 노동력을 팔던 데서 자유로운 고용 노동자로 변화하기 시작하였다.

3. 청대의 실물지조(地租)

청대에 실물 지조는 가장 보편적으로 통행된 지조 형태였다. 배당 지조제 하에 지주계급은 일정 비율에 따라 땅에서 수확한 실물을 나눠 가졌다. 정액 지조제 하에서도 많은 지역에서는 실물로 지조를 바쳤다. 경제연구소에 소장된 형부 기록사본 중 지조 형태 관련 139가지 사례 중 실물 지조가

102사례로서 73%를 차지하고 화폐 지조가 37사례로서 27%를 차지하였다.[838] 대체로 실물 지조가 우세였음을 반영한다.

실물 지조의 성행은 자급자족의 봉건 자유경제와 서로 어울렸지만 화폐상품관계의 발전은 아직 충분하지 않았음을 반영한다. 농산물은 주로 사용가치로 생산하며 상품가치로 생산하는 것은 아니므로 상품의 유통과정에 포함시키는 경우가 비교적 적었다. "이러한 형태로 말하면 농업경제와 가정공업의 결합은 서로 떨어질 수 없는 것이다. 농민가정은 시장과 그 이외의 사회 생산운동 및 역사운동에는 의지하지 않고 거의 전적으로 자급자족하는 생활을 형성하였다. 전체적으로는 일반적인 자연경제의 성질로서 이런 형태는 정적인 사회상태 유지를 위한 기반을 마련하는 것에 완전하게 맞았다. 마치 우리가 아프리카에서 볼 수 있는 상황과 같다."[839]

강희 · 옹정 · 건륭 시기에 이르러서야 일부 지역의 상품경제가 한층 더 발전하여 농민의 잉여 생산물이 시장으로 대량 흘러들어 화폐로 바뀌었다. 이와 함께 지주계급은 더 사치스러워졌으며 화폐에 대한 수요가 더욱 절박해졌다. 따라서 화폐 지조가 더 많이 나타났다. 즉 농민이 생산물을 직접 지주에게 바치는 것이 아니라 생산물에 가격을 매겨 지조의 형태로 지주에게 바쳤으며 지주도 생산물이 아닌 화폐로 지조를 받는 것을 더 좋아했다. 옹정 연간에 호남성 선화(善化)현에서는 "최상급 농지 한 경에

---

838   이문치(李文治),《중국 근대 농업사 자료》1집, 111쪽 참고.
839   《마르크스 엥겔스 전집》, 25권, 마르크스,《자본론》, 897쪽.

금 1천 4백 냥에서 2천 냥을 받고 팔았으며 소작용 농지의 소작료는 한 무에 한 냥에서 두 냥 정도로 각기 달랐다."[840] 경제작물을 재배하는 농지는 화폐로 지조를 지불하는 형태가 비교적 보편적이었다. 예를 들어 광동성 신회(新會)의 포규(蒲葵, 종려나무)를 재배하는 농촌에서는 "주변 20여 리 면적에 6천 여 무의 농지가 있는데 한 해 지조가 한 무에 14~15냥이었다."[841] 이외의 집체 농지와 관유지는 지조 징수의 편리를 위해 대부분 화폐로 지조를 징수하였다. 예를 들어 진강(鎭江)의 추(鄒)씨 성을 가진 지주는 선산에 제답이 2무 2푼 3리가 있었는데 소작인이 맡아서 경작하면서 "매년 여름 수확이 끝난 뒤 마른 밀 5말, 가을철 지조는 5전(錢)씩 때에 맞춰 바치곤 했다."[842] 이외에도 사전(祠田)이 4무 2푼 5리가 있었는데 매년 지조를 7천 4백문 씩 받았다.[843]

실물 지조에서 화폐 지조로의 전환은 매우 느리고 어려운 과정으로서 생산력의 제고와 농업생산의 안정이 필요할 뿐만 아니라 또 농산물의 시장가격 책정도 필요하였다. 청대에 이런 전환은 다만 일부 지역에서만 실현되었을 뿐 전국 범위 내에서는 실물 지조와 화폐 지조의 두 가지 형태가 공존하였으며 전자가 더 성행하였다. 건륭제 때 대학사(大學士) 눌친(訥親)이 다음과 같은 말을 했다. "지주가 땅을 장만해서 분수(分收,

840   《건륭 선화 현지(乾隆善化縣志)》 권4, 《풍토(風土)》
841   굴대균(屈大均), 《광동신어(廣東新語)》 권16, 《기어(器語)》, 《포규선(蒲葵扇)》
842   《강소(江蘇) 성 진강(鎭江)의 소작농 김홍우(金洪虞)가 추(鄒)부 제답을
        소작한다는 소작 계약 문서》, 건륭 51년 10월.
843   《강소 성 진강의 소작농 손계림(孫桂林)이 추부 사전(祠田)을 소작한다는
        소작 계약서》, 가경 12년 19월.

수익을 나눔)와 포납(包納, 지조 대리 납부 부담)의 차이가 생기고 소작농은 지조를 바칠 때 곡물로 바치거나 화폐로 바치는 두 가지 경우가 있게 되었다."[844] 여기서 말하는 뜻이 바로 착취형태의 배당 지조제와 정액 지조제, 그리고 지조형태의 실물 지조와 화폐 지조가 병존하였음을 보여준다.

청대에 농업생산이 일정하게 진보하고 노동자의 지위가 일정 수준으로 제고되었으며 착취형태와 지조형태에 상당한 변화가 일어났지만 그때 당시는 여전히 봉건 농업이었으므로 지주계급의 착취는 경제를 초월한 통치와 종속 관계 위에 수립되어 있었다. 지주는 지조를 받아 챙기는 외에도 여러 가지 강제와 폭력적인 수단으로 농민을 착취하고 또 수많은 명목을 만들어 끊임없이 착취하였다. 이러한 수많은 명목의 착취에는 일반적으로 다음과 같은 것들이 있었다.

(1) '압조전(押租錢, 토지 임대 보증금을 가리킴)'. 지역이 다름에 따라 그 명칭도 상이하였다. 예를 들어 강서성의 영도(寧都)현에서는 '비전은(批佃銀)'이라고 불렸고, 복건성의 정주(汀州)에서는 '근조(根租)'라고 불렸으며, 안휘성의 경(涇)현에서는 '정수도(頂手稻)', 강소성의 정강(靖江)에서는 '계각전(系脚錢)', 호남성의 선화(善化)현에서는 '규례은(規禮銀)', 도주(道州)에서는 '사전전(寫田錢)',

---

844 《정례속편(定例續編)》 보충, 눌친(訥親), 《세곡을 면제하는 해에 백성들에게 조세를 감면하고 절약할 것을 격려(免糧之年勸民減租節儉)》, 건륭 10년 7월.

사천성에서는 '압전(壓佃)'이라고 각각 다양하게 불리었다. 그 명칭은 각각 다르지만 실제 내용은 같았다.

지주가 '압조전'을 받는 목적은 소작인이 지조를 바치지 않거나 혹은 바칠 수 없을까봐 두려워서이며 그래서 토지를 임대하기 전에 소작인에게서 임대 보증금을 미리 받아 두는 것이다. 호남성《평강 현지(平江縣志)》의 기록에 따르면 지주와 소작인은 "소작에 대한 의논을 시작할 때" 압조전부터 주고받음으로써 "지조를 바치지 않거나 바칠 수 없는 폐단이 발생하는 것을 미연에 방지했다."[845] 파릉(巴陵)현에서는 소작인이 지주에게서 돈을 "조금" 꿨다가 추수가 끝난 뒤 이자까지 계산해서 갚도록 하거나 혹은 "압조전에서 제하도록 허용했다."[846] 복건성 정주에서는 지주가 "압조전"을 소작인에게 되돌려주지 않고 "매년 소작인을 바꿨으며" 지주는 "매년 그 이익을 챙겼다."[847] "압조전"의 수량으로 보면 각 지역별로 차이가 아주 크며 일치하지 않았다. 복건성 정주는 "한 무에 3~4전(錢)으로 각기 달랐으며" 금액은 비교적 적은 편이었다. 호남성 선화현은 "땅 한 섬지기를 소작하려면 30냥 정도의 규례은을 내야 했다."[848] 사천성은 "밭 1무의 보증금이 5천 민(緡), 관(貫), 1천 문(文)의 돈꿰미)이며 밭 백무를 소작하려면 보증금

845 《동치 평강 현지(同治平江縣志)》 권9
846 유형(劉衡), 《용리용언(庸吏庸言)》
847 왕간암(王簡庵), 《임정고언(臨汀考言)》 권6, 《이해(利弊) 관련 8가지 의논 조항에 대해 자문(諮訪利弊八議條)》
848 《광서 선화 현지(光緒善化縣志)》 권16, 《풍속(風俗)》

5백천 민이 있어야 하는데"[849) 이는 땅 1무 값의 10분의 1에 해당한다. 강소성 정강현은 1745년(건륭 10년)에 밭이 총1천 366무가 있었는데 "지난 여러 해 동안 소작인으로부터 받은 계각전······ 총6천 전(錢)이었다."[850) 복건성 정화(政和)현에서는 돈 대신 실물로 보증금을 주고받았다. 가경 11년, 모 지주가 밭 11무 1푼을 진경량(陳景良) 형제 세 사람에게 각각 소작을 주었는데 소작 주기 전에 '정수도(頂手稻)' 6백여 근[851)을 받았다.

(2) "밭을 빼앗아 다른 사람에게 소작 주는 것(奪田另佃)" "지조를 올려 소작 주었던 밭을 빼앗기(增租奪佃)"도 하였다. 이는 지주계급이 소작농에 대한 착취를 강화하기 위해 이유 없이 지조를 올리는 수단 중의 하나이다. 청조 초기에는 사처에 황무지가 많았는데 가난한 농민들은 생계를 위해 황무지를 개간하곤 하였다. 그때는 지조가 비교적 낮았다. 그러나 소작농들이 여러 해 동안 부지런히 일해 황무지를 기름진 땅으로 만들어 놓으면 지주가 이유 없이 지조를 올리곤 하였다. 소작농이 따르지 않으면 "밭을 빼앗아 다른 사람에게 소작을 주었다." 예를 들어 1745년(건륭 10년), 장주(漳州)에 '학전(學田)'이 99무 3푼(分) 1리(厘) 4호(毫)가 있었다. 원래는 곡식 73석을 지조로 받고 사(謝)   진(陳) 두 소작농에게 소작을 주었다. 한 무에 지조 7말이 좀 넘었다. 1750년(건륭 15년)에 이르러 소작인이

849 이조원(李調元), 《동산문집(童山文集)》 권11, 《매전설(賣田說)》
850 《함풍 정강 현지고(咸豊靖江縣志稿)》 권6, 《의학(義學)》
851 《민국 정화 현지(民國政和縣志)》 권9, 《부세(賦稅)》

5년간 땅을 개간하고 기름지게 가꾸어놓자 이유 없이 지조를
83석으로 올려놓았다. 한 무 당 8말씩 올린 것이다. 진　사 두 집에서
받아들이지 않으면 더 이상 그들에게 소작을 주지 않는다는 것이다.[852]
광동(廣東)성 순덕(順德)현에서는 "밭주인이 수시로 바뀌었는데"
"만약 지조를 조금이라도 높이 부르는 자가 있으면 그 자에게 밭을
빼앗기곤 했다."[853] 강서성에서는 매년 봄에 모내기를 앞두고 많은
지주들이 "꿍꿍이를 써서 밭을 빼앗아 소작인을 바꿔버리곤 했다."
소작농들이 수차로 물을 퍼 올려 논을 대고 밭을 갈고 벼 모종을
기르고 있는데도 흉악무도한 지주들은 "여차하면 소를 끌고 밭을
짓밟고 종자를 못 쓰게 만들며 강제로 땅을 빼앗거나" 혹은 "벼가
무르익을 무렵 많은 사람들을 불러 수확해서 빼앗곤 했다." 그 목적은
지조를 올려 "소작인을 바꾸기" 위한 것이었다.

(3) 큰 말(斗)로 사들이고 작은 말로 파는 것. 이는 지주가 온갖 궁리를 다
짜내고 갖은 방법을 강구해서 소작농에게서 지조를 착취하는 또 다른
술수이다. 지주계급은 지조를 받을 때 좋은 곡물로 골라 받았으며 또
'풍선'이나 '쌍풍선'으로 "곡물을 바람에 깨끗하게 말려 실어다 바치도록
했다."[854] 게다가 큰 말로 사들였다가 작은 말로 팔며 착취하였다.

852 《광서 장주 부지(光緖漳州府志)》권7, 《학교(學校)》
853 《건륭 순덕 현지(乾隆順德縣志)》권4, 《전부(田賦)》
854 《복건 성 영안(永安) 현 황력(黃歷) 향 기옥산(夔玉山)이 모모에게 수전을 소작 주는
     계약 문서(福建永安縣黃歷鄉夔玉山佃某某水田契約)》, 건륭 51년 3월 초엿새.

예를 들어 복건성 정주의 지주는 지조를 받을 때는 '조통(租桶)'을
사용하였는데 한 통의 용량이 21되(升)였다. 지주가 곡식을 팔 때는
"관통(官桶)"[855]을 사용하였는데 한 통의 용량이 16되 밖에 안 되었다.
그러니 사고 팔 때 용량 차이가 5되에 달하였다. 상항(上杭)현에서는
지주가 지조를 받을 때 "정량 외에 교묘하게 더 많이 계산해서 받곤
했다. 큰 말을 만들어 지조를 받는데 한 말(斗)에 4~5되씩 각기 다르게
더 추가해 받곤 했다."[856] 강서성 석성(石城)현에서는 "지조 한 석(石)에
손실률을 한 말(斗)씩 받았으며 이를 통면(桶面)이라고 불렀다."[857]
건창(建昌)부에서는 "부자들이 대부분 가혹하게 착취하였는데
소작료를 받을 때는 큰 말로 받고 팔 때는 작은 말로 팔았다."[858]
광동성 혜주(惠州)부에서는 "소작료를 받을 때 말(斗)의 용량을
1~2되에서 5~6되까지 늘리는 자도 있었다."[859] 강소성 봉현(奉賢)현
백사(白沙)향에 사는 한 대지주는 "스스로 거대한 곡(斛)을 만들어
지조를 받곤 했는데 소작인들은 대부분 억울해도 참고 견디는 수밖에
없었다."[860] 절강성 오홍(吳興)현에서는 "소작료를 받아들이는 곡(斛)의
용량을 3되(升)까지 늘리는 자가 많았다. 그러한 관습에 따라 대체로
소작료를 받아들이는 곡은 극히 크고……겨울에 곡식을 팔 때 사용하는

855 《도광 청류 현지(道光淸流縣志)》 권10, 《구변(寇變)》
856 왕간암(王簡庵), 《임정고언(臨汀考言)》 권18, 《상항(上杭) 현 주민 곽동오(郭東五) 등이
　　　말(斗) 심사 판정에 대한 신청을 비준함(批上杭縣民郭東五等呈請較定租斗)》
857 《도광 영도 직예 주지(道光寧都直隸州志)》 권 14, 《무사지(武事志)》
858 《동치 건창 부지(同治建昌府志)》 권10, 《잡류　일사(雜類　軼事)》
859 《강희 혜주 부지(康熙惠州府志)》 권5, 《군사하(郡事下)》
860 《광서봉현현지(光緒奉賢縣志)》 권20, 《잡지(雜誌)》, 《부지(府志)》에서 인용.

곡은 극히 작았다."[861] 비록 일찍 1704년(강희 43년)에 청 정부는 "각지 민간에서 사용하는 곡(斛)의 크기가 각기 다른데다 되와 말은 겉이 크고 바닥이 좁아 폐단이 생기기 쉽기 때문에" "철붙이로 곡·말·되를 만들어 국내외에 반포 시행하라는 조서를 내렸으며" "통일하여 맞춤 제작하게 했다."[862] 그러나 탐욕이 습성이 된 지주들은 "맞춤 제작"을 따를 리 없었다.

(4) "뇌물을 바칠 것을 강요" 소작농들이 핍박에 못 이겨 지주에게 뇌물을 바치는 것은 지주가 "땅을 거둬들여 다른 사람에게 소작을 주는 것"이 두려워 나타난 현상으로써 그 뒤 일부 지역에서는 점차 무형의 "규칙"이 되어버렸다. 건륭 연간에 강소성 숭명(崇明)에서는 소작인들이 지주로부터 "농지를 소작 맡으려면" "먼저 닭이며 오리 따위를 지주에게 뇌물로 바치는 것이 관례로 되었다."[863] 뇌물을 바치지 않으면 땅을 소작 맡을 수 없었다. 송강(松江)의 '명문 귀족' 동규초(董葵初)의 땅을 소작하는 농민이 농사를 지을 때 "그 주변의 빈 땅에다 채소를 심었다." 그래서 동규초는 소작료를 받을 때 곡식 한 석(石)에 "건과 한 근을 소작료와 함께 바칠 것"[864]을 소작인에게 요구하였다. 이 역시 소작료 외에 추가로 강탈하는

861 《함풍남심진지(咸豊南瀋鎭志)》 권21, 《農桑一》
862 왕경운(王慶云), 《석거여기(石渠餘記)》 권6, 《기철곡철척(紀鐵斛鐵尺)》
863 저인획(褚人獲), 《견호집(堅瓠集)》 권4, 《람전(攬田)》
864 조가구(曹家駒), 《설몽(說夢)》

일종의 수단이다. 안휘성 무호(蕪湖)에서는 매번 중양절(重陽節)이 되면 소작농들은 "한데 모여 의논해서 기장을 가루 내어 떡을 빚어 주인에게 선사했는데 이를 가리켜 명절선물을 보낸다고 했다."[865] 소흥(紹興)에서 소작농들은 매번 "풍년을 기원하거나 수확이 끝나 신에 감사하는 제를 지낼 때"면 오리며 돼지를 지주에게 가져다 바치곤 했다.[866] 복건성 민청(閩淸)에서는 매년 "수확하는 날이 되면 농민들은 모두 닭이며 오리를 지주에게 바치곤 했는데 이를 가리켜 '전생(田牲. 밭에 바치는 산 제물)'이라고 불렀다."[867] 선유(仙遊)현에서는 매번 지조 납부가 끝나면 소작농들이 "닭 한 마리와 상질의 쌀 2~3말"을 지주에게 바치는 것으로 내년에 "계속 소작할 뜻"을 밝히곤 하였다.[868] 하남(河南)에서는 "소작인들이 지주가 땅을 빼앗아 다른 사람에게 소작을 줄까 두려워 늘 닭이며 돼지며 천 등 온갖 물품을 다 찾아내 바치곤 했다."[869] 호남성 도주(道州)에서는 지주가 소작인에게서 "햇닭"을 바칠 것을 요구하는데 소작 주는 땅 10무 당 요구하는 닭의 수량은 "한 마리에서 2~3마리까지 각기 달랐다." 그 이외에도 "달걀이나 오리 알, 땔감, 참쌀, 세육(年節肉, 설 명절에 쓰는 고기)을 요구하거나" 지주를 대신해서 지조를

865 《가경무호현지(嘉慶蕪湖縣志)》권1,《풍속(風俗)》
866 장리상(張履祥),《양원선생전집(楊園先生全集)》권19,
      《부소흥전종법(附紹興佃種法)》
867 《민국민청현지(民國閩淸縣志)》권8,《잡록(雜錄)》
868 《건륭천주부지(乾隆泉州府志)》권20,《풍속(風俗)》
869 아이도(雅爾圖),《아공심정록(雅公心政錄)》권2,《지조 납부 규정을 제정해
      빈곤 민중을 구제할 것을 요구하는 안건 관련 상소(奏爲請定交租之例以恤貧民事)》

받으러 다니는 앞잡이에게 "뒷돈(執蕩,小利) 등을 바치며 층층이 착취를 당해야 했다."[870] 운남(云南)의 지주들은 더욱 잔혹하였다. 소작농들에게서 지조를 받아가는 외에도 "밭을 소작 주는 대가로 돼지, 양, 닭, 술 등의 물품을 바칠 것을 요구했다." 소작농 집안에서 딸을 시집보내거나 과부가 개가를 하거나 할 경우 지주에게 '출촌례(出村禮)'라 하여 마을을 떠나는 예물을 바칠 것을 요구하였다. "소작농이 상을 당하면" 지주는 '단기전(斷氣錢)'이라고 하여 숨이 끊어진 값을 받아갔다. 소작농이 죽고 자손이 없으면 지주는 "소작농이 키우던 가축이나 집안 물건을 거두어다가"[871] 자신의 소유로 만들었다. 이는 "강제로 예물을 바칠 것을 요구하는" 범위를 훨씬 벗어났다.

(5) 무상 노역. 이는 봉건사회 말기 실물 지조를 위주로 하는 단계에 들어선 뒤 노역 지조의 잔재 형태로서 일부 지역에서는 소작농의 정치적 신분이 비천하였음을 반영하는 것이기도 했다. 청률(淸律, 청조의 법률)에 지주와 소작인은 "평소에 나란히 앉아 같이 식사를 하며 서로 평등하게 대하고 노역을 시켜서는 안 되며" "주인과 노복이라는 명분이 없다"라고 규정하였지만 적지 않은 지역에서는 지주와

---

870 《호남성례성안(湖南省例成案)》권5, 《호율·전택(戶律·田宅)》, 건륭
11년 12월 14일, 안찰사 주인기상문(按察使周人驥詳文), 《도주 지주 단여림
신청(道州知州段汝霖申請)》
871 진굉모(陳宏謀), 《배원당존고(培遠堂存稿)》권2, 《재신금약시(再申禁約示)》, 옹정
12년 2월.

소작인의 관계가 여전히 평등하지 않았다. 소작인은 지조를 바치는 외에도 무상으로 종 노릇을 하고 허드렛일을 해야 했으며 빨래하고 밥하고 가마를 메는 등의 많은 명목의 노역을 감당해야 하였다. 이는 정치적으로 평등하지 않은 실체적 구체적 표현이다. 예를 들어 강소성 태흥(泰興)의 대 지주 계씨(季氏)는 매일 밤 60명의 소작농이 그를 위해 야경을 돌며 순찰하면서 집과 정원을 지키고 돌보게 하였다.[872] 숭명(崇明)의 소작농은 매년 여름과 겨울 두 계절의 지조를 바치는 외에도 지주에게 가마꾼 삯을 제공하고, 절반(折飯)·종 노릇·잡비 등의 노역을 해야 했다.[873] 호남성 도주(道州)에서는 "지주 집안에서 경조사가 있을 때면 늘 소작인을 불러 가마꾼으로 이용하곤 하였으며 평소에도 자주 불러 일손을 돕도록 하며 하인과 별반 다를 바 없이 부렸다. 그러면서도 조금만 비위를 거스르면 뺨을 때리고 욕하기 일쑤였다."[874] 강서(江西) 영도(寧都)의 지주는 "집안 하인을 시켜 소작인에게 가서 소작료를 받아오게 한다. 소작인은 소작 맡은 농지의 많고 적음에 따라 짚신 값(심부름꾼이 소작인에게서 강제로 받아가는 재물에 대한 속칭)을 주어야 했으며"[875] 소작인이 경작한 식량을 강을 통해 그가 사는 향의 창고까지 운송해 주어야…… 하는 관례가

---

872 뉴수(鈕琇), 《고승속편(觚賸續編)》 권3, 《계씨지부(季氏之富)》 참고.
873 《옹정주비유지(雍正朱批諭旨)》 42책 참고, 이위(李衛) 주(奏), 옹정 8년 6월.
874 《호남성례성안(湖南省例成案)》 권5, 《호율·전택(戶律·田宅)》, 건륭 11년 12월 14일, 안찰사 주인기상문(按察使周人驥詳文), 《도주 지주 단여림 신청(道州知州段汝霖申請)》 인용.
875 《백성 상사 습관 조사 보고록(民商事習慣調查報告錄)》 1책, 432쪽. 건륭, 《강서 녕도 인의향 횡당차정 내 비문(江西寧都仁義鄉橫塘茶亭內碑記)》

있었다."[876] 하남(河南)의 지주는 소작인을 대함에 있어서 "멋대로 노역을 시키고 지나치게 많은 지조를 요구하였다. 심지어 소작인의 여성을 집으로 불러 일을 시키곤 했는데 소작인은 감히 거역할 엄두를 내지 못했다."[877] 이와 같은 사례가 너무 많았다.

4. 고리대자본의 농촌 침투

고리대금은 아주 오래된 자본형태로서 자본주의 생산방식이 확립되기 오래 전부터 존재하였다. 고리대자본은 도시에서 최초로 생겨났으며 봉건사회 후기에 이르러서 상품 화폐경제가 더 발전하고 농촌 농산물이 한층 더 상품화됨에 따라 고리대자본은 점차 도시에서 농촌으로 침투하였다. 농촌 고리대금의 착취대상은 경제토대가 안정적이지 않은 자작농과 광범위한 빈곤 농민이었다.

적은 양의 토지를 소유한 자작농은 경제 력이 매우 약했기 때문에 봉건 통치자들의 착취, 그리고 천재와 인재의 갑작 스러운 습격을 이겨낼 수가 없었다. 엥겔스는 "조세를 바쳐야 할 무렵이 되면 고리대금업자, 부농(이들은 같은 공사(公社)의 부유한 농민) 들이 나서서 자신들이 소유한 현금으로 돈놀이를 하곤 하였다. 농민들은 돈이 필요했으므로 하는 수 없이

---

876 《도광 녕도 직예주지(道光寧都直隷州志)》 권11, 《풍속지(風俗志)》
877 《가경 여녕 부지(嘉慶汝寧府志)》 권23, 김진(金鎭),
     《여남(汝南)의 좋은 일과 나쁜 일 관련 10건의 사건을 열거한 문서(條議汝南利弊十事)》

고리대금업자의 조건을 받아들여야 했다."[878] 고리대금업자들은 그 기회에 농촌으로 침투하여 월수전과 식량을 풀어 이자를 놓는 것을 통해서 폭리를 얻었다.

청조 초기와 중기에는 고리대금업자들이 농촌에서 매우 활발하게 활동하였다. 강소성 송강(松江)부 화정(華亭)현 농촌에서는 지주·상인 고리대금업자의 세 사람들이 결탁하여 거리낌 없이 고리대금업 활동을 벌였다. "부유한 자는 자본을 내놓고 가난한 자는 이익을 내놓았다." 봄과 여름철 춘궁기에 고리대금을 풀어놓았다가 식량 수확철인 겨울에 거둬들이곤 했는데 "해마다 꼭 같이 그렇게 했다."[879] 청포(靑浦)현 농민들은 춘궁기에 고리대금업자에게서 쌀을 꾸었다가 가을에 수확한 뒤 갚곤 하였는데 "이자가 너무 높아 한 석을 꾸었다가 두 석씩 갚는 경우도 있었다."[880] 이자가 배로 늘어난 셈이다. 강음(江陰)현의 고리대금업자들은 "남의 사정이 급한 기회를 틈 타" 협박해서 재물을 갈취하곤 하였다. 은자 10냥을 꿔주기로 하고는 8~9냥만 주고 "계약서에는 전액으로 기입하거나", "혹은 5~6푼 이자를 요구하곤 했다……그러니 순식간에 배보다 배꼽이 더 큰 꼴이 되었다." 만약 기한이 지나도록 갚지 못하면 갚지 못한 이자를 "원금으로 계산해서 이자에 이자가 붙었다." "시간이 오래 되면 갚아야 할 빚이 몇 개월 만에 원금의 몇 배에 달했는데" 이를 가리켜 "나귀가 뒹군다(驢打滾)"는 표현을 써서 이자가 눈덩이처럼 불어남을 비유하곤

---

878   《마르크스 엥겔스 선집》, 2권, 619쪽.
879   《광서 화정 현지(光緒華亭縣志)》 권23, 《잡지(雜誌)》
880   《광서 청포 현지(光緒靑浦縣志)》 권2, 《풍속(風俗)》

하였다. 가난한 농민들은 "기진맥진할 지경에 이르러도 어찌할 방도가 없어" "땅과 집으로 빚을 갚고 자녀들이 빚에 팔려 가는" 수밖에 없었다.[881]

강희제 시기에 절강성의 "민간에서는 돈을 꿔주고 식량으로 받아들이는데 이자가 원금의 배에 달했으며 이자에 이자가 붙었다." "춘궁기는 가난한 백성들이 배를 곯는 시기였으므로" 고리대금업자들은 "그 기회를 틈타 급한 사정을 봐준다는 명분을 내세워" "시가의 높고 낮음에 관계없이 은자 한 냥을 꿔주고 계약서를 쓰도록 강요한다. 상환기한은 가을수확 때까지로 정하고 곡식을 10석, 11석, 12석씩 각기 다른 기준을 적용해 갚도록 했다." 가난한 농민들은 "그에 따르는 수밖에 없었으며 원한을 삼키며 돌아가곤 했다."[882] 호주(湖州)부의 고리대금업자들은 '은자 10냥 이상을 꿨을 경우에는 이자가 매달 1푼 5리씩 붙고, 한 냥 이상을 꿨을 경우에는 매달 2푼씩 이자가 붙으며 한 냥 이하를 꿨을 경우에는 매달 3푼씩 이자가 붙는다'라고 정하였다.[883]

이로부터 알 수 있다시피 농민은 가난할수록 은자를 적게 꿀수록 이자는 더 높아지고 착취도 더 크게 받게 돼 있다. 안휘성에서는 건륭 초기에 땅을 몇 무 혹은 수십 무씩 소유한 자작농이 있었는데 춘궁기에 관아에서는 조세를 재촉하고 지주는 소작료를 재촉하자 "저당 잡힐 물건도 없고 돈을 꿀 방도도 없는" 경지에 빠지게 되었다. 그래서 "밭에 심은 곡물의 모를

881　오진(吳震), 《징강치적(澄姜治績)》 권2, 건륭 7년 3월, 《고금리를 엄히 금지하라는 포고문(嚴禁重利告示)》

882　조신교(趙申喬), 《조공의공잉고(趙恭毅公剩稿)》 권6, 《가격을 낮춰 곡물을 강요하는 것을 엄히 금하라는 포고문(嚴禁輕價勒谷示)》

883　《건륭 장흥 현지(乾隆長興縣志)》 권12, 《잡지(雜誌)》 참고.

저당물로 삼고 밭을 지조로 계산하곤 했다."[884]

고리대금업자들은 흔히 돈을 꿔주고 이자를 붙이는 수단으로 농민의 토지를 점유하곤 하였다. "돈을 꾼 사람은 1년 이자가 원금보다 더 많을 정도로 늘어나 토지를 빼앗기는 경우가 많았다."[885]

옹정제 때에 광동성 남해(南海)현에서는 "세상인심"은 "온통 탐욕으로 가득 찼으며 야박하기 짝이 없었다." "이익을 탐하고 개인의 이익만 채우기에 급급한 자들은 남이 어려운 처지에 처한 틈을 타서 고금리를 강요했다." 농민들은 "어쩌다 곤경에 처하게 될 경우 눈앞의 처지만 생각해서" 고리대금업자들에게서 식량을 꾸곤 하였다. "이자가 3푼씩 붙는 경우가 있는가 하면 5푼 혹은 배로 붙는 경우도 있었다." 농민들이 한 해 동안 힘들게 일하여 "수확 철이 되어도" "수확물이 자신의 소유가 될 수 없었다." 풍년이 든 해라 할지라도 "겨우 빚만 갚을 수 있을 정도일 뿐이고", 그러다 흉년이 들기라도 하면 농민들은 "속수무책"이기 십상이었다. 빚을 갚을 수 없으니 "이자에 이자가 붙을 수밖에 없고 그렇게 몇 년 동안 빚을 갚지 못하면 그 자손에게까지 영향이 미치게 된다."[886]

하남(河南)성에서는 옹정 3년에 고리대금업자들이 금기를 어기고 이자를 받곤 하였는데 "매달 이자를 5~6푼씩 붙이는 경우도 있었으며 15푼까지 붙이는 경우도 많이 있었다. 가난한 자들은 그들이 멋대로 계산하는 대로

---

884   방포(方苞), 《망계선생문집(望溪先生文集)》, 《연보(年譜)》,
      《지정은 징수 기한에 대한 상소(上徵收地丁銀兩之期疏)》
885   《황조경세문편(皇朝經世文編)》 권36, 이조락(李兆洛),
      《봉대현지 논식화(鳳臺縣志 論食貨)》
886   《도광 남해 현지(道光南海縣志)》 권1, 옹정 8년, 《성모(聖謨)》 1

맡기는 수밖에 없었다."[887] 건륭 5년에 산서(山西)의 상인은 하남(河南)
현지의 지주와 결탁하여 "이자를 놓는 것을 전문으로 하는 업을 하였다."
봄에 8할로 계산해 돈을 꿔준 뒤 "매달마다 이자를 붙인다. 그렇게 가을
수확시기가 되면 식량으로 빚을 쳐 받아내는데 그 이자가 배로 늘어나곤
했다. 가난한 사람들은 매일 생계에 쫓기며 여러 가지로 위해를 받는데
일일이 헤아릴 수가 없었다."[888]

　하북(河北)성 행당(行唐)현 고리대금업자들은 대다수가 "외지의 부유한
상인들인데 자금을 가지고 와 돈놀이를 하였다." "공개적으로 깎고
암암리에 붙이곤 했는데 갈수록 더 심해졌다. 조정의 금지령을 어기고
이자를 강요하면서 늘어나는 이자를 원금으로 돌리곤 했다. 그렇게 층층이
덧붙이다보니 이자가 원금보다 더 많아졌다. 조금만 미루고 갚지 않아도
강제로 땅과 집을 저당 잡히곤 했다." 가난한 농민들은 "한 해 동안 부지런히
일해도 가진 것을 모두 내놓아야 했으며 배를 불릴 수 없었다."[889] 무극(無極)
만성(滿城)과 같은 현의 고리대금업자들 중에는 산서성의 상인이
대다수였는데 "자금을 가지고 와서 꾸어주고 이자를 받곤 했다." 매달
이자가 "적을 경우에는 4~5푼, 많을 경우에는 6~7푼에 이를 때도 있었다."
일부 농민들은 고리대금업자에게서 밀 7말을 꾸었다가 "5년이 지나서 금
20냥 규모에 상당하는 빚을 지게 된 경우도 있었다."[890]

887　전문경(田文鏡), 《무예선화록(撫豫宣化錄)》 권4, 옹정 3년 2월.
888　《청 고종실록(淸高宗實錄)》 권113, 건륭 5년 3월.
889　《건륭 행당 현 신지(乾隆行唐縣新志)》 권15, 오고증(吳高增),
　　　《고금리 착취를 금지(禁重利盤剝)》
890　《건륭 무극 현지(乾隆無極縣志)》 권6, 《부록(附錄)》

전당포는 물품을 저당하는 고리대금 형태의 일종이다. 전당포는 중국 봉건사회 중기인 당대(唐代)에 이미 기록이 있다. 가장 일찍 나타난 전당포는 주로 상공업이 발달하고 인구가 밀집한 도시에 개설되었다. 봉건사회 후기에 이르러서는 상품유통이 농촌까지 확산됨에 따라 고리대금 형태의 전당포는 농촌에 근접한 소도시(큰 읍)까지 점차 깊이 파고들었다. 청조 초기의 전당포는 중국의 도시와 농촌에 널리 분포되었다. 1744년(건륭 9년)에 악이태(鄂爾泰)가 상소를 올려 "수도 안팎에 크고 작은 관영과 민영 전당포가 총 6~7백 개가 있다"[891]라고 썼다. 이를 볼 때 전당포가 많았음을 알 수 있다.

강희제 때 강서성에는 전당포가 도시와 농촌 소도시에 널리 분포되었다. 고리대금업자-전당포가 노동인민들을 가혹하게 착취하였다. "무릇 민간에서 저당 잡히는 물품에 대해 그 가치가 한 냥에 달한다면 고작 은 3전을 쳐주곤 했다." 전당포의 "전당품(當本)"도 "이자를 은 7~8전을 강제로 받아낸 뒤에야 되찾아갈 수 있도록 했다." "조금이라도 제 뜻대로 되지 않거나 하면 되찾아가지 못하도록 했다." 더 심할 경우에는 고리대금업자가 전당표에 일부러 숫자를 갈겨쓰거나 희미하게 써 "알아볼 수 없게 해"[892] 혼란한 틈을 타 한몫 챙기고 가난한 백성을 기만하는 목적을 달성하곤 했다. 가경 연간에 강서성에서는 또 "농민의 뜻에 따라 물품을 저당잡고" "곡식을 전당금"으로 내주는 '질포(質鋪, 즉 전당포)'도 있었다. 이런 "곡식을 전당금으로 하는"

891   《동화록(東華錄)》 건륭, 권20, 9년 10월.
892   일명(佚名), 《서강정요(西江政要)》 권9, 건륭 32년.

'질포'는 농민들이 보릿고개에 먹을 것이 모자라는 상황에 대비해서 특별 설립한 것이다. '질포' 주인은 농촌의 '부호'들이다. 이들 고리대금업자들은 많은 자본을 소유하고 있는데 "자본규모가 작은 자일지라도 식량을 백여 섬에서 수백 섬"저장하고 있었고, 많은 자일 경우에는 수천 섬에 이르는 자도 있었다. 피착취 대상은 "모두 인근에 사는 농민들이며 하루 벌어 하루 먹고 사는 자들이다. 짐을 져서 날라주고 하루 벌어 하루 먹고 살았다." 매번 곡식을 빌릴 때면 몇 섬에서 십여 섬까지 수량이 각기 다르다. 전당금으로 곡식을 받을 경우 저당 잡히는 물품은 모두 '무명 옷'과 농기구·가구 등의 물품이며 시가보다 낮추어 저당 잡히곤 하였다. 물건을 저당 잡히고 전당금으로 곡식을 받았다가 곡식을 갚고 물건을 되찾고 하는 과정에서 '축나는 손실'과 "곳간에 저장해둔 곡식이 쥐가 먹거나 곰팡이가 끼는 등의 손실이 생길 경우"[893], 그리고 '저당 잡히고' '되찾고' 하는 과정에서 생기는 곡식시가의 차액 등까지 저당 잡히는 농민이 모두 감당하게 하였다.

일찍이 강희 연간에 호남(湖南) 농촌은 전당업이 아주 발달하였으며 호남의 전당포는 이자율이 아주 높았다. "전당금 은자를 천평(天平)으로 달면 무게가 각기 다르고 순도도 각기 달랐으며 전당금은 시세를 따지지 않았다." 전당금 본금에 대해서는 매달마다 이자를 계산하였는데 5일이 초과할 때마다 1개월로 이자를 계산하였다. 1년 기한이 되어도 빌려간 전당금을 갚지 못하면 저당 잡혔던 물품은 "되찾아갈 수 없도록 해" 즉각

893　《황조경세문편》권40, 호정(戶政), 창저하(倉儲下), 가경 9년, 강서 순무
　　　진승은(秦承恩), 《민간에서 식량을 전당금으로 사용하지 말 것을 권하는
　　　조서(勸民間質谷諭)》

시가에 따라 물건을 '발매(發賣)'했다.[894] 강희 42년, 유성룡(諭成龍)이
호광(湖廣) 총독을 맡고 있을 때, 장사(長沙) 여러 현의 전당포들은 백성들을
가혹하게 착취하였는데 "이익은 부당하게 많이 챙기고 지불할 때는 또
부당하게 적게 내놓곤 했다." 명의상으로는 이자가 3푼이 넘어서는 안
된다고 하지만 실제로는 그보다 훨씬 더 높았다. "덜 지난 한 달하고 하루
이틀씩 넘길 경우에는 한 달로 계산해 이자를 받곤 했다." 전당포에서 빌려줄
때는 은냥의 순도가 고작 94, 95이므로 "매 한 냥 당 무게가 3푼이나 2푼이
무거웠다." 전당포에서 "은냥을 받아들일 때"(빌린 자가 빚을 갚을 때)에는
"충분한 순도의 은냥을 요구하므로" 매 한 냥 당 또 "3푼이나 2푼을 더 받곤
했다." 그렇게 빌려주고 거둬들이는 과정에서 전당포의 이자는 "각각 3푼씩
더해져 실제로는 4푼이나 5푼이 더해지는 셈이다."[895]

상품경제가 비교적 발전한 강소성과 절강성 일대에서는 전당포상인과
투기상이 결탁해 농민을 이중으로 착취하였다. 전당포 경영상은 투기상에게
자금을 제공하여 농촌에 가서 미곡·잠사·목화 등의 농산물을 "싼 가격에
수매해" 사재기하게 하였다. 그런 뒤 "수시로 거둬들이고 수시로 전당하기를
거듭하면서"[896] 앉은 자리에서 큰 이익을 챙기곤 하였다.

건륭 연간에 절강성의 전당포 경영상은 "모두 세력가"였으며 이런

894   조신교(趙申喬), 《조공의공자치관서류집(趙恭毅公自治官書類集)》 권9, 《전당포들이
       불법으로 이자를 수취하는 것을 금한다는 공시(禁當鋪違例取息示)》
895   《건륭장사부지(乾隆長沙府志)》 권22, 《정적(政迹)》, "격(檄)"
896   《황청주의(皇淸奏議)》 권30, 건륭 12년, 탕빙(湯聘),
       《미곡을 전당하는 것을 금지하도록 청하는 상소(請禁當米谷疏)》

전당포를 경영하며 "수천수만의 이익을 챙겨" "모두 부유해졌다."[897]
호주(湖州)부 여러 현의 가난한 농민들은 전당포에서 돈을 빌릴 때 의복을
저당 잡히곤 했는데 별로 값이 나가지 않았다. 만약 기한이 지나도록
되찾아가지 못하면 "매 번 몰수당하곤 했다."[898] 강소성 태흥(泰興)현에는
전당포를 개설해 '권자모(權子母, 자본 경영 혹은 이자를 받고 돈을 빌려주는
것)'를 경영 하는 자가 "5개의 성문(城門)과 여러 진(鎮)에 다 있었다."[899]

건륭 연간에 직예성의 무극(無極ㆍ만성(滿城) 등의 현에서는 전당포
경영상이 "높은 이자를 매겨" 농민들을 "착취하였다." 노동인민들은 봄에
솜옷을 저당 잡히고 적은 돈을 빌렸다가 한겨울(음력 10월, 11월, 12월)이
되면 "빌린 돈을 갚고 겨울옷을 찾아 입고 추위를 막곤 했다." 매년 겨울이
되면 빌린 돈을 갚고 겨울옷을 찾으러 온 가난한 사람들이 전당포 문 앞에
길게 줄을 서곤 했는데 "새벽부터 시작해 저녁 8시 초경(初更)을 알리는
북소리가 날 때까지 끊이지 않았다."[900]

건륭 13년, 광동과 광서 두 성(省)의 많은 농민들은 "농사철 동안에는
집안의 모든 물건이 전당포 안에 있었다." 매년 가을이 되어 곡식을 수확한
다음 "추위를 막을 공구들을 하나씩 정리하곤 했다." 노동인민들은 겨울이면
"먹을 식량으로 겨울옷을 바꿔오고, 봄이 되면 또 겨울옷으로 식량을 바꾸곤
했으며"[901] 거의 매년 그리하곤 하였다.

897 《치절성규(治浙成規)》예집(禮集), 건륭 21년 6, 7월.
898 《동치 호주 부지(同治湖州府志)》권95, 《잡치(雜緻)》상.
899 《가경 태흥 현지(嘉慶泰興縣志)》권6, 《풍속》
900 《건륭 무극 현지(乾隆無極縣志)》권6, 《부록(附錄)》
901 《청 고종실록(清高宗實錄)》권311, 건륭 13년 3월.

옹정(雍正) 연간, 복건성의 선유(仙遊)현에는 총 "70여 개의 전당포"[902]가 있었는데 주요 착취 대상은 수많은 소작농이었다.

고리대금업자들은 전당포를 경영하는 것을 통해 노동인민들을 가혹하게 착취하고 무자비하게 수탈했기 때문에 광범위한 노동인민들의 강렬한 저항을 불러일으켰다. 그래서 청조 전기에는 전국 각지에서 전당포를 상대로 강탈하거나, 불을 지르고 약탈하는 사건이 자주 일어나곤 하였다.

예를 들면 강희 43년 6월 호광(湖廣) 진간(鎭篁)의 노동인민 왕한걸 (王漢杰) 등 3백 여 명이 "성 안 전당포들을 멋대로 약탈한 뒤" "관아를 핍박해 결(結, 관아에 제출하는 책임을 감당하거나 마무리를 인정하는 증명 혹은 보증서 혹은 마무리 문서)을 요구했다."[903] 강희 46년 11월, 강소 태창(太倉) 주 유하(瀏河) 지역의 노동인민 여러 명은 "전당포를 경영하는 생원 육삼취(陸三就)의 집에 들어가 강탈했는데 대포를 쏘아 문을 열고 들어가서 금은보석과 휴대하기 편리한 귀중품들을 모조리 약탈해갔다."[904] 옹정 13년 4월, 곤산(崑山)현의 전당포 대경영상 왕정태(汪正泰)의 집은 민중들에 의해 "저장 창고 18개"가 불타버렸다.[905] 건륭 11년 12월 18일 밤, 고원(固原)현 성 안팎의 민중들은 "수비문을 열고…… 문을 박차고 뛰어 들어 전당포를 약탈했다."[906]

902　진성소(陳盛韶), 《문속록(問俗錄)》 권3, 《선유 · 이분식(仙遊 · 二分息)》

903　《청 성조실록(淸聖祖實錄)》 권216, 강희 43년 6월.

904　《이후의 상소(李煦奏摺)》 , 41쪽.

905　《옹정주비유지(雍正朱批諭旨, 옹정이 붉은 결재한 성지)》 18함(函), 1권, 옹정 13년 4월 18일, 강남 총독 조홍은(趙弘恩)의 상소.

906　《청 고종실록(淸高宗實錄)》 권282, 건륭 12년 정월.

건륭 16년, 강소성의 상원(上元)현 진흥호(進興號)의 전당포가 민중들에 의해 모조리 불타버렸다. 그로 인해 이웃 전당포의 정삼(鄭三) 등이 "장사를 독점해(從中包攬 立局賠償)" 정삼은 어부지리를 챙기고 "전당금액을 삭감하는 바람에" 저당 잡힌 이들의 불만을 샀다.

저당 잡힌 이들은 진흥 전당포의 주인 진자중(陳自中)을 "채찍질한 뒤 구금시키고"[907] 또 정삼의 가옥을 허물어버렸다. 건륭 50년, 하남 성의 자성(柘城)현에서 유진덕(劉振德)을 중심으로 하는 '전당포 약탈' 사건이 발생하였다.[908] 가경 21년, 복건성 장포(漳浦)현에서 채본유(蔡本猷)가 경영하는 전당포가 밤새 위수(魏粹) 등 22명에 의해 '강탈' 당하였다.[909]

지주·상인·고리대금업자 3자는 혼연일체가 되어 고리대금활동을 통해 농민들을 잔혹하게 착취함으로써 자작농들을 분화 파산시켜 소작농으로 전락시켰다. 각 지역의 노동인민들에 의한 전당포를 강탈하는 사건이 끊이지 않은 것은 노동인민이 고리대금의 착취에 반기를 든 결과였다.

907 《청 고종실록》 권391, 건륭 16년 윤5월.
908 《청 고종실록》 권1230, 건륭 50년 5월.
909 《청 인종실록(淸仁宗實錄)》 권319, 가경 21년 6월.

제7장

수공업과 상업의 발전

제1절
수공업의 발전과 자본주의의 맹아

1. 수공업의 회복과 발전

중국 고대의 수공업은 종류가 아주 많고 제품이 정교하고 아름다우며 역사가 유구하며 기술과 공예수준은 세계에서 앞선 지위를 차지한다. 명말(明末) 청초(淸初), 장기간의 전란을 거쳐 중요한 도시와 읍(城鎮)이 많이 불에 타고 약탈을 당하는 피해를 받았다. 명대에 발전했던 일부 수공업기지는 심각하게 파괴되었다.

경덕진(景德鎭)은 역사적으로 큰 영예를 누린 도자기제조업의 중심 지였다. 명조 중엽부터 경덕진은 관요(官窯)와 민요(民窯)가 아주 발달했었는데 청조 초기에 장기간 전쟁을 거치는 과정에서 많이 파괴되어 경덕진의 도자기 제조구역은 거의 폐허가 되다시피 되었다. 산서성 노안(潞安)의 직조업(織綢業)의 경우, 명 말에는 비단 짜는 직기(織機)가 3천여 대가 있었는데 순치 17년에 이르러서는 거의 2~3백대가 남았으며 게다가 봉건 관아의 착취가 심해서 조정에서 매년 비단을 진상할 것을 강요하였다. "본 성 아문(衙門)에서 필요한 것을 제외하고도 다른 성에도 관리와 노역을 파견해 비단을 짜게 했으므로 비단 짜는 장인들은 한 해 동안

쉬는 날이 거의 없었다." "직기가 있는 집들에서는 비단 직기를 불사르고 깨어진 비석에 작별하고는 통곡하며 도주하곤 했다."[910] 사천성 성도(成都)의 '촉금(蜀錦)'도 세상에서 유명하지만 전란을 겪은 뒤 "비단공방(錦坊)이 다 파괴되고 다양하던 종류는 모두 사라졌다."[911] 기타 유명한 수공업도시들, 예를 들면 남경(南京)·소주(蘇州)·항주(杭州) 및 광주(廣州)·불산(佛山) 등지도 모두 심각한 파괴와 손실을 당하였다.

강희제 중기부터 봉건사회의 질서가 상대적으로 안정되고 경제가 회복되고 발전하면서 부터 수공업노동자의 생활이 일정수준 보장 받을 수 있게 됨에 따라 여러 수공업분야는 명조 말기에 비해 진보와 발전을 가져왔다.

청대 수공업의 회복과 발전은 우선적으로 생산도구가 일정한 수준에서 진보하고 혁신된 데에서 기인한다. 예를 들어 남경의 비단업(織緞業)의 경우에 직기의 구조가 상당히 복잡해지고 정밀해졌다. "비단을 짜는 기계의 종류가 백여 가지에 달하고", "그 정밀하고 섬세함으로 인해 전국에서 본받으려 했다."[912] 항주의 견직업(絲織業)의 경우 "기계를 보면 북(杼)·축(軸)·섭(疌, 디딜판)·등(縢)·말코(榎, 베틀에서 천을 감는데 쓰이는 축)·누(樓)·녹로(鹿盧, 도르래)·섭(躡, 디딜판)·잉아장치(綜, 베틀에서 날실을 꿰어 북이 드나들 수 있는 틈을 틔워놓은 장치)가 있는가

910   건륭노안부지(乾隆潞安府志)》 권34, 왕내(王鼐), 《청무휼기호소(請撫恤機戶疏, 직기 가구를 보조해줄 것을 청하는 상소문)》 (순치 17년)
911   민국화양현지(民國華陽縣志)》 권34, 《물산(物産)》
912   진작림(陳作霖) 《봉록소지(鳳麓小志)》 권3, 《지사(志事)》

하면 보조적인 장치로 바디(扪, 견사를 빗어주는 도구)·북(梭)·자새(籰, 견사 실 등을 감는 도구)·쇄차(繀車, 물레로 실을 자아 놓은 토리)가 있다. 한 기계에 대체로 이러한 공구들이 장착되어 있다."[913] 강서성 경덕진의 자기를 굽는 가마는 명대에 비해 보편적으로 커졌으며 기술도 개선되었다. 이에 따라 자기의 생산량과 품질도 다소 제고되고 분업도 극히 세분화되어 개개의 도자기 장인과 각개의 제조절차마다 전문적인 기능과 도구를 갖추었다. 운남(云南)의 구리 채굴 업에는 망치(槌)·첨(尖)·끌(鑿)·풀무(風柜)·(亮子)·용(龍) 등의 공구가 있으며 동광(銅礦)을 찾으려면 반드시 일정한 지질학 지식과 경험을 갖춰야 하였다.

"동광에는 인선(引線)이 있는데 광묘(礦苗), 광맥(礦脈)이라고도 한다. 광맥의 좋고 나쁨을 구별함에 있어서 경험이 풍부하고 노련한 이는 분간할 수 있다. 세로로 뚫을지(直攻), 가로로 뚫을지(橫攻), 올려 뚫을지(仰攻), 내려 뚫을지(俯攻) 하는 것은 상황에 따라 광맥의 방향에 근거해 뚫고 들어가도록 한다."[914] 채굴할 때 양두(鑲頭)는 중요한 기술자이다. 그가 생산을 지휘하며 광산의 전체적인 성패는 그에게 달려 있었다. "개개의 갱도에 한 사람을 배치해 판별하게 한다. 원광석의 빛깔을 관찰하고 망치로 두드려 보고 작업방향을 제시한다. 원광석 밀도가 성길 경우에는 버팀목(鑲木)를 설치해서 받쳐주고 바람이 잘 통하지 않으면 풀무를 배치하며, 물이 있으면 용(龍)을 설치하라고 지시하고 광석을 채굴해내면

---

913   여악(厲鶚), 《동성잡기(東城雜記)》권 하.

914   오기준(吳其濬), 《전남광창도설(滇南礦廠圖說)》,
       부록(附) 《낭궁왕숭광창채련편(浪穹王崧礦廠采煉篇)》

그 가격을 산정한다. 무릇 처음 갱도를 팔 경우에는 제일 먼저 양두(鑲頭)를 청하곤 했는데 양두만 얻으면 광갱은 반드시 성공할 수 있었다."[915] 강소의 면방직업 공구도 뚜렷하게 개선되었다. 예를 들어 상해에서는 "다른 읍(邑)에서 두 손으로 실 한 오리를 잡는데 그쳤지만(수차(手車), 손으로 돌리는 직기)라고 함) 우리 읍은 한 손으로 실을 세 오리씩 잡고 발로 기계를 돌렸으므로(각차[脚車], 발로 돌리는 직기)라고 함) 사람은 힘들어도 일 속도는 빨랐다."[916] 직포기(布機)도 개선과 혁신을 가져왔는데 과거 보통 사용하던 '요기(腰機, 땅 바닥에 앉아서 사용하던 원시적인 거직기[踞織機])'는 노동 강도가 힘들 뿐 아니라 속도 또한 느렸다.

청대 전기에 일부 지역에서는 '요기'를 도태시키고 더욱 선진적인 직기로 대체하였다. 방직기구는 전문 점포에서 제조했는데 갈수록 정밀함을 추구하였다. 청포현 황도(黃渡)의 서(徐)씨가 제조한 직포기는 "단단하고 실용적이었으며 가격 또한 높은 편이었는데" 기호(직물을 짜는 일을 맡은 장인 혹은 가호(家戶))들의 환영을 받았다. 그밖에 방추(錠子)는 금택(金澤)의 것, 물레는 사(謝)씨의 것이 원근에 이름이 있었으므로 그때 당시 "금택의 방추, 사씨네 물레"[917]라는 속어까지 있었다. 사천의 정염업(井鹽業)은 우물을 파고 홈통(梘)을 설치하는데 비용소모가 많고 어려움이 크며 공사는 복잡하고 기술적 요구가 아주 높은 공사였다.

915 오기준(吳其濬), 《전남광창도설(滇南礦廠圖說)》,
     부록(附) 《동정전서자순각창대(銅政全書諮詢各廠對)》
916 《건륭 상해 현지(乾隆上海縣志)》 권1
917 《광서 청포 현지(光緒青浦縣志)》 권2, 《토산(土産)》, 옛 지(志)를 인용함.

우물을 팔 때 쓰이는 줄칼(銼)은 무게가 백 여근에서 2백 여근에 달하고 길이가 한 장(丈) 안팎에 달하였다. 줄칼은 종류가 아주 많았으며 용도와 사용방법이 각기 달랐다. "큰 줄칼을 놓을 때는 소(埽, 수수깡 나뭇가지·돌 등을 끈으로 묶어 호안용(護岸用)으로 쓴 원통형 완충물)를 사용하고, 작은 줄칼을 놓을 때는 편견(偏肩)을 사용하였으며, 죽통을 놓을 때는 목룡(木龍)을 사용하고 큰 밧줄을 놓을 때는 천어도(穿魚刀)를 쓰며, 멸(蔑)을 놓을 때는 독각봉(獨脚棒, 쪽발이 방망이)을 사용하였다.

그 공구들의 교묘함은 이루다 형언할 수 없을 정도이다. 그리고 때로는 격식에 구애받지 않고 지혜롭게 변통하여 사용하였다."[918] 우물의 깊이는 "백 수십 장에서 3~4백 장까지 달하였으며", "우물을 파는 장인은 모두 귀주(貴州)성의 사람들이었다. 간혹 우물에 물건이 떨어지면 참대막대기로 건져 올릴 수 있었고 우물 안에 물이 새거나 하면 새는 곳을 막아 메울 수 있었는데 참으로 묘기라 할 수 있었다."[919] 염정(鹽井)에서 간수를 길어 올려서는 화정(火井)이 있는 곳으로 운반해 와서 끓여야 하는데 원래는 사람이 등에 져서 나르거나 가축 등에 실어 나르곤 했으나 청대에 이르러 복건 태생의 임계공(林啓公)이 '치견(置梘)'기술을 발명하여 참대관으로 간수를 수송하였다. "죽견(竹梘)은 옹근 참대를 꺾어 속을 비운 뒤 겉면에 유회(油灰)를 바르고 삼베로 묶어…… 간수를 부어 이쪽에서 저쪽으로 수송했는데 대부분은 땅 속으로 수송했다.

---

918 이용(李榕), 《십삼봉서옥문고(十三峰書屋文稿)》 권1, 《자류정기(自流井記)》
919 엄여욱(嚴如煜), 《삼성변방비람(三省邊防備覽)》 권9

산을 따라 받침대를 설치해 구불구불 10~20리 거리를 수송하는 경우도 있고 강바닥에 설치한 뒤 돌 구유를 위에 얹어 물밑으로 강 맞은편까지 수송하기도 했다. 그 운용은 참으로 재치가 있었다."[920]

청대 수공업의 회복과 발전은 다시 분업의 세분화와 생산규모의 확대 및 제품 종류의 풍부함에 반영된다. 수공업은 갈수록 세분화되어 많은 전문 업종 혹은 연속되는 제조절차로 나누어졌다. 예를 들어 면방직업은 조면(繰綿, 軋花)·방적(紡紗)·직포(織布) 및 염색(染)·디딤질(踹) 등으로 세분화되었고 채광과 야금업은 채굴·제련·주도 등으로 나뉘어졌으며, 전문분야의 수량이 늘어났다. 또 예를 들어 제도업(製陶業)의 분업은 아주 세분화되었다. 한 가지 분업방법은 제품의 종류에 따라 여러 도자기업체들 사이에서 분업을 진행한 것으로서 개개의 도자기업자는 어느 한 가지 도자기만 생산한다. 예를 들어 큰 기물을 제조하는 업주는 큰 접시와 사발만 전문적으로 제조하고, 작은 기물을 제조하는 업주는 작은 접시와 사발만 전문적으로 제조하며, 탈태 제조업주는 정교한 접시와 사발만 전문 생산하고 부피가 큰 기물을 제조하는 업주는 대형 사기병과 법랑 항아리를 전문적으로 제조하고, 조각 업주는 도자기인형과 완구 장식품을 전문 생산하며, 숟가락 제조업주는 숟가락만 전문적으로 생산하였다.

이런 분업방법은 호(戶, 가구)를 단위로 하는데 각 호는 한 종류의 제품만 제조하며 그 호를·작(作)이라고 칭했다. 다른 하나의 분업방법은 생산과정에서 제조공정의 차이에 따라 노동자들 사이에서 분업을

920　노경가(盧慶家) 등, 《민국부순현지(民國富順縣志)》 권5

진행하는 것인데 대체로 "도니공(陶泥工, 진흙 노동자)·납배공(拉坯工, 소태·질그릇을 찍어내는 노동자, 속된 말로 주배(做坯, 질그릇 찍는 자)라고 부름)·인배공(印坯工, 속된 말로 박모(拍模, 모형을 찍는 자)라고 부름)·선배공(旋坯工, 속된 말로 이배(利坯), 알배(挖坯))·화배공(畵坯工)·춘회공(春灰工)·합유공(合釉工(회색을 배합하는 사람과 여러 가지 색깔을 배합하는 사람이 있음))·상유공(上釉工, 도자기 표면에 유리처럼 얇은 막을 씌우는 공예)·태배공(抬坯工)·장배공(裝坯工)·만철공(滿掇工)·도자기를 굽는 노동자(燒窯工, 속된 말로 파압(把壓)이라고 하는데 이 과정에 또 유화(溜火, 가마에 불을 지핀 시작단계로서 불이 세지 않음)를 담당하는 사람, 긴화(緊火, 센 불)를 관리하는 사람, 구화(溝火)를 담당하는 사람 등 세 사람의 손을 거친다)·개요공(開窯工, 도자기를 가마에서 꺼내는 장인)"[921] 등으로 나누어진다. 이처럼 세분화된 분업은 제품의 수량과 질을 제고할 수 있도록 추진하였다. "기술도 점점 꾸준히 확보되고 제조공예도 갈수록 정밀해져서 매년 기물을 항상 십여만 건지씩 만들어냈다."[922]

제지업에서도 분업은 아주 세분화되었다. 추(推, 두들기기), 쇄(刷, 쓸기), 쇄(洒, 말리기), 매(梅, 우리기), 삽(挿, 실 끼우기), 탁(托, 여러 겹으로 받치기), 표(表, 드러내기) 등의 제조절차가 있다.[923] 그래서 "한 조각의 종이가 쉽게 만들어지는 것이 아니다.

921   남포(藍浦), 《경덕진도록(景德鎭陶錄)》 권3
922   《도광부량현지(道光浮梁縣志)》 권9, 연희요(年希堯),
       《풍화신묘비 재건기(重修風火神廟碑記)》
923   《강소 성 명청 이래 비각 자료선집(江蘇省明淸以來碑刻資料選集)》, 제68쪽.

72개의 손을 거친다"[924]라는 속어가 생겨난 것이다. 청대 수공업 기구와 노동자의 수량은 명대보다 다소 늘어났으며 생산규모도 다소 확대되었다. 건륭 연간에 "소주(蘇州) 동성(東城)에서는 집집마다 천을 짜는 것이 습관화되었으며 그 업에 전문 종사하는 자가 만 가구가 넘었다."[925] 도광 연간에 남경에는 "비단 짜는 기계가 3만 대를 헤아렸으며 사(紗, 방직용 가는 실)·주(綢, 얇고 부드러운 비단)·융(絨, 표면에 털이 있는 직물)·능(綾, 능직 비단)은 헤아릴 수도 없이 많았다."[926] 항주에도 견직업이 아주 성행했는데 "동북쪽에 사는 수만 가구의 남녀 모두는 이를 의식을 해결하는 생업으로 삼았으며", "견직업자와 견직장인이 이곳보다 더 번창한 곳은 없다."[927] 소주의 단방(踹坊, 면포를 정리 가공하던 수공업소)은 "창문(閶門, 소주성의 성문 명칭) 밖 일대에 포두(包頭, 단방의 업주)가 총 3~4백 여 명이 있었으며 단방 450여 개를 경영했으며 각각의 단방마다 장인 수십 명씩을 두고 있었다. 단석(踹石)도 이미 1만 9백 여 개에 이르며 인원수도 그에 상응한 것으로 조사되었다."[928]

채광과 일부 업종에서는 대규모의 수공업이 존재했는데 거대한 자금이 운영되고 있었으며 방대하고 복잡한 생산설비를 갖추고 대규모의 수공업노동자들을 고용하였다. 예를 들어 운남 동광의 경우에는 "민간

---

924 《광서 강서 통지(光緒江西通志)》 권49
925 《건륭 장주 현지(乾隆長洲縣志)》 권17, 《물산(物産)》
926 《속찬강녕부지(續纂江寧府志)》 권15, 《습보(拾補, 빠뜨렸거나 부족한 부분을 보충함.)》
927 《광서 선거 현지(光緒仙居縣志)》 권10,
     장려생(張麗生),《항주기신묘비(杭州機神廟碑)》
928 《옹정주비유지(雍正朱批諭旨)》 42권, 이위(李衛) 등이 상주함, 옹정 8년 7월.

구리공장 규모가 큰 곳에는 인원이 수만 명을 헤아리고 규모가 작은 것도 수천 명에 달하였다."[929] 광동의 철광공장의 경우에는 "하나의 제련 공장(爐場) 주변에 3백 가구가 살았으며 보일러공이 2백 여 명에 이르고 철광 채굴노동자가 3백여 명, 물을 긷고 불을 때는 노동자가 3백여 명, 운반을 맡은 소가 2백 마리, 운반에 동원된 배는 50척에 이른다." "고로 하나의 철광공장이 천 명의 인구를 먹여 살렸다."[930] 또 예를 들면 상해의 사선업(沙船業, 중국에서 가장 역사가 오랜 선형(船型) 중의 하나로서 바닥이 평탄하고 납작한 평저선(平底船)임. 대형 정크를 가리킴)의 경우에는 배의 수량이 매우 많고 배 한 척의 적재량이 아주 크며 사선상들은 대체로 막대한 재력을 갖추었다. 포세신은 다음과 같이 말했다. "사선은 상해에 집중되었는데 약 3천 5백~3천 6백 척에 이른다. 그중 큰 배일 경우에는 관곡(官斛) 3천 석을 실을 수 있고 작은 배는 1천 500~1천 600석을 실을 수 있다. 선주는 모두 숭명(崇明)·통주(通州)·해문(海門)·남회(南匯) 보산(寶山)·상해의 본토박이 부민으로서 배 한 척을 만드는 데에 은 7, 8천 냥이 들곤 한다. 배를 많이 소유하고 있는 자는 한명의 선주가 배 4, 5십 척을 소유했다."[931] 사천의 정염의 경우에는 공사가 크고 시간이 많이 소요되며 거대한 자금이 들어간다. "예를 들어 건부(犍富) 등의 현의 큰 염장의 경우에는 제염업자와 고용인 및 상인 등을 포함해서 염장 한 곳에 수십만 명을 헤아리는 인구가 의지해서 살아가고 있다.

---

929 《속운남통지고(續云南通志稿)》 권43, 《광무(礦務)》
930 굴대균(屈大均), 《광동신어(廣東新語)》 권15, 《화어(貨語)》
931 포세신(包世臣), 《안오사종(安吳四種)》 권1, 《해운남조의(海運南漕議)》

국경과 인접한 대녕(大寧)·개현(開縣) 등의 염장의 경우에도 인구가 만 명을 헤아린다."[932]

생산도구의 혁신과 사회분업의 확대는 필연코 수공업 제품의 다양화를 추진하게 된다. 예를 들어 남경에서 생산한 견직품의 경우 황궁으로 들어가는 주(綢, 아주 얇고 부드러운 비단)류는 영주(寧綢)·궁주(宮綢) 양주(亮綢)로 나누어진다. 단(緞, 두텁고 촘촘하며 광택이 나는 비단)류는 화단(花緞, 다마스크)·금단(錦緞, 색채와 무늬가 있는 비단)·섬단(閃緞, 모본단)·장화(裝花)·암화(暗花, 은은한 꽃무늬 비단)·오사(五絲, 오색 견사로 짠 비단)로 나누어진다. 민간에서 짠 비단은 1호(號)·2호·3호 팔사(八絲)·모두(冒頭)·화소(靴素) 등으로 나누어진다.[933]

소주에서 생산한 비단(緞)은 최초에는 오직 소단(素緞)뿐이었는데 건륭·가경 연간에 이르러서는 "서탑자(西塔子) 골목의 이굉홍(李宏興), 고시(古市)골목의 항록기(杭祿記) 등" 견직업체가 "꽃무늬를 짜넣고 또 사제품(紗貨)을 발명하는 한편 또 백자(百子) 이불거죽·삼원주(三元綢) 등의 비단을 짰다."[934] 소주에서 생산한 "오릉(吳綾)"도 "품명이 단일하지 않아" 방문(方紋, 네모 무늬)·용봉문(龍鳳紋, 용과 봉황 무늬)·천마벽사문(天馬辟邪紋) 등으로 나누어진다.[935]

항주의 견직품에는 금(錦, 색채와 무늬가 있는 비단)·전융(剪絨,

932　엄여욱(嚴如煜), 《삼성변방비람(三省邊防備覽)》 권9

933　《동치상강양현지(同治上江兩縣志)》 권7, 《식화(食貨)》

934　우명(宇鳴), 《강소 견직업 근황(江蘇絲織業近況)》, 《공상반월간(工商半月刊)》 7권, 12기, 1935년 6월.

935　《건륭진택현지(乾隆震澤縣志)》 권4, 《물산(物産)》

플러시) · 능(綾) · 나(羅) · 저사(紵絲, 모시 명주) · 사(紗) · 견(絹) · 주(綢) 등이 있다.[936] 송강부 여러 현에서 생산한 천은 길이와 폭이 단일하지 않을 뿐만 아니라 무늬와 색상, 품종도 다양하다. 그중 유명한 것으로는 구포(扣布, 민간에서 재래식으로 만든 무명천) · 희포(稀布, 구포보다 폭이 넓은 무명천) · 비화(飛花 · 사문포(斜紋布) · 능포(棱布) · 화반포(花斑布) · 자화포(紫花布) 등의 명품이 있다.[937]

청대 수공업의 회복과 발전은 또 제품시장의 확대에 반영된다. 판로가 전국으로 고루 퍼졌으며 일부 제품은 국외로도 판매되었다. 예를 들어 남경의 주단(綢緞)은 "북으로는 수도까지 들어가고 동으로는 요심(遼沈)지역까지, 서북으로는 진강(晉絳)에 이르고 남으로는 오령(五嶺) · 호상(湖湘) · 예장(豫章) · 칠민(七閩)까지 퍼졌으며 회하(淮河)와 사수(泗水)를 거슬러 올라가고 여하(汝河)와 낙하(洛河)의 강을 이용하여 운송되었다." "상인들이 주단을 온 천하로 실어 날랐으며"[938] 또 일본과 남양 · 유럽까지 수출되었다. 광동의 철기시장도 매우 넓었다. 이른바 "불산(佛山)에서 제련한 강철이 온 천하에 분포되었다"라고 할 정도이다.

"솥은 오월(吳越)과 형초(荊楚)에서만 팔지만 철사는 필요로 하지 않는 곳이 없어 사방팔방의 상인들이 싣고 다니면서 팔곤 하였다."[939] 경덕진의 도자기는 전통적인 수출상품이다. "경덕진 도자기는 구주(九州, 중국)뿐

936 《강희 항주 부지(康熙杭州府志)》 권6, 《물산(物産)》
937 《가경 송강 부지(嘉慶松江府志)》 권6, 《물산(物産)》,
     《건륭 보산 현지(乾隆寶山縣志)》 권 4, 《물산(物産)》
938 《가경 신수 강녕 부지(嘉慶新修江寧府志)》 권11
939 《건륭 불산 충의 향지(乾隆佛山忠義鄕志)》 권6, 《물산(物産)》

아니라 외국에까지 널리 퍼졌으므로 거상들은 모두 이 분야에 모여들었다." 때문에 "장인들이 사면팔방에서 모여들고 기물은 온 천하로 퍼져나간다"[940]라고 명성이 자자했다. 직포업(織布業, 베를 짜는 업종)은 비록 분산된 가정 수공업이지만 19세기 전기에 대량으로 수출되었으며 그 제품의 질은 자본주의국가의 일인자로 군림하는 영국의 포목을 압도했다. 매년 수출량은 평균 20만 필 이상에 달했는데 그때 당시 외국인들은 "중국 남경의 손베틀로 짠 무명은 빛깔과 질에 있어서 여전히 영국의 포목을 추월하는 우월한 지위를 차지한다. 가격은 백 필에 60~90원(元) 등으로 각기 다르다."[941]라고 평론했다.

2. 수공업 분야의 자본주의 맹아

청대의 수공업은 전대에 비해 일정한 정도의 진보와 발전을 가져왔으며 자본주의가 싹트기 시작했다.

그러나 중국의 봉건경제체제는 여전히 매우 강대했다. 지주계급의 농민에 대한 착취는 가혹하였으며 농업과 소규모 수공업을 서로 결합한 자연경제구조는 매우 견고하였다. 이러한 경제적 토대위에 수립된 정권과 동업조합 및 의식형태를 포함한 상부 구조가 여러 방면으로 봉건경제를

---

940   남포(藍浦), 《경덕진도록(景德鎭陶錄)》, 《도설잡편(陶說雜編)》 상, 권8
941   The Chinese Repository, Vol. Ⅱ, No. 10, Feb. 1833, p. 465

수호하고 강화하며 새로운 경제요소의 생장을 억제하였다. 그렇게 아편전쟁이 발발하기 전까지 이어진 중국의 봉건적인 경제와 정치는 비록 내부와 외부의 모순으로 인해 지속적이고 심각한 위기를 겪었지만 중국에서의 자본주의의 싹은 여전히 너무 작고 여렸다. 그 싹은 마치 거대한 바위의 짓눌림 밑에서 몸부림치는 연약한 들풀과 들꽃처럼, 또 끝없는 사막으로 뒤덮인 작은 오아시스처럼 방대한 봉건경제를 이겨내고 대체할 수가 없었다. 17세기에서 18세기 초에 이르기까지, 서유럽지역에서는 이미 자산계급혁명의 폭풍이 휘몰아쳐서 부패한 봉건제도가 무너지기 시작하였으며 자본주의 근대산업은 하루에 천 리를 달리는 기세로 왕성한 발전단계에 들어섰다. 반면에 중국 사회는 여러 가지 봉건관계의 그물에 얽매여 수공업생산의 발전은 늦추어지고 발전 속도는 서유럽 국가들에 비해 훨씬 뒤처졌다.

물론 역사는 앞으로 발전하기 마련이다. 모든 신생사물은 얼마나 심각한 저애와 억압을 받고 있었던지 간에 결국에는 생겨나고야만다. 맹아상태에서도 자본주의 관계는 여전히 존재하고 생장하며 투쟁하면서 봉건주의의 껍데기에 꾸준히 충격을 가하고 있다. 그렇게 자본주의는 언젠가는 승리를 거두고 두각을 나타내게 되는 것이다. 모 주석(毛澤東)의 말씀에 "중국의 봉건사회 내에서 상품경제의 발전으로 이미 자본주의의 새싹을 배태하고 육성하고 있었으며 만약 외국 자본주의의 영향이 없었더라도 중국은 서서히 자본주의 사회로 발전했을 것이다."[942]

---

942   《모택동선집(毛澤東選集)》, 2권, 제589쪽.

여러 수공업종은 내부와 외부의 서로 다른 조건에 의해 업종에 따라서 자본주의 맹아의 존재형태와 발전의 길은 제각각 달랐다. 봉건경제의 발전은 필연코 자본주의의 탄생으로 이어지게 되는데 이는 보편성이다. 여러 업종 중에서 자본주의 맹아의 발전 형태와, 저해력의 크기, 발전 속도의 빠르고 느림이 제각각 다른데 이는 특수성이다. 방직업과 채광 야금업은 그때 당시 가장 발달한 수공업분야로서 전형적인 의미를 지닌다. 우리는 면방직·견방직·여러 가지 광산의 채굴과 제련을 사례로 들어 중국 자본주의 맹아의 구체적인 형태를 고찰해보도록 하겠다.

면방직업은 전국의 수억 국민에게 의복을 공급하는 업종이어서 광범위한 시장이 있었기 때문에 수공업 생산 중에서 제일 중요한 지위에 있었다. 게다가 기계의 혁신이 비교적 간편했기 때문에 소요되는 자금도 많지 않았다. 세계 경제사를 보면 면방직업 속에서 자본주의가 가장 일찍 그리고 가장 빨리 발전하였다. 그러나 중국의 면방직업은 오직 농촌의 가정부업으로 존재하는데 그쳤을 뿐이다. 예를 들면 "상해의 한 현은 민간에서 가을걷이가 끝난 뒤에 집집마다 방직업을 생업으로 삼았다. 나라에 과세를 바치고 가정의 생계를 유지했다."[943] 방직업과 농업을 밀접히 결합시켜 "농사도 짓고 방직도 하면서", "방직업으로 농업을 돕는 상황이었는데" 자급자족의 생산특색이 뚜렷하게 나타났다. 이런 경제구조 속에서는 생산원가가 지극히 낮고 필요한 공구도 간단해서 농민들은

943 《이후주절(李煦奏折)》, 《청람포필 구매 조달금을 미리 지급할 것을 청하는
      상소(請預發采辦靑藍布疋價銀折)》, 6쪽.

농한기에 스스로 생산할 수 있는 천을 구매해서 쓸 리도 없었을 뿐만 아니라 오히려 적은 양이지만 제품을 시장에 내다 팔아 시장의 수요를 만족시키기까지 하였다. 이러한 경제구조 아래에서 자본은 경쟁력을 잃어 안정적인 산업이윤을 얻기가 어려웠다. 마르크스가 말한 것처럼 "인도와 중국에서는 소농업과 가정공업의 통일이 생산방식의 광활한 토대를 형성하였고", "여기에서 농업과 수공제조업의 직접적인 결합으로 조성된 거대한 절약과 시간의 절약은 대공업제품에 대한 가장 완강한 저항으로 작용한다."[944] 따라서 아편전쟁 전에는 면방직업 수공공장이 극히 적었으며 유일한 사례가 1833년 불산(佛山)의 정경이었다. 즉 "여러 가지 천을 짜는 노동자가 모두 합쳐 약 5만 명에 달했으며 제품 수요가 긴박할 때면 노동자가 대량으로 늘어났다. 노동자들은 약 2천 5백 개의 직포 공장에서 일을 하였는데 평소에는 개개의 공장에 노동자가 평균 20명 정도 있었다."[945] 이처럼 직포 노동자가 공장에 집중된 대규모의 생산은 대체적으로 19세기 전기에 천의 대대적인 수출에 힘입은 결과일 것이다.

대량의 면방직업은 가정부업과 소상품생산에 속했지만 시장에서의 수요가 늘어남에 따라 상업자본이 크게 활동하면서 제일 먼저 유통 분야에서 돌파구가 뚫려 생산을 통제하는 매점 상들이 나타났다. 이들 상인들은 대량의 자본을 소유하고 있어 목화원료의 산지와 면포 소생산자 및 먼 곳에 있는 시장 등의 3자 사이를 연결시킬 수 있었다.

---

944   《마르크스 엥겔스 전집》, 25권, 373쪽.
945   The Chinese Repository, Vol. II, No. 7, Nov. 1833, p. 305

최초에 그들은 오로지 상업이윤을 챙기기 위해 활동하였으며 사들이는 것은 팔기 위한 목적에서였지만 점차적으로 목화의 공급과 면포의 수매를 독점하면서부터는 경제적으로 소생산자들을 통제하고 방직공들이 창조한 잉여가치를 자신의 주머니에 채우기 시작하였다. 방직공들은 여전히 원래의 분산방식으로 계속 노동에 종사하였지만 실제로는 매점상의 통치와 착취를 받았으며 매점 상만을 위해 노동을 하였다. "생산방식을 혁신하지 않았기 때문에 직접 생산자의 상황을 악화시키기만 하고 그들을 단순 고용 노동자와 무산자로 변화시켰을 뿐이다."[946]

상인들은 목화공급과 면포수매를 독점하는 상황이 아주 많았으며 실제로 면방직업은 일부 지역에서 이미 일정한 수준으로 전문화되어 중개역할을 하는 상업자본과 떨어질 수 없게 되었다. 예를 들어 상해 부근에서 상인들이 목화를 대량으로 수매했는데 "목화가 시장에 나오면 날이 밝기도 전에 목화점포들에서는 참대막대기에 등불을 켜서 달아놓고 불러들이곤 했는데 이를 수화등(收花燈, 목화를 거두는 등불)이라고 불렀다."[947] "복건성과 광동성의 사람들은 2, 3월에 탕상(糖霜, 수수를 달여서 만든 사탕과 얼음사탕)을 싣고 와서 팔곤 하는데 돌아갈 때 가을에는 천을 사지 않고 화의(花衣, 씨를 뺀 목화)를 사서 싣고 돌아가곤 하였다. 누선(樓船, 몇 층의 선실이 있는 큰 배) 수천 수백 척에 모두 천주머니들을 잔뜩 쌓아 실었는데 아마도 그곳에서 자체적으로 방직할 수 있는 듯하다."[948] 산서(山西)에서도

946 《마르크스 엥겔스 전집》, 25권, 374쪽.
947 양광보(楊光輔), 《송남악부(淞南樂府)》
948 저화(褚華), 《목면보(木棉譜)》

상인이 목화를 사재기하는 현상이 있어 방직공들은 원료가 부족해서 천을 짤 수가 없을 정도이다. "부유한 상인 6, 7명이 일부러 고가로 목화를 모조리 구매해서 쌓아두고 전문적으로 이익을 챙기곤 하였는데 한 짐(駝)에 6~7십 천 이하에는 팔지 않았다. 그 6, 7, 8명이 전문적으로 이익을 챙기게 되면 한 개 읍이 방직기계를 돌리지 못하고 천을 짜지 못해 입을 옷이 없게 된다."[949] 상인들은 목화를 독점하던 것에서 한 걸음 더 발전해 목화 혹은 면사(棉紗, 무명실)를 방직노동자들에게 분배한 뒤 면직제품으로 만들어 오게 하였다. 면방직업이 번창한 강소성 송강(松江) 부·절강성 남심(南潯)진(鎭) 그리고 광주에서는 이런 상업자본이 수공업생산을 지배하는 사례가 나타났다. 예를 들어 일찍이 송강에서는 명대에 이미 이런 상황이 있었다. "방직업은 농촌에만 존재한 것이 아니라 도시에서도 여전히 존재하였다.

여인네들은 아침에 무명실을 안고 장에 나가서는 목면(木棉)으로 바꿔 들고 돌아갔다가 이튿날 아침에 또 다시 무명실을 안고 나가곤 하면서 좀처럼 쉴 틈 없이 반복했다."[950] 남심(南潯)에서, "시장의 상인들은 새 솜이 나오기를 기다렸다가 동부 사람들에게서 돈을 주고 사서 창고에 쌓아두는데 마치 하늘에서 눈송이가 내려 쌓인 것 같았다. 그리고 바로 사람들이 천을 가지고 찾아와서 천의 폭을 비교해 시가에 따라 값을 매겨 천을 솜으로 바꿔 돌아간다. 이어 또 서부 사람들이 돈을 들고 와서 천 값을 계산해 합의가 되면 계약서를 쓰고 돈은 두고 천을 가져간다. 이들은 오랜 세월동안 이

---

949   기준조(祁雋藻), 《마수농언(馬首農言)》, 25쪽.
950   《강희 송강 부지(康熙松江府志)》 권5, 명대 옛 지(志)를 인용함.

사업에 종사해왔다."[951] 광주에서는 "면포를 짜는 업주와 방직공 사이에 흔히 업주가 방직공에게 목화 2근을 공급하고 면사 1근씩을 거둬들이는데 목화와 면사의 판매가격이 아주 저렴하였다."[952] 이처럼 상인들은 원료로 제품을 바꿔감으로써 방직공과 제품시장의 연계를 끊어버렸을 뿐 아니라 방직공과 원료시장의 연계도 끊어버려 그들을 상업자본의 권위 아래에 완전히 굴복시켰다. 이는 "자본주의 관계의 발전이 앞으로 크게 한 걸음 내디뎠음을 의미한다." "상업자본의 최고지위 아래에서 매점상은 재료를 '수공업자'에게 직접 분배해주고 그들은 일정한 수당을 받기위해 생산에 종사하게 한다. 수공업자는 사실상으로 자신의 집에서 자본가를 위해 일하는 고용 노동자가 되었으며 매점상의 사업자본이 여기서는 공업자본으로 변화하였다. 이에 따라 자본주의의 가정노동이 형성되었다."[953]

면포 방직업이 주로 가정수공업인 상황과는 달리 면포 염단업(染踹, 천을 염색하고 가공하는 것)에서는 소규모 가공업소가 나타났다. 염색과 가공업은 원래는 독립적인 생산 분야가 아니라 포목상이 설치한 하나의 분점으로서 청람포필을 가공 생산하는 한 부분이다. 소주(蘇州) 창문(閶門)의 포목점 상호는 "표백, 염색 및 착포(看布), 행포(行布)에 이르기까지 한 개의 상호에 흔하게 수십 가구가 의지해서 생계를 유지

951 《함풍 남심 진지(咸豊南潯鎭志)》 권24, 시국기(施國祁),
      《길패거가창자서(吉貝居暇唱自序)》
952 그린버그, 《브리튼의 무역과 중국의 개방》,
      100쪽(Michael Greenberg British Trade and Opening of China)
953 《레닌전집》, 3권, 328~329쪽.

한다."[954] 강희 말년 소주의 한 염색공방 비문을 보면 64개 염색공방의 상호가 마지막에 모두 적혀 있음을 발견할 수 있다.

그중에 오익유(吳益有)·정익미(程益美) 등의 16개 상호는 또 다른 포목업소의 비각에서도 각각 그 이름을 찾아볼 수 있으며 포목상의 명의가 한 차례 혹은 여러 차례 나타났다. 이로부터 그 16개의 염색공방은 모두 포목상이 경영하고 있었다는 사실을 알 수 있다.[955] 그중에서 정익미라는 상호는 원래 청초 신안 포목상 왕(汪) 모가 경영하는 왕익미(汪益美)라는 상호였는데 후에 어떠한 사정으로 정(程)씨 성을 가진 포목상에게 합병되어 상호가 왕익미에서 정익미로 바뀐 것이다. 익미라는 상호가 생산한 청람포필은 "온 세상에 널리 퍼져나갔는데" 한 해에 "백만 필"이 팔리곤 하였다. 2백 년간 "전남(滇南, 운남성을 가리킴)에서 막북(漠北)에 이르기까지 익미를 좋다고 하지 않는 곳은 한 곳도 없었다."[956] 가공공방(踹坊)도 염색공방과 마찬가지로 모두 포목상에게 귀속되었다. 1670년(강희 9년)의 한 비문에는 "휘상(徽商, 휘주 상인, 신안 상인)·포목상·포목가공(踹布) 장인 등에게 알리노라, 앞으로 모든 포목가공 노동자는 반드시 작두(作頭, 공방 두목)의 감독을 받고 작두는 마땅히 점포 주인의 통제를 받도록 한다"[957]라고 기록되어 있다. 1723년(옹정 원년)의 기록에 따르면 "염색·가공(踹) 장인은 모두 점포 주인이 고용한

---

954 《민국 오 현지(民國吳縣志)》 권 52상, 《풍속(風俗)》 1,
    《건륭장주현지(乾隆長洲縣志)》를 인용.
955 《강소 성 명청 이래 비각 자료 선집(江蘇省明淸以來碑刻資料選集)》 참고, 58~60쪽.
956 허중원(許仲元), 《삼이필담(三異筆談)》 권 3, 《포리(布利)》
957 《강소 성 명청 이래 비각 자료 선집(江蘇省明淸以來碑刻資料選集)》 참고, 33쪽.

자에 속한다"[958]라고 하였다. 여기서 포목상과 염색·가공 장인의 착취관계를 명확히 설명하였다.

염단업(染踹業, 염색 가공업)의 발전에 따라 일부 염색·가공 공방이 포목상의 통제에서 점차 분리되어 독립하였다. 옹정 시기에는 이미 소주 한 곳에서만도 가공공방(踹坊)이 450곳이 있었으며 가공장인은 1만 여 명에 달하였다. 원래 공방의 작두도 분화되기 시작해서 일부는 공방주인—포두(包頭)가 되었다. 일부 포두는 여러 개의 공방을 경영하며 "객장(客匠, 외지에서 온 장인)을 각각 수십 명씩 다양한 형태로 거느리고"[959] 착취하였다. 이들 포두는 원보석(元寶石)·목곤(木滾) 등의 수많은 생산 공구를 소유하고 대량의 가옥을 보유하여 가공 장인들에게 임대해 주어 거주하게 하면서 가공 장인에게 땔감과 식비를 가불해 주었으며 생산자료 소유권에 의지해서 매 달 장인들로부터 일인당 천 33필을 가공해주고 받을 수 있는 수당에 해당하는 은자 3전 6푼씩을 "집세와 공구 대여금"으로 갚게 해서 착취하곤 하였다.[960] 노동력을 팔아 생계를 유지하며 착취를 받을 대로 받는 염색가공 장인들은 "소주에서 모두 가정을 이루지 않은", "홀홀단신이었으며"[961] 아무 것도 가진 게 없는 무산자들이다. 그들은 포목상과 포두의 이중착취를 받아 저렴한 임금을 받으며 지극히 가난한 생활을 하면서 저항정신이 강하였다. 여기서 자본주의의 착취관계가

958 《옹정주비유지(雍正朱批諭志)》 제 8권, 옹정 원년 5월, 하천배의 상주문(何天培奏)
959 《강소 성 명청 이래 비각 자료 선집(江蘇省明淸以來碑刻資料選集)》 참고, 43쪽.
960 《옹정주비유지(雍正朱批諭志)》 8권, 옹정 원년 5월, 하천배의 상주문(何天培奏)
961 《옹정주비유지(雍正朱批諭旨)》 48권, 소주 직조(織造, 청대 관직명) 호풍휘(胡風翬)의 상주문.

비교적 뚜렷이 반영된다. 소주의 염단업은 일부 공방 내에 집중되고 이미 전문화되었는데 이는 자본주의 생산의 발전에 일부 유리한 전제조건을 마련해 주었다. 그러나 여기서 자본의 기능은 두 가지 부분으로 나뉜다.

포목상은 오직 가공대상과 임금만 제공하고 포두는 오직 생산 설비를 제공해 노동자들을 관리하는 책임만 담당하며 양자가 잉여가치만 나눠 가질 뿐 면포생산과 가공의 전반과정은 아직 한 자본가의 통일된 지휘는 실현되지 못하였다. 더욱이 포두는 봉건적인 우두머리 같은 색채가 더 짙다.

포두는 봉건 관아의 지지 아래에 가공 장인(踹工)을 엄밀하게 속박하고 보갑(保甲)제도를 실행해서 "가공 장인이 공방에 고용되려면 반드시 공방장이 그 내력을 확인한 뒤에야 비로소 공방에 남을 수 있도록 허용하곤 했다", "가공 장인이 공방에 들어오면 반드시 네 명의 장인이 서로 지키도록 했으며", 심지어 "낮에는 일을 시키고 밤에는 공방 내에 가두곤 했다."[962] 포두의 관할과 감독 아래에서 가공 장인들이 받는 봉건속박은 여전히 매우 심각하였다.

강남지역의 견방직업은 면방직업보다도 더 집중되고 더 전문화되었다. 대규모의 관영 방직업 및 "집집마다 바디집이요, 가구마다 아름다운 비단"인 상황에 머물러 있는 가정수공업을 제외하고도 기호(機戶, 직물을 짜는 일을 맡은 장인 혹은 가호(家戶))들이 개설한 수공 공방도 나타났다. 강희제 전기에 청정부는 민간 견방직업 공방의 발전을 제한하기 위해

---

962 《강소 성 명청 이래 비각 자료 선집》,
    《장 오 두 개 현의 가공 장인 조약비(長吳二縣踹匠條約碑)》, 44쪽.

"기호가 소유한 방직기계의 수량은 백 장(張)이 넘어서는 안 되며 기계한 장 당 50금씩 납세하도록" 규정지었다. 후에 강녕(江寧)의 직조(織造, 관직명) 조인(曹寅)이 세액을 면제해주자고 주청을 올린 뒤로 민간의 직기 수량이 크게 늘었으며 "도광제 시기에는 직기 수량이 5, 6백 장이 넘는 업주도 생겨났다."[963] 이러한 견방직업 수공 공방은 대량의 노동자들을 고용하여 한 자본의 지휘 아래에서 생산을 진행하였다. "소주성내의 기호들 대다수가 노동자를 고용해서 방직을 하였으며 기호가 출자해서 경영하고 방직공은 일한 만큼 수당을 받곤 했다…… 수당은 생산한 방직물 수량에 따라 계산했으며 화물의 우열과 일솜씨의 고하에 따라 증감하곤 했다."[964] 예를 들어 그때 당시 강녕에서 유명한 기호 이편단(李扁担)·진초포(陳草包)·이동양(李東陽)·초홍흥(焦洪興) 등은 "모두 각각 4, 5백 장"[965]의 직기를 소유하고 있었다. 이들 기호들은 "자체로 방직기를 설치해 방직공을 고용해서 일을 시키는 외에 대다수는 방직공에게 날줄과 씨줄을 제공해주고 그들이 각자의 거처에서 장인을 고용해서 비단을 짜도록 했다."[966] 또 일부 사람들은 자체로 공방을 개설하지 않고 "건사와 날실을 기호들에게 나누어주어 그들이 비단을 짜서 가져오면 그 비단 필의 수량에 따라 임금을 계산해 주곤 했다."[967] 이로부터 강남 일대의 견방직업은

---

963 《광서 속찬강녕부지(光緒續纂江寧府志)》 권15

964 《강소 성 명청이래 비각 자료 선집》, 《여러 법령에 따라 방직 장인들의 파업을 영원히 금한다는 내용의 비문(奉各憲永禁機匠叫歇碑記)》, 6쪽.

965 《신보(申報)》, 광서 12년 2월 6일.

966 《민국 오 현지(民國吳縣志)》 권51, 《물산(物産)》 2

967 서가(徐珂), 《청패류초(清稗類鈔)》 . 《농상류(農商類)》

직조국(織造局)이 통제하는 일부분을 제외하고 소수의 자본주의 성질을 띤 공장(工場) 수공업도 존재했음을 알 수 있다. 일부 민간의 소규모 기호들은 비록 자체 자금이 많지 않고 직기가 극히 적었지만 공장 수공업 자본의 통제를 받았으며 그들을 위해 가공 주문을 받아 대규모 공방의 "장외 부분"이 되었다.

공장 수공업은 광범위한 자연경제의 토대 위에 우뚝 솟아 자연경제의 장식품이면서도 한편으로는 봉건적인 경제와 정치를 서서히 분해하고 충격하면서 그 대립물로 되었다. "공장 수공업 중에서…… 수많은 개개의 국부적인 노동자들로 구성된 사회 생산기구는 자본가에게 속했다. 따라서 여러 가지 노동의 결합으로 생겨난 생산력은 자본의 생산력으로 체현되었다."[968] 공장 수공업의 진일보의 확대 발전은 필연코 봉건주의와 심각한 충돌을 빚게 되어 봉건제도의 붕괴를 초래한다.

물론 청대의 공장 수공업은 봉건주의에 맞설 만큼 강대하진 못하였다. 오히려 견직 공장을 개설한 기호들 자체가 짙은 봉건성을 띠어 봉건 관아의 통제를 받지 않을 수 없었다. 심지어 관아의 보호에 의지해서 노동자들을 진압함으로써 노동자들을 착취해야 하는 자체의 권리를 유지하기까지 하였다. 여기에서 지극히 복잡하고 지극히 모순되는 경제관계와 계급관계가 반영된다. 한 방면으로 기호들은 자본의 힘을 빌어 노동자를 착취하고 또 봉건 정권의 폭력을 빌어 노동자를 압박하였다. 끊임없는 노사분규 속에서 관아는 언제나 기호의 편이었다. 예를 들어 1734년(옹정 12년), 청 정부는

---

968   《마르크스 에겔스 전집》, 23권, 398~399쪽.

소주에 비를 세워 방직 장인들의 파업을 금지시켰다.

비문에는 "앞으로 만약 불법 악당(방직공을 가리킴)들이 감히 대중들을 선동, 파업해서 이를 통해 협박하려고 꾀하는 자에 대해서는 이웃 기호들이 즉시 지방 관청에 고발하는 것을 허용했으며 파지행시율(把持行市律)에 따라 처벌하며 또 목에 칼을 씌워 한 달간 조리를 옴짝 못하도록 한다"[969]라고 밝혔다. 1822년(도광 2년)에 세운 돌비석 비문에는 또 "민간의 여러 기호에 대해 조사한 결과 그들은 날실과 견사를 방직장인에게 맡기는데 자본이 많이 들어가는 반면에 얻을 수 있는 이익은 아주 적다. 망나니 장인들은 수시로 수당을 높여달라고 협박하거나 조금만 비위에 거슬리면 파업하는 것으로 협박하곤 한다…… 이러한 악습이 참으로 가증스럽다…… 만약 방직 장인들이 고의로 규정을 어기고 따르지 않거나 핑계를 대어 사단을 일으키고 선량한 장인들로부터 가혹하게 세금을 받아 작업을 방해할 경우 여러 기호들은 현 관아에 그 이름을 고발해 추궁을 받도록 할 수 있다."[970] 기호들이 정치적으로 봉건 관부에 의존하고 있음은 바로 그들의 경제 세력이 아직 매우 약하다는 사실을 반영한다. 다른 한 방면으로 봉건 관아와 행회(行會)는 또 기호들을 멋대로 유린하고 엄하게 규제하였다. 청대 초기에는 명대의 "영직제(領織制)"를 답습했는데 무릇 관부에서 필요한 견직물은 모두 기호가 은자를 받아 장인을 고용해 짜도록 하고 다 짠 뒤에는

969 《강소 성 명청 이래 비각 자료 선집》, 《여러 법령에 따라 방직 장인들의 파업을 영원히 금한다는 내용의 비문(奉各憲永禁機匠叫歇碑記)》, 6쪽.
970 《강소 성 명청 이래 비각 자료 선집》, 《원화 현 방직 장인들이 방직 일을 맡는 것과 관련해 대중을 선동해 작업을 중단하지 못한다고 고지한 비문(元和縣曉諭機匠攬織, 不得倡衆停工碑記)》, 13쪽.

관부에 가져다 바치고 값을 결제하곤 하였다. 후에는 또 "직기를 받고 인첩(印帖)을 발급하는 영기급첩(領機給帖)" 방법을 실행하여 직조아문에서 관부 소유의 직기를 민간 기호에게 나눠주고 인첩을 발급하였다. 그로부터 "기호의 이름이 관적(官籍)에 기록되어" 직조 임무가 있을 때면 기호가 직조아문에서 견사 재료와 공은(工銀, 품삯)을 받아내어 노동자를 고용해서 비단을 짜곤 하였다. 기호들은 관부에서 가공할 견직물을 주문 받기 때문에 독립적인 경영과 자유로운 발전이 불가능하며 관부의 착취를 받을 대로 받았다. "기호들은 짠 견직물을 관부로 수송했는데 가끔 모자랄 때가 있거나 하면 관부에 빚을 지게 되며 갚지 못하는 경우도 흔히 있었다."[971] 기호와 관부 사이에 심각한 모순이 존재하였다. 이외에도 기호와 방직 장인 모두 행회조직의 여러 가지 속박을 받아야 했기 때문에 자유로운 발전을 이루기가 어려웠다.

채광과 야금업도 유구한 역사를 가진 중요한 수공업분야로서 광범위한 민중의 생산도구와 생활도구의 공급과 관련되며 또 정부의 군사와 재정 방면의 수요와도 관련된다. 청대 채광과 야금업에는 고용노동과 대규모의 공장이 나타났으며 자본주의 맹아가 나타났다. 명대에 비해 청대의 채광과 야금업은 그 생산규모와 생산량 및 업계 내부 관계 방면에서 모두 크게 발전하였다. 명대에는 관영 광산이 아주 중요한 지위를 차지했으며 민영 채광과 제련업도 정부의 엄밀한 통제를 받았다. 게다가 노동자들은 대다수가 인신자유가 없는 위군(衛軍)과 장역(匠役, 관아나 관리의 집에서

---

971 《건륭 중수원화현지(乾隆重修元和縣志)》 권10

일하는 장인) 그리고 죄수들이었다. 그러나 청대에 이르러서는 절대다수의 상인이 채굴에 종사하였다. 정부의 통제가 가장 엄한 운남의 동광마저도 관부가 투자해서 광산을 상인에게 도급을 주고 이자를 받으며 관부에서 여분의 동을 거둬들이는 정책을 실행하여 광산 경영 주권은 여전히 정부가 아닌 개인에게 속하였다. 더욱이 기타 석탄과 철광은 개인의 투자가 보편적이었다. 채광과 야금업에서 위군과 장인을 이용한 노역제도도 이미 도태되었다. 위소(衛所)가 이미 존재하지 않았으며 장역도 보편적으로 폐지되었다. 채광과 야금업은 모두 "부유한 자가 출자해 이윤을 도모하고 가난한 자가 고용 노동에 의지해 생계를 유지하는"[972] 고용노동제를 실행하였다. 물론 청대의 채광과 야금업 발전은 여전히 충분하지 않고 봉건적인 색채가 짙었다. 봉건정부의 촉각이 채광과 야금업에 깊이 파고들어 광산업의 채굴과 제련 및 유통을 여전히 엄밀히 통제하고 간섭함으로써 채광과 야금업의 정상적이고 빠른 발전을 저해하였다.

자본이 풍부하고 생산량이 아주 높으며 생산규모가 제일 큰 것은 운남의 동광이었다. "예전에 규모가 큰 광산은 인원이 흔히 십 수만 명, 작은 광산도 수만 명 이상이었으며 본 성의 가난한 백성뿐 아니라 사천과 호광(湖廣) 광동과 광서의 노역자들은 모두 여기에 와서 생계를 유지하고자 하였다."[973] 동광 채굴에 투자하는 이들은 사방에서 모여온 지주와 부상들이었는데

972 《황조경세문편(皇朝經世文編)》 권52, 전준(田畯), 《진월서광창소(陳粤西礦廠疏)》
973 《황조경세문편(皇朝經世文編)》 권49, 잔육영(岑毓英),
    《주진정돈전성동정사의소(奏陳整頓滇省銅政事宜疏, 운남성 동 관련 정무를 정돈할 사항에 대해 진술한 상소문)》

"예전에 경영자들은 모두 사천과 호광·강소·광동의 거상으로서 광산 한 곳을 경영하는데 자금을 은 10만, 20만 냥씩 투자하곤 하였다."[974] 채광업에 종사하는 노동자들 중 일부분은 고정임금을 받지 않고 일정한 비례에 따라 제품을 나눠가지는 '자기 형제'로서 비교적 밀접한 인신종속관계가 존재한다. 다른 일부분은 장기적으로 고용 당하는 '달품 노동자(月活)'로서 고정 임금을 받고 인신자유를 유지한다. "매 달 공가(工價, 품삯)를 지급하며 떠나거나 머물거나 하는 것은 본인의 자유이다."[975] 이는 자본주의 성질을 띤 고용노동이다. 동광의 생산은 분공이 아주 세분화되고 조직은 엄밀하다. 생산의 기층 단위는 '동(硐, 광갱)'이고 각개의 동은 또 여러 갈래로 나누어 채굴하는데 이를 '첨(尖)'이라고 부르며 제련을 맡은 단위는 '노(爐)'이다. '동'·'첨'·'노'가 한 지역에 집중되어 하나의 큰 광공장(礦廠)을 형성한다.

광공장에는 관부에서 파견된 관역(官役)을 제외하고도 공장업무는 민중들이 천거한 "일곱 장(長)"(객장(客長)·과장(課長)·노장(爐長)·과두(鍋頭)·동장(硐長)·양장(鑲長)·탄장(炭長))이 장관한다. 노장과 과두는 모두 동광에 투자한 상인이고 동장과 양장은 공사기술인원이다.

운남 동광은 규모가 아주 크고 조직형태가 비교적 완벽하지만 그 발전은 청 정부의 화폐 제조의 수요에 맞춰졌으며 정부의 대대적인 지지를 받았다. 강희가 "삼번(三藩)"의 난을 평정하고 운남을 수복한 뒤부터 동광의 채굴을 격려하여 "백성들이 원하는 대로 채굴"하도록 하는 정책을 실행하였다.

---

974 당형(唐炯), 《성산노인자찬연보(成山老人自撰年譜)》 부록, 2쪽
975 오기준(吳其濬), 《전남광창도략(滇南礦廠圖略)》 부,
    《동정전서자순각창대(銅政全書諮詢各廠對)》

최초에는 20%의 광산세만 받았는데 후에는 화폐 주조에 대량의 동이 필요하여 또 "생산 원가를 지불한 뒤 동을 수매하는 방본수동(放本收銅)"의 정책을 실행하였다. 이 정책에 따라 정부는 매년 은 1백만 냥을 동 생산 원가로 여러 광공장에 미리 발급한 뒤 그들이 채굴한 동을 정부가 수매해 들였다. 청 정부가 거액의 자금을 투입했기 때문에 동광은 아주 빠르게 발전해서 생산량이 빠르게 성장했는데 연간 생산량이 최고 1천 수백 만 근에 달한 해도 있었다. 그러나 "방본수동"정책은 봉건 정권세력이 동광 내부에 침투하는 심각한 나쁜 결과를 빚어내어 동광이 기형적인 발전의 길에 들어서게 하였다. 상인들이 동의 생산원가를 미리 지급 받는 조건은 채굴한 동을 고정가격에 따라 정부에 파는 것, 즉 "관동(官銅, 정부가 거둬들이는 동)"으로 바치는 것이다. 그밖에 극히 소수의 부분만 '통상동(通商銅, 시장에서 거래되는 동)'으로 시장에 내어 자유거래를 허용하였다.

한편 정부의 동 수매 가격은 매우 낮아 백 근 당 최초에는 은 3~4냥씩 주다가 후에는 6냥 4전으로 올려주었다. 시장에서 거래되는 동의 가격은 9냥 이상이었다. "채광업에 종사하는 백성들이 동을 채굴하는데 들어가는 비용은 아주 컸다. 식량과 기름 값에 채굴 비용, 제련비용 뿐만 아니라 성의 점포까지 운반하여 가는데 들어가는 운반비용까지 합쳐 아주 많은 비용이 들어갔다. 그런데 정부 수매 가격으로는 생산 원가로 들어간 비용을 해결하기에 부족하였다."[976] "채광 제련에 종사하는 백성들은 정부로부터

976   이불(李紱), 《목당초고(穆堂初稿)》 권42, 《운남의 이참정과 동 관련 사무에 대해 논한 서신(與云南李參政論銅務書,)》

생산원가로 지급 받은 6냥 4전에다 1냥 8, 9전을 더 보태야 생산비용을 해결할 수 있었다. 그 부족한 비용은 어디서 나겠는가? 후에 받을 돈을 미리 당겨다 메우는 수밖에 별수 있겠는가? 그러니 이쪽의 바쁜 고비를 넘기려면 저쪽이 어려워질 수밖에 없었다. 그러니 훗날의 어려움은 이루 다 말로 할 수도 없었다. 동 가격의 저렴함과 광산 백성들의 고달픔이 이러하였다."[977] 광산 백성들이 정부로부터 동 생산 원가를 미리 지급 받은 뒤 생산한 제품을 정부에 바치고 받은 제품 값으로는 빌린 원금을 갚기도 모자랐기 때문에 대량의 공장 빚이 형성되었다. 청 정부는 광산 노동자들이 창조한 전체 잉여가치를 착취하고 광산 상인의 이윤을 약탈해 갔다.

광산은 자금을 누적해서 기술을 개혁하고 확대재생산을 실현할 수 없었을 뿐만 아니라 심지어는 단순 재생산을 유지하기도 어려웠다. "광산 백성들은 티끌만한 이윤도 챙기지 못하고" 빚만 자꾸 늘어나 몰래 채굴하고, 밀매하거나 생산을 중단하고 도주하는 것으로 저항하기도 하였다. 청 정부는 동광에 침투하면서 기업에 심각한 위해를 가져다주었지만 화폐를 주조하려면 반드시 동을 원료로 사용해야 하였기 때문에 이런 반죽음 상태의 국면을 그대로 끌고 가는 수밖에 없었다. 청 정부는 때로는 동 수매 가격을 올려주기도 하고 때로는 공장 빚을 탕감해주기도 했으며 때로는 통상 동에 대한 규제를 풀어주기도 하였다. 그러나 이처럼 극소수로 진행된 개선은 여전히 봉건주의가 운남의 동광에 가져다준 치명적인 상처를 치료할 수는 없었다. 건륭제는 조서에서 "운남성의 동광 채굴과 제련은 최근 몇

---

977   오기준(吳其濬), 《전남광창도략(滇南礦廠圖略)》 부, 《논동정리병상(論銅政利病狀)》

년간 어려운 국면이 거듭되고 있다. 그 성의 총독과 순무 등에게 성지를 내려 방법을 크게 조정하고 실제로 힘을 기울여 계획하도록 하였으나 결국에는 효과가 없었다."[978] 그 뒤 청 정부는 갈수록 부패해져 민중들의 투쟁이 거센 기세로 일어났으며 국고가 동 생산원가로 거액의 자금을 지급할 수 없게 됨에 따라 운남의 동광은 더욱 쇠락하였다. "운남의 동광은 해마다 생산량이 부족해졌으며"[979] 계속 부진한 상태가 이어졌다.

철광의 채굴과 제련업은 백성들의 생산과 생활도구에 공급되는 한편 병장기를 제조하는 원료로도 공급되었으며 국민경제에서 지극히 중요한 분야였다. 봉건 관부의 자금이 철광업에는 침투되지 않았다. 철광업은 일률적으로 상인들이 스스로 채굴하고 제련하였다. 전국 각지에 규모가 큰 철광 채굴과 제철공장이 비교적 적지 않게 있었다. 예를 들어 광동의 불산에는 "철을 제련하는 노(爐)가 수십 개, 철을 주조하는 노가 백여 개에 달했으며 밤낮으로 제련하고 있어 불빛이 하늘을 비추었다."[980] "철기점이 수십 개, 종업원이 수천 명에 이르며, 한 철기점이 다듬잇돌 수십 개씩을 갖추고 하나의 다듬잇돌에 십여 명이 모여서 작업했는데 이를 소로(小爐)라고 불렀다."[981] 옹정제 시기에는 "광동성에 철을 제련하는 노(鐵爐)가 50, 60곳이 넘었고 탄광도 많이 개발하였으며, 고용 노동자는 수만 명이 넘었다."[982] 가경제 시기에 호북(湖北)성 한구(漢口)에는 "철기점

978   《청 고종실록(淸高宗實錄)》 권1106, 건륭 45년 5월 무자(戊子)

979   양장거(梁章鉅),《퇴암수필(退庵隨筆)》 권7

980   《건륭 불산 충의 향지(乾隆佛山忠義鄕志)》 권6,《향속지(鄕俗志)》

981   굴대균(屈大均),《광동신어(廣東新語)》 권15

982   《황조경세문편(皇朝經世文編)》 권55, 악이달(鄂爾達),《채굴과 주조를 청하는

13개에 철공이 5천여 명이 있었다. …… 철기점에서 철을 사다가 철공들을 시켜 밤낮으로 농기구 수십 만 개를 서둘러 제조하도록 했는데 품삯이 약 5만에 달했다."[983] 안휘(安徽)성의 무호(蕪湖)도 유명한 강철 제련의 중심이었다. "다만 철공이 다른 현과는 달랐다. 도시 내에 제철업소가 수십 개에 이르며 매일 작업하는 인원이 수백 명이 넘었다."[984] 절강(浙江)성 동향(桐鄕) 노두진(爐頭鎭)에서는 "주민들이 제철을 생업으로 삼았으며 주방 취사도구인 부(釜, 가마)·증(甑, 시루)·정(鼎, 솥)·내(鼐, 세발솥)를 제조하는데 전국에서 모두 이곳에 의존하였다."[985] 복건(福建)성 정화(政和)의 현의철을 제련하는 노(爐)에는 "한 군데의 노에 노동자가 반드시 수십~수백 명이 있어야 했다. 철을 채굴하는 자, 숯을 굽는 자, 보일러에 불을 때는 자, 그밖에도 보일러를 살피는 자, 숯을 운반하는 자, 철광을 운반하는 자, 쌀장사, 술장사 등의 일꾼이 각각 수십 명씩 있어 노 한 곳에 수 백 명씩 모여 살았다."[986] 섬서(陝西)성도 제철업이 아주 발달했는데 "노 한 곳에 인부를 백 수십 명씩 쓰고 있었다. 예를 들어 노 6~7곳이 있다면 철공과 기타 고용 일꾼은 천 명이 넘었다. 철로 철판을 만들거나 혹은 그 자리에서 솥이며 농기구를 만들었다. 철공과 운반공은 천 수백 명이 있어야 했다. 때문에 철로천(鐵爐川)과 같은 비교적 큰 철공장에는 흔히 2, 3천 명이 있었고 작은 공장도 노가 3, 4개에 달했는데 역시 천명에서

상소문(請開礦采鑄疏)》
983   포세신(包世臣), 《안오사종(安吳四種)》 권34, 《주초변대(籌楚邊對)》
984   《가경무호현지(嘉慶蕪湖縣志)》 권1
985   《嘉慶桐鄕縣志》 권2
986   《민국정화현지(民國政和縣志)》 권9, 《부세(賦稅)》

수백 명이 있었다. 백성들이 이익을 쫓아서 떼를 지어 모여들었다."[987]
일부는 철광 채굴과 제련업 분야에 거금을 들여 경영하는 공장 주인이고 또
일부는 고용 노동자로서 두 개의 사회집단이 형성되기 시작하였다. 예를
들어 불산진(佛山鎭)에서는 "사방의 상인들이 이곳으로 모여들었고 역시
사방의 가난한 백성들도 이곳에 모여들었다. 자금을 가지고 온 상인이 열
사람 중에 한 사람이고, 빈손으로 생업을 찾아 찾아온 자가 열 사람 중 아홉
명이었다."[988]

철의 채굴과 제련은 운남의 동광과는 달랐다. 봉건 관부의 자금은 수공업
내부에는 투입되지 않았고 통제도 비교적 느슨하였다. 그러나 그렇다고
해서 청조 정부가 제철업이 자유롭게 발전하도록 방치하고 간섭하지 않은
것은 아니었다. 쇠붙이는 생산과 생활 속에서 없어서는 안 되는 도구이기
때문에 한 방면으로 청 정부는 일정한 수준정도에서 철의 채굴과 제련 및
유통을 허용하였다. 다른 한 방면으로 청 정부는 철의 광범위한 사용과
자유유통으로 인해 피압박 민중들이 투쟁의 무기를 쉽게 얻을 수 있는 것이
두려웠기 때문에 철의 채굴과 제련 및 운송 판매를 엄밀하게 감시하였다.

청 정부는 철제품에 대해 20%의 세금을 징수하는 것 외에도 철을
채굴하고 제련하는 곳, 노의 수량, 생산량, 공장주 및 광부·철공의
이름·이력 등을 상세하게 관부에 보고하여야 하며 허가서를 발급하도록
규정지었다. 철제품을 매매할 경우에는 어느 상인이 어디서 어느 노(爐)의

987   엄여욱(嚴如熤)《삼성변방비람(三省邊防備覽)》권9
988   《도광불산충의향지(道光佛山忠義鄕志)》권5,《향속지(鄕俗志)》

업주로부터 철을 얼마나 샀으며 어느 곳의 어느 점포로 운반해 가는지에 대해 서면으로 보고해서 인증서를 받아야 했으며 통관할 때에는 인증서를 검사했으며 무면허 철제품의 밀매를 엄히 금지하였다. 예를 들어 건륭 연간에 호남성 관부는 명령을 내려 "노를 설립할 때 업주는 본 지역의 인부만 고용하도록 허용하고 외지 백성을 모집하지 못하도록 하며 경영상이 사단을 일으키지 못하도록 해야 했다. 철광을 채굴하고 제련하는 인부의 실제 인원수와 이름, 나이, 용모를 명확히 기록한 뒤 관리 담당자와 보갑의 이웃 호수(戶首)가 공동으로 보증서를 제출하고 거기에 영원(營員, 청대 녹기병 무관)의 인감증명서를 첨부해 관부에 바쳐 등록 보관시킨 뒤에야 채굴을 비준하도록 했다."[989] 가경제의 조서에도 "강과 바다를 거쳐 철을 운송 판매하는 자의 경우에는 모두 허가증명서를 발급해서 구매한 뒤 제품을 운반해 오면 증명서를 바쳐 무효화하도록 한다. 인감증명서가 없이는 구매하지 못하며 증명서에 규정된 범위를 벗어나 더 많이 구매해서도 안 되며 운반해온 뒤에 인감증명서를 바치지 않을 경우 조사해서 책임을 추궁하도록 한다."[990]라고 했다. 특히 쇠붙이를 해외로 운송 판매하는 것은 더욱 엄히 금지시켰다.

이미 주조한 쇠솥조차도 수출이 허용되지 않았으며 선박 위에서 자체로 사용하는 솥이며 주전자 등 주방도구마저 구리 솥이나 질그릇으로 바꾸었다. 선박이 해외로 나가려면 관부의 조사를 거쳐 "쇠붙이를 싣지

---

989 《광서 흥녕 현지(光緒興寧縣志)》 권6
990 《광서 흥녕 현지(光緒興寧縣志)》 권6

않았다는" 증명을 발급 받아야 했다. 이처럼 엄밀한 통제와 감독 아래에서 철광 채굴과 제련 및 주조 관련 수공업의 발전은 당연히 큰 지장을 받았다.

청대에는 석탄채굴업도 아주 보편화되어 각 지역에 많은 탄광이 있었다. 정부는 일반 토지세칙례를 적용하는 것을 제외하고 특별한 탄광세를 징수하지 않았으며 관제가 동광과 철광보다는 느슨하였다. 하북(河北)·산서(山西)는 주요 석탄 생산지역이였으며 특히 북경성은 인구가 많아 석탄 수요량이 아주 컸기 때문에 교외에 탄광이 많이 들어섰다. 1762년(건륭 27년) 공부(工部)아문의 보고에 따르면 북경의 서산(西山)과 완평(宛平)·방산(房山) 두 개의 현에는 오래된 탄광이 총 750채가 있고 현재 채굴 중인 탄광이 273채에 달해[991] 그 수량이 많았음을 알 수 있다. 이른바 "수도의 백만 가구는 모두 서산의 석탄에 의존했으며 수백 년을 그렇게 살아오면서 부족한 법이 없었다."[992] 기타 각 지역, 예를 들어 직예(直隸) 자주(磁州)와 같은 지역은 "예전부터 석탄을 캐는 탄갱이 있었는데 모두 백성들이 스스로 생산비용을 들여 채굴하곤 하였다."[993] 산서(山西)성의 정형(井陘)에서는 "본 현의 석탄산지는 역대로 민간에서 스스로 채굴하여 불을 때어 밥을 짓기 위한 수요를 만족시키곤 하였다."[994] 열하(熱河)성의 승덕(承德)은 "소속 지역이 원래 석탄 산지였는데 상인을 유치해서 채굴하라고 명하는

---

991 《청대초당(清代抄擋)》, 사이직(史貽直) 등의 상주문, 건륭 27년 정월 11일.
992 《청대초당(清代抄擋)》, 공부상서(工部尚書) 하다하(哈達哈) 등이 서명함, 건륭 5년 11월 초아흐렛날.
993 위의 책.
994 위의 책.

내용이 기록된 격문을 내다붙였다."[995] 섬서성의 백수(白水)에서는 "서남의 두 개 향에 탄갱 40곳이 있었으며 석탄을 캐고 기는 인부가 약 3~5백 명에 달했다."[996] 하남 성의 공(鞏)현은 "공읍(鞏邑)에서 석탄이 나는데 탄갱을 뚫는 일에 종사하는 이가 천백 명에 달했다."[997] 산동성에도 탄광이 아주 많았다. 예를 들어 봉(峰)현은 채굴 규모가 비교적 크고 관부의 간섭을 받지 않아 거액의 자본을 소유한 탄광주가 나타났다. 기록에 따르면 봉현은 "탄광이 가장 흥했는데 산속 곳곳에 탄광이 있었다. 석탄을 채굴하는 자는 자체적으로 경영을 하였으며 관리의 통제를 받지 않았다. 건륭·가경 시기에 봉현이 주요한 교통 요충지가 되어 상인들이 집결하게 되면서 한때 탄갱 수량이 늘어났다. 한편 조운배 수천 척이 연이어 북상하며 수백만 석의 석탄을 운반하면서부터 광업은 크게 흥성하였다. 봉현의 양(梁)씨·최(崔)씨·송(宋)씨와 같은 대 가문은 모두 석탄으로 집안을 일으켜 세워 제왕 제후들처럼 부유해졌다. 그 동안 남는 부분이 있으면 여러 관리들에게 나눠주는 것이 탄광의 법칙이 되어 해마다 헤아릴 수도 없을 만큼의 돈을 낭비하면서 세금은 한 번도 바친 적이 없다."[998]

북경 문두구 탄광을 예로 들면 이곳 탄갱의 자본은 주식제 동업제도를 실행하였다. 민간탄광 내부에 자본주의의 체계가 초보적으로 형성되었다. 한 방면으로는 "스스로 생산비용을 대고 탄광을 채굴하는" '요호(窯戶)'가

995　위의 책.
996　노곤(盧坤),《진강치략(秦疆治略)》, 제 20쪽.
997　《건륭 공 현지(乾隆鞏縣志)》권 7
998　《광서 봉 현지(光緖峰縣志)》권 7

있고 '요호'를 도와 탄광업무를 관리하는 '장궤(掌櫃)'와 장부를 관리하는 '관장(管賬)'이 있다. 다른 한 방면으로는 고용 당한 대량의 '요부(窯夫)'와 기술 지도를 맡은 '작두(作頭)'가 있다. 채굴해낸 석탄은 상품이 되어 시장에서 자유로이 매매되었는데 여러 탄광들 사이에 경쟁이 존재하였으며 때로는 몇 개 탄광이 연합 경영하기도 하였다. 탄광들 사이와 주주들 사이에 규정을 정해놓고 어길 시에는 처벌하였다. 장기간의 발전을 거쳐 초(焦)·염(閻)씨 등 대 탄광주(窯主, 요주)들이 타나났다. 건륭제 때에 이르러서는 대형 탄광주들의 '독점'과 '병탄'현상이 나타나서 많은 소규모의 민간탄광을 합병하여 자본이 일정한 수준에서 누적되고 집중되는 추세를 보였다.

탄광에 대한 청 정부의 통제가 비록 느슨하긴 하지만 그러나 한편으로는 채광에 백성들이 많이 모여 들었기 때문에 말썽을 부리고 반란을 일으키기 쉬운 점이 두려워 늘 아무런 이유도 없이 채광을 금지시키곤 하였다. 역사자료의 기록에 따르면 탄광은 "장강 이북에 많이 분포되었사옵니다. 즉 신의 고향인 태안(泰安)·내무(萊蕪)·영양(寧陽) 등 여러 군현(郡縣)에서는 모두 석탄을 채굴하고 있는데 이는 신이 잘 아는 사실이옵니다. 그런데 위에서 명확한 지시가 없는데도 지방의 일부 관부가 백성들이 모여 말썽을 일으킬까 두려워 연이어 채광을 금지시켰기 때문에 만민이 앉은 자리에서 이익을 잃게 되었사옵니다."[999] 이를 볼 때 청 정부의 금지령은 여전히

999　《청대초당(清代抄擋)》, 공부상서(工部尚書) 하다하(哈達哈) 등이 서명함, 건륭 5년
　　　11월 초아흐렛날. 조국린(趙國麟)의 상주문을 인용함.

탄광업 발전의 일대 걸림돌이었음을 알 수 있다. 이밖에도 비록 여러 지역에 탄광이 아주 보편적으로 존재하였지만 대다수가 소상품 생산단계에 머물러 있어 자본이 아주 적고 설비가 빈약했으며 생산량이 많지 않았다. 예를 들어 섬서성의 한음청(漢陰廳)의 경우 "탄요(炭窯, 숯가마)와 석회 가마(灰窯)가 겨우 몇 군데만 있고 한 군데에 고작 3 5명의 노동자가 있을 뿐이다."[1000] 농주(隴州)는 "동향(東鄉)에 탄광과 숯 공장이 7채가 있고 고용 노동자도 많지 않다."[1001] 산서 성의 울주(蔚州)는 "탄광들이 모두 규모가 작아 매일 석탄생산량이 얼마 되지 않는다."[1002] 광동 성의 화(花)현의 경우 "그 곳은 산지가 가늘고 길게 생겨 석탄이 극히 적게 난다."[1003] 이러한 작은 탄광들이 자본을 누적하고 기술을 개진하며 생산량을 높이고 대규모의 채굴상태로 발전하려면 분명히 길고도 굴곡적인 과정이 필요할 것이다.

3. 자본주의 맹아 발전의 걸림돌 - 관부의 압력과 행회(行會)의 속박

상기 내용을 종합해보면 청대 수공업 중에는 자본주의의 맹아가 존재하였으며 명대에 비해서는 다소 성장하였다. 중국 봉건사회도 역시

1000   노곤(盧坤), 《진강치략(秦疆治略)》, 60쪽
1001   위의 책, 48쪽
1002   《청대초당(清代抄擋)》, 공부상서(工部尙書) 하다하(哈達哈) 등이 서명함, 건륭 5년
       11월 초아흐렛날.
1003   《청대초당(清代抄擋)》, 공부상서(工部尙書) 탁용(托庸) 등이 서명함, 건륭 32년 3월
       12일.

스스로의 발전법칙에 따라 자본주의 사회로 서서히 들어서기 시작하였다.

학술계에서는 중국 자본주의 맹아 수준의 높고 낮음에 대해 두 가지 각기 다른 의견이 존재한다. 한 가지는 지나치게 높이 평가하는 견해인데 맹아의 성장이 "놀라울 정도로 빠르다는 것"으로서 "기술이 발전하지 않은 상황만 제외하면 모든 자본주의 생산방식에 필요한 물질적 조건을 다 갖추었다"면서 봉건사회가 이미 "본질적인 변화"가 발생하기 시작했다고 주장하는 것이다. 다른 한 가지 견해는 지나치게 낮추어 평가한 것인데 맹아가 아주 미약해서 거의 존재하지 않는다고 볼 수 있다고 주장하는 것이다. 면방직업은 자급적인 가정 수공업이고 견방직업은 봉건적인 행회 수공업이며 채광과 제련업 · 도자기제조는 전적으로 봉건 관부의 지배를 받았다. 이들 업종 중에는 자본주의 체계가 발을 디딜 여지가 없으며 고용 노동자들 모두 자유로운 고용관계가 아닌 인신 종속관계였다.

우리는 상기 두 가지의 극단적인 의견에 찬성할 수 없다. 전자는 아직 극소수에 불과한 선진적인 경제요소를 과장해서 지나치게 치켜세웠다. 즉 국부적인 선진지역과 선진업종 · 선진수공업자들로 부터 전면적인 국면을 대표하였으며 편파적이고 비주류적인 것으로부터 전반적인 주류를 덮어버리는 것이다. 후자는 그때 당시의 경제생활 속에서 나타난 일부 새로운 사물을 무시하고 비교적 순수한 근대 자본주의의 대산업을 기준으로 삼아 봉건주의라는 어머니의 뱃속에서 잉태 중인 자본주의 맹아와 비교하였다. 후자는 그때 당시의 수공업이 필연적으로 갖고 있는 짙은 봉건적인 흔적을 수공업 자체의 바뀔 수 없는 본성으로 보고 봉건 관부의 통제를 영원히 벗어날 수 없는 질곡으로 간주하였는데 이것은 전면적이고 변증법적이며 발전적인 관점이 아니다.

청대에는 농업과 소규모 수공업이 결합된 자연경제가 강한 우위를 차지했었다는 사실에 대해서는 의심할 나위가 없다. 농민들이 식량과 기타 일상용품을 생산하였던 것은 주로 스스로 먹고 사용하며 지주에게 소작료를 바치기 위한 데에 있었다. 강소와 절강·광동을 제외하고 대다수 지역의 농민들이 시장과의 연계는 우연한 것이고 희소한 것이었다. 자급자족의 농업과 소상품생산의 성질을 띤 수공업은 절대적으로 사회생산부문에서 대부분을 차지하였다. 전국의 토지주는 무수히 많고 흩어진 소생산 단위로 분할되고 농민들은 작은 면적의 토지에 속박되어 고달픈 노동에 종사하며 재난과 괴롭힘을 당했으며 수공업은 또 농업생산에 단단히 부착되어 기술의 발전과 노동 분업의 발전을 저해하였다. 게다가 중국은 판도가 지극히 넓어 각 지역의 경제발전은 매우 균형적이지 않았다. 소수의 선진지역에는 이미 자본주의의 맹아가 나타났지만 대부분의 오지와 국경지대에는 경제가 발달하지 못했으며 심지어 일부 지역은 노예제 혹은 원시공사단계에 머물러 있었다. 소수의 선진적인 지역과 업종만을 보고 주위의 광대한 봉건적인 자연경제의 바다를 보지 못한다면 그때 당시 중국 경제의 전면적인 상황에 대해 실사구시하게 평가할 수가 없다. 전국 각지의 비교적 폭넓은 경제발전과 문화의 제고가 없이 바다와 강과 인접한 선진지대에만 의지해서는 전반적인 봉건주의의 견고한 장벽을 깨뜨릴 수가 없다.

그러나 중국은 영원히 제자리에 멈춰서 있을 리가 없다. 역사를 보면 중국은 비틀거리며 힘겨워 보이지만 여전히 굴곡을 겪으면서 앞으로 나아가고 있었다. 청대에 우리는 이미 경제생활의 진보와 변혁을 보았고,

맹아상태의 자본의 활동을 보았으며, 상품경제가 봉건 장벽에 대한 부딪히는 것을 보았고, 분업발전·기술진보·고용노동·공장수공업 등등을 보았으며, 고요한 고인 물 위에서 잔잔한 파문이 일어나는 것을 보았다. "큰 영향과 큰 움직임은 느낄 수 없을 만큼 잔잔한 움직임에서부터 시작된다" 생활의 변화는 최초에는 늘 조용히, 언제나 미세하고 개별적이며 느낄 수 없는 양의 변화에서부터 시작되는 법이다. 일단 변화가 시작되면 반드시 계속 성장하고 확대되며 발걸음을 멈추지 않고 결국에는 필연코 전반 봉건주의 통치를 위협하는 강대한 혁명폭풍이 휘몰아치게 된다. 이는 사람의 의지에 따라 바뀌는 것이 아닌 객관적인 역사의 법칙이다.

청대에는 자본주의 맹아가 나타만 났을 뿐, 아직 지속적이고 강력하며 낡은 경제를 쓸어버릴 역사운동은 나타나지 않았다. 경제발전의 길에서 청조 정부는 아주 막중한 장애물이었다. 청 정부는 낡은 경제토대를 결사적으로 수호하면서 모든 신생 사물을 적대시하고 상공업을 통제하고 억압하며 단속했으며 상공업을 '말업(末業, 농업을 가리키는 본업(本業)과 반대되는 말)'으로 간주하며 일부러 국민경제에서 상공업의 지위를 폄하하였다. 이는 청 정부의 봉건주의 본성이 결정한 것이다. 옹정제는 다음과 같이 말했다. "농업은 천하의 본무(本務)이고 상공업은 제일 마지막 말업이다. 현재 그릇이나 의복과 장식품 등을 탐내고 화려하고 정교한 것을 추구하는 기풍이 형성되면 필히 장인들을 많이 써야 한다. 도시와 시장에서 일하는 자가 많아지면 밭에서 농사짓는 자가 줄어들게 된다. 게다가 우매한 백성들은 장인이 농민보다 더 많은 이익을 챙길 수 있음을 알게 되면 필히 상공업에 몰리게 된다.

많은 사람이 상공업에 몰리면 제품 제조자가 필히 늘어나게 된다. 제품이 많으면 팔기가 어렵게 되며 그러면 필히 적체되어 가치가 떨어지게 된다. 그렇기 때문에 말업에 종사하는 자가 많아지면 농업에 해가 될 뿐 아니라 상공업에도 해가 된다.

백성들은 작은 이익을 버리고 큰 이익을 지향하기 때문에 말업에 종사하는 것은 쉽고 본업에 종사하는 것은 어렵게 된다. 그렇다고 갑자기 법으로 다스리는 것은 필시 그들이 원하지 않음으로 인하여 행하기가 어려운 상황이다. 따라서 오로지 평소 설득에 유념해서 백성들에게 본업의 소중함을 알게 하고 소박함을 숭상하고 화려함과 정교함을 지향하지 않도록 해야 한다. 그렇게 날마다 조금씩 쌓아 가다보면 점차 풍속이 형성되어 비록 상공업자들이 모두 농업에 돌아가도록 할 필요는 없더라도 농민들이 잇달아 상공업으로 향하는 것은 막아야 한다."[1004] 그때 당시 상품경제가 봉건 자연경제에 가져다주는 일부 부패 작용과 수공업발전이 봉건 통치에 줄 수 있는 위해성에 대해 옹정제는 크게 근심하였다. 따라서 상기와 같은 말은 봉건 자연경제의 토대 위에 수립된, 지주계급의 이익을 반영한 경제이론이며 정부의 법령과 정책들도 이와 상응하여 사상을 관철하였다.

정치적 중요성을 띠었고 또 이익을 챙길 수 있는 일부 수공업에 대해서 정부는 여전히 장악하고 관영공장을 설립했으며, 대다수를 차지하는 민간 수공업에 대해서는 경제적으로 고액의 징세정책을 실행하고 저렴한 가격에 수매하고 무상으로 분담시켰다. 정치적으로 혹자는 그 공장의 개설을

1004 《청세종실록(淸世宗實錄)》 권 57, 옹정 5년 5월 초나흗날.

규제하고 혹자는 그 제품의 유통을 통제하며, 혹자는 노동자들을 엄격히 속박하고 혹자는 특별히 허용된 상인을 지정하며 상공업의 발전을 백방으로 억압하고 제한하였다. 상공업자들은 봉건 정부가 함부로 세도를 부려도 아직 그에 대항할 힘이 없어 하는 수 없이 정권의 발아래 엎드려 유린을 당하는 수밖에 없었다.

그러나 정권의 힘이 아무리 강대해도 역사의 흐름을 완전히 억제할 수는 없는 것이다. 옹정제도 법률의 힘으로 경제의 발전을 금지시키는 것은 "행하기 어려운 상황"이라는 것을 알고 있었다. 그래서 그는 상공업을 철저히 금지할 것을 요구하지 않고 현재의 상황을 유지할 수 있기만을 바라 "상공업자들이 모두 농업에 돌아가도록 할 필요는 없더라도 농민들이 잇달아 상공업으로 향하는 것은 막아야 한다"라고 말했던 것이다. 그러나 현상 유지의 바람도 실현될 수는 없었다.

상공업은 정권의 압력사이에서도 꿋꿋하게 생장하고 발전하였다. 이는 소리 없는 장기적인 전투였다. 상공업자들은 주목을 받지 않고 우회·측면 공격·전진하면서 정권으로부터 진지를 하나하나씩 접수 관할하여 나갔다. 전대와 비교해 상공업 분야에서 정부의 세력이 서서히 물러나기 시작했다. 정부는 상공업에 대한 직접적인 경영과 난폭한 간섭을 포기하는 수밖에 없었으며 통제형식과 방법도 조금씩 은폐하고 조금씩 교묘하게 바뀌었다. 정부는 상공업자들에게 더 많고 더 큰 활동공간을 내주는 수밖에 없었다.

전대에는 관영 수공업이 아주 보편적이었지만 청대의 관영 수공업은 병기와 화폐 주조에만 국한되었고 궁정에 필요한 직물과 도자기를 제공하고 내무부 조판처(造辦處, 관가를 위한 제조와 구매 등 사무를 담당하는 부서)

소속의 여러 가지 공방이 바로 이들 관영 수공업 내에 포함되었다. 그러나 노동을 진행하는 이는 이미 요역제 성질을 띤 군호(軍戶)·장호(匠戶, 장인)·갱야호(坑冶戶, 채광과 제련업주)가 아니라 대다수가 고용한 노동자들이었다. 명조 이전에는 관영 광갱이 아주 많았으나 청대에 이르러서는 이미 극히 적어졌다.

재정적으로 지극히 중요한 동광에 대해서도 정부는 관영으로 돌릴 힘이 없어 "정부에서 동 생산 비용을 빌려주는" 정책을 실행하였을 뿐 일정한 수준에서 개인의 경영을 허용하였다. 그러나 그 제품을 수매하는 것만으로 광산이 전적으로 정부를 위해 봉사하도록 하였다. 탄광과 철광은 대다수가 개인이 경영하였으며 궁정과 아문에서 필요한 석탄마저도 서산(西山)의 민간탄광에 의지하였다. 견직업 분야에서는 소주·남경·항주 세 곳에서 여전히 관영 직조가 있었지만 관영 직조의 장인은 5천 여 명에 불과하고 세 곳의 민간 견직 장인은 수십 배가 넘었다. 도자기 제조업 분야에서는 어요(御窯, 황궁 소속 도자기 가마)와 관요(官窯)가 여전히 겨우 유지되고는 있었지만 경영이 부패하고 생산이 쇠퇴되어 궁정에서 필요한 대량의 도자기는 "황궁 소속 도자기 공방에서 도자기 모양을 만든 뒤 민요(民窯)에 주어서 굽는(官搭民燒)" 방법을 실행함으로서 민요에 의지해서 생산임무를 완성하곤 하였다. 심지어 이익을 얻을 수 있는 아주 중요한 분야인 대외무역조차도 청 정부는 독점하지 못하고 예전의 시박제거아문(市舶提擧衙門, 해상 대외무역 관리를 담당하는 관아)을 회복하고 공행제(公行制)를 실행하여 13개 행상의 힘에 의지하여 무역 업무를 처리하는 수밖에 없었다. 경제 영역은 그 자체의 발전법칙이 있고 봉건정부의 활동 역시 자체의 방식과 준칙이 있다. 따라서 청 정부는 자체의 활동방식과 준칙을 포기하고 상공업활동의 법칙에 따를 수밖에 없었다. 그렇기 때문에 실제 생활 속에서 청 정부는 상공업 영역에서 점차 뒤로 물러나 상인들에게 경제업무를 처리하도록 하는 수밖에 없었다.

물론 정권세력이 한 걸음 뒤로 물러났다 하여 그 세력이 무너지거나 전면 퇴출한 것은 아니다. 다만 통제방식과 일부 수단을 바꿨을 뿐이다. 경제 발전과 기존 정권의 모순 속에서 정권은 논쟁의 여지가 없는 여전한 권위를 누렸으며 절대적 우위를 차지하였다. 그러나 경제가 앞으로 나아가는 발걸음소리가 이미 그 고요함을 뒤흔들어 놓아 더 이상은 전적으로 자체의 주관적 염원에 따라 행사할 수는 없게 되었다. 채광과 제련업을 예로 들면 한편으로 민간의 채광과 제련업의 발전은 봉건계급의 이익 · 관념과는 서로 저촉된다. 청 정부는 특히 집결된 채광 노동자들이 봉기를 일으켜 정부를 반대할까봐 두려워하였다.

다른 한편으로 사회생활과 정부의 활동은 시간이 갈수록 많은 다양한 광물을 절박하게 필요로 했기 때문에 채광 제련업을 전면 금지하는 것은 분명 안 될 일이었고 또 전부 거두어 들여 관영 광산으로 만드는 것도 실현 가능성이 없었으며 차라리 방치하려 해도 시름을 놓을 수 없었다. 그래서 때로는 채굴을 허용하고 때로는 또 엄격히 금지하며 "채굴과 중단과 관련하여 의논하였던 것이 한두 번이 아니었다."[1005] 청 정부의 정책은

1005　《청조정전류찬(淸朝政典類纂)》 권132, 《광정(礦政)》 3, 《양광총독 나소도의 상주문(兩廣總督那蘇圖奏)》

감히 풀어놓지도 못하고 금지할 수도 없어 망설이는 모순 속에 처하였다. 통치계급 중의 일부는 광업의 발전을 금지할 것을 주장하였다. 예를 들어 강희 52년에 개광(開礦)에 대해 의논할 때 유명한 성리학자이며 대학사인 이광지(李光地)는 상인들이 자금을 모아 개광하는 것에 반대하였는데 "서면으로 된 규정제도를 청한다. 본 고장의 가난한 무직의 백성들만 괭이 한 자루씩을 소유하도록 허용하고 국경을 넘는 자를 처형해서 간사한 백성들이 산과 들에 모여 사단을 일으키지 못하도록 해야 한다.

이 같은 규정이 결정되자 한때 제일 처음 자금을 끌어다 일을 도모한 대부호들은 모두 크게 후회하였다."[1006] 옹정제 시기에 일부 관리들은 광동에 상인을 유치해 개광할 것을 주장하였는데 옹정제가 반대하였다. 그는 "현재 만약 채광업을 일으키면 많은 사람이 모여들게 될 것이며 그중에 선량한 백성과 아둔한 백성이 섞여 있어 조사하고 단속하기 어렵게 되므로 백성들이 사는 지역을 어지럽힐까 걱정이다. 게다가 본 고장의 관아가 백성들에게 땅을 일굴 것을 권하고 있어 본업을 생업으로 삼고 있는 선량한 백성들이 논밭 경작에 힘쓰고 있는데 하필 그 같은 요행을 탐하여 서로 다투는 어지러운 기풍을 일으킬 것 아니겠는가?"[1007]라고 말했다. 다른 일부 관리들은 광산업에 대한 금지령을 풀 것을 주장하였다. 예를 들어 건륭제 초기에 대학사 조국린(趙國麟)은 주청을 올려 "무릇 석탄이 나는 곳이면 그것이 도시이건 용맥(龍脈)이건 혹은 옛날 제왕 성현의 능묘이든지를

1006   평보청(平步青), 《하외군설(霞外攟屑)》 권2, 《개광(開礦)》, 160쪽.
1007   《동화록(東華錄)》 옹정조 권26, 13년 4월.

막론하고 또 제방과 큰길에 구애 받지 않고 모두 민간에서 스스로 채굴하도록 내버려두어 생업으로 삼도록 할 것"[1008]을 제기하였다.

가경제 시기에는 엄여욱이 "만약 개광을 허용하지 않으면 노동자들이 생업을 잃어 수십만에 이르는 직업이 없는 유민이 더 생기게 되는데 그들이 순종하지 않고 반란을 일으키지 않으리라는 보장은 없으므로 마음대로 경영하게 내버려 두어 사단을 만들지 않도록 해야 한다."[1009] 종합적으로 청조 정부는 광산업 금지령을 제한적으로 풀어놓는 수밖에 없었으며 때로는 자신의 염원을 어기면서까지 일부 광산을 장려하고 지지하기까지 하였다. 예를 들어 건륭제와 가경제 시기에 서산 탄광의 감산으로 북경의 석탄가격이 아주 많이 올라 일반 평민에서 관리와 지주에 이르기까지 모두가 위협을 느끼게 되었다. 시장수요의 압력 아래에 청 정부는 여러 차례 탄광을 탐사할 것을 명하여 "적절한 규정을 제정해서 인근 마을 주민들의 채굴을 허용하여 백성들이 사용에 이롭도록 하였다."[1010]

또 향산(香山) 부근에 산을 뚫고 길을 닦아 석탄의 운송에 이롭도록 하는 한편 국고의 은자를 요호(窯戶)들에게 빌려주어 여러 탄광에 배수구를 건설하게 하였다. 이로부터 청 정부는 개인 상공업의 발전을 철저히 억압할 수 없었으며 경제법칙의 무한한 힘이 완고한 봉건정권을 압박하여 서서히 뒤로 물러나게 했음을 볼 수 있었다. 정권의 억압을 제외하고 봉건 행회(行會)의 속박은 경제발전의 또 다른 하나의 거대한 장애물이었다.

1008 《청 고종실록》 권109, 건륭 5년 정월.
1009 엄여욱(嚴如煜), 《삼성변방비람(三省邊防備覽)》 권11, 《책략(策略)》
1010 《청 고종실록》 권650, 건륭 26년 12월 조서.

행회는 봉건사회 중기에 나타났으며 상공업이 일정한 수준으로 발전하여 상품경제가 비교적 활발했던 역사 조건하에서 생겨난 것이다. 초기에 행회는 상공업자들이 스스로를 보호하고 외력의 침입과 습격에 저항하는 조직이었으나 또 상공업자와 상품생산의 발전이 상대적으로 부족하였던 산물이기도 하다. 중국의 행회는 대체로 수당(隋唐)시기에 생겨났으며 당송(唐宋) 시기에 이르러서는 "행(行)"으로 불리다가 송원(宋元) 시기에서 명조 초기까지는 "단행(團行)"으로 불렸으며 명조 중엽 후에는 "행관(行館)"으로 많이 불리다가 후에는 또 "공소(公所)"로도 불리었다. 명칭은 각기 다르지만 그 성질은 기본적으로 같았다. 청대가 비록 봉건사회 후기상태로 발전하였지만 상공업이 비교적 발전한 일부 도시에서는 행회조직도 매우 발달하였다. 비공식 통계에 따르면 소주는 아편전쟁 이전에 70~80개의 회관과 공소가 있었다.[1011] 우리가 알고 있는 바로는 청조 전기에 북경에도 상공회관이 약 40개 가까이 있었다. 건륭 연간에 한구(漢口)에서는 "소금행·전당행·쌀행·목재행·화포행·약재행 등 6개의 행이 제일 컸으며 여러 성에도 회관이 많았다."[1012]

가경과 도광 연간에 "금릉(金陵)의 곳곳에 회관이 설립되었는데 여러 성들 중에 으뜸이었다."[1013] 더 훗날의 기록에 따르면 금릉에 신안(新安)·절강(浙江)·휘주(徽州)·산서(山西) 등 26개의 상인회관이

1011 《강소성 명청 이래 비각 자료 선집》을 참고.
1012 《황조경세문편(皇朝經世紋編)》 권4, 안사성(晏斯盛), 《상사 설립을 청하는 상소(請設商社疏)》
1013 감희(甘熙), 《백하쇄언(白下瑣言)》 권2, 3쪽.

있었다.[1014] 도광 연간, 불산(佛山)진에는 숙철행·신정행(新釘行, 못을 경영하는 행회)·금박행·도예화반행(陶藝花盤行)·홍인모릉동가행(興仁帽綾東家行)·홍인모릉서가행(興仁帽綾西家行) 등 19개의 회관이 있었다.[1015] 이를 볼 때 청대 행회조직의 발전상황을 대체로 보아낼 수 있다. 행회조직은 봉건상인과 수공업자의 조직이다.

이 조직의 봉건성은 다음과 같은 몇 가지 방면에서 나타난다. 첫 번째, 행회의 내부 계급관계는 아주 복잡하다. 자금을 소유한 행동(行東, 행회 주인), 기술을 장악한 사부(師傅)(보통 상황에서는 행동 본인이 곧 사부였음), 착취와 압박을 받는 학도(學徒) 등의 세 부분으로 구성된다. 그들 사이의 관계는 착취와 피착취의 관계이다. 두 번째, 행회조직은 흔히 그리고 대량으로 동향(同鄕)조직과 밀접히 결합되었기 때문에 지역성과 배타성이 아주 강하였다. 세 번째, 행회조직은 봉건 관료와 복잡하게 얽혀 있어 그들의 기부와 보호를 받았다. 네 번째, 행회조직은 봉건 미신과 긴밀히 결합되어 있었다. 행회조직은 상공업자들이 회의를 열고 의논을 전개하는 장소일 뿐 아니라 신과 조상(본 업종과 본 업계의 창시자)에게 제사를 지내는 곳이기도 하였다.

행회의 봉건적 성질이 그의 역할을 결정하였다.

행회에는 다음과 같은 규정이 있다. 첫 번째, 타 업종과 외지 상인이 본 행에 가입하는 것을 배격하고 동 업종 종사자가 새롭게 행을 개설하여

1014 《동치 상강 양 현지(同治上江兩縣志)》 권5, 《성상(城廂)》
1015 《도광 불산 충의 향지(道光佛山忠義鄕志)》 권5, 《향속(鄕俗)》

경영을 확대하는 것을 제한한다. 북경의 저행공소(猪行公所)는 "새로 돼지고기 점을 개설하는 자는 재신묘(財神廟) 앞에서 하루 동안 광대놀이를 하고 연회를 열어 손님들을 청해야 한다", 그러지 않으면 "동 업종 종사자들은 그가 가게를 개업하고 장사하는 것을 허락하지 않는다"[1016]라고 규정지었다. 소주의 소목공소(小木公所)에는 "타 업종의 상인이 우리 업종을 개업하려 할 경우 먼저 행규은(行規銀) 4냥 8전을 바쳐야 하고", "본 성 사람이 스승으로부터 배우기를 마치고 개업하려면 먼저 행규은 2냥 4전을 바쳐야 하며", "만약 행규은을 바치지 않고 사사로이 개업할 경우 규정에 따라 배로 바쳐야 한다"[1017]라는 규정이 있다. 두 번째, 동 업종 종사자가 학도를 모집하는 것을 제한하고 학도가 행회에 참가하는 것을 제한한다.

북경 당병행(糖餅行, 즉 제과점)에는 학도를 모집할 경우 꽤 많은 가입비를 바쳐야 할 뿐만 아니라 정원과 연한에 대해서도 제한한다는 규정이 있다. 도광 연간에는 "제자를 모집하는 것을 5년간 잠시 중단한다"라고 규정지었다.[1018] 소주의 책 출판업계의(印書業) 숭덕공소(崇德公所)는 "여러 가게를 점유하고 제자와 일꾼을 받아들이고 인쇄가격을 강제로 올렸으며", "여러 가게에서 제자를 모집하고 명절 선물을 강제로 늘려 받았을 뿐 아니라" 또 "외지 출판업자들에게서 업계 가입비를 사취하였다."[1019]

세 번째, 노동자들의 업무량과 임금을 규정짓고 견습공에 대한 착취를

1016   도광 29년 9월 17일, 《북경 저행 공의 조규비(北京猪行公議條規碑》

1017   《강소 성 명청 이래 비각 자료 선집》, 107쪽.

1018   도광 28년 6월 초아흐렛날, 《북경 마신묘 당병행 행규비(北京馬神廟糖餅行行規碑)》

1019   《강소 성 명청 이래 비각 자료 선집》, 72쪽.

강화하였다. 예를 들어 건륭 연간에 소주 제지업계의 선옹회관(仙翁會館)은 "제지 장인에게 매일 종이 6백 장씩 문지르는 것을 하루 일의 양으로 규정하고" 장인 한 명의 공가(工價, 품삯)로 "함유량 95%의 순도 낮은 은 7전 2푼을 주었다."[1020] 항주의 견직업은 장인이 "원래 하던 공방의 일을 그만두고 다른 공방으로 자리를 옮길 경우 장인이 가불한 빚을 깨끗이 청산한 뒤에야 공방 주인이 비로소 다른 공방으로 일자리를 옮기는 것을 허용한다"[1021]라고 규정하였다. 이밖에도 행회조직은 또 상품의 가격에 대해 규정하고 통일된 도량형(度量衡)을 제정하는 등의 기능을 담당한다.

청대 전기 행회조직의 성질과 역할에서 보면 행회조직의 존재는 봉건정권과 마찬가지로 수공업의 발전을 속박하고 늦추는 역할을 하였다. 마르크스는 이렇게 말했다. "행회는 한 업주가 사용할 수 있는 노동자의 수량을 제한하여 그 수량이 아주 작은 최고한도를 넘기지 못하게 함으로써 수공업주가 자본가로 전환하는 것을 강력하게 막고자 하였다."[1022] 엥겔스는 이렇게 말했다. "중세기 지방 행회의 수공업 생산으로 인해 대자본가와 종신 고용노동자가 존재할 수가 없었으며"[1023], "생산은 여전히 전적으로 행회 수공업의 형태에 속박되어 이에 인해 그 자체는 여전히 봉건적인 성질을 유지하였다."[1024]

그러나 학술계의 일부 인사들은 행회조직의 견고성과 그것의 상공업에

1020　《강소 성 명청 이래 비각 자료 선집》, 69~72쪽.
1021　도광 25년 12월, 《항주 비단 융단 감 업주 조규비(杭州綢紗絨緞料房業戶條規碑)》
1022　마르크스, 《자본론》, 1권, 363~364쪽.
1023　《마르크스 엥겔스 선집》, 3권, 엥겔스, 《반(反)뒤링론》, 187쪽.
1024　《마르크스 엥겔스 전집》, 21권, 449쪽, 인민출판사 1965년 판.

대한 속박작용을 지나치게 강조함으로서 청대 자본주의 맹아에 대해 너무 낮게 평가하였다. 그들은 행회를 한 장의 철판으로 보고 있는데 내부에서 개변할 수도 없고 또 외부에서 격파할 수도 없다고 여긴다. 그들은 행회와 자본주의 맹아는 절대적으로 배척하는 관계이며 무릇 행회가 존재하는 업종에는 자본주의 맹아가 절대 존재하지 않는다고 주장한다. 우리는 이러한 기계적이고 딱딱한 견해에 찬성할 수 없다. 행회 내부에 존재하는 모순을 알아내야 하며 행회 조직이 기업들 간의 자유 경쟁과 기업 내부의 계급투쟁이 전개되는 것을 방해할 수 없다는 것을 알아내야 한다.

예를 들어 남경 견직업계에 행회조직이 있었지만 행회는 더 이상 현지 견직업의 생산규모를 고정된 한도액 이내로 제한할 수 없었다. 그 지역의 민간 직기가 수만 장도 넘게 발전하였으며 일부 기호는 5, 6백 장의 직기를 소유하고 있었다. 이는 경쟁의 힘이 행회의 규정을 꿰뚫었다는 사실과 행회가 간섭하기에는 무리였다는 확증이다. 청대에 각 지역의 상공업 회관들은 영업 규정에 대해 보편적으로 "거듭 강조"하고, "재차 강조"하였으며 영업 규정을 석비 위에 새겨 "오래오래 전해질 것"을 바라기도 하였지만 이는 결코 행회의 강대함과 견고함을 반영한 것이 아니다. 오히려 바로 경제발전의 거센 흐름 속에서 행회의 역할이 쇠약해지고 행회의 질서가 어지러워지고 있음을 반영한 것이며 이에 따라 보편적으로 영업규정을 따르지 않는 사례가 나타났다.

행회 세력의 쇠락은 행회 내부 계급투쟁의 격화와 방공(幇工)행회의 출현에서 반영된다. 방공(품팔이꾼)과 학도는 행회 수공업 내의 하층 피착취자인데 그들이 연합하여 자체의 조직을 설립하고 상공업주와

봉건 관부와의 투쟁을 벌이기 시작하였다. 행회조직은 이미 그 내부의
통치 질서를 유지하기가 어렵게 되었다. 예를 들어 광주에서는 '동가행'과
'서가행'의 대립이 나타났으며 상공업주와 노동자는 각각 자체의 조직을
설립하였다. 북경에는 수공업 노동자들의 조직인 '구황회(九皇會)'가
있었다. "수도의 미장공과 목공 중에는 북경 동쪽의 심주(深州) · 계주(薊州)
사람이 많았으며 규정이 아주 엄하였다. 무릇 학도와 노동자는 모두 회관이
있었으며 총회를 구황(九皇)이라고 불렀다. 구황 설립일은 휴가일로
규정지었으며 이를 관공(關工, 휴업)이라고 부른다."[1025] 소주는 면포 가공
장인(踹匠)의 인원수가 많고 투쟁성이 강하였는데 여러 차례 단장(踹匠,
면포 디딤 가공 장인)회관을 설립하려고 계획하여 상공업주들에게 큰
위협이 되었다.

상공업주들은 더 이상 행회의 힘으로 가공 장인들의 투쟁의 물결을
평정할 수 없게 되자 청 정부에 재삼 구원을 요청하는 수밖에 없었다. 예를
들어 1715년(강희 54년)에 가공 장인 형춘림(邢春林) · 왕덕(王德) 등은
"단장회관을 설립할 것이라고 공개적으로 제창해" "공가를 올려준다는
이유를 들어 많은 장인들을 선동하였다." 소주의 72개 포목상이 연명으로
청 정부에 고소를 제기하여 "만약 회관이 설립된다면 유민들이 무리를 지어
모여들 것이므로 그로 인해 끼치게 될 해악은 헤아릴 수도 없다."[1026]라고
하였다. 청 정부는 형춘림 등에게 "무거운 곤장형을 내려" "그들을 원

1025   지소자(枝巢子), 《구경쇄기(舊京瑣記)》권9, 《시사(市肆)》
1026   《강소 성 명청 이래 비각 자료 선집》, 《면포 염색 가공 악당들을 쫓아내는 것에 대한
        금지 비문(驅逐踹染流棍禁碑)》, 41쪽.

고장으로 쫓아 보냈다." 그 뒤 소주의 양초·가죽 무두질 업계 모두는 "행두(行頭)를 창설하여" 상행의 업주들이 장악한 행회조직에 대항하였으나 그것도 청 정부에 의해 진압 당하였다. 이로부터 행회 내부의 계급투쟁이 격화되고 행회의 통치 권위는 흔들리고 있음을 알 수 있으며 행회가 상공업의 발전에 대한 제한과 품팔이꾼과 학도들에 대한 속박의 역할이 쇠약해지고 있음을 알 수 있다.

제2절
도시와 상업

1. 대도시의 번영

사회분업이 꾸준히 확대되고 상품경제가 끊임없이 발전함에 따라 도시와 일부 시진(市鎭)도 갈수록 번창하기 시작했다. 강희·옹정·건륭 시기에 양주(揚州)·소주·강녕(江寧)·항주·불산·광주· 한구·북경 등은 이미 모두 상당한 규모를 갖춘 상공업 도시로 발전하였다. 양주는 수당 시기 후부터 소금업으로 이름난 번성한 도시였다. 청조 초기에 양주의 백성들은 청조의 통치에 반대하는 단호한 투쟁을 진행하였는데 백성들이 대대적으로 참혹하게 학살당하였으며 과거 번화하던 양주는 폐허로 변해버렸다. 17세기와 18세기의 세기 교체기에 이르러서야 양주의 소금업과 기타 상업이 회복되었을 뿐만 아니라 더욱 발전하였다.

양주는 장강의 북쪽, 회하의 남쪽에 위치하고 서쪽은 운하와, 동쪽은 바다와 인접하여 있으며 사방 수백리가 영역범위 안에 있었다. 강과 호수가 많이 분포되어 수상과 육로 교통이 편리하며 특히 어업과 소금업에서 많은 이윤을 얻고 있었다. 양주성은 중국 중부 여러 성의 식염 공급기지일 뿐만 아니라 또 청 왕조의 남부지역에 있는 조곡을 북으로 운송하는 선박들이 반드시 경유하여야 하는 길목이기도 하였다.

건륭 연간에 이르러 양회(兩淮, 회남과 회북)일대는 "소금 제조장이 비교적 많고 식염 소금의 판매 지역이 비교적 넓어 이윤이 가장 많다고 한다." 따라서 양주성은 "사방의 거상들이 대거 모여들어 거주 인구가 수십만 명이 넘었다."[1027]

양주의 "관염(官鹽)"은 장강 중상류의 여러 성으로 운송되어 판매되었다. 염상(鹽商)들은 잔혹한 착취수단을 통해 거액의 이윤을 챙겨 막대한 자본을 누적하였는데 "부유한 자는 자산이 천만을 헤아렸다."[1028] 옹정 · 건륭 시기에 이르러 양주 염상은 이미 매점매석으로 이윤을 독점하는 최대 상업자본 중의 하나가 되었다.

양주 염상은 청조 정권과의 관계가 아주 밀접했다. 예를 들어 강희 연간에 형부상서 서건학(徐乾學)이 십만 냥에 이르는 은자를 대 염상 항경원(項景元)에게 맡겨 투기무역활동에 종사하였다. 양주의 대 염상 안록촌(安麓邨)은 대학사 명주(明珠)의 가복의 아들이다. 1786년(건륭 51년), 청 정부가 임상문(林爽文)의 봉기를 진압할 때 염상 강광달(江廣達)이 2백만 냥의 은자를 기부하여 "포상금을 마련했다." 가경 연간에 사천 · 호북 · 섬서 접경지역에서 일어난 백련교(白蓮敎)의 봉기 때 청 정부는 군사비용이 부족함을 깊이 느꼈다. 양주 염상 포수방(鮑漱芳)이 적극적으로 청 정부에 "군사비용을 헌납했다." 그래서 청 정부는 그에게 염운사(鹽運使)라는

1027 《건륭회안부지(乾隆淮安府志)》 권13, 《염법(鹽法)》
1028 《청조야사대관(清朝野史大觀)》 권11, 《고령이 곤경으로부터
　　　 구제하다(觚令之解圍)》

칭호를 하사하였다. 청 정부가 황하 치수 경비가 부족할 때도 염상들은 "모여 3백만 냥에 달하는 은을 헌납해 공사에 지원했다."

이들 명성이 자자한 염상들은 "좋은 옷을 입고 좋은 집에서 살며 지나치게 화려하고 사치한 생활을 했으며", "금은보화를 흙과 모래처럼 여겼다."[1029] 건륭제의 남방 순찰을 위해 강을 마주한 곳에 행궁을 짓기 위해 20만 냥의 은자를 허비하였다. 건륭제에게 아부하기 위해 8대 염상 중 한 사람인 강춘(江春)은 양주 "대홍원(大虹園)" 내에 하룻밤 사이에 백탑을 한 채 쌓아올렸다고 알려져 있다.[1030] 이 전설은 다소 과장됐을 수도 있지만 염상들의 재력이 얼마나 막강한지를 볼 수 있다.

소금업과 조운업의 발전에 힘입어 건륭 연간에 이르러 양주는 상업이 아주 번성하였다. 예를 들어 거상과 고관·귀인들에게 의복을 공급하는 비단점포는 단자가(緞子街)에 집중되고 유한(有閑)계급에 소일거리를 제공하는 술집과 찻집은 북문교(北門橋)와 홍교(虹橋) 부근에 집중되었다.[1031] 건륭제가 남부지역을 순행하면서 양주에 이르러 "광릉(廣陵)의 풍물은 오래전부터 번화하였다(廣陵風物久繁華)", "광릉의 번화함은 오늘이 예전을 능가한다(廣陵繁華今倍昔)"라는 시구를 남겼다.[1032]

소주는 중국 명청 시기 이래로 상공업이 가장 발달한 도시 중의 하나로서 견직업 생산이 특히 유명하다. 상공업의 빠른 발전으로 인해 명청 시기에

1029 정보정(丁寶楨), 《사천염법지(四川鹽法志)》 권수(卷首, 머리말) 옹정 원년 8월 조서.
1030 서가(徐珂), 《청패류초(淸稗類鈔)》 2권, 《대홍원지탑(大虹園之塔)》
1031 이두(李斗), 《양주화방록(揚州畵舫錄)》 권9, 권1, 권13
1032 《가경양주부지(嘉慶揚州府志)》 권2, 《순행(巡幸)》

이르러 "소주성은 가로로 5리, 세로로 7리, 주변 40리 하고도 5리 더해"[1033] 이미 매우 큰 도시가 되었다. 건륭 연간에 이르러 "도시 인구가 십만 명에 이르렀으며 교외의 인구에 주읍(州邑)의 인구까지 합치면 어찌 백만에 그치랴."[1034] 만약 매 가구에 식구 다섯 명으로 계산해도 교외를 제외하고 성 안에만 50만 명이 넘는 인구가 살았다.

소주성은 수상과 육로 교통이 아주 발달하였다. "세 갈래의 강을 끼고 다섯 개의 호수가 걸쳐 있으며 바다와 통한다. 창문(閶門) 안팎에 물품을 산더미처럼 축적하여 판매하고 행인들은 물이 흐르는 것처럼 끊임없이 드나드는데 시전에 간판들이 나란히 줄지어 걸려 마치 울긋불긋 아름다운 비단처럼 눈부시다. 그 번화함에 대하여 형용한다면 수도의 성문도 그에 미치지 못할 정도이다."[1035] 1759년(건륭 24년), 소주의 화가 서양(徐揚)이 그린 《성세자생도(盛世滋生圖)》 권에는 간판을 단 점포 총 230여 개가 그려져 있으며 총 50여 개의 업종이 포함되었다. 본 고장 본토 제품 외에 사천·광동·운남·귀주·복건·강서·절강·강소·산동 등 9개 성의 국내외에 이름난 특산물들도 있었다. 예를 들어 산동의 견주(繭綢, 산누에의 실로 짠 얇은 명주), 복원(濮院)의 영주(寧綢), 한부(漢府)의 팔사(八絲), 숭명(崇明)의 대포(大布, 삼실로 짠 결이 거친 광목), 송강(松江)의 표포(標布, 질이 좋은 면포), 경무(京蕪, 남경(南京)과 무호(蕪湖))의

1033 고염무(顧炎武), 《천하군국이병서(天下郡國利病書)》 5권, 《소하(蘇下)》.
      조자수(趙自守), 《오현성도설(吳縣城圖說)》
1034 《황조경세문편(皇朝經世世文編)》 권33, 심우(沈寓), 《치소(治蘇)》
1035 손가감(孫嘉淦), 《남유기(南遊記)》 권1

사포(梭布, 가정에서 목제 베틀로 짠 천), 금화(金華)의 햄, 영파(寧波)의
민물 건어, 남경의 판오리(板鴨, 소금에 절인 후 납작하게 말린 오리),
사천·광동·운남·귀주 등지의 잡화와 약재 등의 품목이 아주 많아
이루다 헤아릴 수가 없다. 강희제 때부터는 해외교통이 편리해져서 중국의
전통 견직물·찻잎·자기가 대량으로 수출되었다. 강희 55년, 소주 한
곳에만 매년 무역을 위해 바다로 나가는 선박이 "천 여 척에 이르렀다."
중국의 제품이 대량으로 수출됨에 따라 외국 물품의 대대적인 수입도
필연적으로 뒤따랐다. 그래서 건륭 연간에 이르러서 소주성은 "산과
바다에서 나는 진기한 물품에 다가 외국에서 유통되는 화물이 가득하였으며
사방 천만리에서 상인들이 모여들어 붐볐다."[1036] 우리는 서양의
《성세자생도》에서 "양화행(洋貨行, 외국 제품점)"이라는 간판이 걸린
점포가 두 곳 있음을 발견할 수 있다. 소주의 외국 제품업은 가정 중기까지
발전하여 외국 제품업계에 "영근공소(詠勤公所)"가 설립되었다.

국내외 무역의 번영으로 소주 도시 인구가 급증하면서 도시구역이 교외로
확장되는 현상이 나타났다. 창문(閶門, 소주성의 성문) 밖 남호(南濠)의
황가항(黃家港)은 명조 때까지만 해도 "성과 인접한 공터였고 인가가 극히
드물었다." 청조에 이르러 "인구가 날로 많아지고 상품이 풍부해졌는데 골목
안팎에 살림집의 문 천개가 줄지어 들어섰다."[1037] 명조 말기에 남호에는
"상품이 아주 적었으며" 번화한 지역이 아니었다. 청조 초년부터 이곳에

1036   《황조경세문편(皇朝經世文編)》권33, 심우(沈寓), 《치소(治蘇)》
1037   서희린(徐熙麟), 《희조신어(熙朝新語)》권16

점차 "거주 인구가 밀집하여지고 동·서·남·북·중 다섯 방향에서 몰려온 사람들이 한데 섞여 살게 되었으며" "땅값이 금값"[1038]이라고 말할 지경에 이르렀다. 1685년(강희 24년), 강희제 남방 순행 시에는 "남호가 소주에서 가장 번화한 곳이 되었으며 백화가 집중되고 상인들로 붐볐으며"[1039] 상공업이 가장 번창한 지역으로 되었다. 그 외 소주의 반문(盤門, 서남문)·봉문(葑門, 동문)과 같은 기타 지역은 건륭 초년에만 해도 별로 번화하지 않아 아주 화려한 주택을 "가격을 낮춰 팔려고 해도" 사고자 하는 사람이 없었다. 그러나 50여 년이 지난 건륭제 말년에 이르러서 이곳에는 이미 "수많은 인가가 살고 있었으며" 그렇게 좋은 주택은 이미 "얻을 수가 없게 되었다."[1040]

남경(청조 시기의 명칭은 강녕(江寧) 혹은 금릉(金陵))은 역사적으로 아주 일찍 중국의 유명한 견직업의 중심으로 발전하였다. 청조 전기에 이르러 견직업은 더욱 발전하여 건륭·가경 연간에는 소주와 항주를 추월하였는데 "민간 견직업은 모두 취보문(聚寶門, 남경의 성문) 내의 동쪽과 서쪽에 집중되었으며 업소가 수 천백개가 넘었다."[1041] 남경에서 생산되는 견직물은 명목이 아주 많아 주(綢)·단(緞)·사(紗)·견(絹)·나(羅) 등 품종이 다양하며 품질이 우수하여 조정에 공급하였을 뿐만 아니라 절대적으로 대부분을 국내외시장에 공급하기 때문에 "강녕의 주단과 공단은 하늘 아래

1038 고공섭(顧公燮), 《소하한기적초(消夏閑記摘鈔)》 중권, 《부용당(芙蓉塘)》
1039 고공섭(顧公燮), 《소하한기적초(消夏閑記摘鈔)》 중권, 《부용당(芙蓉塘)》
1040 엽몽주(葉夢珠), 《열세편(閱世編)》 권4, 《환적(宦迹)》
1041 감희(甘熙), 《백하쇄언(白下瑣言)》 권8

으뜸(江綢貢緞甲天下)"이라는 영예를 지니고 있다.

 "기업(機業)이 흥하니 백화(百貨)가 모여드네." 견직업이 발전함에 따라 "방직업소에 부속된" 기타 일부 상공업도 잇달아 발전하기 시작하였다. 예를 들어 주단 포장업 및 포장과 관련된 종이공방, 견사 염색과 관련된 염색, 직기와 관련된 직기점·북(梭)점·바디(筘)점 얼레가닥(籆子綹)·사죽(梭竹, 북을 만드는데 쓰이는 대나무)점이 있으며 또 견방직업과 관련된 도화(挑花, 십자수)·예화(拽花, 비단에 구름무늬를 수놓는 것)·변선(邊線, 테두리에 무늬를 새기는 것) 등의 업종도 매우 발달하였다.[1042]

 이밖에도 서책방은 장원경(狀元境)에 "나란히 줄을 지어 들어앉았는데 20여 개에 달하며" 모두 강서(江西)성의 사람들이 경영하고 있었다. "비록 방본(坊本)이 보편적으로 사용되었지만 귀한 서책들이 책장을 가득 채워 특히 볼만 하였다." 또 남경의 종이부채도 "원래부터 이름이 있었으며" 온 성 안에 부채가게가 "수십 개 넘게 있었다." 그중에서도 "장씨경운관(張氏慶云館)"이 원근에 이름이 자자하였는데 부챗살에다 글과 그림을 새겨서 넣곤 하였다. 기방녀의 이름을 새긴 것은 먼 곳에서 사러 오면 그 가격이 비교적 높았다.[1043]

 건륭제 시대에 통계에 따르면 강녕성(城)에 8만여 가구, 4, 5십만 명의 인구가 있었는데 "안휘·호북 두 성(省)의 인구만 열 명 중에 일곱 명을

1042 감희(甘熙),《백하쇄언(白下瑣言)》권2
1043 감희(甘熙),《백하쇄언(白下瑣言)》권2

차지하며 회족이 토착민의 3분의 1을 차지한다."[1044] 옹정 연간에 강녕은
"동서남북 중 다섯 방향에서 모여온 사람들이 섞여 살고 있었으며 시장의
거리가 넓고 길이 사면팔방으로 통하였다." 밤이 되면 "일경과 이경에는
시장 거리에 등불이 꺼질 줄을 몰랐으며 음식들을 많이 팔고 있었다."
진회하(秦淮河) 강 위에는 "여객선과 유람선이 꼬리에 꼬리를 물고 오가곤
하였다."[1045] 건륭 연간에 강녕의 이섭(利涉)과 무정(武定) 두 다리 사이에는
"찻집과 술집이 동·서 양쪽에 즐비하게 늘어섰다."[1046]

　도광 초년에 오무원(五畝園) 지역에는 "다관이 아주 많아 차를 마시며
한담을 하는 사람들이 수십 수백 명씩 무리를 지어 있곤 하였다. 게다가
새장을 걸어놓고 담배와 찻물을 팔곤 하였다."[1047] 오경재(吳敬梓)가 쓴
책 《유림외사(儒林外史)》에서도 강녕의 번화함에 대하여 다음과 같이
묘사하였다. "성 안에 수십 갈래의 큰 거리가 있고 수백 갈래의 작은
골목거리가 있는데 인구가 밀집하여 있으며 금빛이 번쩍이는 누각들이
가득 들어섰다", "크고 작은 거리에 크고 작은 술집이 합쳐져서 총 6, 7백
개, 찻집이 1천 여 곳이나 들어앉았다." 이로부터 그 번화한 모습을 상상할
수 있다. 항주는 오(吳)나라와 월(越)나라의 옛 도성이며 남송(南宋)의
도성이기도 하다. 송·원 시기부터 중국의 3대 견직업 중심의 하나였었다.

1044　《동치 상강 양현지(同治上江兩縣志)》권7, 《식화(食貨)》
1045　《옹정주비유지(雍正朱批諭旨)》12함(函), 제6권, 옹정 7년 3월, 강남 안휘
　　　　포정사(布政使) 가르타이(噶爾泰)의 상주문.
1046　여회(余懷), 《판교잡기(板橋雜記)》
1047　유덕연(喻德淵), 《묵재공독(默齋公牘)》권 하, 《다관을 증설하는 것을 금하는
　　　　공시(禁添設茶館示)》

항주·가흥(嘉興)·호주(湖州) 3개의 부(府)는 "뽕나무 재배에 이로운 토지가 비옥해" "견사가 가장 많이 난다." 이는 항주 견직업의 발전에 양호한 조건을 마련하였으며 이에 따라 항주는 "바디집을 통해 얻는 이윤이 구주(九州, 중국)에서 으뜸이며 업계 종사자가 다른 군(郡)에 비해 특별히 많았다."[1048] 항주의 견직업은 동성(東城)에 집중되었다. "관청과 민가 할 것 없이 대부분 견직업에 종사했는데" "동북쪽에 수천만 가구가 모두 이에 의지하여 생계를 유지하였다." 건륭·가경 연간에 이르러 "방직공방과 방직장인이 이곳보다 더 번창한 곳은 없었다." 관영 견직업은 "항상 내무권신이 그 업무를 감독하였다." 민간의 기호가 짠 비단은 대부분 국외로 운송되었는데 "외국인 선박으로 매일 거래상들에게 공급하고 있으며, 원양의 외딴 섬까지 널리 퍼져 있어 그로부터 얻는 이윤은 헤아릴 수도 없을 정도이다."[1049] 그래서 동성에서는 "직기의 실북 나드는 소리가 집집마다에서 흘러나왔으며"[1050] "동원(東園) 내에서 달달거리는 직기 소리가 아침부터 저녁까지 끊길 줄을 몰랐다."[1051]

항주의 석박(錫箔)업도 전국에서 유명하였다. 강희 연간에 성 안 해아항(孩兒巷)·공원후(貢院后) 및 만안교서(萬安橋西) 일대에는 석박을 제조하는 공방이 "만 개가 넘으며" 석박과 같은 미신용품을 "먼

1048 양문걸(楊文杰), 《동성기여(東城記余)》 권 상, 《기신묘비(機神廟碑)》
1049 《광서선거현지(光緒仙居縣志)》 권11, 장려생(張麗生), 《항주 기신묘비(杭州機神廟碑)》
1050 여악(厲鶚), 《동성잡기(東城雜記)》 권 하, 《직성십경도(織成十景圖)》
1051 《광서선거현지(光緒仙居縣志)》 권11, 장려생(張麗生), 《항주 기신묘비(杭州機神廟碑)》

수도에서부터 여러 군으로 와서 공급 받곤 하였다."[1052] 석박에는 두 가지가 있는데 한 가지는 은석박으로써 색깔이 은처럼 희었고, 다른 한 가지는 금석박(황박(黃箔)이라고도 함)으로서 색깔이 황금처럼 누렇다. 금석박의 제작방법은 "은박지를 막대기에 걸쳐놓고 띠풀과 소나무 장작으로 연기를 피워 그을려 색깔을 입혀"[1053] 만든다. 건륭 연간에 항주의 방직 장인·염색 장인·석박 장인 그리고 다리나 부두의 짐꾼 등은 대다수가 외지인으로서 "외부 군(郡)의 백성 중에 항주에서 직기로 천을 짜고(織機), 석을 두드리고(捶箔), 종이를 문지르고(摩紙), 거름을 져 나르며 생계를 유지하는 사람이 아주 많다." 착취와 압박을 받는 이들 노동인민들이 이따금씩 들고 일어나 저항하였기 때문에 지주와 관리들은 매우 두려워하였다.

항주는 기타 상공업도 매우 발전하였다. 예를 들어 찻잎·연뿌리 전분·평직 견직물·부채·가위 등을 만드는 업종, 그리고 또 다른 지방에서 운송되어 온 상품, 예를 들면 호주의 붓과 견 크레이프(縐沙), 가흥의 구리 화로(銅爐), 금화(金華)의 햄, 대주(臺州)의 금귤과 건어 등 "본 지방에서 나는 우수한 상품이 진기한 상품이 되어 사방으로 퍼져나갔다."[1054] 항주는 "남쪽으로 복건·광동과 이어져 있고, 북쪽으로 장강과 회하와 인접해 있어" 복건과 광동의 상인들도 항주로 와서 견사와 견직물 및 다른 화물을 대거 구매해서는 "바람과 파도를 가르고 구름과 안개 속을 뚫고 물결이 일렁이는

1052 《강희항주부지(康熙杭州府志)》 권6, 《물산(物産)》
1053 《치절성규(治浙成規)》 예집(禮集), 건륭 17년 11월 26일, 《항주 성 화재 진압 등 여러 사항(杭城救火搶火等各事宜)》
1054 육이첨(陸以湉), 《냉려잡식(冷廬雜識)》 권8, 《토물(土物)》

넓은 강을 넘나들면서"[1055] 세계 각지로 실어 날랐다.

강희 연간에 이르러 항주성은 이미 "넓이가 40리에 이르고" 십만 가구, 50만 인구가 사는 "동남의 주요 도시가 되었다."[1056] 옹정 연간에 이르러 항주성은 더욱 발전하여 "성곽이 확대되고 주민이 밀집되었으며"[1057] 북관(北關)에서 강두(江頭)에 이르기까지 남북 길이가 30여 리에 이르렀다.

불산은 원래 광주 부근의 한 작은 시진(市鎭, 도시)이었는데 송대에 이르러서는 중국의 유명한 4대 시진(도시) 중의 하나로 발전하였다. 청대 전기에 이르러서 불산은 "영남(嶺南)지역의 대도시가 되어", "사방의 상인들이 우르르 모여들어"[1058] 상공업 발전이 매우 번성하였다.

불산은 주로 수공업 도시이다. 그중 가장 유명한 것이 제철업이며 특히 쇠솥 생산이 중국 내외에서 명성을 떨쳤다. 쇠솥은 "우과(牛鍋)·정과(鼎鍋, 세발솥)·삼구(三口)·오구(五口) 등으로 나뉘며 크기에 따라 분류한다." 쇠솥은 "오(吳, 강소 성 남부와 절강 성 북부 일대)·월(越, 절강 성 동부)·형(荊, 장강 중하류지역)·초(楚, 호북 성과 호남 성)"[1059] 등 남방의 여러 성으로 판매되었으며 또 대량으로 국외로 수출되었다. 옹정 연간의 통계에 따르면 외국 선박들이 불산의 쇠솥을 대량으로 운송 판매한 것으로 알려졌다. 매 선박마다 "백 연(連)에서 2, 3백 연, 심지어 5백 연·1천 연씩"

1055　《강희전당현지(康熙錢塘縣志)》 권2, 《성지(城池)》
1056　《강희전당현지(康熙錢塘縣志)》 권7, 《풍속(風俗)》
1057　《옹정주비유지(雍正朱批諭旨)》 14함, 1권, 옹정 4년 8월, 절강 순무 이위(李衛)의 상주문.
1058　《건륭불산충의향지(乾隆佛山忠義鄉志)》 권1, 《불산진론(佛山鎭論)》
1059　《건륭불산충의향지(乾隆佛山忠義鄉志)》 권6, 《물산(物産)》

신기도 하였다. 매 한 연의 무게가 20근이고 삼구(三口)를 한 연으로 묶은 것도 있고 오구(五口)를 한 연으로 묶은 것도 있었다. 이렇게 계산하면 매 선박마다 적으면 2천, 4천, 6천 근, 많으면 1만, 2만 근씩 실었으며 "수출하는 쇠붙이 수량이 아주 많았다."[1060] 얼마 뒤 청 정부는 명을 내려 쇠솥의 수출을 금지시켰다.

불산의 철사도 아주 유명하다. "철사의 종류에는 대람(大纜, 철사를 꼬아서 만든 제일 굵은 줄), 이람(二纜, 대람 다음으로 굵은 줄), 상수(上綉), 중수(中綉), 화사(花絲)" 등이 있으며 "정밀하고 엉성한 정도에 따라 분류한다." "철사를 필요로 하지 않는 곳은 아무데도 없다. 사방의 상인들이 철사를 실어 날라다가 팔곤 하였다." 철사는 가공을 거쳐 또 쇠못으로 만들었는데 "숙철(熟鐵)가지로 만들며 크기가 각기 다르다." 도광제 때 "철사업소가 …… 가장 번창하였는데 노동자가 천 여 명에나 달하였고", 또 "쇠못업소가 …… 가장 번성하였는데 노동자가 수천 명에 달하였다."[1061] 청조 사람 매선추(梅璿樞)는 《분강죽지사(汾江竹枝詞)》에서 청대 전기 불산 제철업의 번영한 상황과 제철 노동자의 힘겨운 노동에 대하여 다음과 같이 묘사하였다. "솥을 주조하는 연기에 이어 솥을 그으는 연기, 마을 근처에 붉은 불빛이 밤하늘을 태우네. 가장 고생스러운 건 불쌍한 철공들이요, 용광로를 마주하고 땀 흘리며 일하는데 언제 가야 잠자리에 들 수 있을까(鑄鍋煙接爇鍋煙. 村畔紅光夜燭天. 最是辛勤憐鐵匠. 擁爐揮

1060 《청옹정상유내각(淸雍正上諭內閣)》, 옹정 9년 12월 초나흗날, 광동 시정사(市政使) 양영빈(楊永斌)의 상주문.
1061 《민국불산충의향지(民國佛山忠義鄉志)》 권6, 《실업(實業)》

汗幾曾眠)"[1062] 불산에서도 견직물이 생산된다. 그러나 "깁(紗)은 수공으로 뽑은 생사(土絲)로 짜며 꽃무늬는 찍어 넣는다. 생사는 쉽게 끊어지고 숙사(熟絲)는 쉽게 거칠어지며 견우주(牛郎綢)는 질감이 무겁고 촘촘하며 원래 여자들이 제직하였다."[1063] "원래 본토에서 수공으로 뽑은 생사를 사용하기에 어둡고 광택이 없으며 색깔 역시 선명하지 않다. 그래서 광동성 경내에서만 유통될 뿐 먼 곳에서 온 상인들은 불산의 깁을 구매하지 않았다."[1064]

불산(佛山)은 철기업·견직업 이외에 기타 상업·소규모 수공업도 매우 발전하였다. 설탕·용안(龍眼)·말린 여지·귤피 사탕·매당람(梅糖欖) 등의 상업 분야에도 "상인들이 시장을 꽉 메웠다." "화로·벽돌 화로· 토공(土工)·목공(木工)·석공(石工)·금공(金工)", "단추·바늘·신발· 모자", "문신(門神)·문전(門錢)·금화(金花)·으름덩굴꽃(蓮花)·막대기향 (條香)·등롱·폭화(爆花, 도자기 제조 공예의 일종)" 등의 소규모 수공업은 "일년내내 모두 이곳에 의존하여 살았다."[1065]

청대 전기에 불산시의 번영하고 흥성한 상황은 "만을 헤아리는 기와지붕이 생선 비늘처럼 빼곡히 들어서고 천 갈래의 거리는 마치 다양한 색채로 장식된 아름답고 화려한 비단 같았다. 건물이 촘촘히 줄지어 집중되어 있고, 밥 짓는 연기가 자욱하며, 등불은 날 밝을 때까지 꺼질 줄을

1062 《민국불산충의향지(民國佛山忠義鄕志)》 권15, 《예문(藝文)》 ,
       매선추(梅璿樞), 《분강죽지사(汾江竹枝詞)》
1063 《건륭광주부지(乾隆廣州府志)》 권48, 《물산(物産)》
1064 《도광 불산 충의 향지(道光佛山忠義鄕志)》 권5, 《풍속(風俗)》
1065 《도광 남해 현지(道光南海縣志)》 권8, 《여지(輿地)》 4

모른다."[1066] 옹정제 때, 이미 "도시가 십여 리 까지 이어지고 인가가 십여만 가구에 달하였다."[1067] 건륭제·가경제 시기에 점포와 공방이 수풀처럼 들어섰으며 큰 거리와 작은 골목은 총 622갈래나 되었다.[1068]

광주는 대외무역도시로서 "중화제국과 서방 열국의 모든 무역이 광주에 집결되었다. 중국 각지의 물산은 모두 이곳으로 운송되었으며 여러 성(省)의 상인들이 이곳에서 화물 창고를 설치하고 돈 버는 장사를 경영하였다. 동경(東京)·코친차이나·캄보디아·미얀마·말라카 혹은 말레이 반도·동인도군도·인도 여러 통상구·유럽 각 국·남북아메리카 각 국 및 태평양 제도의 상인과 상품들도 모두 이 도시에 집결되었다."[1069] 광주를 거쳐 수출되는 중국 상품에는 주로 찻잎·견직물·무명이 있고 수입되는 외국 상품은 최초에는 주로 모직품·목화·금속·향신료 등이었는데 19세기에는 아편이 가장 주요한 수입품이 되었다. 많은 외국 선박들이 모두 광주로 입항하였는데 18세기 하반기에는 매년 약 수십 척, 가장 많을 때는 83척(건륭 54년)에 달하였으며 19세기 초에 이르러 1, 2백 척으로 늘었다.

그리고 많은 중국 상선이 광주를 거쳐 수출 길에 올라 남양(南洋)의 각지로 가서 무역에 종사하였다. 광주는 무역이 번성했기 때문에 "황금 산과 진주 바다, 천자의 남쪽 창고(金山珠海, 天子南庫)"로 불렸으며 "부유한 거상들이

1066　《도광 불산 충의 향지(道光佛山忠義鄕志)》 권11, 《예문(藝文)》 하, 양서용 (梁序鏞), 《불산부(佛山賦)》

1067　《옹정주비유지(雍正朱批諭旨)》 16함, 4권, 옹정 11년 3월, 광동 순무 양영빈(楊永斌)의 상주문.

1068　《도광불산충의향지(道光佛山忠義鄕志)》 권1, 《강역지(疆域志)》

1069　ChineseRepository, Vol. II, 1833, p. 294

각자 본토의 특산물을 가져다가 무역활동을 펴서 헤아릴 수도 없을 만큼의 이윤을 얻었다."[1070]

광주도 견직업 생산이 아주 발달하였다. 강소·절강 일대에서는 스승을 청하여 기술을 전수 받았으며 게다가 강남에서는 일부 견사와 생사를 구매하여 섞어서 직조하여 "광사(廣紗)"·"광단(廣緞)"이라고 불렀다. 그 견직물은 "촘촘하고 고르며 색채가 화려하고 눈부시게 광택이 나고 부드러워" "소주와 항주가 따르지 못하였다. 그리고 꼭 오(吳, 강소 성 남부와 절강 성 북부일대)의 견사를 사용하였기 때문에 빛깔이 화려하고 퇴색하지 않으며 먼지가 묻지 않고 주름이 잘 펴진다."[1071] 광주의 견직공장은 모두 상서관(上西關)·하서관(下西關)·하구보(下九甫) 등에 집중되었다.

광주 일대에서 나는 물품을 통틀어 '광화(廣貨)'라고 부르며 국내외에 이름이 자자하였다. 광주에서 생산되는 "진주조개, 유리·비취·산호·여러 가지 진기한 식품" 등은 봉건 왕공귀족에게 공급할 뿐만 아니라 대량으로 외국 상인에게 팔아 수출하기도 하였다.

광주에서 가장 번화한 지역은 서성(西城)이다. 여기에는 "누대가 많이 들어서 외국인이 머물며 거주하였다."[1072] 그밖에 "다른 성(省)의 상인들도 섞여 같이 지냈다."[1073] 특히 복건 상인들이 파는 복건 상품이 유난히 많았다. 남성(南城)에는 "무역 장소가 많았다."[1074] 서각루(西角樓)라는 곳은 "남쪽이

1070   굴대균(屈大均),《광동신어(廣東新語)》권15,《화어(貨語)》
1071   위의 책.
1072   《도광 향산 현지(道光香山縣志)》권22,《紀事》
1073   《건륭 광주 부지(乾隆廣州府志)》권10,《풍속(風俗)》
1074   《도광 남해 현지(道光南海縣志)》권8,《풍속(風俗)》

호수(濠水)와 인접해 있으며 호화롭고 정교한 건물이 줄지어 들어섰는데 모두 악무 예인들의 거처로서 아름다운 여자 예인이 아주 많았으며" 지주와 지방 토호·부유한 거상들의 유흥 장소였다. 서각루에서 "마주 보이는 강 저쪽 편에는 백화가 넘쳐나는 시장이요 번화한 도시구역으로서 천하의 상인들이 모여드는 곳이었다."[1075] 고로 "동관(東關)에 사는 사람들은 소박하고 시골 사람의 기질을 띠고, 서관에 사는 사람들은 유행을 잘 타고 겉치레를 좋아하며, 남관(南關)에 사는 사람은 부자가 많고, 북문(北門)에는 사는 사람은 가난한 이가 많다(동촌·서초·남부·북빈(東村, 西俏, 南富, 北貧)"라는 속담이 생겼다.[1076] 아편전쟁 직전에 외국인들은 광주의 인구가 이미 백만 명에 이르는 것으로 추산하였다. "광주에 가보고 그 곳 거리를 걸어 다니며 거리마다 사람들로 붐비는 정경을 본 적이 있는 사람이라면 그 도시의 인구가 절대로 백만명 이하는 아닐 것이라고 여기게 될 것이다."[1077]

한구(漢口)·무창(武昌)·한양(漢陽) 세 도시가 정립하는 국면을 이루어 무한(武漢) 삼진(鎭)으로 불렸으며 그 뒤에 점차 하나로 통합되었다. 명청 시기에는 매우 발전하였다. 역사 기록에 따르면 "상인 중개소, 견직물 가게, 생선과 쌀 시장의 관리를 담당한 관료들은 처자식을 먹여 살리며 동네에서 우쭐하며 살았다. 한편 아래로 백가의 기예, 토공·목공·요리사…… 등에 이르기까지 모두 시장거리에서 이윤을 지향하였기 때문에 그들은 서로

1075   위의 책.
1076   굴대균(屈大均), 《광동신어(廣東新語)》 권17, 《궁어(宮語)》
1077   존스타드, 《중국 내 포르투갈인 거주지와 로마 천주교회 역사에 대한 개술(關於在中國的葡萄牙居留地和羅馬天主教會的歷史概述)》, 284쪽.

섞이고 연결되지 않을 수 없다."[1078]

한구는 수상과 육로 교통이 아주 편리하여 "9개 성으로 통하는 대통로였다."[1079] 한구는 호북성의 길목이었을 뿐만 아니라 운남·귀주·사천·호남·광서·섬서(陝西)·하남(河南)·강서(江西) 등 성(省)의 화물들이 "모두 이곳을 거쳐 운송되곤 하였다."[1080]

한구는 회염(淮鹽, 소금의 일종. 회하가 강소 염장을 가로지른다 하여 붙여진 이름)의 집산지로서 매년 대량의 회염이 한구로 운반되어 들어와서 호북과 호남·강서·사천·하남 등의 성에 식용 소금으로 공급된다.[1081] 그때 당시 한구에는 "소금 가게"가 "총 수십 곳"이나 있었다.[1082] 전당업도 아주 발전하였는데 건륭제·가경제 시기에 "전당포가 70여 개"에 이르러 노동인민을 착취하였다. 한구는 또 식량의 집산지였다. 한구는 호북과 호남 및 사천의 쌀을 한구로 집결시켰다가 다시 "강소와 절강의 상인들에게" 공급하였다.[1083] 동유(桐油)·철광과 석탄 등의 기타 업종도 아주 발전하였다. 일찍 건륭 초년에 한구에서는 "소금·전당·쌀·목재·화포·약재"[1084] 등의 6개 업종이 제일 컸으며 각 성의 상인들은 모두 회관을 설립하였다. 상업의 발전에 힘입어 중간 착취자로서의 중개소가 건륭

1078 《고금 도서 집성·직방전(古今圖書集成·職方典)》, 권1120,
      무창부부(武昌府部), 《회고육(匯考六)》
1079 《청 고종실록(淸高宗實錄)》 권247
1080 유헌정(劉獻廷), 《광양잡기(廣陽雜記)》 권4
1081 황균재(黃均宰), 《금호낭묵(金壺浪墨) 권1, 《염상(鹽商)》
1082 범개(范鍇), 《강구총담(江口叢談)》 권3
1083 《청 고종실록(淸高宗實錄)》 권247
1084 《광서 무창 현지(光緒武昌縣志)》 권3, 《풍속(風俗)》

9년에는 "수백 개가 넘을 정도로"[1085] 많았다.

건륭제 때 한구에서는 인의도(仁義道)와 예지도(禮智道) 두 곳은 "온 성(省) 내에서 가장 번성한 곳이었다. 상인들이 구름처럼 모여들어 사방팔방의 상인들이 한데 어울려 지냈다."[1086] 무창은 더욱 화했는데 "수상과 육로 교통의 요충지로서 배와 차량의 행렬이 끊이지 않았으며 백화가 이곳에 집중되고 상인들이 구름처럼 모여들었다…… 남과 북 두 개의 수도(북경과 남경)를 제외하고는 이곳을 능가할 수 있는 도시는 없었다."[1087]

건륭 초년에 한구에는 이미 "20여 만 가구"가 살았으며 매일 소비하는 식량이 수천 석이 넘었다.[1088] 건륭 말년에 불이 한번 나서 식량 운반 선박 백여 척과 상선과 여객선 3, 4천척이 불에 타버렸는데 큰 불이 이틀 동안이나 꺼지지 않고 타올랐다. 1810년(가경 15년) 4월, 또 한 차례 큰 불이 나서 사흘 낮과 사흘 밤 타올랐는데 "상인의 점포 8만 여개"[1089]가 불에 타서 훼손되었다. 이를 볼 때 그때 당시 한구의 발전과 번영 정도를 알 수 있다.

북경은 역사가 유구한 도시로서 금(金)·원(元)·명·청 네 조대의 수도로 존재한 세월만 8백 년이나 된다. 청조 전기에 북경은 정치·문화의

1085 안사성(安斯盛), 《초몽산방집(楚蒙山房集)》 주소(奏疏), 건륭 9년, 《청리아행(清厘牙行)》

1086 《가경 단도 현지(嘉慶丹徒縣志)》 권21

1087 안사성(安斯盛), 《초몽산방집(楚蒙山房集)》 주소(奏疏), 건륭 9년, 《청리아행(清厘牙行)》

1088 《황조경세문편(皇朝經世文編)》 권4, 건륭 10년, 안사성(安斯盛), 《상사 설립을 청하는 상소문(請設商社疏)》

1089 전영(錢泳), 《이원총화(履園叢話)》 권14, 《한구진화(漢口鎭火)》

중심일 뿐 아니라 중국 북방의 유명한 상업무역 도시였다. 그때 당시 북경은 교통이 매우 편리하였으며 이미 전국 각지로 통하는 수상과 육로 교통망이 초보적으로 형성되었다. 이는 북경 공상업의 발전을 위해 지극히 유리한 조건을 마련해 주었다.

북경에서 가장 번화한 지역은 고관과 귀족들이 집결된 내성(內城)이 아니라 선무(宣武)·정양(正陽)·숭문(崇文) 세 개의 문 밖이었다. 이 세 곳의 부유한 거상들은 수천만 규모의 자본을 소유하고 세 문 밖에서 상공업을 경영하였다. 건륭제 시기에 이르러 정양문 밖 대책란(大柵欄) 일대에는 상업이 즐비하고 간판들이 빽빽이 들어앉았으며 소규모 노점상이 대거 집중되고 술집과 찻집이 즐비하게 늘어선 융성한 번화가가 형성되었다.

북경의 상공업은 거의 완전히 동업조직(行幫) 상인들이 장악하고 있었다. 이들 동업조직 상인들은 시장을 독점하여 외지인·타 업종 상인들과 경쟁해야 하는 상황을 막고자 잇달아 회의를 열고 상품을 저장하며 영업규정을 제정하고 도량형을 통일하기 위해 상인회관을 설립하였다. 건륭제 시기에 "여러 성(省)들에서 다투어 회관을 설립했으며 심지어 큰 현에서도 회관을 하나씩 설립했다."[1090] 그 때문에 세 문 밖의 땅값과 집값이 가파른 상승세를 보였다. 상공업의 발전에 따라 상공업회관이 우후죽순처럼 나타났다. 아편전쟁 직전까지 북경에는 "상포회관이 다른 각 성의 십 배, 백 배에 그치지 않을 정도로 많았다. 게다가 정양·숭문·선무 세 문 밖의

1090   왕계숙(汪啓淑), 《수조청가록(水曹淸暇錄)》 권10

상포회관의 수량은 또 수도 여러 문 밖의 열배, 백배에 그치지 않을 정도로 많았다."[1091]

북경은 전국의 정치 중심이다. 위로 황실 귀족에서부터 아래로 관료·지주·상인에 이르기까지 모두 호화하고 사치스러운 생활을 하였다. 착취계급의 수요에 적응하기 위해 북경 상공업은 기형적인 발전의 길을 가기 시작하였다. 북경에서 가장 발전한 수공업은 법랑·옥기·옻칠 공예품·방로 등의 고급 사치품이다. 반면에 광범위한 노동인민의 생활과 밀접히 관련되는 수공업 제품은 현지에서 생산하는 것이 아주 적었으며 절대다수는 전국 각지에서 북경으로 운반해 와야 하였다. 예를 들어 무명은 산동과 하북의 고양(高陽)에서 들여오고 종이는 안휘·복건·강서에서 들여왔으며 담뱃잎은 관동과 하북의 역현(易縣)에서 들여왔다. 그래서 북경은 상업이 수공업보다 발달하였으며 통치계급의 소비에 공급되는 수공업이 노동인민이 필요로 하는 수공업보다 융성하였다. 건륭제와 가경제 시기에 북경은 생산도시가 아니라 소비도시였다.

앞에서 서술한 것은 오직 규모가 비교적 큰 8개 도시의 상업발전 상황이다. 이밖에 진강(鎭江)의 경우 강희 연간에 "사방의 상인들이 대거 모여들어 섞여 지내면서 수많은 물품을 날라다가 유통시켰다."[1092] 무호(蕪湖)는 가경 연간에 "강을 끼고 산기슭에 위치한데 힘입어 배와 수레가 많이 드나들고 상품이 풍부해서 대체로 주(州)·군(郡)과 대등하다.

1091   도광 18년 《북경 안료행 회관비(北京顔料行會館碑)》
1092   《강희강남통지(康熙江南通志)》 권9

현재 성 안에 시전이 즐비하게 들어서고 백 가지 물품이 집결되었는데 화려한 옷·방직품·어류·소금 등등의 모든 물품이 다 집중되었으며 시장에서 흥청거리고 떠들썩해하는 소리가 밤이 샐 때까지 끊길 줄을 몰랐다."[1093] 강서성의 경덕진(景德鎭)은 "시장이 들어서고 시전 상인들을 받아들였는데 수십 리나 이어지고 십만 가구의 인구가 살고 있으며 요호(窯戶)와 점포수가 열 가구 중 7 가구를 차지하며 본 고장 사람이 열 가구 중 두 세 가구 정도였다."[1094]

호남 성의 침주(郴州)는 "남쪽은 교광(交广)과 통하고 북쪽은 동정호(洞庭湖)·상강(湘江)에 닿을 수 있어 상인들이 상품을 싣고 오가며 거쳐 가는 곳이다. 강변 일대에 큰 점포와 객점이 수십 채 건설되어 있다. 북쪽에서 들여오는 상품은 인부와 가축을 세내어 짐을 져서 날랐으며 남쪽에서 들여오는 상품은 배를 세내어 실어 날랐다. 예를 들어 소금 상인들이 소금을 싣고 오고 광객(广客)들은 베를 사가지고 돌아갔다. 9, 10월에는 차와 동유(桐油)를 취하는 등 여행객과 행상의 발길이 끊이지 않았다. 그야말로 호북성과 호남성 남부의 요충지가 되었다."[1095] 산동성의 제녕(濟寧)은 "백화의 집결지이다. 행상들은 화물을 장사를 알선해주는 중개상에게 팔곤 하는데 혹시 화물이 유통되지 않을 경우엔 현철거래를 할 수 없으므로 하는 수 없이 화물을 점포에 되넘기곤 하였다."[1096] 하북성의

1093 《가경무호현지(嘉慶蕪湖縣志)》 권1, 《풍속(風俗)》
1094 《도광부량현지(道光浮梁縣志)》 권2, 《풍속(風俗)》
1095 《가경침주총지(嘉慶郴州總志)》 권21, 《풍속(風俗)》
1096 《건륭제녕직예주지(乾隆濟寧直隷州志)》 권2, 《풍속(風俗)》

선화(宣化)는 "시중에 상점이 즐비하게 늘어섰는데 점포들이 각자 다양한 명칭이 있었다. 예를 들어 남경 나단 가게(南京羅緞鋪)·소주항주 나단 가게(蘇杭羅緞鋪)·노주 주단 가게(潞州綢鋪)·택주 수건 가게(澤州帕鋪)·임청 직물 가게(臨淸布帛鋪) ·털실 가게·잡화 가게 등등이다. 여러 업종의 거래 가게가 강변 4, 5리 길이로 들어섰는데 상인들이 모두 다투어 그 지역을 차지하곤 하였다."[1097] 하문(廈門)은 "백성과 상인, 그리고 외국 선박이 집결하였으며 여러 군현과 마찬가지 상황이다. 시정은 번화하고 향촌은 울긋불긋한 것이 대도시의 풍채에 손색이 없다."[1098] 이런 지역은 이미 상품경제가 상당히 발전한 중등 도시가 되었다.

상품경제 자체의 발전에만 의지해서는 전반적인 생산방식의 변혁을 일으키기에는 부족하였다. 그러나 봉건사회 후기에 이르러서 상업의 번영과 도시의 발전, 교역의 확대, 대량 화폐의 유통은 여전히 중요한 의미를 갖는다. 그것들은 낡은 생산방식에 대해 부식시키고 분해하는 작용을 일으키는 한편 새로운 생산 방식이 싹틀 수 있도록 추진 작용을 하였다.

2. 농촌시장

아편전쟁 이전에 중국의 광대한 농촌에서는 경제작물 재배가 꾸준히

1097   《강희선화현지(康熙宣化縣志)》 권5, 《풍속(風俗)》
1098   《도광하문지(道光廈門志)》 권15

확대되고 농산물의 상품화가 상당한 수준으로 발전하였다. 수공업의 원료로서의 경제작물과 상품으로서의 일부 농산물이 전국 각지의 농촌과 일부 대도시로 널리 판매되려면 마땅히 농촌의 시장에 집중시켰다가 다시 여러 지역으로 운송 판매되어야 한다. 한편 대도시에서 가공 제조된 수공업 제품이 넓은 농촌지역에 판매되려면 또 농촌시장으로 운송하여 집산시켜야 한다. 이에 따라서 농촌시장이 활발해지기 시작하여 크고 작은 행상과 좌고(坐賈)를 발전시켰으며, 또 가정 수공업과 소수의 견습공을 고용하는 소규모의 공방도 적지 않게 발전시켰다. 이러한 농촌 시장이 도시와 함께 넓은 땅 위에 널리 분포되어 상업망을 형성하였다. 이들 농촌 시장과 도시는 화물을 교류하고 상품유무를 서로 조절하여 봉건적인 자급자족의 사회생활 속에서 점점 더 중요한 역할을 하기 시작하였다. 청조 전기에 전국 각지의 농촌시장은 지역이 서로 다르고 상품경제의 발전수준이 서로 다름에 따라 그 내용과 명칭도 각기 달랐다.

강소성과 · 절강성의 소(주) · 송(강) · 항(주) · 가(흥) · 호(주) 5개 부(府)의 농촌시장의 이름은 시(市, 일부 지방은 행(行)이라고 부름) · 진(鎭)이다. 일반적으로 '시'와 '진'을 비교해보면 상공업의 발전 정도가 다소 다르다. '시'는 소상인(商販)과 '행상(行商)'이 대다수를 차지하고 상업규모가 비교적 작지만 '진'은 '좌고'가 비교적 많고 상업규모가 비교적 크다. '진'은 상공업이 비교적 발전해서 경제적으로 봉건 통치자들에게 지극히 중요하기 때문에 '관리(官)'를 두어 세금을 징수하였으며 '장수(將)'를 두어 탄압하곤 하였다. 그래서 어떤 사람은 상인이 있고 무역을 진행할 수 있는 곳을 시라고

하고 관리와 장수를 두어 방비와 억제가 있는 곳을 진이라고 불렀다.[1099]

만약 '시'의 상공업이 일정한 규모까지 발전하게 되면 '진'로 승격할 수도 있다. 예를 들어 소주 부 오강(吳江)현의 성택(盛澤)·팔척(八斥)·매언(梅堰)은 명조 가정(嘉靖) 연간에는 모두 시라고 불렸으나 강희 23년에 이르러 성택이 진으로 승격하고 강희 중기부터는 팔척·매언도 잇달아 진으로 승격하였다.[1100] 명조 시기부터 상공업이 이미 크게 발전한 진택(震澤)진이 청조에 이르러 오강(吳江)현에서 분리되어 진택현으로 불렸다.[1101]

소(주)·송(강)·항(주)·가(흥)·호(주)는 중국에서 상품경제가 비교적 발전한 지역으로서 농촌시장이 촘촘하게 분포되어 있다. 많은 유명한 진은 모두 역사적 발전과정이 있는데 일부 진은 청대에 이르러서야 번성하기 시작하여 수공업품과 농산물의 집산지로 되었다. 절강성 호주부의 오청(烏靑)진은 원래 오정(烏程)현 오(烏)진과 동향(桐鄕)현 청(靑)진을 합친 이름이다. 두 진이 원래는 강을 사이에 두고 마주보고 있으며 두 진 사이의 거리가 십 리이다. 청조 전기에 이르러 태평한 세월이 오랜 동안 이어지자 인구가 갈수록 늘어나 십 리 안의 주민 지역이 서로 맞붙게 되었다. 후에 "두 개의 진이 하나로 이어져" "합쳐서 오청진으로 부르게 되었다."[1102] 오청진은 수상과 육로 교통이 편리하여 강소와 절강

1099 《건륭진택현지(乾隆震澤縣志)》 권4, 《진시촌(鎭市村)》
1100 위의 책.
1101 위의 책.
1102 《동치 호주 부지(同治湖州府志)》 권 22, 《촌진(村鎭)》

두 개의 성, 소(주)·가(흥)·호(주) 세 개의 부, 오흥(吳興)·오강(吳江)·수수(秀水) 등의 7개 현을 연결하는 교통의 중심지로 되었다. 건륭 연간에 이르러 오청진은 상공업이 번창하였는데 "시장 거리가 18리에 이를 정도로 크고" "인구가 만 가구에 달해" "절강성 남부의 문호"[1103]로 불리게 되었다. 그리고 귀안(歸案)현의 적강(荻岡)진의 경우, 송·원 시기에 시로 발전했으나 명조 가정 연간에 왜구들에게 약탈당하고 불살라졌다. 청조에 이르러서야 회복되고 더욱 더 발전하였으며 옹정제 때부터는 "백성과 물품이 많아졌으며 인구가 약 3천 수백 가구에 이르렀다."[1104] 절강성 가흥부 수수현의 복원(濮院)진은 송조 건염(建炎) 이전의 원래 명칭이 영락(永樂)시였는데 고작 하나의 시골 시장일 뿐이었다. 남송 이종(理宗) 때에 복원진으로 이름을 고쳤다.[1105] 청조 건륭·가경 연간에 "주민들이 견직업에 종사하는 한편 농업과 상업도 경영하면서 상인이 모여들어"[1106] 인구가 만 여 가구에 이르는 큰 진으로 발전하였다. 선화(善化)현의 풍경(楓涇)진은 원래 이름이 우촌(牛村)시였는데 원(元)조에 풍경진으로 개명하였고 청조 강희 연간에 면포와 염색 가공 중심지로 발전했으며, 건륭·가경 연간에 "물자가 풍부하고 인구가 많으며 상인들이 대거 모여들었다."[1107] 강소성 소주부 진택현의 평망(平望)진은 동한(東漢) 시기에 향(鄕)이었는데 송·원 시기에 강 양안에 "저사(邸肆, 화물 창고와

1103 《건륭 오청 진지(乾隆烏靑鎭志)》 권 2, 《형세(形勢)》
1104 《동치 호주 부지(同治湖州府志)》 권 22, 《촌진(村鎭)》
1105 《복원기문(濮院紀聞)》 권 1, 《총서(總敍)》
1106 《가경 가흥 부지(嘉慶嘉興府志)》 권 4, 《시진(市鎭)》
1107 《가경 가흥 부지(嘉慶嘉興府志)》 권4, 《시진(市鎭)》

상점·여관 성질을 두루 갖춘 처소)가 들어서서 여행객들에게 편리를 마련해주었다." 명조 초기에 "주민이 천백 가구에 이르고 백화무역이 작은 읍 수준에 달하였다." 명조 홍치(弘治) 연간부터 번성하기 시작해서 건륭 연간에 이르러서는 "물자가 넘쳐났으며 쌀과 콩·밀이 특히 풍부하였다.

수천, 수만 척의 큰 배가 원근에서 모두 집결하였다." 그때 당시 사람들은 "이곳을 소풍교(小楓橋)라고 불렀다." 진택진은 원조 때에는 아주 삭막했으며 고작 수십 가구의 주민이 살았다. 명조 성화(成化) 연간에 이르러서는 3, 4백 가구로 발전하고 "가정(嘉靖) 연간에는 한 배 하고도 더 늘었다." 건륭 연간에 이르러서는 "주민이 2, 3천 가구에 달하고" "건물이 줄지어 들어섰으며 백화가 집중되어 무역에 종사하는 자가 쉴 사이 없이 오갔다." 엄묘(嚴墓)시는 명조 초기에 마을 이름을 따서 명명한 것인데 "그때 이미 저사(邸肆, 화물 창고와 상점·여관 성질을 두루 갖춘 처소)가 있었고" 주민은 겨우 백여 가구였다. 가정 연간에 이르러 배로 늘어나고 "물자가 많아져 시로 불리기 시작했다." 건륭 연간에는 "주민이 갈수록 늘고 무역 또한 갈수록 번창했다." 단구(檀邱)시는 명조 성화 연간에 주민이 겨우 4, 5십 가구였으며 "대다수가 제철업에 종사하였다. 가정 연간에 이르러서는 과거의 몇 배에 달하였으며 동·철·목공·가무기에 등의 여러 업종을 두루 갖추었다." 건륭제 때에 이르러 "주민이 갈수록 늘고 물자가 집중되었으며 아주 번성했다." 매언시는 명조 초기에 마을 이름을 따서 명명한 것인데 가정 연간에 주민이 5백여 가구로 늘어 "자연스레 도시로 되었으며 즉 시로 칭하게 되었다." 건륭 연간에 "주민과 물자가 갈수록 번창해져서 습관적으로 진운(鎭云)이라고 부른다."[1108]

강소성 송강부 가정(嘉定)현의 남상(南翔)진은 "송·원 시기에 창설되었고 사원의 이름을 따서 명명했으며" 포목상·염색 가공 공방이 집중된 곳이다. 건륭 연간에 남상진은 이미 동서 길이가 5리, 남북 너비가 3리에 이를 정도로 발전하였다.[1109] "상인들이 운집하고 거주 인구가 많았으며"[1110] "무역업이 여러 진들 중에서 으뜸을 차지하며 상인들이 유행과 사치를 다투었다."[1111] 보산(寶山)현의 나점(羅店)진은 원조 지원(至元) 연간 사람 나승(羅升)이 창립하였다 하여 얻은 이름이다. 건륭 연간에 나점진 역시 크게 발전해 "동서 길이가 3리, 남북 너비가 2리에 이르며 면직물이 많이 나고 휘상(신안[新安]상인)이 대거 집중되었으며 무역이 번창했다."[1112] 남회(南匯)현의 신장(新場)진은 송조 건염 연간에 양절(兩浙, 절동[浙東]과 절서[浙西]을 통틀어 이르는 말)의 염운사(鹽運使)가 그 지역에 염장을 설치하고 북교(北橋) 세무사(稅司)에서 세금을 징수해가곤 하면서 시·진이 형성되었다. 아편전쟁 전에 신장진은 이미 "남북 거리 길이가 4, 5리, 동서로 각각 2리 정도에 이르며" "가루(歌樓)와 술집이 들어서고 상인들이 대거 모여들어" '새소주(賽蘇州, 소주를 능가한다)'[1113] 라는 칭호까지 얻었다.

상기 강절(강소 성과 절강 성)지역의 수많은 큰 진들은 모두 농촌에

1108 《건륭 진택 현지(乾隆震澤縣志)》 권4, 《진시촌(鎭市村)》
1109 《건륭 가정 현지(乾隆嘉定縣志)》 권1, 《시진(市鎭)》
1110 《청 고종실록(淸高宗實錄)》 권834, 건륭 34년 5월
1111 《건륭 가정 현지(乾隆嘉定縣志)》 권12, 《풍속(風俗)》
1112 《건륭 가정 현지(乾隆嘉定縣志)》 권1, 《시진(市鎭)》
1113 《광서 남회 현지(光緖南匯縣志)》 권1, 《강역지(疆域志)》

위치해서 이들 진의 상공업도 모두 농촌을 대상으로 하였으며 역사적으로 이들 진은 편벽한 작은 시에 불과하였다. 명청 시대에 이르러 특히 청대에 이르러서야 비로소 유명한 진으로 되었다. 이들 진의 발전과 번영은 강절 지역의 생산과 교환의 발전을 상징하며 상품 및 화폐의 관계가 광범위한 농촌에 갈수록 깊이 파고들었음을 상징한다.

상품경제가 발전함에 따라 이들 지역의 시·진의 수량이 점차 늘어났다. 예를 들어 소주부의 진택현의 경우, 명조 홍치 연간에 막강(莫江)이 편찬한 《오강현지》에는 평망(平望)·여리(黎里)·동리(同里)·진택 등의 4개 진과, 현시(縣市)·강남·신항(新杭) 등의 3개 시가 있었다고 기록되어 있다. 가정 연간에 이르러 서사증(徐師曾)이 편찬한 《오강현지》에는 진은 여전히 4개이지만 시는 팔척·쌍양(双楊)·엄묘·단구·매언·성택(盛澤) ·돈촌(庉村) 등의 7개로 늘었다는 기록이 있다.

강희 24년, 굴운륭(屈運隆)이 편찬한 《오강현지》에는 성택이 진으로 승격하여 진이 5개로 늘고, 또 황계(黃溪)라는 시가 하나 더 늘어 시는 여전히 7개라고 기록되어 있다. 강희 중기에 이르러 팔척과 매언 두 개의 시가 진으로 승격해 7개 진과 5개 시로 변하였다. 이 때문에 건륭 11년에 이르러 어떤 사람은 이런 변화를 두고 "명조 초기에서부터 청조에 이르기까지 3백여 년간 백성의 재물이 풍부해지고 상공업이 집중되었으며 달이 다르고 해가 다르게 변하였다. 고로 세 부의 지(志)에서 시·진이 점차 늘어나고 변화한 기록이 있다."[1114]

1114 《건륭진택현지(乾隆震澤縣志)》 권4, 《진시촌(鎭市村)》

송강부의 가정현의 경우 명조 때에는 고작 남상(南翔)·안정(安亭)·황파(黃波)·나점(羅店)·대장(大場)·강만(江灣)·청포(清浦, 고교(高橋)라고도 부름) 등 7개의 진 뿐 이었다. 그 후 "오랜 시간을 거쳐 진으로 바뀐 시가 5개"로서 즉 기묘(紀廟)·루당(婁塘)·신경(新涇)·광복(廣福)·진여(眞如) 등이다. "진으로 바뀐 행(行)이 2개"로서 즉 서가행(徐家行)·양가행(楊家行)이다. 청조 초기부터 또 외강(外岡)·갈륭(葛隆)·월포(月浦) 3개의 진이 늘어났다. 건륭제 시기에 또 책교(柵橋)와 방태시(方泰市) 2개의 진이 늘었다. 건륭제 때 가정현에 총 19개 진이 있었다.[1115] 지방지(地方志)에 따르면 상해현은 명조 때 오회(吳會)진·오니경(烏泥涇)·신장(新場)진·주포(周浦)진·용화(龍華)진·삼림당(三臨塘)·민행(閔行) 등 18개의 시·진이 있었다. 청조 강희 연간에 이르러 또 마교(馬橋)시·매원(梅源)시·양경(洋涇)시·조하경(漕河涇)진 등 17개의 시·진이 새로 늘어 합쳐서 상해현의 시·진 수량이 총 35개에 이르는 것으로 기록되어 있다.[1116]

항주부의 해녕(海寧)현의 경우 진기경(陳耆卿)·제석(齊碩) 등이 편찬한 《적성지(赤城志)》(양(梁)대 때에 최초로 적성군이 설립되었으며 본 지(志)에서는 옛 이름을 그대로 사용함)에는 송조 가정 연간에 해녕현에 시가 한 개뿐이었다는 기록이 있다. 청조 전기에 이르러 해녕에는 "시가 24개에 달하기에 이르렀다."[1117] 대주(臺州)의 선거(仙居)현의 경우 송조

1115 《건륭가정현지(乾隆嘉定縣志)》 권1, 《시진(市鎭)》
1116 《강희 22년 상해현지(康熙二十二年上海縣志)》 권1, 《진시(鎭市)》
1117 《광서해녕현지(光緒海寧縣志)》 권3, 《시진(市鎭)》

때 편찬된 《선거지(仙居志)》에는 선거현에 고작 5개의 시가 있다는 기록이 있는데 만력 36년에 고진우(顧震宇)가 편찬한 《선거현지》의 기록에는 시가 10개로 늘어나 있다. 강희 19년에 정록훈(鄭錄勳)이 편찬한 《선거현지》에는 시가 13개로 늘어났다가 아편전쟁 전에는 선거현에 시가 16개로 늘었다는 기록이 있다.[1118]

화남(華南)지역의 광동성에서는 농촌시장과 같은 것을 시진이라고 부르지 않고 광동에서 허시(墟市)의 뜻은 지역마다 각기 다르다. 광동 동부에서는 "허(墟)와 시를 합쳐서 부르고" "시를 허(虛)라고 부르며" 별다른 구별이 없다. 광동 중부에서는 시가 크고 허가 작기 때문에 "시가 앞이고 허가 뒤이다."[1119] 동완(東莞)현과 같은 일부 현에서는 반대로 "큰 것을 허라고 하고 작은 것을 시라고 한다."[1120]

허시는 광범위한 농민과 상인들이 교역을 진행하는 장소이다. 농민들은 "거주지 근처의 주요 지역에 허를 설치하고" "생선이며 소금을 팔아 천과 좁쌀을 사곤 했다."[1121] "콩·식량·면직물·견직물, 닭·돼지·술· 채소 등은…… 모두 허에 나가 사거나 팔곤 하였다."[1122] 그래서 허시는 농민들이 땔감과 쌀·기름·소금 및 입을 것과 먹을 것· 쓸 것 등의 일상생활용품을 교환하는 것과 아주 밀접히 관계된다.

노동인민이 시장에 나가 교역에 참가하는 것을 '진허(趁墟, 즉 장터에

1118 《광서선거현지(光緒仙居縣志)》 권7, 《건치 · 방시(建置) · 坊市》
1119 《도광신회현지(道光新會縣志)》 권4, 《허시(墟市)》
1120 《가경동완현지(嘉慶東莞縣志)》 권9, 《방도부허시(坊都附墟市)》
1121 《강희용문현지(康熙龍門縣志)》 권2, 《강역(疆域)》
1122 《건륭동안현지(乾隆東安縣志)》 권1, 《풍속(風俗)》

나간다)'라고 한다. 거래일은 상품경제의 발전정도에 따라 각기 다르다. 강남의 시진들은 매일 장이 서는 것이 많다. "한 달에 장이 서지 않는 날이 없다."[1123] 광동의 허시 중에는 소수가 '축일시(逐日市, 장이 매일 서는 것)'인 것 외에 일반적으로 "일정한 시간 간격을 두고 정기적으로 장이 서곤 했다." 어떤 곳은 5일에 한 번씩 장이 서고, 어떤 곳은 매 달 "인(寅)·신(申)·사(巳)·해(亥)의 기준으로 3일에 한 번씩 장이 섰으며" 또 어떤 곳은 10일간 4차례씩 장터에 나가는 등 각기마다 달랐다. 종합적으로 장이 서는 날짜가 많을수록 시장 거래가 더 잦으며 상품경제가 더 발전했음을 설명한다.

허시 장소에는 대부분 영구적이거나 임시적으로 건물을 설치해서 상인들에게 거래시 사용할 수 있도록 제공하였다. 예를 들어 동완현의 허시에서는 '시사(市肆)'(즉 점포)를 설치하고 순덕(順德)현의 열래허(悅來墟)에서는 강희 47년에 "본 고장 사람 진덕(陳德)이 자신의 땅을 내놓아 회랑을 지었다."[1124] 번우(番禺)현의 황피허(黃陂墟)에서는 가경 19년에 "점포 4백여 채를 지었다." 석강허(石岡墟)에는 "점포가 50여 채" 있었다. 회룡시(回龍市)에서는 "도광 기해(己亥)년에 양향(兩鄉)의 육(陸)씨 성을 가진 자가 40여 채의 점포를 지었다."[1125] 가경 연간, 삼수(三水)현의 허시에 "점방(店房, 가게로 쓰는 방)"[1126]이 설치되어 상인들이 화물을 저장하는데

1123 《광서해녕현지(光緒海寧縣志)》 권3, 《시진(市鎭)》
1124 《함풍순덕현지(咸豊順德縣志)》 권5, 《허시(墟市)》
1125 《동치번우현지(同治番禺縣志)》 권18, 《허시(墟市)》
1126 《가경삼수현지(嘉慶三水縣志)》 권1, 《허시(墟市)》

사용하도록 하였다. 일부 허시에서는 "제대로 된 점포가 없이" 임시로 간이 "허정(墟亭)"을 설치해 "장사에 편리를 도모하였다." 조주(潮州)부 보녕(普寧)현의 계동자허(溪東仔墟)와 같은 경우에는 "전사(廛舍, 시전)가 없고 장이 설 때마다 임시로 나무로 받치고 띠를 덮어 지붕 삼아 장사를 하곤 했다." 군포허(軍埔墟)에서는 "마을 점포가 없고 장이 서면 백성들이 스스로 나무로 받치고 띠를 덮어 지붕으로 삼곤 했다."[1127] 종화(從化)현의 허시에서는 "마을 주변의 적당한 곳에 나무를 받쳐 들보로 삼고 띠를 덮어 기와를 대신해 바람과 비를 막을 수 있게 했다."[1128]

봉건 통치자들은 허시에서 교역을 진행하는 상인들을 협박하여 재물을 갈취했으며 가중한 조세(租稅)를 징수하였다. 양산(陽山)현 허부(墟埠)의 경우 매년 정부에 부지 "세금 33냥 7전"[1129]을 바쳐야 했다. 건륭 연간에 조주부 보녕현 유사계허(流沙溪墟)에는 "점포가 있었는데 민간인들이 그 점포에서 무역을 진행할 경우 매년 관조(官租, 관청에 바치는 세금)를 바쳐야 했다."[1130] 동안(東安)현 하두(河頭)와 영풍(永豊) 두 곳 허에서는 강희 26년도에 밭갈이 소 거래세 옹근 15냥을 징수하였다.[1131] 남해(南海)현의 허시에서는 매년 상인들로부터 "좌고세(坐肆之租)"를 징수하였다.

광주(廣州)·조경(肇慶)·조주·혜주(惠州) 등의 부는 청조 전기에 상공업이 매우 발전하였으며 농산물의 상품화 수준이 매우 높았는데

1127 《건륭조주부지(乾隆潮州府志)》권14, 《허시(墟市)》
1128 《옹정종화현지(雍正從化縣志)》권1, 《강역(疆域)》
1129 《건륭양산현지(乾隆陽山縣志)》권5, 《허부(墟埠)》
1130 《건륭조주부지(乾隆潮州府志)》권14, 《허시(墟市)》
1131 《강희동안현지(康熙東安縣志)》권4, 《식화(食貨)》

특히 어물과 소금에서 얻는 이윤이 많았다. 이 지역은 광주·불산(佛山) 등의 유명한 도시가 발전하여 생겨났을 뿐만 아니라 농촌시장인 허시도 우수죽순마냥 나타났다.

광주부 남해(南海)현의 구강대허(九江大墟)는 강남의 시진에 견줄 수 있을 정도이다. 청조 전기에 구강대허는 상공업이 발전하였는데 "물품 중 어물·꽃·토사(土絲, 수공으로 뽑은 생사)가 제일 발달하여 읍내에서 으뜸이었다." "그와 버금가는 곡식·천·누에치기·각종 가축과 가금, 각종 채소·백 가지 과일·옷가지와 견직물·약재·생활 용기·잡물 등이 모두 거래되고 있다" 자암허(紫岩墟)에서는 "면포·황마(絡麻·콩류와 곡류(菽粟)· 땅콩·고구마류와 토란류(薯芋)· 생강과 박과식물의 과실(姜瓜)·대오리를 꼬아서 만든 굵은 밧줄(竹纜)" 등의 토산물이 많이 거래된다. 이밖에 남해현에는 또 전문화된 허시도 적지 않았다. 예를 들어 죽허(竹墟)는 "등롱에 쓰이는 대나무 재료가 거래된다 하여 붙여진 이름이다." 과채시(瓜菜市)에서는 "과일과 채소가 거래된다." 이밖에도 채시(菜市)·저곡시(豬谷市)·저자허(豬仔墟)·관요허(官窯墟)·사허(絲墟)·상시(桑市) 등의 이름으로 불리는 허시가 있다.[1132] 번우현의 유명한 화시(花市)는 "주강(珠江)의 남쪽에 있는데 꽃밭이 있고 꽃을 파는 것을 생업으로 삼는 인구가 수십 수백 가구였으며 꽃을 성(광주)에 내다 팔았다." 번우의 화시에 합포(合浦)의 주시(珠市), 나부(羅浮)의 약시(藥市), 동완의

1132 《도광남해현지(道光南海縣志)》권13, 《건치략(建置略)》

향시(香市)를 합쳐 광동 "4시"라고 부른다.[1133] 동완현의 석룡허(石龍墟)에는 "상인들이 집중되어 군(郡, 광주를 가리킴)과 혜주・조주의 요충지역이 되었으며 그곳 인구 중에는 외지인이 많고 본 고장 사람은 적었다."[1134] 건륭 연간에 이르러서는 "읍의 북부 문호로 발전하여 교통이 편리하고 상인들이 구름처럼 모여들었으며 어물과 소금업에서 많은 이윤을 얻고 또 바나나・여지・귤・유자가 많이 나서 동남지역 여러 읍 중에서 으뜸을 차지한다."[1135] 동완현의 황촌(篁村)・석용(石涌)・우면(牛眠) 등 여러 허시의 상인들은 "영교(嶺嶠)를 넘고 동정호와 상강을 지나 장강 중하류와 회하를 건너 산동으로 가는데 사탕과 향으로 큰 이윤을 얻곤 했다."[1136] 순덕현의 용강허(龍江墟)에서는 비단류를 전문적으로 판매하였다.

조주부 게양(揭陽)현의 도두암허(渡頭庵墟)에는 건륭 연간에 "해양(海陽)・조양(潮陽)・게양・징해(澄海) 4개 읍의 상인들이 대거 모여들었으며 해선이 구름처럼 모여들었다." 면호시(棉湖市)는 "인구가 밀집되고 백화가 집결된 곳이다." 그때 당시 게양현에 총 25개의 허시가 있었으며 모두 "축일시(逐日市, 매일 서는 장터)"[1137]였다. 이는 농촌의 상품경제가 이미 매우 발전하였고 교역량이 크게 늘었으며 수많은 농촌시장에서 매일 상업 활동이 진행되고 있었음을 설명한다. 대포(大埔)현 석상부시(石上埠市)는 건륭제 시기에 "복건성과 광동성의 요충지로서 여러 지역의 무역인들이

1133 《건륭번우현지(乾隆番禺縣志)》 권17, 《풍속(風俗)》
1134 《옹정동완현지(雍正東莞縣志)》 권2, 《풍속(風俗)》
1135 《건륭광주부지(乾隆廣州府志)》 권2, 《여도(輿圖)》
1136 《건륭광주부지(乾隆廣州府志)》 권10, 《풍속(風俗)》
1137 《건륭조주부지(乾隆潮州府志)》 권14, 《허시(墟市)》

혹은 배를 타고 혹은 산을 넘어 이곳에 오곤 했다." 삼하패시(三河壩市)는 "선박들이 대량으로 모여들고…… 어물이며 소금·직물·식량·기물 등의 여러 물품을 모두 갖추었다." 장흥허(長興墟)는 "위로 복건성으로 통하고 아래로 소하(小河)에 이르는데 땔나무와 숯이 많이 난다." 태평허(太平墟)에는 "농촌 백성들이 빙 둘러서 거주하고 있으며 점포가 밀집했다." 백후허(白堠墟)는 풍랑허(楓朗墟)·동인허(同仁墟)와 인접해 있으며 "농촌의 백성들이 대거 모여들어 시전이 옹기종기 많이 들어섰다." 건륭제 때에 대포현 전역에 총 8개의 시허가 있었는데 모두 "축일시"[1138]였다.

요평(饒平)현 남문시가(南門街市)는 "상인들이 많이 모여들고 여러 가지 물품이 다 집중되었다." 황강시(黃岡市)는 "산과 바다를 끼고 있고 어물과 소금에서 얻는 이윤이 많으며 이웃 읍까지 아우른다. 물품 거래가 아주 번성했다." 대정소시(大埕所市)에는 "어물·과일·포목 등이 많다." 교장포허(敎場埔墟)의 경우 "그 허(墟, 터)는 송·원 시기에 이미 있었으며" 청조 건륭제 때에 "범위가 확대되어 우시(牛市)로 되었으며, 강우(江右)·민정(泯汀)과 통해 있고 많은 상인들이 가을부터 봄까지 하루도 장터에 나오지 않는 날이 없다." 석계두부(石溪頭埠)에서는 "해외의 어물과 소금이 배에 실려 이곳으로 들어오면 삼요(三饒)의 주민들이 좁쌀을 지고 나가 바꿔오곤 했다." 건륭제 때에 요평현 전역에 11개의 시허가 있었으며 모두 "축일시"였다. 풍순(豊順)현에는 4개의 허시가 있었으며 역시 "축일시"였다.

1138 《건륭조주부지(乾隆潮州府志)》 권14, 《허시(墟市)》

혜래(惠來)현에는 8개의 허시가 있었고 역시 "축일시"[1139]였다.

혜주(惠州)부 귀선(歸善)현 동신교허(東新橋墟)는 "화물선 20여 척이 있었고 무역이 번성했다."[1140] 용천(龍川)현의 평월허(坪越墟)는 "빳빳한 종이와 석회를 주로 취급하고" 황동허(黃洞墟)·과포허(果埔墟)는 "땔나무와 대나무 제품을 취급했으며" 하문담허(河門潭墟)는 "삼나무 목재를 취급하고"[1141] 육풍(陸豊)현의 오감시(烏(土+敢)市)에서는 "해산물이 많이 거래되었다."[1142] 동해공허(東海滘墟)는 "산과 바다를 끼고 있고 농원과 시전·수림이 많아 어물과 소금·조개, 없는 것이 없을 정도로 물자가 집중되었다. 또 복건성의 상인과 외국인 상인까지 찾아들어 무역에 종사해 큰 이윤을 얻곤 했다."[1143]

조경(肇慶) 부 광녕(廣寧)현의 석구허(石狗墟)는 광녕에서 사회(四會)로 통하는 요도이다. 건륭 48년에 허가 선 뒤 "무역하러 찾아드는 사람이 갈수록 늘고 오고가는 선박이 끊이지 않았다."[1144] 광녕현의 여러 허시에는 남해(南海)·순덕(順德)·삼수(三水)·고요(高要) 등 현의 상인들이 많이 활동하였다. 이들 상인은 "부지런히 화물을 날라 오곤 했는데 주단·포목 및 산해진미, 그리고 각양각색의 의복과 음식을 성도(省會)·불산·서남진촌(西南陳村) 등 여러 도시에서 운반해 왔다. 이들 물품은 본

1139   위의 책

1140   《강희귀선현지(康熙歸善縣志)》 권9, 《정경지(政經志)》

1141   《건륭용천현지(乾隆龍川縣志)》 권5, 《풍속(風俗)》

1142   《건륭 육풍 현지(乾隆陸豊縣志)》 권5, 《허시(墟市)》

1143   《건륭 육풍 현지(乾隆陸豊縣志)》 권9, 《부역(賦役)》

1144   《도광 광녕 현지(道光廣寧縣志)》 권16, 《초록잡지(抄錄雜誌志)》

고장에서 나지 않는 것들이다."[1145]

그밖에 남웅(南雄)주의 양산(陽山)현은 석탄이 많이 난다. 그래서 광산 부근에 허시가 갈수록 많이 들어섰다. 석탄 채굴 노동자들이 일상생활에 "필요한 술과 쌀·차와 소금·채소·생선과 육류·기름과 양초·그릇 등은 모두 부근 허부(墟阜)와 현지 점포, 그리고 봇짐장수 등과 공평하게 거래하곤 하였다. 점포를 개설한 이들은 석탄 채굴 노동자가 많아 그들에게 물품을 팔곤 했다."[1146] 나정(羅定)주의 동안(東安)현은 "산이 많고 철이 많이 나기에 줄곧 용광로를 설치해 두고 철을 제련하다 멈췄다 했다. 소금은 도시(總埠)에 귀속시켜 판매하였다. 철과 소금 이 두 가지 분야는 모두 본토 주민이 경영하지 않았다." 이 두 업종에 종사하는 이들은 필요한 "곡식과 직물·가축·술과 채소 등은 장터에 나가 바꿔왔다."[1147] 소주(韶州)부 유원(乳源)현의 영부시(營埠市)에는 "다른 성의 상인들이 섞여 거주하는데 5백여 가구에 이르며 수상교통과 육로교통이 침계(郴桂)의 여러 곳으로 통한다. 목화·깨·칡과 토란이 많이 나며 교통이 가장 발달하였고 상인들 중에는 광동 서부 사람이 많았다."[1148] 아편전쟁 이전에 광동은 허시의 수량이 대폭 증가하였는데 이는 농촌상업이 갈수록 활발해지고 있었다는 사실을 반영한다.(그 성장 상황은 아래의 도표를 참고할 것)

1145   《도광 광녕 현지(道光廣寧縣志)》 권12, 《풍속(風俗)》
1146   《건륭 양산 현지(乾隆陽山縣志)》 권6, 《광야(礦冶)》
1147   《건륭 동안 현지(乾隆東安縣志)》 권1, 《풍속(風俗)》
1148   《강희 유원 현지(康熙乳源縣志)》 권4, 《시가(街市)》

■청대 광동 허시 수량 성장표

		시간	원래 허시 수량			시간	증가한 뒤 허시 수량		
			시	허	허시 합계		시	허	허시합계
(廣州府) 광주부	남해(南海)현	건륭 6년	8	38	46	도광제 때	51	13	64
	번우(番禺)현	강희 25년	22	51	73	건륭 39년	22	60	82
	동완(東莞)현	옹정 8년	12	37	43	가경 3년	25	58	83
	순덕(順德)현	강희 13년	4	39	43	건륭 15년	7	42	49
	향산(香山)현	강희 12년	4	8	12	도광 8년	21	12	33
	삼수(三水)현	강희 12년			10				30
	신원(新遠)현	강희 11년	12	4	16	건륭 3년	15	4	19
	종화(從化)현	강희 원년			11	옹정 8년			13
	신안(新安)현	강희 27년	5	23	28	가경 24년	7	34	41
(潮州府) 조주부	조양(潮陽)현	강희 23년			5	건륭 28년	9	8	17
	게양(揭陽)현	강희제 때			5	건륭 44년			26
	해징(海澄)현	강희제 때			5	건륭제 때			10
	혜래(惠來)현	강희제 때			2	건륭제 때			11
	요평(饒平)현	강희제 때			3	건륭제 때			19
	대포(大埔)현	강희제 때			3	건륭제 때			20
	해양(海陽)현	강희제 때			9	건륭제 때			9
(惠州府) 혜주부	박라(博羅)현	강희 27년			25	건륭 28년			31
	귀선(歸善)현	강희제 때			13	건륭 48년			13
	용천(龍川)현	강희제 때			무	건륭 27년			13
	해풍(海豊)현	강희제 때			18	가경제 때			14
	육풍(陸豊)현	강희제 때			무	건륭 10년			13
	고요(高要)현	강희제 때			28	도광제 때			39
	개평(開平)현	강희제 때			10	도광제 때			26
	광녕(廣寧)현	건륭 14년			6	도광 4년			15
나정(羅定)주	동안(東安)현	강희 26년			11	건륭 5년			17
남웅(南雄)주	양산(陽山)현	순치 15년			8	건륭 12년			41

주, 본 도표는 청대 광동 성 여러 부 · 주 · 현의 지방지에서 열거한 허시 수량에 근거해
제작한 것이다.

북방 농촌시장의 상황은 산동성이 대표적이다. 청대에 산동성은 상공업이 아주 발전했으며 제남(濟南)·제녕(濟寧)·임청(臨淸) 등의 번화한 도시들이 나타났다. 농촌에서 경제작물을 재배하는 경우도 아주 많았다. 예를 들어 산동성 서남지역에서는 잎담배를 재배하고 중부지역에서는 떡갈나무를 심고 누에를 쳤으며 또 일부 지역은 목화를 심었다. 예를 들어 청평(淸平)현의 경우 목화를 재배하였는데 "밭두렁까지 꽉 메울 정도였고", "콩과 밀 재배 면적을 초과했다." 새 목화가 시장에 나올 때마다 곳곳의 장터에는 "사방팔방에서 상인들이 구름처럼 모여들어 매일같이 거래를 진행하는데 그 규모가 수천 금을 헤아릴 정도이다."[1149] 그러나 종합적인 상황은 장강 하류의 소주·항주·가흥·호주 등지보다 훨씬 뒤처져 있었으며 광동성 주강(珠江) 유역의 번성한 농촌시장에도 미치지 못하였다.

산동성의 농촌시장은 혹자는 집시(集市, 장터, 재래시장)라고 하거나 혹자는 묘회(廟會)라고도 한다. 건륭 연간, 임청 직예현지의 기록에 따르면 "정기적으로 열리는 것을 집(集, 집시)이라고 하고 비정기적으로 열리는 것을 회(會, 묘회)라고 한다." 광동성의 허시와 같은 뜻으로서 "4개의 농촌에 각기 집시가 있는데 남방에서 말하는 허이다."[1150] 집과 허는 농촌에서 무역을 진행하기 위해 사람들이 모였다가 흩어지는 장소이다. 남방의 광동성 등지에서는 "흩어지는 것에 의지하기 때문에" 허(墟, 즉 허(虛))라고 부르고 북방의 산동성 등지에서는 "모이는 것에 의지하기 때문에"

1149 《가경 청평 현지(嘉慶淸平縣志)》, 《호서(戶書)》
1150 《건륭 임청 직예 주지(乾隆臨淸直隷州志)》 권2, 《시구(市衢)》

집(集)이라고 부른다. 농민들이 농촌시장에 나가 거래를 진행하는 것을 '간집(赶集, 장터에 나가다)' 혹은 '간회(赶會, 묘회에 가다)'라고 말한다.

산동의 정기적인 집시(장터)는 가장 보편적인 것이 "1, 6일 시(1일과 6일에 서는 장터)", "2, 7일 시", "3, 8일 시", "4, 9일 시", "5, 10일 시" 등의 조합으로서 닷새 만에 한 번씩 집(集, 장터)이 서는 것이 반복된다. 혹간 열흘간 집이 네 차례 서는 경우도 있다. 예를 들어 강희제 시기에 제동(齊東)현의 석가점집(石家店集)은 "매달 1, 4, 6, 9일"[1151] 집이 선다. 장산(長山)현의 주촌집(周村集)은 "3, 8일에 소집(小集, 작은 장터)이, 4, 9일에 대집(大集, 큰 장터)이 서곤 한다."[1152] 능(陵)현의 신두진집(神頭鎭集)은 원래 "2, 7대집"이었는데 강희제 때에 이르러 "2일과 7일은 시일이 너무 뜸하다 하여" 후에 지방의 유지들이 의논을 거쳐 "장날을 4일과 9일 이틀을 늘려" "소집이라고 불렀다."[1153] 도광제 때에 장청(長淸)현에는 장하(張夏) 등 10개의 '대집'이 있고, 반촌(潘村) 등의 26개는 "모두 소집이다." 그리고 모두 5일에 한 번씩 집이 섰다. 그중 유독 인리집(仁里集)만이 "열흘에 1, 6, 3, 8일 장이 서는데" 이를 '중집(中集)'[1154]이라고 불렀다.

정기적인 집시를 제외하고도 또 '묘회'가 있었다. '묘회' 기간에는 집시 때보다도 더 흥청거리고 떠들썩하였다. 도광 연간에 무성(武城)현에는 "집 이외에 회가 있었는데 사방팔방에서 상인들이 대거 모여들어 물품들을

1151 《강희 제동 현지(康熙齊東縣志)》 권1, 《진집(鎭集)》
1152 《가경 장산 현지(嘉慶長山縣志)》 권1, 《시집(市集)》
1153 《도광 능 현지(道光陵縣志)》 권17, 《금석(金石)》
1154 《도광 장청 현지(道光長淸縣志)》 권2, 《풍속(風俗)》

집중시키고 시전을 늘여놓는데 수배나 되었다." 기실 '묘회'도 정기적으로 열리곤 했는데 다만 며칠에 한 번씩 열리는 것이 아니라 1년에 한 차례씩 열렸으며 한 번 열면 며칠씩 이어졌다. '집'은 농촌의 잦은 거래에 알맞고 규모가 비교적 작기 때문에 단시일 내에 거듭 반복할 수 있으며 교역을 정상화시킬 수 있었다. "묘회"는 교통이 불편하고 농업 계절성을 띠는 특징에 맞춰 매년 한, 두 차례씩, 대부분 농한기에 열리며 기간이 비교적 길고 거래 규모가 비교적 크다. 무성현을 예로 들면 성황(城隍) 묘회는 매년 "2월 초이튿날에 시작해 초엿샛날에 끝나며" 5일간 열렸다.

자유(子游) 묘회는 매년 "3월 20일에 시작해 23일에 끝나며" 4일간 열렸다. 낭낭(娘娘) 묘회는 매년 "4월 22일에 시작해 25일에 끝나고", "10월 초열흘날에 시작해 13일에 끝나며"[1155] 두 차례 열렸다. 그리고 또 3일간 열리는 묘회도 있는데 평원(平原)현의 십방원(什方院) 등 9개의 묘회의 경우에는 매년 "모두 대규모 묘회가 사흘간 열렸다."[1156] 그리고 계절에 따라 열리는 묘회도 있는데 모두 여름과 겨울 농한계절에 열렸다. 예를 들어 낙릉(樂陵)현의 서관(西關) 묘회는 '하회(夏會)'라고 부르며 "5월 13일부터 17일까지" 밀 수확과 여름철 파종이 지난 뒤로 정하여 열렸다. 북관(北關) 묘회는 "동회(冬會)"라고 부르며 "10월 13일부터 17일까지"[1157] 추수가 끝난 뒤 초겨울로 정하여 묘회가 열렸다. 매번 묘회가 열릴 때면 남녀노소 할 것 없이 "사방팔방에서 구름처럼 모여들어 평지에 막을 치고 계선을 그어

1155 《도광 무성 현지(道光武城縣志)》 권2, 《성시(城市)》
1156 《건륭 평원 현지(乾隆平原縣志)》 권2, 《건치(建置)》
1157 《건륭 낙릉 현지(乾隆樂陵縣志)》 권1, 《시집(市集)》

골목을 만들었으며 희귀하고 기이한 물품들을 현란할 정도로 가져다놓고 서로 거래했다."[1158]

묘회를 제외하고도 산동성에는 또 "산회(山會)"가 있었다. 예를 들어 제성(諸城)현의 백룡산회(白龍山會)는 "매년 2월 삭일(朔日, 음력 초하루)과 10월 망일(望日, 음력 보름날)이면 백화가 대량 집중되어 시장이 열리는데 닷새 동안 열린 뒤 파하곤 한다. 본 고장 사람들은 이를 가리켜 산회라고 부른다."[1159]

산동의 집시는 '관집(官集)'과 '의집(義集)'으로 나뉜다. '관집'이란 봉건 관부가 개설한 집시로서 "장터에 일정한 액수의 세금을 설치하는 것"을 '관집'이라고 한다. '의집'이란 민간에서 설립한 것으로서 "세금을 면제하는 집시"를 '의집'이라고 한다. '관집'은 "관아(官牙, 관청에 소속된 거간꾼)"를 두고 봉건정부로부터 아첩(牙帖, 중개업소 영업허가서)을 발급 받기 때문에 '영사첩(領司帖)집'이라고도 부른다. '의집'은 중개업소를 설치하지 않고 민간에서 자발적으로 교역을 진행하며 혹은 "사아(私牙, 개인 중개업소)"를 설치하고 아첩을 발급 받지 않기 때문에 아첩이 없다고 하여 '무첩(無帖)집'이라고도 부른다. 산동의 집시는 규모의 크고 작음과 거래의 많고 적음에 따라 또 대집과 소집으로 나뉜다. 일반적으로 대집은 관집이 많고 소집은 '의집'이 많다. '의집'과 '관집'은 모두 불변하는 것이 아니다. '의집'도 일정한 조건하에서는 '관집'으로 승격할 수 있다.[1160]

1158 《가경 우성 현지(嘉慶禹城縣志)》 권4, 《시가(街市)》
1159 《건륭 제성 현지(乾隆諸城縣志)》 권5, 《강역(疆域)》
1160 《강희 장산 현지(康熙長山縣志)》 권1, 《시집(市集)》

집시는 거래액의 많고 적음에 따라 매년 봉건 정부에 일정한 세은(稅銀, 세금으로 바치는 은)을 바쳐야 하는데 이를 가리켜 '과세(課稅)', 또는 '교역은(交易銀)'이라고 부른다. 건륭 연간 낙릉현의 16개 집시를 예를 들면 세은이 많은 집은 "한 해에 징수하는 세은이 36냥 2전(錢) 9푼(分) 7리(厘) 5호(毫)"이고 적은 집은 "한해에 징수하는 세은이 2냥 4전 2푼 2리 5호"로서 각기 다르다. 16개 집이 합쳐서 매년 "과세로 은 97냥 8전 5푼"[1161]을 징수하곤 하였다. 일부 '의집'은 명의상으로 봉건정부에 세은을 바치지 않기로 하고 "영원히 세과(稅課)를 금한다"고 규정지었지만 그래도 일정한 "교역은"을 바쳐 집시의 경비지출로 삼았다.

집시에서 거래를 진행하려면 반드시 중개인을 거쳐 "시가를 흥정해야 했다." 이런 중개인을 '경기(經紀)' 혹은 '아인(牙人)'이라고 불렀다. '아인'은 또 "관아"와 "사아"로 나뉜다. "관아"는 관부에 신청하고 아첩을 발급 받아야만 거간꾼을 담당할 수 있었다. 아인은 거래 과전에 고용금을 받고 어부지리를 얻는다. 청조 초기 아첩은 여러 주 현의 아문에서 발급하였으며 아첩의 수량과 징수 세금의 액수는 일정하게 정해져 있었다. 장청(長淸)현 풍제집(豊齊集) 등 10개의 집에 "포목행첩과 목화행첩이 총 10장, 우려(牛驢)행첩 총 5장"[1162]이 있었다. 낙릉현의 화원(花園) 등 6개의 집은 매년 "우려(牛驢)세 60냥 7전 7푼", "아잡은(牙雜銀, 아행에 바치는 비용) 67냥 8전 7푼"[1163]을 내곤 하였다. 임읍(臨邑)현의 집시는

1161 《건륭 낙릉 현지(乾隆樂陵縣志)》 권2, 《과세(課稅)》
1162 《도광장청현지(道光長淸縣志)》 권5, 《잡세(雜稅)》
1163 《건륭낙릉현지(乾隆樂陵縣志)》 권3, 《과세(課稅)》

매년 "우려(牛驢)세로 은15냥 8전 8푼 1리", "아잡세 3냥 3전 8푼 1리"[1164]를 냈다. 많은 지역들에서는 본바닥의 불량배와 관아의 심부름꾼이 결탁하여 아첩을 함부로 무절제하게 발급하고 세은을 멋대로 거둬들여 상인들에게 막심한 고통을 주었다. 옹정 연간, 임읍현의 집시에서 아첩이 "해마다 증가해" 원래 집시에서 "잡화를 경영하는 소상인은 아행을 필요로 하지 않지만 지금은 모조리 행첩을 발급하여 시정에 간사한 거간꾼들이 이를 빌어 시정을 독점하고 이윤을 챙기곤 한다." 그렇기 때문에 "장터에 아행이 하나씩 늘어날 때마다 상인들의 고통이 하나씩 커졌다." 아행을 무절제 하게 설치하는 폐단을 막기 위해 청 정부는 "일정한 수량의 아첩을 설정하고 모두 전담 아문에서 발급하도록 하며 주·현에서 함부로 발급하지 못하도록 규정하였다. 이로써 아행이 무절제하게 늘어나는 폐단을 막아 상인에게 해를 끼치지 않도록 했다."[1165]

일반적으로 '관아(官牙)'는 '관집(官集)'에만 설립하고 '의집(義集)'은 무(無)과세 집시로서 마땅히 아행을 설치하지 말아야 한다. 그러나 거래가 빈번해짐에 따라 의집에 관부의 허가를 거치지 않은 '사아(私牙)'가 나타났다. 사아가 함부로 세액을 징수하며 상인을 착취하는 것을 억제하기 위해 집시에서 흔히 스스로 아행경기(牙行經紀, 중개인)를 설치하곤 하였다. 예를 들어 능(陵)현 신두진(神頭鎭)의 사구소집(四九小集)의 경우 "진(鎭)의 사대부와 서민들이 공동으로 의논하여 관두(官斗) 두 개와

1164　《도광임읍현지(道光臨邑縣志)》 권3, 《잡세(雜稅)》
1165　《도광임읍현지(道光臨邑縣志)》 권3, 《잡세(雜稅)》

관칭(官秤, 관제 저울) 하나에 가축 경기(중개인) 2명을 설치했다." 그리고 "그 담당자는 반드시 진의 백성들이 공동으로 의논하여 충직한 사람으로 뽑아 담당하도록 했다." 그렇게 하면 "증명서를 발급 받고 과세를 바치지 않아도 되므로 자연히 관부의 규정을 핑계 삼아 상인들을 착취하는 일도 없게 되었다."[1166] 제동(齊東)현의 구호진(九鼊鎭)의 집도 스스로 "관두와 관칭을 담당할 일꾼을 고용하여 장터에서 복무하게 하고 장터 비용을 전혀 받지 않았다. 상인들은 십년이 넘게 세금을 바쳐왔던 터라 이 같은 조치에 모두 편리하다고 칭찬하였다."[1167]

청조 건륭·가경·도광 시기에 산동성의 집시는 수량적으로는 이전에 비해 다소 증가했지만 강남의 시진·광동의 허시와 비교해보면 그 성장은 비교적 늦었다. 장구(章邱)현에는 건륭 20년에 집시가 45곳 있었는데 도광 13년에 이르러 겨우 3곳이 늘었다. 장산(長山)현은 강희 55년에 집시가 21곳이 있었는데 가경제 시기에 이르러서는 37곳으로 늘어났다.

임읍현에는 강희 52년에 집시가 14곳이 있었는데 도광 연간에 이르러서는 19곳으로 늘었다. 장청현에는 강희 11년에 집시가 27곳이었는데 도광제 때에 이르러서는 37곳으로 늘었다. 고원(高苑)현에는 강희 55년에 집시가 겨우 5곳이었는데 건륭 22년에는 10곳으로 늘었다. 제성현에는 강희 12년에 집시가 36곳이었는데 건륭 29년에도 여전히 36곳이었다. 유(濰)현에는 강희제 시기에 집시가 19곳이 있었는데 건륭제 시기에

1166 《도광능현지(道光陵縣志)》 권17, 《금석지(金石志)》
1167 《강희 제동 현지(康熙齊東縣志)》 권8, 《상문(詳文)》

이르러서는 24곳으로 늘었다. 평원현에는 명조 만력 18년에 집시가 17곳이 있었는데 건륭 14년에 이르러서는 27곳으로 늘었다.[1168] 산동의 집시는 이전과 비교해 볼 때 거래가 더 잦아지고 인구가 더 늘었으나 강남·광동에 비해서는 뒤처진 상황이었다. 예를 들어 추평(鄒平)현의 경우 강희제 시기에 "편벽한 산속에 있어 상인들이 드나들지 않았고, 민간에서 장이 열려 거래를 해도 고작 식량이나 소나 나귀 등이었다."[1169] 고원현의 요왕장집(窯王莊集)은 "시장이 서도 별다른 물품이 없고 다만 떠들썩한 자들이 생사나 곡식을 거래할 뿐이었다."[1170] 치천(淄川)현은 수공업이 비교적 발전한 지역이지만 건륭 연간에 이르러서도 "배나 수레가 통하지 않고 드나드는 상인이 극히 적었으며 썰렁한 시전에서는 생사와 곡식을 파는 것이 고작이었다."[1171]

제하(齊河)현은 건륭제 때까지 줄곧 "사관(四關)과 여러 향촌에 정해진 날짜가 아니면 집(장터)이 열리지 않고 집이 열리지 않으면 거래가 없었으며 게다가 꽃무늬 천·닭·돼지·식량·과일과 채소를 제외하고는 다른 희귀한 물품이 없었다."[1172] 이러한 상황은 북방의 농촌경제가 비교적 낙후하고 자급자족의 특징이 더욱 뚜렷함을 설명한다. 즉, 집시에서 일부 상품의 교환도 기본적으로 자체 생활필수품에 대한 교환으로 제한되었다.

일부 지방, 예를 들어 장구(章邱)현의 일부 가난하고 외진 시골에서는

1168　산동 여러 현 집시의 수량은 모두 여러 현의 지방지에서 따옴.
1169　《강희 추평 현지(康熙鄒平縣志)》 권7, 《상문(詳文)》
1170　《강희 고원 현지(康熙高苑縣志)》 권2, 《집시(集市)》
1171　《건륭 치천 현지(乾隆淄川縣志)》 권2 하, 《향촌(鄉村)》
1172　《건륭 제하 현지(乾隆齊河縣志)》 권2, 《구시(衢市)》

노동인민들 중에는 아직 "머리가 흰 노인이 될 때까지도 도시에 가보지 못하고 관부의 관리를 만나보지 못한 자가 있다."[1173] 산동에도 시진이라는 명칭이 있었으며 진과 집은 나뉘어 있었다. 예를 들어 제양(濟陽)현은 건륭 연간에 성문 부근을 제외하고도 회하진(回河鎭)·하구진(夏口鎭) 등 13개의 진이 있었다. 혜민(惠民)현에도 청하진(淸河鎭)·영리진(永利鎭) 등 16개의 진이 있었다. 강희 연간에 비성(肥城)현에도 사구진(沙溝鎭) 등 5곳이 있었다. 도광 연간에 장구(章邱)현에도 구군진(舊軍鎭)· 명수진(明水鎭) 등 18곳이 있었다. 그러나 규모가 크지 않고 인구가 많지 않았으며 상업도 번영하지 않았다. "즉 진과 집과 같이 인구유동이 많은 곳도 백 가구가 채 되지 않았다."[1174] 고작 소수의 시진이 남방의 시진과 견줄 수 있을 정도였다. 예를 들어 자고로 작잠(柞蠶) 비단이 나는, "제로(齊魯, 산동 성)의 대 진"으로 불리는 장산(長山)현 주촌(周村)진이 곧 그중의 하나이다. "전하는 바에 따르면 진이 설치된 지가 이미 백 년이 넘으며" 그 역사가 대체로 명말 청초부터 시작되었다. 가경 연간에 이르러 주촌에 "인가가 즐비하게 들어서고 재물이 풍족하였으며 그 지역 주민들은 한마두(旱馬頭)라고 불렀다." 왜 "한마두"라고 불렀을까? "마두(馬頭, 부두(碼頭)와 발음이 같음)는 상인들이 오고가면서 정박하는 곳이다.

마치 한구(漢口)·불산(佛山)·경덕(景德)·주선(朱仙) 등의 진과 같다." 그런데 주촌은 "수로가 통하지 않았기 때문에 파도와 바람을 가르며 달릴

1173 《도광 장구 현지(道光章邱縣志)》 권5, 《부역(賦役)》
1174 《강희 일조 현지(康熙日照縣志)》 권3, 《향리(鄕里)》

수 있는 대형 선박이 없었기 때문에 한마두(즉, 가물 한(旱) 부두라는 뜻)라고 불렀다." 진 서쪽의 홍륭가(興隆街)가 가장 번화하였다. 그 거리에는 "호화로운 궁전과 같은 건물과 상점들이 양쪽에 들어서고 화물을 수레에 싣고 와서 팔고 가는 상인이 하루에 천여 명을 헤아렸다."[1175]

건륭 39년, 주촌진에 천후각(天后閣)을 지었는데 "공사를 위한 준비비용으로 금이 약 6천 냥 넘게 소모되었는데 모두 외지 성과 본 성의 객상들이 조달한 것이다."[1176] 이를 통해 주촌 진은 건륭·가경 연간에 상업이 번영 창성하였음을 알 수 있다. 다른 한 진은 동아(東阿)현의 장추(張秋)진인데 "수장(壽張)과 양곡(陽谷)의 경계지역에 위치하여 3개 현의 주민들과 5개 방향(동서남북중)의 상인들이 이곳에 대거 모여들었다."[1177] "요충지인 동아·양곡·수장 3개의 읍은 남과 북의 중심이 되는 곳이다."[1178] 장추진은 원조 시기에 경덕진(景德鎭)으로 불렸는데 그때 당시 "진 내에 적을 둔 이들 중 고작 8가구가 장사에 종사했다." 명조 홍치 연간에 이르러 운하가 범람하는 바람에 모두 물에 잠기는 처참한 상황이 닥쳤다. 진을 재건한 뒤 안평(安平)진으로 개명하였다가 명조 말엽에 다시 장추로 개칭하였다.

청조 강희·건륭 시기에 장추진은 이미 "범위가 몇 리에 이르고 남에서

1175 《가경 장산 현지(嘉慶長山縣志)》 권13, 《기(記)》, 가경 3년 읍(邑)의
      효렴(孝廉, 거인(擧人)을 높여 부르는 말) 왕연림(王衍霖), 《주촌 홍륭교 재건
      비문(周村重修興隆橋碑記)》
1176 《가경 장산 현지(嘉慶長山縣志)》 권13, 《기(記)》, 건륭 39년, 읍령(邑令) 민(閩) 현
      엽관해(葉觀海), 《천후각기(天后閣記)》
1177 《도광 동아 현지(道光東阿縣志)》 권2, 《진집(鎭集)》
1178 강희 9년에 편찬하고 건륭 32년에 보충한 《장추지(張秋志)》, 《임봉서(林芃序)》

북으로 조운 통로가 진의 내부를 관통했다." 그곳에는 수십 갈래의 거리와 골목이 있고 27개의 전문화된 시장이 있으며 "업종 종사자가 20~30개 남짓이 되고" 아인이 "280명 남짓이 되며" 매년 아행에서 거둬들이는 세금이 "돈꿰미가 2백 금 남짓이 된다."[1179] 장추진의 남경점가(南京店街)는 "번성할 때면 강녕(江寧)·풍양(風陽)·휘주(徽州) 등의 여러 비단점포들이 빽빽하게 들어앉았다. 기타 백화도 흔희 대량으로 집중되어 이 거리는 진(鎭) 내에서 가장 번화한 곳이 되었다."[1180]

이밖에도 또 역성(歷城)현의 낙구(濼口)진, 능(陵)현의 신두(神頭)진, 박산(博山)현의 안신(顔神)진 모두가 비교적 번영한 시진이었다. 상기 서술한 바를 종합해보면 청조 전기의 농촌시장은 그 수량적으로 보나 상품 거래의 빈번한 정도에서 보나 모두 명조를 크게 추월하였으며, 아편전쟁 전의 건륭·가경·도광시기와 청조 초기의 순덕·강희·옹정시기를 비교해 봐도 비교적 크게 발전했다는 사실을 알 수 있다.

농촌시장의 발달과 수량의 급증은 농촌 경제작물의 대대적인 재배와 농산물의 상품화 및 도시의 상업과 수공업 발전에 따른 필연적인 결과였다. 그것은 농촌이 도시의 광활한 시장일 뿐 아니라, 도시에 수공업 원료와 생활 자료를 제공하는 기지이기도 했기 때문이다. 따라서 높은 수준의 도시경제의 발전은 농촌시장의 발전과 밀접한 연계가 있음을 알 수 있었다.

그러나 우리는 또 청조 전기 농촌시장의 발전이 불균형적이라는 사실도

1179　강희 9년에 편찬하고 건륭 32년에 보충한 《장추지(張秋志)》 권6, 《과세(課稅)》
1180　강희 9년에 편찬하고 건륭 32년에 보충한 《장추지(張秋志)》 권2, 《시가(街市)》

눈여겨 보아야 한다. 대체적으로 보면 자연조건이 비교적 우월한 동남의 여러 성이, 기후가 건조하고 땅이 황량한 북방의 여러 성보다 발전하였고, 교통이 불편한 내지(특히 소수민족이 집거하는 국경에 가까운 변두리 지역)는 강변·해변(특히 동남 연해 여러 지역)일대에 비하여 많이 낙후 하였음을 볼 수 있었다. 그러나 큰 범위 내에서의 불균형 속에는 또한 작은 불균형도 존재하고 있었는데, 그것은 바로 자연조건이 비교적 우월하고 교통이 아주 편리한 남방의 일부 현 내에서조차 일부 지역은 농촌시장이 비교적 발전하였지만, 또 다른 일부 산간지역은 여전히 화전 경작·물물교환 상태에 처해 있었음을 볼 수 있었던 것이다.

전국적인 범위에서 보면 여러 지역의 농촌시장은 비록 이전에 비해서는 정도가 각기 다르게 발전하였지만, 여전히 자연경제의 범주에서 벗어나지 못했다는 사실은 의심할 여지도 없다. 우리는 한편으로는 농촌 속의 상품경제의 발전과 농촌 집시(集市)의 증가를 볼 수도 있었지만, 또 다른 한편으로는 낙후한 지역을 못 본 체 할 수는 없는 것이다. 그렇기 때문에 농촌시장에 대해 지나치게 높이 평가하면서 농촌시장의 번영을 편파적으로 확대하는 것은 과학적이지 않은 것이다.